शौर्य की उड़ान

लेखिका की अन्य किताबें

बलिदान: भारत के पैरा स्पेशल फोर्सेस के महान योद्धाओं की कहानियाँ

शौर्य की उड़ान

इंडियन एयरफोर्स के साहसिक ऑपरेशंस की सच्ची कहानियाँ

स्वप्निल पाण्डेय

अनुवाद
केतन मिश्रा

हार्पर हिन्दी

प्रथम प्रकाशन 2026
हार्पर हिन्दी
(हार्परकॉलिंस *पब्लिशर्स* इंडिया) द्वारा प्रकाशित
हार्परकॉलिंस *पब्लिशर्स* इंडिया, साइबर सिटी, बिल्डिंग 10-A,
गुरुग्राम, हरियाणा – 122002, भारत
www.harpercollins.co.in

P-ISBN: 978-93-6569-470-3
E-ISBN: 978-93-6569-992-0

टाइपसेटिंग : हार्परकॉलिंस *पब्लिशर्स* इंडिया प्राइवेट लिमिटेड
मुद्रक: गोपसंस पेपर्स प्राईवेट लिमिटेड, नोएडा

HarperCollins *Publishers*, Macken House, 39/40 Mayor Street Upper,
Dublin 1, D01 C9W8, Ireland

समर्पित

नभः स्पृशं दीप्तम्

सभी भारतीय वायुसेना कर्मियों और उनके परिवारों को।

ये किताब समर्पित है सभी भारतीय वायुसेना कर्मियों और उनके परिवारों को। ये एक ऐसा तोहफ़ा है, जिसे आप अपने बच्चों, दोस्तों और प्रियजनों के साथ साझा कर सकते हैं, जो उन्हें उस विरासत की याद दिलाता रहेगा, जिसे महज़ पसीने और अथक श्रम के बूते पर नहीं बल्कि विषम परिस्थितियों में दिए बलिदान और हर मुसीबत से डटकर मुक़ाबला करने के जज़्बे के दम पर खड़ा किया गया है।

भारतीय वायुसेना की वर्दी को धारण करना सर्वोच्च सम्मान है, जिसे दुनिया का कोई भी पैसा ख़रीद नहीं सकता।

आशा करती हूं कि इस किताब के ज़रिये योद्धाओं की एक नयी पीढ़ी वीरता का भार समझ पाएगी जिसे उन्हें अपने साथ लेकर चलना है, और उस विरासत को भी जानेगी, जिसे उन्हें आगे बढ़ाना है।

अथाह सम्मान और कृतज्ञता के साथ,

जय हिन्द!

प्रस्तावना

1. जब हम भारतीय वायुसेना के इतिहास पर नज़र डालते हैं तो ये साफ़ होता है कि उसने हमेशा इस देश के आसमान की रक्षा का दायित्व निभाया है और ऐसा करने के क्रम में, उत्कृष्टता के उच्चतम मानकों को बनाए रखा है। वायुसेना के हर अभियान में मिशन, ईमानदारी और उत्कृष्टता के बुनियादी मूल्यों को स्पष्ट रूप से ज़ाहिर किया है और उनका मान रखा है। स्वतंत्रता के शुरुआती दौर से लेकर आज तक, हमारे वायुयोद्धाओं ने हर कठिन परिस्थिति में साहस और वीरता का परिचय दिया है। उनकी कहानियां हमारे भीतर राष्ट्र को स्वयं से ऊपर रखने की भावना के बीज बोती हैं।

2. अपने मूल कर्तव्य के अतिरिक्त, भारतीय वायुसेना ने, भारत और विदेशों में, मानवीय सहायता पहुंचाने में भी महत्त्वपूर्ण भूमिका निभाई है। आपदा के मौक़े पर राहत पहुंचाने, खोज और बचाव अभियान और चिकित्सीय बचाव में वायुसेना का योगदान, अनगिनत जीवन बचाने और ज़रूरतमंदों को सहारा देने में निर्णायक रहा है। ये किताब वायुयोद्धाओं की बहादुरी, उनके त्याग और नि:स्वार्थ सेवा का सशक्त प्रतीक है।

3. लेखिका ने भारतीय वायुसेना के इतिहास और उसके बहादुर वायुयोद्धाओं के शौर्य की कहानियां खंगालने और उन्हें एक जगह रखने का सराहनीय काम किया है। इस किताब में वीरता की कहानियों को एक ख़ास दृष्टिकोण से पेश किया गया है। हर वीर के जीवन को, उनके परिवारजन, मित्रों और साथियों की नज़र से दिखाया गया है, जिन्होंने उन्हें बेहद क़रीब से देखा और जाना है। इस प्रयास में सुश्री स्वप्निल स्वप्निल पाण्डेय ने उन भावनाओं को बख़ूबी पेश किया है, जिन्होंने इन वीर योद्धाओं को सर्वोच्च बलिदान के लिए प्रेरित किया। इन कहानियों से हमें उनके मूल्यों, अटूट विश्वास और उनकी प्रेरणा को गहराई से समझने का मौक़ा मिलता है।

4. ये किताब न केवल वायुसेना के वीर नायकों को, बल्कि उनके परिवारों को भी एक श्रद्धांजलि है, जिन्होंने हर परिस्थिति में शक्ति और संबल का परिचय दिया है। मैं लेखिका की महीन रिसर्च, इस प्रयास के प्रति उनके समर्पण और लगन की सराहना करता हूं, जिसके चलते ये प्रेरक कहानियां हमारे सामने आई हैं। मुझे विश्वास है कि ये किताब पाठकों के मन को छुएगी और आने वाली पीढ़ियों को इन योद्धाओं के पदचिह्नों पर चलने के लिए प्रेरित करेगी।

जय हिन्द!

(एपी सिंह)
एयर चीफ़ मार्शल
वायुसेना प्रमुख

पाठकों के लिए

श्रीमती सरिता सिंह, अध्यक्ष,
एयर फ़ोर्स फ़ैमिलीज़ वेलफ़ेयर एसोसिएशन

मेरा बचपन पंजाब के बस्सी पठाना नाम के एक शांत कस्बे में बीता। ऐसी जगह, जहाँ समय यूं भागता नहीं था। मैं तीन बहनों में सबसे छोटी थी और मेरा एक छोटा भाई भी था। हम एक पारंपरिक पंजाबी घर में पले-बढ़े, जहां पारिवारिक संबंधों को भौतिक संपत्ति से कहीं ज़्यादा अहमियत मिलती थी। हमारी दुनिया सादगी और आपसी संबंधों के आधार पर रची-बसी थी। हम स्कूल जाते और सीधे घर आते थे। वहां दिमाग भटकने की गुंजाइश न के बराबर थी। फ़िल्में देखना या यूं ही बाहर निकल जाना, हमारे लिए संभव नहीं था।

मैं शर्मीली थी और अपने तक ही सीमित रहती थी। जीवन आगे बढ़ रहा था और मैं अपने छोटे शहर में मिली शिक्षा-दीक्षा के साथ, उसी तक सीमित रह रही थी। किसी ने भी ऐसा नहीं सोचा होगा कि सादगी से रहने वाली, ये छोटी बच्ची, एक दिन अपनी किस्मत ख़ुद लिखना शुरू करेगी। अपने परिवार को संभालेगी और अपने पति के साथ खड़े रहते हुए, हर कदम पर, बख़ूबी अपनी ज़िम्मेदारी निभाएगी। यहां तक कि मैंने भी कभी ऐसा नहीं सोचा था।

जैसी कि हमारे यहां परम्परा थी, मेरी शादी तय की गयी थी। सगाई से पहले हमारी कभी कोई मुलाक़ात नहीं हुई थी। ये आंख मूंदकर किया गया भरोसा था, एक ऐसा दांव जिसने जीवन को तमाम तरह की ख़ुशियों से भर दिया। हमने एक-दूसरे को पहली बार सगाई के दिन देखा। दूसरी बार, शादी के रोज़।

इन दो बड़े दिनों के बीच छह महीने का वक़्त था, जिस दौरान हम चिट्ठियों के ज़रिये एक-दूसरे से जुड़े रहे। वो उस वक़्त चेन्नई में थे और मैं पंजाब में। हमें समय ने दूर कर रखा था लेकिन काग़ज़ और स्याही ने जोड़ा हुआ था। उन चिट्ठियों में हम अपनी-अपनी ज़िंदगी की कहानियां लिखकर एक-दूसरे तक पहुंचाते थे। हम अपनी पसंद-नापसंद, फ़ेवरिट रंग, अपने सपने और अपनी अजीब आदतें बता रहे थे। उन चिट्ठियों के आने-जाने के बीच, किसी एक मोड़ पर भारतीय वायुसेना की दुनिया से मेरी पहली मुलाक़ात हुई। मुझे कोई इल्म नहीं था कि एक ऐसा वक़्त आएगा, जब मैं भी इस दुनिया का हिस्सा बन जाऊँगी।

मुझे नहीं मालूम था कि आने वाले वक़्त ने मेरे बारे में क्या सोच रखा था। वायुसेना के एक कर्मी की पत्नी होना एक ऐसी चीज़ थी जिसके बारे में मुझे कोई जानकारी नहीं थी। ये एक ऐसी ज़िंदगी थी, जो मेरी अब तक की संरक्षित परवरिश से बिल्कुल उलट थी। शादी के तुरंत बाद ही मुझे इसकी एक झलक मिली। मैं अपने पति के साथ, वहां जा रही थी जहां उनकी पोस्टिंग थी।

बाईस साल की उम्र तक मेरी दुनिया पंजाब के एक कोने में सिमटी हुई थी। मैं वहां की उन जानी-पहचानी गलियों के अलावा और कहीं भी नहीं गयी थी, कभी ट्रेन में नहीं बैठी थी, कभी यात्राओं की अनिश्चितताओं के बारे में सपने में भी नहीं सोचा था। लेकिन शादी के पंद्रह दिनों के भीतर, एडवेंचर की दुनिया मुझे पुकार रही थी। अगले कुछ ही दिनों में मैंने कुछ ट्रेन की यात्राएं कीं और कोलकाता रेलवे स्टेशन पर एक ट्रेन छूट भी गयी। ट्रेन छूटने के उस मौक़े पर आज मैं हंस सकती हूं लेकिन उस दिन मेरी क्या हालत थी, मैं ही जानती हूं।

हम बीदर जा रहे थे और रास्ते में हमें कई ट्रेन बदलनी थीं। बीच में, कोलकाता रेलवे स्टेशन पर, प्लेटफ़ॉर्म बदलने के फेर में हमसे ट्रेन छूट गयी। मैं प्लेटफ़ॉर्म पर बैठी हुई थी, मेरे इर्द-गिर्द दस से बारह बैग थे और मेरे पति, इधर से उधर, इस फेर में दौड़ रहे थे कि कैसे भी अगली ट्रेन में हमें जगह मिल जाए।

मैं वहां लगभग छह या सात घंटे बैठी रही। लोगों की भागा-दौड़ी देख रही थी, उनकी बातचीत और ऐसी बोलियां सुन रही थीं, जिनसे मैं पूरी तरह अनजान थी।

एक ऐसी इंसान के लिए, जिसने कभी भी अकेले यात्रा नहीं की थी, कभी बाहरी दुनिया की अस्थिरता का अनुभव नहीं किया था, ये समय धैर्य और विश्वास की परीक्षा लेने वाला था। एक क्षण के लिए, बेहद अजीब और परेशान करने वाले विचार ने मुझे हिला दिया: क्या होगा अगर वो वापस ही नहीं आये? क्या होगा अगर वो मुझे छोड़कर कहीं चले गए हों?

कुछ देर में वो आये, उसी दृढ़ता के साथ। लेकिन उनके पास अच्छी ख़बर नहीं थी। हमें अगली ट्रेन में रिज़र्वेशन नहीं मिल सका था। फिर भी, अपने इतने सारे सामान के साथ हम ट्रेन पर चढ़ गए और हमें टॉयलेट के पास छोटी सी जगह मिली। कुछ देर में हम कलाईकुंडा नाम के दूसरे स्टेशन पहुंचे जहां एक और कोर्स मेट हमसे मिलने आया। जब उसने एक 'नयी दुल्हन' को इस स्थिति में यात्रा करते देखा तो उसकी आंखें फटी रह गयीं। उसने हमें सुझाव दिया कि हमें अगले दिन रिज़र्वेशन लेकर यात्रा करनी चाहिए। रिज़र्वेशन मिल जाएगा, इस बात का उसे पूरा विश्वास था। उसने तबतक हमें अपने साथ रुकने का न्योता दिया। अगले दिन, हम हैदराबाद के लिए निकले, जिसके बाद हमारी मंज़िल आने वाली थी। ये बता दूं कि रिज़र्वेशन मिलने का विश्वास किसी ख़ास काम आ नहीं सका। हम स्लीपर क्लास में यात्रा कर रहे थे और हमारे पास जितना सामान था, वो अनुमेय सीमा से कहीं ज़्यादा था। इस चक्कर में हमें भारी फ़ाइन भरना पड़ा और हमारे सारे पैसे ख़त्म हो गए। हम बीदर पहुंच गए और हमारी साहसिक यात्रा का अंत हुआ।

अब, जब उस यात्रा के बारे में सोचती हूं तो याद आता है कि वो जद्दोजहद से भरी यात्रा, वायुसेना कर्मी की पत्नी के अप्रत्याशित और एडवेंचर से भरे जीवन की शुरुआत थी। ये एक ऐसा जीवन होने वाला था, जिसमें हमारे प्लान कभी भी बदल जाते थे, जहां आराम से ज़्यादा अहमियत प्रतिरोध को दी जाती थी और जहां हर चुनौती एक शानदार कहानी में तब्दील हो जाती थी।

मुझे मेरा पहला मकान भी याद है, जिसे मैं अपना घर कह सकती थी। वो एक साधारण सी जगह थी, लेकिन उसमें असीम संभावनाओं के लिए ख़ूब जगह थी। हमने अपना घर शुरू से बनाना शुरू किया। एक-एक करके, छोटी-छोटी चीज़ें इकट्ठा करते हुए हमने उस जगह को आबाद किया। बर्तन, सफ़ाई का सामान, गृहस्थी की दूसरी, बेहद आम चीज़ें खरीदीं। मुझे आज भी वो दिन याद है जब मैं पहली बार अपने पति के साथ, उनकी बाइक पर बैठकर बाज़ार गयी थी और एक झाड़ू, एक पोछा और एक बाल्टी के साथ वापस आयी थी। घर आकर हम दोनों ने मिलकर सफ़ाई की।

आज, मैं ये कह सकती हूं कि एक वायुसेना कर्मी की पत्नी के तौर पर, इन छोटी-छोटी बातों से ही हमारी नयी ज़िंदगी की नींव पड़नी शुरू हुई और हमने उस मकान को घर में तब्दील किया।

बीदर में ही नीली वर्दी वाले की पत्नी के रूप में मेरे जीवन की शुरुआत हुई। मेरे पति मिलनसार थे और बगैर किसी परेशानी के दोस्त बना लेते थे और अपने साथी अफ़सरों की दोस्ती को ख़ूब पसंद करते थे। अपनी व्यस्त दिनचर्या के बावजूद, उन्हें अपने दोस्तों को घर बुलाना बड़ा पसंद था। आये दिन हमारे घर में लोगों के ठहाके और आसमान की कहानियां गूंज रही होती थीं। वो एक इंस्ट्रक्टर थे, जिसके चलते उन पर ढेरों ज़िम्मेदारियां थीं और उनके कई दिन और कई रातें उड़ते हुए बीता करती थीं। जब भी उन्हें रात में उड़ान भरने का मिशन मिलता था, वो सुबह-सुबह घर आते थे और हवा में उड़ान भरते हुए कई घंटे बिताने के बाद बेतहाशा थके हुए होते थे।

उन्हें सही समय पर आराम मिल सके, ऐसा संभव बनाने के लिए मैंने घर को ख़ूब शांत रखना शुरू कर दिया। घर में मोटे पर्दे आये और खिड़कियों को पूरी तरह से ढंकने के इंतज़ाम किये गए। इसके साथ ही घर पर काम करने वाले और दूध लाने वाले लोगों को घंटी न बजाने, आवाज़ न करने जैसे निर्देश दिए गए, ताकि अपनी रात की ड्यूटी पर जाने से पहले उनकी नींद पूरी हो सके और उन्हें कोई परेशानी न हो। ये एक छोटा सा काम था, लेकिन बहुत असरदार रहा। हमारे शुरुआती दिनों में हमारे बीच जुड़ाव बढ़ता गया। हम केवल पति-पत्नी ही नहीं थे, बल्कि एक-दूसरे के शक्ति-स्रोत बन गए। हम सुझावों के लिए एक-दूसरे पर निर्भर होने लगे, एक-दूसरे पर विश्वास करने लगे और ख़ूब अच्छे दोस्त बन गए।

आज भी, जब युवा जोड़े सुझाव मांगते हैं, मैं उनसे एक ही बात कहती हूं: सबसे पहले अपने साथी के दोस्त बनिए। उन पर भरोसा करिए, उन पर आश्रित बनिए और किसी दूसरे में अपना विश्वास जताने से पहले उन पर विश्वास करिए। एक ऐसा घर बनाइए जहां गर्मजोशी हो, हंसी-मज़ाक हो और आपसी समझ हो। क्यूंकि अंत में, यही बातें अहमियत रखती हैं।

अब, जब मैं उन दिनों के बारे में सोचती हूं, तो मुस्कुराए बिना नहीं रह पाती। एक छोटे से कस्बे से आने वाली शर्मीली लड़की को, वायुसेना कर्मी की पत्नी होने के नाते जिस तूफ़ान का सामना करना पड़ा, उसने मुझे वो बनाया है जो आज मैं हूं। मुझे नहीं मालूम था कि ये यात्रा न केवल मुझे ताक़तवर और स्वतंत्र बनाएगी, बल्कि भगवान, क़िस्मत और लोगों के भीतर समाए अच्छेपन में मेरे विश्वास को और गाढ़ा करेगी।

मुझे वो वक़्त बेहद अच्छे से याद है, जब मैं बेंगलूरु में थी और गर्भवती थी। हमारा पहला बच्चा होने वाला था। मेरे पति की टेस्ट पायलट ट्रेनिंग चल रही थी, जो एक कठिन प्रोग्राम होता है और वो पूरे दिन व्यस्त रहा करते थे। शहर के पास स्थित अपने उस छोटे से घर में मुझे पूरा दिन अकेले गुज़ारना होता था। मेरे आस-पास एकांत और खाली जगह थी और पड़ोसी कुछ दूरी पर रहते थे। उन दिनों में बेंगलूरु वैसा शहर नहीं था, जैसा आज चमक-धमक के साथ दिखायी देता है। उन दिनों, वहां घर खुले-खुले, निर्माण बेहद कम और सुविधाएं कम करती थीं।

मैं अपने परिवार के पास वापस जा नहीं सकती थी, न ही कोई आकर महीनों मेरे साथ रह सकता था। मेडिकल सुविधाएं बड़ी कम थीं और दूर भी हुआ करती थीं। मेरी परिस्थितियों को समझते हुए, एपी ने हमारे पड़ोस के उस अकेले दुकानदार को ढूंढा, जिसके पास टेलीफ़ोन था और उससे मदद मांगी। उसे इतना करना था कि किसी भी इमरजेंसी की स्थिति में उसे एपी के ऑफ़िस में फ़ोन करना था और तुरंत ही एम्बुलेंस बुलानी थी। हमारे शांत आस-पड़ोस में वो अकेली, छोटी सी दुकान, मेरी जीवनरेखा बनी हुई थी। भगवान की कृपा से, सबकुछ ठीक रहा और हमें एक बेटा हुआ। चार साल बाद हमने अपने घर में बेटी का स्वागत किया। उस मौक़े पर ज़िंदगी भरी-पूरी लग रही थी। मैं एक प्यारे पति के साथ थी, अपने बच्चों को पाल रही थी और जीवन की इस अप्रत्याशित लेकिन सुन्दर यात्रा को आत्मसात करने की कोशिश कर रही थी। इससे ज़्यादा मैं और कुछ नहीं मांग सकती थी।

मुझसे बहुत से लोगों ने पूछा है कि एक पायलट की पत्नी होने के नाते, क्या मुझे कभी डर लगता था। हर बार मेरा एक ही जवाब होता था: 'नहीं।' मैंने अपना सबकुछ इस विश्वास और अंतरतम की उस आवाज़ पर छोड़ दिया था जो ये कहती थी कि हमें जो भी मिलेगा, बेहतर के लिए मिलेगा। मैंने अपना जीवन पूरी तरह से ईश्वर के हाथों में सौंप रखा था। ऐसे में घबराना ही क्यूं? इस विश्वास के साथ हमने अपना पूरा जीवन जिया। ये एक ऐसा विचार है, जिसे मैंने और मेरे पति ने हर पल, ख़ुशी और चुनौतियों के सभी मौक़ों पर अपने ज़हन में रखा।

एक एयरफोर्स ऑफिसर की पत्नी होने के नाते, फ़ाइटर जेट्स का शोर न केवल एक जानी-पहचानी आवाज़ बन गयी बल्कि दिन-प्रतिदिन का राग बन गया। मैंने इस दुनिया के अलिखित नियम भी जान लिए: आपको स्वतंत्र बनना होता है लेकिन हर ज़रूरत के मौक़े पर मौजूद भी रहना होता है, हर आगमन का जश्न मनाते हुए अगले अलविदा की तैयारी भी करनी होती है और जो भी मिले, उसके दम पर अपना घर

बनाना होता है, भले ही वो कितने भी कम दिनों के लिए मिला हो। इस सबसे ऊपर, मैंने सीखा कि एक मिलिट्री वाइफ़ के पास बहादुरी के सिवा दूसरा कोई विकल्प नहीं होता।

ऐसी ही एक परीक्षा का समय तब आया, जब हम हाशिमारा में थे। मेरे पति स्क्वाड्रन में अपने दूसरे कार्यकाल में थे और चूंकि मैं स्क्वाड्रन में सबसे सीनियर महिला थी, मेरे कंधों पर इतनी बड़ी ज़िम्मेदारियां थीं, जिनके बारे में मैंने सोचा भी नहीं था। ये स्क्वाड्रन डिटैचमेंट पर तैनात थी। सभी अपने परिवार से दूर थे। हम जहां रह रहे थे, वो जगह एयर फ़ोर्स स्टेशन के आवासीय क्वार्टर से सात किलोमीटर दूर, मेस में थी। ये अच्छी-ख़ासी दूरी थी क्यूंकि उस दौर में न ही मोबाइल फ़ोन होते थे, न ही ऑनलाइन सामान आता था और न ही इमरजेंसी सेवाएं कुछ ही मिनटों में मिल जाया करती थीं। एपी एक ऑपरेशन से जुड़ी तैनाती पर गए हुए थे, और ऐसे समय में मैं अपने दो बच्चों के साथ अकेली थी। मेरा बेटा 4 साल का और बेटी तीन महीने की थी। उनके बिना सबकुछ संभालना मेरे लिए एक चुनौतीपूर्ण अनुभव रहा।

जिस दिन उन्हें जाना था, उससे एक रात पहले हम स्क्वाड्रन डिनर पर गए हुए थे, जहां एक नवविवाहित अफ़सर की पत्नी ने मेरी समस्या को समझा और सुझाव दिया, 'आप मेरे साथ क्यूं नहीं रह जातीं? मेरे पति भी जा रहे हैं।' ऐसे समय में एक साथी होने का ख़्याल मुझे भा गया और मैंने बगैर झिझके, उनके निमंत्रण को स्वीकार कर लिया।

तीन दिन बाद ही एक त्रासद घटना घटी। ऑपरेशन वाली जगह से ख़बर आयी कि एक एयर क्रैश हो गया था। वो ऑफ़िसर, जिसकी पत्नी ने अपने साथ रहने का मुझे न्योता दिया था, शहीद हो गया था। स्क्वाड्रन में सबसे सीनियर महिला होने के नाते मुझे अपनी ज़िम्मेदारी निभानी थी। मैंने अपनी भावनाओं को किनारे रखा, एक और ऑफ़िसर की पत्नी के भरोसे अपने बच्चों को छोड़ा और उस शोकाकुल महिला को संभालने में लग गयी। कुछ ही वक़्त में उसके रिश्तेदार आ गए। लेकिन चूंकि उनकी लव मैरिज थी, दुख की इस घड़ी में परिवार से जुड़ी पुरानी तकरार भरी बातें सामने आने लगीं। इस परेशान करके रख देने वाले समय में, मैंने पाया कि मुझे न केवल उस महिला को संभालना था बल्कि उस तनाव भरे माहौल को भी झेलना था। ये मेरी ज़िम्मेदारी थी कि मैं उसे ढांढस बंधाऊं, ये सुनिश्चित करूं कि वो अकेले न रहे और आपदा के इस मौके पर उसके लिए मज़बूती का सहारा बनी रहूं। ठीक इसी समय, मुझे उन मां-बाप को भी सांत्वना देनी थी, जिन्होंने अभी-अभी अपने जवान बेटे को खो दिया था।

उस दिन मुझे ये समझ आ गया था कि वायुसेना की बिरादरी का हिस्सा होने का असली मतलब क्या होता है। कुछ खो देने पर, अनिश्चितता के वक़्त और डर के माहौल

में, हम महज़ दोस्त नहीं रहते थे बल्कि परिवार बन जाते थे। जब भी ज़िंदगी हमारे कंधों पर बोझ डालती थी, हम मिलकर उस वज़न को साथ उठाने की कोशिश करते थे।

आमतौर पर, लोगों को वायुसेना के जीवन की चमक-दमक ही दिखायी देती है। उन्हें ख़ूबसूरत घर, सुंदर मेस फ़ंक्शन, कड़क वर्दियां दिखायी देती हैं। जो चीज़ें उन्हें नहीं दिखती हैं, वो है इससे जुड़ा त्याग, चुपचाप किया जा रहा प्रतिरोध और वो भावनात्मक मज़बूती, जो बेहद ज़रूरी होती है। पुरुष, वर्दी पहनकर देश की सेवा करते हैं और हम अपने अनोखे तरीक़ों से ऐसा कर रहे होते हैं। हम उनके साथ खड़े होते हैं, ये सुनिश्चित करते हैं कि वो बगैर अपने घर को लेकर चिंतित हुए, अपनी ड्यूटी पर पूरा फोकस रख सकें।

मेरे पति जैसे-जैसे सीनियर पदों पर जाते जा रहे थे, एयर फ़ोर्स फ़ैमिलीज़ वेलफ़ेयर एसोसिएशन (AFFWA) के साथ मेरा जुड़ाव बढ़ता गया। AFFWA की स्थापना 28 अक्टूबर 1970 को हुई थी और इसकी परिकल्पना एक ऐसे प्लेटफ़ॉर्म के रूप में की गयी थी, जो वायुसेना कर्मियों की पत्नियों को मज़बूत करेगा, उनमें आपसी मेलजोल बढ़ाएगा और परिवारों के लिए एक मज़बूत सपोर्ट सिस्टम तैयार करेगा। एक ओर स्क्वाड्रन में अफ़सर एक-साथ काम कर रहे थे, AFFWA ने महिलाओं को साथ आकर ख़ुद को मज़बूत बनाने का मौका दिया। इससे हमें आत्मविश्वास मिलता था, हम एक मक़सद पाते थे और एक ऐसी जगह मिलती थी जहां साथ आकर हम आगे बढ़ सकते थे।

2022 में AFFWA का नाम एयर फ़ोर्स वाइव्स वेलफ़ेयर एसोसिएशन से बदलकर एयर फ़ोर्स फैमिलीज़ वेलफ़ेयर एसोसिएशन कर दिया गया था, जिससे इसके फ़ायदों और कल्याणकारी योजनाओं के लाभ को विस्तार मिल सके। महिला अफ़सरों की संख्या में बढ़ोत्तरी के साथ, इस संस्था ने अपनी पहुंच को पत्नियों से आगे बढ़ाकर वायुसेना कर्मियों के परिवार तक पहुंचा दिया। इसके चलते हम कल्याणकारी योजनाओं को उन महिला कर्मियों के बच्चों तक ले जा सके, जिनकी शादी आम नागरिकों से हुई है। इससे ये सुनिश्चित किया जा सका कि उन्हें भी एक समान देखभाल मिले। ये बदलाव भारतीय वायुसेना की प्रगतिशील और समावेशी विचारधारा का प्रतिबिम्ब था, जो हमें एक सूत्र में बांधने वाली दृढ़ता और एकता को प्रदर्शित करता है।

कई ऐसे उद्देश्य हैं जो मेरे दिल के करीब हैं, लेकिन स्पेशल ज़रूरतों वाले बच्चों की मदद करना मुझे सबसे ख़ास लगता है। ऐसे बच्चों के माता-पिता अक्सर एक

मौन डर के साथ जीते हैं। वो सोचते हैं कि उनके जाने के बाद बच्चों का क्या होगा। AFFWA की अध्यक्ष के नाते, मुझे इस ज़िम्मेदारी का अहसास हुआ कि मुझे और भी बहुत कुछ करना था। हमने वोकेशनल ट्रेनिंग प्रोग्राम शुरू किये और इन बच्चों को एक स्वतंत्र जीवन देने के उद्देश्य से उन्हें कुशल बनाने की कोशिश में लग गए। तमाम एनजीओ और कॉर्पोरेट संस्थानों से जुड़कर रोज़गार के दरवाज़े खोलने की कोशिश की। हाल ही में, हमारे एक स्पेशल बच्चे को माइक्रोसॉफ़्ट के हॉस्पिटेलेटी विंग में नौकरी मिली, जिसने हमें अपार ख़ुशी दी। हाथ से बनाए कार्ड मुझे देते वक़्त या मुझे गले लगाते हुए, उनके चेहरे पर जो मुस्कराहट होती है या वो जितने उत्साहित होते हैं, उसे देखकर मेरे ज़हन में सामूहिक जतन और करुणा की ताक़त पर विश्वास और भी गहराता जाता है।

वायुसेना से इतर, AFFWA वंचित वर्ग के बच्चों के उत्थान के लिए भी प्रयासरत रहता है, जिससे समाज में बेहतरी आती है। तमाम योजनाओं के ज़रिये, हम मज़दूरों और ग़रीबी में रह रहे परिवारों के बच्चों की भी सहायता करते हैं। हम उन्हें शिक्षित करने का भी काम करते हैं। ये सच है कि हम हर जीवन को बेहतर नहीं बना सकते हैं, लेकिन अगर कुछ बच्चों को शिक्षा के माध्यम से सशक्त कर दें, तो भी हम एक उज्ज्वल भविष्य की ओर कदम बढ़ा सकते हैं।

एक और ऐसा उद्देश्य है, जिससे मैं गहरा जुड़ाव महसूस करती हूं, वो है वीर नारियों को लेकर हमारा काम। ये वीर नारियां वो युवा महिलाएं हैं, जिन्होंने अपने पति को राष्ट्रसेवा की राह पर खो दिया। उनका मौन साहस और स्वाभिमान हमें छोटा महसूस करवाता है और मज़बूती के मामले में हमें कितना कुछ सिखाता है। भारतीय वायुसेना ने ऐसी महिलाओं के लिए एक मजबूत सपोर्ट सिस्टम बनाने की कोशिश की है, जिसके ज़रिये उन्हें भावनात्मक सांत्वना, रोज़गार के मौक़े, स्कॉलरशिप, अनुदान और बच्चों के लिए शिक्षा मिलती है। कई वायुसेना कर्मियों की पत्नियां बेहद मामूली शैक्षिक पृष्ठभूमि से आती हैं और हम उन्हें AFFWA के उद्यमों में ही स्थिर रोज़गार मुहैया करवाने की कोशिश करते हैं। हम सुनिश्चित करते हैं कि ये महिलाएं वायुसेना परिवार से जुड़े रहते हुए, आर्थिक रूप से स्वतंत्र भी रह सकें।

इन प्रयासों के बारे में श्रेय देते हुए, किसी भी एक शख़्स का नाम नहीं लिया जा सकता। मुझसे पहले AFFWA के हर अध्यक्ष ने इस संगठन को अपना सर्वश्रेष्ठ देते हुए सकारात्मक असर डालने की कोशिश की है। हर 'संगिनी' और हर स्टाफ़ मेंबर को इसका श्रेय जाता है, जो इस यात्रा में हमारे साथ रहे हैं। हमने साथ मिलकर,

अपनी सामर्थ्यानुसार, वायुसेना के वीरों की पत्नियों के जीवन को मज़बूती देने की कोशिश की है।

जब मैं स्वप्निल पाण्डेय से मिली, उन्होंने भारतीय वायुसेना के अफ़सरों के पराक्रम की कहानियों को सभी के सामने रखने की अपनी मंशा ज़ाहिर की। उन्होंने कहा कि भारतीय वायुसेना पर केंद्रित किताब, वायुसेना कर्मियों की पत्नियों के मौन शौर्य को सम्मानित किये बगैर अधूरी ही रहेगी। मैं उनसे पूरी तरह सहमत थी। हमारे बारे में इस लेख को लिखना मेरे लिए सम्मान की बात है। हम, यानी वो महिलाएं, जो भारतीय वायुसेना के कर्मियों के पीछे दृढ़ता से खड़ी हैं और जो साहस, मज़बूती और अटूट समर्थन का प्रतीक हैं।

मैं आशा करती हूं कि जब लोग ये किताब पढ़ रहे होंगे और असीम शौर्य की कहानियों से प्रेरित हो रहे होंगे, उस वक़्त वो वायुसेना कर्मियों की पत्नियों के त्याग को भी समझेंगे। सैन्यकर्मियों की पत्नियों की दिलेरी, मज़बूती, दयाशीलता और धैर्य को सम्मानित करना भी उतना ही ज़रूरी है। मैं स्वप्निल को इस उल्लेखनीय प्रयास के लिए हार्दिक शुभकामनाएं देती हूं।

श्रीमती सरिता सिंह
अध्यक्ष
एयर फ़ोर्स फ़ैमिलीज़ वेलफ़ेयर एसोसिएशन

लेखिका की कलम से

लेखन के पूरे एक दशक के बाद, मेरी यात्रा बदलते मक़सद और बढ़ती ज़िम्मेदारियों की हो चली थी। ये यात्रा अपने शिल्प को निखारने के मेरे शुरुआती प्रयासों से शुरू होकर मेरी चौथी किताब, *बलिदान: भारत के पैरा स्पेशल फ़ोर्सेज़ के महान योद्धाओं की कहानियां,* के 2023 की राष्ट्रीय बेस्टसेलिंग किताबों में एक घोषित किये जाने तक आ पहुंची थी। मैंने हमेशा ये माना है कि लेखन का बड़ा उद्देश्य होना चाहिए। और ये भी कि कहानियों में लोगों को प्रेरित करने की ताक़त होती है।

मुझे हमेशा इस एक कामना ने प्रेरित किया है कि मैं ऐसी अनकही कहानियों को सामने लाऊं और उन्हें लोगों के बीच प्रस्तुत करूं, जो गुमनामी में खो जाने से पहले पहचान पाने की हक़दार हैं। हर वो किताब, जो मैं लिखती हूं, व्यक्तिगत विकास और खोज की एक नयी यात्रा होती है और ऐसा करते हुए, नयी कहानियों को जीवंत करने की चुनौती ही मुझे उत्साहित करती है।

मैं अगली किताब के लिए थीम की तलाश कर रही थी कि एक साहित्य से जुड़े आयोजन में एक युवक के सवाल ने मेरे भीतर हलचल पैदा कर दी। उस लड़के ने मुझसे पूछा कि मैंने भारतीय सेना की अन्य शाखाओं, जैसे वायुसेना या नौसेना के बारे में क्यूं नहीं लिखा था। और यहां से मेरी यात्रा शुरू हुई, जो भारतीय वायुसेना की गौरवशाली और अनकही कहानियां सुनाने वाली थी।

कहते हैं, अगर किसी चीज़ को दिल से चाहो तो पूरी क़ायनात उसे तुमसे मिलाने की कोशिश में लग जाती है। मुझे एक बड़ा अवसर हाथ तब लगा, जब मैं तत्कालीन वायुसेना प्रमुख, एसीएम विवेक राम चौधरी से मिल सकी। मैं घबराई हुई थी और मैंने भारतीय वायुसेना की महिला अफ़सरों के बारे में लिखने की इच्छा ज़ाहिर की। आप इस बात पर शक़ ही नहीं कर सकते हैं कि ये सभी युवा महिलाएं, अपनी नीली वर्दी और रे-बैन के धूप के चश्मों में, एक आधुनिक और ऊर्जावान वायुसेना की तस्वीर गढ़ती हैं। उन्होंने विचार करने के बाद जवाब दिया: 'एक ऑफ़िसर, ऑफ़िसर ही होता है। लैंगिक आधार पर कोई अंतर नहीं होता। लेकिन, हम एक सामूहिक बल के तौर पर वायुसेना को कवर करने में आपकी मदद कर सकते हैं, जिसके कर्मियों ने ख़ून बहाया है, बलिदान दिया है और देश के लिए अकल्पनीय परिस्थितियों का सामना किया है।'

और इस तरह से, भारतीय वायुसेना को केंद्र में रखते हुए एक पूरी किताब तैयार करने की मेरी यात्रा शुरू हुई। इस किताब में 'वायु वीरों' की कहानियों को केंद्र में रखा गया है और ये घटनाओं में सीधे शामिल रहे या उनके प्रत्यक्षदर्शी रहे सैन्यकर्मियों के साक्षात्कारों और व्यक्तिगत गवाहियों पर आधारित है। जबकि इन कहानियों को सामने लाने में सटीकता और प्रमाणिकता का ख़ास ध्यान रखा गया है, कुछ ब्यौरे उन लोगों के अपने अनुभव, नज़रिए और यादों से जुड़े हो सकते हैं, जिन्होंने इन्हें सुनाया है। इन विवरणों को भारतीय वायुसेना ने भी ध्यान से जांचा-परखा है।

पहले कभी न सहेजी गयी जानकारियों को जुटाना बेहद मुश्किल काम होता है। इस काम में, देश और दुनिया के अलग-अलग कोनों में मौजूद लोगों की पहले पहचान करनी होती है, फिर उन्हें ढूंढना, उनसे संपर्क करना और फिर उनका इंटरव्यू करना होता है। इसके बाद आता है अगला काम जो उतना ही कठिन है। लोगों से मिली सभी जानकारियों की जांच की जाती है और फिर दोबारा पड़ताल करनी होती है। ये थका देने वाली प्रक्रिया इसी वजह से संभव हो सकी क्यूंकि डायरेक्टरेट ऑफ़ ऑपरेशन्स (मीडिया और पब्लिक रिलेशंस), एयर हेडक्वार्टर्स ने अपने दरवाज़े हमारे लिए खोल दिए और हमारी हर तरह से मदद की।

मेरा मक़सद था एक ऐसी किताब तैयार करना जो आधुनिक भारतीय वायुसेना की असली पहचान को सामने ला सके। इस सबकी शुरुआत तब हुई, जब अधिकारियों ने मुझे अपनी लाइब्रेरी से दुर्लभ और अहम किताबें भेजनी शुरू कीं। शुरुआत में तो सबकुछ बेहद भारी लग रहा था: इतनी विविधता और दशकों पुरानी और समृद्ध परंपरा

वाली पूरी वायुसेना की कहानी को कैसे लिखा जा सकेगा? मुश्किल इस बात को तय करने में नहीं थी कि कौन से मिशन को शामिल किया जाए बल्कि मुश्किल ये तय करना था कि कौन से मिशन को छोड़ दिया जाए। कितने सारे ऑपरेशन थे, जिन्हें इस किताब में शामिल किया जाना चाहिए था, लेकिन पन्नों की सीमित संख्या और कुछ हद तक, दुर्भाग्य के चलते, उन्हें छोड़ना पड़ा। लेकिन, हमने पूरी कोशिश की कि हम हर शाखा, फ़ाइटर, ट्रांसपोर्ट, हेलीकॉप्टर और यहां तक कि वायुसेना की एलीट स्पेशल फ़ोर्स, गरुड़ से, कम से कम एक-एक कहानी ज़रूर ली जाए। आश्चर्यजनक रूप से, गरुड़ की कोई भी कहानी, आज तक, वायुसेना पर केंद्रित किसी भी किताब में शामिल नहीं की गयी थी, जबकि ये 2004 से सक्रिय थी। ये सब मिलकर उस जज़्बे की तस्वीर पेश करते हैं जो भारतीय वायुसेना को एक मज़बूत और संगठित ताक़त बनाता है।

जैसा कि कहा जाता है, लेखन एक आध्यात्मिक यात्रा है। मैं जैसे-जैसे वायुसेना कर्मियों के जीवन में झांक रही थी, उनके शौर्य और बलिदान की कहानियां सुनती जा रही थी, मुझे इस बात का अहसास होता जा रहा था कि उनकी बहादुरी हर ओर मौजूद है और वो हर मुसीबत पर विजय पाने और असंभव सी लगने वाली परिस्थितियों से पार पाने में पूरी तरह सक्षम है।

चीता, चेतक और चीतल के पायलट सियाचीन के ख़तरनाक भू-भाग के ऊपर उड़ान भरते हैं जहां दुश्मन की मिसाइल का निशाना बनना उतना ही आम माना जाता है, जितना बुरे मौसम की चुनौतियों का सामना करना। फिर भी, आप इनमें से सिंगल-इंजन हेलीकॉप्टर के किसी भी पायलट से पूछिए तो वो यही कहेंगे कि सियाचिन के ऊपर उड़ान भरना उनके करियर के सबसे यादगार अनुभवों में एक रहता है।

फिर आते हैं एमआई-8 और एमआई-17 हेलीकॉप्टर के कर्मचारी, जिनके पास ख़तरनाक हिमालय और ऊबड़-खाबड़ उत्तर-पूर्वी भू-भाग पर उड़ान भरने से जुड़ी, बहादुरी की असंख्य कहानियां हैं। इसी तरह, चिनूक, सी-17 ग्लोबमास्टर और सी-130जे सुपर हरक्यूलिस जैसे मालवाहक विमान भारतीय वायुसेना को नए सिरे से परिभाषित कर रहे हैं, बाधाओं को पार कर रहे हैं और वो सबकुछ हासिल कर रहे हैं जो पहले असंभव मालूम पड़ता था।

आठ महीनों के दौरान, मैं एक वायुसेना बेस से दूसरे तक जाती रही और तमाम स्टेशनों के अधिकारियों से मुलाक़ात करती रही। सैकड़ों अधिकारियों और उनके परिवारजनों ने जो कहानियां मुझे सुनाईं, मेरा सिर सम्मान से झुक गया। एक एयर फ़ोर्स स्टेशन पर, मैं विशाल सी-130जे सुपर हरक्युलिस के पास, टारमैक पर खड़ी थी और

पायलटों से, रात की बेहद कठिन लैंडिंग्स से जुड़ी कहानियां सुन रही थी, जहां उनकी स्क्वाड्रन में वृहदाकार सी-17 ग्लोबमास्टर मौजूद था। इन कहानियों के दौरान ही मुझे उनके कमाल के वैश्विक मिशंस के बारे में जानकारी मिली। ऊंचे खड़े चिनूक और बेहद ताक़तवर एमआई-17 हेलीकॉप्टर के नीचे मुझे एक ऐसा विस्मय महसूस हुआ जो मेरी आत्मा में समा गया।

किस्मत की धनी मैं, स्क्वाड्रन के लिए सीमित रहने वाले कैफ़ेटेरिया में फ़ाइटर जेट्स के पायलट्स के साथ, जो अपने हरे ओवरऑल और जीसूट में फब रहे थे, बैठकर भोजन कर सकी। सभी पायलट्स अपनी सॉर्टी पर जाने से पहले, पेट पूजा के लिए इकट्ठे हुए थे।

तेजस, राफ़ेल, अपाचे और प्रचंड के पायलटों और कमांडिंग ऑफ़िसर्स से बातचीत भी उतनी ही रोमांचक थी। बात महज़ विमानों की नहीं थी। मुझे हमारी वायुसेना के स्वभाव के बारे में भी बहुत कुछ जानने को मिल रहा था, जिसे मुझे आप तक लेकर आना था। गरुड़ विमानों तक पहुंचना भी मेरे लिए उतना ही ख़ुशनुमा था। मैं सेना के कुछ शानदार अफ़सरों से मिल पा रही थी।

मगर, एक बड़ा मौक़ा आया ठीक उस वक़्त जब कुछ ही दिनों में ये किताब छपने के लिए जाने वाली थी। ऑपरेशन सिंदूर शुरू हो चुका था। भारतीय वायुसेना पर केंद्रित किताब में अगर इसका ज़िक्र न हो तो उसे अधूरा माना जाएगा। भारतीय वायुसेना ने मुझे मौक़ा दिया कि इस ऐतिहासिक ऑपरेशन की कुछ झलकियां मुझे भी दिख सकें। ये मेरा सौभाग्य था कि मैं तत्कालीन डायरेक्टर जनरल, एयर ऑपरेशन्स और अब डिप्टी चीफ़ ऑफ़ द एयर स्टाफ़, एयर मार्शल अवधेश कुमार भारती, एवीएसएम, वीएम, से मिल सकी। उनकी प्रसिद्ध लाइन, 'हमारा काम है टार्गेट को निशाना बनाना, न कि बॉडी बैग्स की गिनती करना,' दुनियाभर में गूंज रही थी। ये कहना न होगा कि मैं उनकी बातों से पूरी तरह अभिभूत हो चुकी थी। एक और बेहद ख़ास मौक़ा तब आया, जब मुझे एयर वाइस मार्शल जोसेफ़ स्वॉरेस, वाईएसएम, वीएम(जी) से मिलने का सौभाग्य प्राप्त हुआ। उनके नज़रिये और मार्गदर्शन ने इन कहानियों को एक आकार देने में ढेर सारी मदद की।

इन कमाल की महिलाओं और पुरुषों से कहानियां सुनने के बाद जीवन को लेकर मेरे नज़रिये में एक विस्तार आया। उनके भीतर की मज़बूती को देखकर मुझे अहसास हुआ कि हम आमजनों की मुसीबतें कितनी छोटी हैं। एक विशालकाय जहाज़ को हवा में उड़ाते वक़्त, विजयी मुस्कान के साथ, वो भयानक परिस्थितियों से पार पाते जाते हैं,

सबकुछ सही सन्दर्भ में दिखता जाता है। अफ़सरों से हुई बातचीत से लेकर वायुसेना कर्मियों से हुई आम चर्चाओं तक, हर मौक़े ने इस किताब को मूर्त रूप देने में अहम भूमिका निभायी है।

मौजूदा चीफ़ ऑफ़ एयर स्टाफ़, एयर चीफ़ मार्शल अमर प्रीत सिंह और श्रीमती सरिता सिंह से मिलने का सौभाग्य मुझे प्राप्त हुआ और मैं इसका ज़िक्र ज़रूर करना चाहूंगी। इनसे हुई बातचीतों और सुझावों ने इस किताब को और भी मज़बूत बनाया है।

मैं आशा करती हूं कि मैंने इन असाधारण कहानियों के साथ न्याय किया है। उन कर्मियों की कहानियों के सिलसिले में, जिन्होंने देश की सेवा में अपनी जान की क़ुर्बानी दे दी, मैंने उनके कमांडिंग अफ़सरों और साथियों से बातचीत को अपना आधार बनाया, जो धरातल पर उनके साथ मौजूद थे। ये बातचीत असल तस्वीर पेश करने में मदद करती हैं।

इन सभी कहानियों को एयर हेडक्वार्टर पर डायरेक्टरेट ऑफ़ ऑपरेशन्स (मीडिया एंड पब्लिक रिलेशन्स) ने बारीकी से जांचा। साथ ही, उन सभी लोगों ने भी इसे देखा, जिनका ज़िक्र इसमें किया गया है। इसके बाद, हार्परकॉलिन्स के शानदार संपादकों ने इसे और तराशा। ये सच है कि किताब को सामने लेकर आना, एक अकेले के बस की बात है ही नहीं। इस बाबत मैंने पूरी सावधानी बरती है कि हम सभी जानकारियों की जांच-परख करते चलें और पूरी ईमानदारी और सम्मान के साथ इन कहानियों को सामने लाने की कोशिश की है। लेकिन, अगर कोई भी त्रुटि पायी जाती है, तो ये पूरी तरह से ग़ैरइरादतन है और मैं उसकी सारी ज़िम्मेदारी लेती हूं।

मैं आशा करती हूं कि आप इस किताब के और भारतीय वायुसेना की अनकही शौर्यगाथाओं को सामने लाने के लिए किये गए जतन के उद्द्देश्य को समझेंगे। कई महीनों की रिसर्च और पूर्ण समर्पण के बाद इस किताब को तैयार होने में दो साल लगे। इन कहानियों के ज़रिये मैं भारतीय युवाओं को प्रेरित करने का लक्ष्य लेकर चल रही हूं। मैं चाहती हूं कि युवाओं के मन में इस सेना के प्रति सम्मान और भी बढ़े, जिसमें अक्सर मशीनों में जान डालने वाले नीली वर्दी के वीरों की जगह उन मशीनों को ही तरजीह मिल जाती है।

इस विनम्र प्रयास के साथ, मैं इन नायकों को आपके सामने लाने की कोशिश कर रही हूं। शौर्यगाथाएं शुरू की जाएं।

विषय-सूची

भारतीय वायुसेना का इतिहास

वर्ल्ड डायरेक्टरी ऑफ़ मॉडर्न मिलिट्री एयरक्राफ़्ट की 2025 की रैंकिंग के मुताबिक़, भारतीय वायुसेना, हवाई शक्ति के मामले में, विश्व में तीसरा स्थान रखती है। लेकिन जब इसकी शुरुआत हुई थी, तब इसके पास कुल चार एयरक्राफ्ट थे। 8 अक्टूबर 1932 को आधिकारिक रूप से स्थापित हुई भारतीय वायुसेना का जन्म भारत के राजपत्र में इस प्रकाशन के साथ हुआ था:

> *'संख्या 564: भारतीय वायुसेना अधिनियम, 1932 (1932 का XIV) की धारा 1 की उप-धारा (2) के अनुसरण में, गवर्नर जनरल इन काउंसिल 8 अक्टूबर 1932 को उक्त अधिनियम के लागू होने की तिथि निर्धारित करते हैं।'*
>
> *'संख्या 565: गवर्नर जनरल इन काउंसिल 8 अक्टूबर 1932 से भारतीय वायुसेना की स्थापना करने की घोषणा करते हैं।'*

इस छोटी मगर दृढ़ता से भरी सेना ने अपनी यात्रा की शुरुआत वेस्टलैंड वापिती आईआईए बाईप्लेन्स, छह प्रशिक्षित अफ़सरों और उन्नीस हवाई सिपाहियों[1] के साथ की थी। इतने कम संख्याबल के बावजूद, भारतीय वायुसेना ने बहुत जल्दी ही अपनी ताक़त के सुबूत दे दिए। द्वितीय विश्व युद्ध के दौरान इसने मित्र देशों की सेनाओं के

साथ लड़ाई लड़ी थी। यूरोपीय, दक्षिण एशियाई और बर्मा के इलाक़ों में इसकी भूमिका ने इसे वैश्विक पहचान दिलायी और 12 मार्च 1945 को, इसके शौर्य और योगदान को ध्यान में रखते हुए, इसे 'रॉयल' की उपाधि देकर सम्मानित किया गया।

जब भारत को 15 अगस्त 1947 को आज़ादी मिली, वायुसेना को भी ब्रिटिश शिकंजे से आज़ादी मिल चुकी थी। एयर मार्शल सर थॉमस एल्महर्स्ट ने हर स्टेशन को ऐतिहासिक सिग्नल भेजा और ऐलान किया कि अब भारतीय वायुसेना एक स्वतंत्र बल थी, जिसे स्वाधीन भारत के प्रति निष्ठावान रहना था। इस वक़्त सरदार बलदेव सिंह देश के रक्षा मंत्री थे और पंडित जवाहरलाल नेहरू देश के पहले प्रधानमंत्री थे। अगले दिन भारतीय वायुसेना ने पूरे गर्व के साथ, लाल किले के ऊपर, अपने स्पिटफ़ायर, टेम्पेस्ट और हार्वर्ड उड़ाए और एक नए युग की नींव रखी।

भारतीय वायुसेना का इतिहास और उसका विकास अपने आप में एक बहुत बड़ा विषय है, इसलिए एक औसत पाठक को ध्यान में रखते हुए, उनकी समझ की ख़ातिर, मैंने कुछ बिंदु यहां रखने की कोशिश की है। आज़ादी के तुरंत बाद, देश के सामने एक संकट आ खड़ा हुआ था। ये संकट था पाकिस्तानी घुसपैठियों का, जो जम्मू और कश्मीर में किसी भी हाल में पांव पसारने की कोशिश कर रहे थे। जबकि हम उस इलाक़े में भारतीय थलसेना के कौशल और बहादुरी की कहानियां सुनते आये हैं, भारतीय वायुसेना के पराक्रम की बातें उतनी नहीं सुनाई देतीं। कश्मीर को सुरक्षित रखने में रॉयल इंडियन एयर फ़ोर्स की भूमिका पर प्रकाश डालने के लिए, अक्टूबर 1947 के उस वक़्त का ज़िक्र करना होगा, जब पाकिस्तानी आक्रमणकारी कश्मीर की दहलीज पर खड़े थे और सिविलियन डकोटा के साथ 12 नम्बर स्क्वाड्रन, दुश्मन की गोलीबारी का सामना करते हुए, श्रीनगर में[2] सैनिक उतार रही थी। जम्मू-कश्मीर में सेना को अम्बाला के एडवांस्ड फ़्लाइंग स्कूल से स्पिटफ़ायर और नंबर 7, 8 और 10 स्क्वाड्रन के टेम्पेस्ट के ज़रिये मिले हवाई सहयोग का ज़िक्र भी ज़रूर किया जाना चाहिए।

कई मौक़ों पर रॉयल इंडियन एयर फ़ोर्स के टेम्पेस्ट, स्पिटफ़ायर और हार्वर्ड ने आक्रमणकारियों पर बारूद बरसाया और उनके ठिकानों को ध्वस्त किया। इसी क्रम में जिस घटना का ज़िक्र किया जाना चाहिए, वो है श्रीनगर एयरफ़ील्ड के पास हुई विकट लड़ाई जो 3 नवम्बर को कुमाऊं बटालियन और 700 आक्रमणकारियों के बीच लड़ी गयी थी। यहां सात एयर स्ट्राइक्स लॉन्च हुई थीं और इनके चलते बड़ी संख्या में आक्रमणकारी मारे गए थे और उनकी कई लॉरियां बर्बाद कर दी गयी थीं। सभी फ़्रंटलाइन लड़ाकू विमान, संचार और टोह लेना, हवाई ऑपरेशन्स और बाक़ी सभी

अधीनस्थ संगठनों को नियंत्रित करने वाली रॉयल इंडियन एयरफ़ोर्स, एयर कमोडोर मेहर सिंह डीएसओ के नेतृत्व में चल रही थी और जम्मू-कश्मीर में होने वाले सभी हवाई ऑपरेशन के लिए ज़िम्मेदार थी। 'बाबा' मेहर सिंह, जिन्हें एयर कमोडोर मेहर सिंह, डीएसओ, एओसी नंबर 1 (ऑपरेशन्स) ग्रुप, नाम से भी जाना जाता था, ने उन दिनों में महत्वपूर्ण भूमिका अदा की थी। उन्होंने न केवल अपने अधीन सैनिकों की कमांड अपने हाथ में रखी, बल्कि अपने हर काम से शानदार उदाहरण पेश किये। भारतीय वायुसेना के इतिहास को लेकर मैंने जो किताबें पढ़ीं, उनमें एयर चीफ़ मार्शल दिलबाग सिंह का ज़िक्र मिलता है, जो उस वक़्त फ़्लाइंग ऑफ़िसर थे और उन्होंने कश्मीर में ऑपरेशन के दौरान असीम शौर्य का प्रदर्शन कर आधिकारिक सैन्य रिपोर्टों में जगह बनायी थी। कई और वायु योद्धाओं के नाम हैं जिनका उल्लेख मैं करना चाहती हूं, लेकिन फ़िलहाल हम इसी बात तक सीमित रहते हैं कि कैसे रॉयल इंडियन एयर फ़ोर्स ने हज़ारों सैनिकों और हज़ार टन रसद, गोला-बारूद, और मेडिकल किट्स को कुछ डकोटा विमानों और नागरिक विमानों की मदद से पहुंचाया। ये ज़िक्र करना ज़रूरी है कि किसी भी हाल में, नागरिक हवाई दल की बहादुरी फ़ौजियों से कमतर नहीं थी। रॉयल इंडियन एयर फ़ोर्स के लड़ाकू विमानों ने कई टोह लेने वाले और गश्ती अभियानों को भी अंजाम दिया। ख़राब मौसम और दुश्मन की गोलीबारी के बावजूद रॉयल इंडियन एयर फ़ोर्स ने हरसंभव कोशिश की कि हर उस मोर्चे पर मदद पहुंच सके, जो किसी भी तरह से फंसे हुए थे।[3]

फिर आती है पुंछ एयर ब्रिगेड की शानदार कहानी। यहां बंटवारे के वक़्त सांप्रदायिक दंगे हुए थे, जिससे बड़ी संख्या में लोग प्रभावित हुए थे। ऐसे में, भारतीय सेना के ब्रिगेडियर प्रीतम सिंह के नेतृत्व में शरणार्थियों की मदद से हफ़्तेभर के समय में एक हवाई पट्टी का निर्माण किया था जिससे न केवल पुंछ ब्रिगेड के लिए, बल्कि लगभग 10,000 स्थानीय लोगों और 35,000 शरणार्थियों के लिए लगातार आपूर्ति जारी रह सके।[4] इसी हवाई पट्टी पर 8 दिसंबर 1947 को एयर वाइस मार्शल सुब्रतो मुखर्जी और एयर कमोडोर मेहर सिंह ने ज़रूर सामान की आपूर्ति के लिए पहली लैंडिंग की थी। अगले छह दिनों में भारतीय वायुसेना ने 73 सॉर्टी उड़ानें भरीं, 210 टन की सप्लाई की और ये काम 1 जनवरी 1950 को सीज़फ़ायर होने तक जारी रहा।[5] इसी बीच, जम्मू स्थित टेम्पेस्ट और हार्वर्ड विमानों के पुंछ के ऊपर टोही अभियानों और आक्रामक रुख की ख़बरों ने हर मोर्चे के मनोबल को उठाया हुआ था। 1 जनवरी 1950 को सीज़फायर का ऐलान होने तक एयर ब्रिगेड को बनाए रखा गया था।

1950 में हिंदुस्तान ने ख़ुद को गणतंत्र के रूप में स्थापित किया और रॉयल इंडियन एयर फ़ोर्स ने अपने नाम से 'रॉयल' शब्द का परित्याग कर इंडियन एयर फ़ोर्स बन जाना चुन लिया।[6] ये कृत्य भारतीय वायुसेना की देश के प्रति वचनबद्धता का प्रतीक था, जहां इसने देश और इसके नागरिकों की सेवा करने की कसम उठा ली थी। 1 अप्रैल 1954 को, भारतीय वायुसेना ने अपनी इक्कीसवीं वर्षगांठ मनायी। इस क्रम में दिल्ली और आस-पास के इलाक़ों के लोगों के सामने इसने तिलपत रेंज पर शक्ति प्रदर्शन किया, जिसमें लगभग 100 विमान शामिल थे। हर प्रकार से, ये एक ऐतिहासिक मौक़ा था क्यूंकि इसी दिन देश के राष्ट्रपति ने भारतीय वायुसेना द्वारा देश को दी गयी सेवाओं का सम्मान करते हुए, एक औपचारिक परेड में, इसके झंडे और प्रतीक चिह्न दिए। ये वही दिन था, जब एयर मार्शल सुब्रतो मुखर्जी ने वायुसेना के पहले चीफ़ ऑफ़ एयर स्टाफ़ का पद संभाला। ये भारतीय वायुसेना के पूर्ण रूप से 'हिंदुस्तानीकरण' होने का प्रतीक था क्यूंकि रॉयल एयर फ़ोर्स के सभी अफ़सर, जो इंडियन एयर फ़ोर्स में आये थे, अब देश से जा चुके थे और उनके सभी पदों को भारतीय अफ़सर संभाल रहे थे।[7] एयर मार्शल सुब्रतो मुखर्जी को 'भारतीय वायुसेना के जनक' के रूप में जाना जाता है।

1951-52 के समय में, सरकार ने सशस्त्र सेनाओं को पाकिस्तान से आने वाले ख़तरे के बारे में जानकारी दी और भारतीय वायुसेना को आनन-फानन में अपनी इमरजेंसी यूनिट्स की संख्या बढ़ानी पड़ी। 1952 में, सरकार ने सशस्त्र बल पुनर्गठन समिति के सुझावों को मानते हुए तय किया कि मार्च 1957 तक वायुसेना को पंद्रह स्क्वाड्रन तक विस्तृत कर दिया जाना चाहिए। इसमें आठ फ़ाइटर बॉम्बर स्क्वाड्रन, एक नाइट फ़ाइटर स्क्वाड्रन, एक फ़ोटो टोही स्क्वाड्रन, दो लाइट बॉम्बर स्क्वाड्रन, एक मरीटाइम टोही स्क्वाड्रन, दो ट्रांसपोर्ट स्क्वाड्रन, अधीनस्थ और सहयोगी दस्ते और ट्रेनिंग यूनिट शामिल थीं।[8] अपने शुरुआती वर्षों में, भारतीय वायुसेना ने अपने कार्यक्षेत्र को फैलाया और कैरिबू और सी-117 फ़ेयरचाइल्ड पैकेट जैसे भारी ट्रांसपोर्ट विमान शामिल कर लिए। इन विमानों ने लम्बी दूरी तक सेना, सप्लाई और उपकरणों को लाने-ले जाने के मामले में भारतीय वायुसेना को इतना सक्षम बना दिया कि अब वो देश के दूरस्थ इलाक़ों तक पहुंच सकती थी। हेलीकॉप्टर्स के आ जाने से अब पहुंच और भी आगे तक बढ़ चुकी थी। ऐसी-ऐसी जगहों तक पहुंचा जा सकता था, जिनके बारे में इससे पहले कल्पना भी नहीं की जा सकती थी। इस तरह से वायुसेना पर ज़िम्मेदारियां भी बढ़ रही थीं। फ़ाइटर स्क्वाड्रन को मिले विस्तार के बारे में भी बात

की जानी चाहिए। लेकिन, उसके ब्यौरों में जाना न ही इस किताब का उद्देश्य है और न ही प्रारूप के अनुसार उचित।

आज, भारतीय वायुसेना एक बड़े बदलाव से गुज़र रही है। ये एक नीतिगत बल से आगे बढ़कर रणनीतिक पहुंच और उन्नत क्षमताओं वाली शक्ति बन रही है। अत्याधुनिक तकनीक के साथ, आज ये ख़ुद को बेहतर करने के लिए स्पेस आधारित शक्तियों से काम लेती है, जिसमें सैटेलाइट और ड्रोन प्रमुख हैं। 2025 में ऑपरेशन सिंदूर के दौरान, भारतीय वायुसेना की संचालन क्षमता और इसके एकीकृत एयर कमांड और कंट्रोल सिस्टम, राष्ट्रीय गर्व का विषय रहे। भारतीय वायुसेना ने एकीकृत स्पेस सेल का भी काम किया और अंतरिक्ष विभाग (DoS) और भारतीय अंतरिक्ष अनुसंधान संगठन (ISRO) के साथ काम करते हुए अंतरिक्ष में भारतीय हितों को सुरक्षित किया हुआ है। इस किताब के संपादन के समय तक, न्यूज़ पोर्टल्स पर भारतीय वायुसेना के एक टेस्ट पायलट और इसरो के अंतरिक्ष यात्री ग्रुप कैप्टन शुभांशु शुक्ला और Axiom 4 मिशन के तहत उनके आगामी अंतर्राष्ट्रीय अंतरिक्ष स्टेशन की उड़ान की ख़बरें छाई हुई हैं। वो 1984 के बाद अंतरिक्ष में जाने वाले भारत के दूसरे राष्ट्रीय अंतरिक्ष यात्री और वायुसेना पायलट बनने जा रहे हैं।

भारतीय वायुक्षेत्र की सुरक्षा, भारतीय वायुसेना का प्राथमिक काम है। लेकिन, इसकी भूमिका कई और मिशनों तक भी फैल चुकी है। सैन्य अभियानों से लेकर मानवीय प्रयासों तक, भारतीय वायुसेना ने अपनी कार्यक्षमता के तमाम उदाहरण पेश किये हैं। समय-समय पर, प्राकृतिक आपदाओं और मानवीय त्रासदियों के दौरान इसने बचाव और राहत पहुंचाकर ज़रूरतमंद नागरिकों की मदद की है। रक्षा करने और मदद पहुंचाने के इस डबल रोल में काम करते हुए भारतीय वायुसेना ने राष्ट्रीय सुरक्षा और नागरिकों के कल्याण को लेकर अपनी प्रतिबद्धता स्पष्ट रूप से ज़ाहिर की है।

मौजूदा वक़्त में, भारतीय वायुसेना, विमानों की संख्या के मामले में दुनिया की चौथी सबसे बड़ी वायुसेना है। लेकिन, आधुनिकीकरण, प्रतिरोध और सुरक्षा क्षमता, ज़रूरी सामान और परिवहन के इंतज़ाम, स्पेशल मिशन, समर्पित बॉम्बर फ़ोर्स, सीएएस, ट्रेनिंग और दूसरे कारकों के चलते इसे दुनिया की तीसरी सर्वश्रेष्ठ वायुसेना माना जाता है। ये सात एयर कमांड्स के साथ काम करती है, जिसमें पांच ऑपरेशनल, एक ट्रेनिंग और एक मेंटेनेंस एयर कमांड शामिल हैं। ये सभी देशभर में फैले तमाम स्टेशनों और टुकड़ियों की देखरेख करते हैं। ये सभी कमांड्स दुनिया के सबसे आधुनिक और उन्नत विमानों और मशीनरी से लैस हैं, जिससे भारतीय वायुसेना

किसी भी ख़तरे की घड़ी में या मिशन के दौरान बेहद सटीकता से और प्रभावी ढंग से काम कर सकती है।

लेकिन, भूतकाल, वर्तमान और भविष्य में, भारतीय वायुसेना की सबसे कीमती संपत्ति है इसके सेनाकर्मी: वो अनगिनत लोग, जो नीली वर्दी धारण करते हैं। ये सभी बेहद गर्व और समर्पण के साथ अपनी सेवाएं देते हैं और सुनिश्चित करते हैं कि हर रात, इस देश के लोग ये समझते हुए चैन से सो सकें, कि देश का आसमान सुरक्षित हाथों में है।

इन्हीं पुरुषों और महिलाओं की वजह से सेवा, बलिदान और सम्मान की ये विरासत अडिग बनी हुई है।[१]

आरम्भ
ऑपरेशन सिंदूर

उस रोज़ सबकुछ वैसा ही था, जैसा एक आम शाम में होता है। लेकिन सुबह होते-होते, भारत और पाकिस्तान के बीच सबकुछ हमेशा-हमेशा के लिए बदल चुका था।

7 मई 2025 को, देश के एक बेहद सुरक्षित कंट्रोल रूम में, भारतीय सेना के सबसे बड़े नामों ने अपनी स्क्रीन पर कुछ डॉट्स देखे – हर डॉट आतंक के एक अड्डे को चिह्नित कर रहा था। इन डॉट्स की कुल संख्या नौ थी। पाकिस्तान और पाकिस्तान अधिकृत कश्मीर में फैले ये सभी नौ आतंकी अड्डे, भारतीय स्मृति में क़ैद हो चुके अथाह दुख और दर्द का सबब थे।

और फिर आया एक आदेश। बेहद शांत तरीक़े से दिया गया। स्पष्ट। संयमित। विनाशकारी।

ऑपरेशन सिंदूर शुरू हो चुका था।

अगले बीस से पच्चीस मिनट तक, भारतीय वायु सेना ने राफ़ेल, सुखोई (Su-30MKI), मिराज 2000 फ़ाइटर और तमाम ड्रोन्स और मिसाइलों समेत कई घातक हथियारों का इस्तेमाल किया। अनेकानेक विमानों से दागे गए इन सटीक निशाना लगाने वाले हथियारों ने लक्षित क्षेत्र को जमकर नुकसान पहुंचाया। इस दौरान एक भी भारतीय

जेट ने भारतीय वायुक्षेत्र को पार नहीं किया। ठीक इसी वक़्त, भारतीय थल सेना ने अपनी 155एमएम आर्टिलरी फ़ायरिंग शुरू कर दी और साथ ही मानवरहित हवाई उपकरणों और घातक ड्रोन्स को भी काम पर लगा दिया, जिससे मुख्य आतंकी ठिकानों को ज़्यादा से ज़्यादा क्षति पहुंचायी जा सके। जिस वक़्त भारतीय नौसेना – उत्तरी अरब सागर में सक्रिय होकर – पाकिस्तानियों की किसी भी हरकत का, पूरी सख़्ती के साथ मुंहतोड़ जवाब देने की तैयारी कर रही थी, समुद्र में लाइव फ़ायरिंग और नौसेना की कॉम्बैट ड्रिल्स की रिपोर्ट आना शुरू हो गयीं। ये पाकिस्तान को एक इशारा था, जो उन्हें बता रहा था कि भारतीय नौसेना भी उनकी ख़ातिरदारी के लिए पूरी तरह तैयार थी।

बाद में, माननीय रक्षा मंत्री राजनाथ सिंह ने कहा, 'हमारे शक्तिशाली कैरियर बैटल ग्रुप ने ये सुनिश्चित किया कि पाकिस्तानी नौसेना बाहर न निकले, अन्यथा उसे परिणाम भुगतने होंगे।'

दुश्मनों को जिस बात ने सबसे ज़्यादा चौंकाया, वो था भारतीय मिसाइलों का उनके आतंकी ठिकानों पर सटीक और अचूक हमला। ये ठिकाने पाकिस्तानी सीमा में 300 किलोमीटर भीतर तक थे और ये सबकुछ तब हुआ, जब पाकिस्तानी सेना पहले से हाई अलर्ट मोड में बैठी हुई थी। भारतीय सेना की तैयारी और पहुंच का ये बहुत बड़ा सबूत था।

भारतीय आक्रामकता पूरी तरह से सोची-समझी रणनीति का हिस्सा थी। भारतीय सेनाओं ने सोच-समझकर इस हमले की प्लानिंग की थी और किसी भी मौके पर भौगोलिक सीमाओं का उल्लंघन नहीं किया। लक्ष्यों को लम्बी दूरी से मार गिराया जा रहा था और इस अचूक कार्रवाई ने पाकिस्तान को और भी ज़्यादा चौंकने पर मजबूर किया और उनके आत्मबल को झिंझोड़कर रख दिया। ये कोई आम ठिकाने नहीं थे। ये आतंकवाद के वो महत्वपूर्ण क़िले थे, जिन्हें पाकिस्तान का सैन्य संरक्षण मिला हुआ था।

ऐसा समझा जा सकता था कि इस पूरे उपक्रम के दौरान, भारतीय सेना ने बेहद स्पष्ट रूप से ये बता दिया था कि जो भी देखा जा रहा था, वो सशस्त्र सेनाओं की असल कार्यक्षमता की एक झलक मात्र थी। मक़सद बस एक ही था: आतंकी अड्डों और उन्हें मदद पहुंचाने वाले ठिकानों को मिट्टी में मिलाना।

भारतीय अधिकारियों ने पूरी सूझ-बूझ के साथ ये फैसला लिया था कि वो, संसाधनों की उचित उपलब्धता और सक्षम होने के बावजूद, किसी भी हाल में पाकिस्तान के आम नागरिकों की आबादी वाले क्षेत्र को निशाना नहीं बनायेंगे। हथियार और उन्हें दागने

के लिए ज़रूरी उपकरण, जिस जखीरे से लाये गए थे, वो इतना समृद्ध था कि किसी ख़ास क्षेत्र को निशाना बनाने से लेकर बड़े विध्वंस के लिए सारा ज़रूरी सामान वहां मौजूद था। मगर, भारत ने संयम को चुना। ये कार्रवाई अधिकतम नुकसान पहुंचाने के लिए नहीं थी बल्कि आतंकवाद के ख़िलाफ़ एक संदेश देने के लिए थी, जिसके तहत आतंकी अड्डों को निशाना बनाया जाना था।

एक साथ हुए हमलों में, पाकिस्तान के भीतर जिन ठिकानों को बर्बाद किया गया, वो थे:

बहावलपुर में मरकज़ सुभान अल्लाह – ये जैश-ए-मोहम्मद का घर और हेडक्वार्टर था। अन्तर्राष्ट्रीय सीमा से 100 किलोमीटर की दूरी पर मौजूद ये जगह न केवल मसूद अज़हर का घर थी बल्कि ये वही जगह थी, जहां पुलवामा के आत्मघाती हमले की योजना बनायी गयी थी। इतना ही नहीं, इसी जगह से मसूद अज़हर ने भारत के ख़िलाफ़ कई ज़हरीले भाषण भी दिये थे। इसी जगह पर सैकड़ों आतंकियों ने ट्रेनिंग ली थी जिसमें हथियारों, विस्फ़ोटकों का प्रशिक्षण शामिल था और उन्हें यहीं पर नफ़रत की आग में झोंका जाता था। उस रात, यहां अज़हर के कई रिश्तेदार मौजूद थे जो मारे गए और जिन्हें पाकिस्तान का संरक्षण मिला हुआ था। अगले ही दिन, भारतीय वायुसेना की स्ट्राइक के बाद, पाकिस्तानी सेना के कई बड़े अधिकारी, मारे गए आतंकियों के शवों के सामने शोक संतृप्त नज़र आये और उन्हें श्रद्धांजलि देते दिखायी दिये। भारतीय सेना ने आसमान से जो आग बरसायी, उसने 'ग़ैर-राजकीय' और राजकीय कारकों के बीच खिंची रेखा को मिटा दिया था। पाकिस्तान के सैन्य संगठन और आतंकी संगठनों के गठजोड़ को पूरी दुनिया देख सकती थी।

भारतीय सशस्त्र बलों ने सियालकोट के पास महमूना जोया आतंकवादी ठिकाने पर भी हमला किया - यह जगह अंतर्राष्ट्रीय सीमा से सिर्फ 12 किमी दूर थी और हिजबुल मुजाहिदीन का इलाका था। पठानकोट एयर बेस पर हमला इसी आतंकवादी कैंप से प्लान किया गया था और वहीं से अंजाम दिया गया था। सालों तक यह कैंप पाकिस्तानी सेना की सुरक्षा और संरक्षण में बिना किसी रोक-टोक के चलता रहा।

सरजाल, तेहरा कलां अंतर्राष्ट्रीय सीमा से मात्र 6 किलोमीटर दूर है और सीमापार इलाक़ों तक जाने वाली सुरंग, ड्रोन लॉन्च और भारतीय सीमा में हथियारों की तस्करी के लिहाज़ से संवेदनशील जगह थी। इसके साथ ही, जैश-ए-मोहम्मद द्वारा इस जगह का इस्तेमाल, जम्मू-कश्मीर में घुसपैठ के लिए लॉन्च पैड की तरह किया जाता था। ये जगह 'दूरसंचार' के लिए भी इस्तेमाल होती थी। आतंकवादियों को सभी जानकारियां

और निर्देश, उनके पाकिस्तान में बैठे आकाओं से, यहीं से मिलते थे। लेकिन उस रात, अचूक निशाने के ज़रिये, इसे ध्वस्त कर दिया गया।

मुरीदके स्थित लश्कर-ए-तैयबा के हेडक्वार्टर को भी निशाना बनाया गया। ये जगह भारतीय सेना से मात्र 25 किलोमीटर दूर थी और सालों से पाकिस्तानी संरक्षण में फल-फूल रही थी। ये ठीक वही जगह थी, जहां मुंबई में हुए 26/11 के नरसंहार की प्लानिंग की गयी थी। ये वही प्रांगण था जहां अजमल कसाब और उसके साथी आतंकियों को ट्रेनिंग दी गयी थी। डेविड हेडली और तहव्वुर राणा यहां पर नियमित मेहमान हुआ करते थे। इसके निर्माण के लिए ओसामा बिन लादेन ने ख़ुद पैसे दान दिये थे।

पाकिस्तान अधिकृत कश्मीर में मौजूद लक्ष्यों को भी ध्वस्त किया गया था। पाक अधिकृत कश्मीर में, लाइन ऑफ़ कंट्रोल से मात्र 9 किलोमीटर दूर, बरनाला कैम्प और लश्कर-ए-तैयबा के आतंकियों का एक जाना-माना अड्डा, दोनों उड़ा दिए गए। इस कैम्प में जितने लोग आते-जाते थे, उतने इस इलाक़े के किसी भी स्कूल, किसी भी मस्ज़िद में नहीं आते थे। इसी जगह से राजौरी, पुंछ और रियासी तक हथियार भी पहुंचाए जाते थे। जम्मू के स्थानीय लोगों के लिए ये सीधा ख़तरा था। भारतीय सेना ने सुनिश्चित कर दिया था कि ऐसा दोबारा कभी नहीं होगा।

कोटली में गुलपुर कैम्प और अब्बास कैम्प – जहां दो अलग-अलग अड्डे बने हुए थे और दोनों ही बड़े आतंकी ठिकाने थे – को भी बर्बाद कर दिया गया। एक जगह पर लश्कर के सुसाइड बॉम्बर्स को ट्रेनिंग मिलती थी और दूसरी जगह से हिज़बुल की बॉर्डर एक्शन टीम, स्नाइपर और ऊंचाई पर लड़ने वाली गुरिल्ला टुकड़ियों को चलाया जाता था। ये आतंकियों का बड़ा और विशिष्ट खेमा था जो भारतीय सीमा में हरकतों को अंजाम देता था। इनको प्रशिक्षण देने वाले ज़्यादातर लोग पाकिस्तानी सेना के रिटायर्ड अधिकारी थे और उनके निशाने पर ज़्यादातर भारतीय सैनिक हुआ करते थे। आज उनकी एक भी बिल्डिंग अस्तित्व में नहीं है।

मुज़फ़्फ़राबाद में सवाई नाला कैम्प में एक ख़तरनाक आतंकी एकेडमी चलती है, जहां किसी समय पर अजमल कसाब को ट्रेनिंग मिली थी। इस कैम्प को एक ही झटके में साफ़ कर दिया गया। इसके पास ही मरकज़ सईदना बिलाल है जो कि जैश-ए-मोहम्मद और पाकिस्तानी सेना के स्पेशल सर्विसेज़ ग्रुप की मिलीभगत से चलाया जाता था। इसका भी वही हश्र हुआ। यहां पर सैकड़ों आतंकियों को भारतीय ज़मीन पर घुसने, नागरिकों को मारने, आईईडी ब्लास्ट करने, स्कूलों और बसों को उड़ाते हुए ख़ुद को ख़त्म करने की ट्रेनिंग मिलती थी। ये लोग इस पूरे काम को जिहाद का नाम

देते थे और इन्हीं जगहों से इसका प्रचार-प्रसार करते थे। उन्हें मालूम ही नहीं था कि 7 मई 2025 की रात उनके लिए क्या कुछ लेकर आने वाली थी। वो अपने सुरक्षित ठिकानों में थे और नहीं जानते थे कि ये दिन ऐसा दर्द और कष्ट लेकर आने वाला था, जिसकी उन्होंने अपने सपने में भी कल्पना नहीं की होगी।

ये कोई अकेली प्रतिक्रिया नहीं थी। ये दशकों लम्बे उकसावे का नतीजा था।

ये पुलवामा, 26/11, पठानकोट, उरी और कश्मीर में चले आ रहे दशकों के ख़ून-ख़राबे और हाल में घटी पहलगाम की घटना का नतीजा था, जहां 22 अप्रैल 2025 को आतंकियों ने मासूम सैलानियों पर उनका धर्म पूछ-पूछकर गोलियां बरसायी थीं। कितनी महिलाएं विधवा हो गयी थीं। उनके माथे से सिंदूर पोछ दिया गया था।

आतंकियों ने जो संदेश पीछे छोड़ा, वो था: 'जाकर मोदी को बताओ।'

उन्हें ऐसा लगता था कि हिंदुस्तान अपने हाथ बांधे रहेगा। वो बीते मौक़ों की तरह इस बार भी 'रणनीतिक संयम' दिखाएगा। लेकिन, जब देर रात को दुश्मन की आंख खुली तो ऑपरेशन सिंदूर अपने उरूज पर था।

पाकिस्तान को भारतीय प्रतिक्रिया का अंदाजा था और उसने ये सब देखते हुए अपनी सुरक्षा के इंतज़ाम कर रखे थे। पाकिस्तान ने ज़मीन से हवा में मार करने वाली मिसाइलें तैयार रखी थीं, अपनी चौकियों पर सबकुछ तैयार करना शुरू कर दिया था, सीमा-पार से कमांडो हमलों से बचाव की तैयारी कर ली थी। लेकिन हिंदुस्तान ने ऐसा कोई रास्ता नहीं चुना, जिसकी उन्होंने तैयारी की हुई थी। ये कारगिल सरीखा पहाड़ी युद्ध नहीं था और न ही बालाकोट स्टाइल का हवाई हमला था।

इस युद्ध की रणनीति नई थी। एक भी सैनिक ने एलओसी पार नहीं की और फिर भी, सारे ठिकाने नष्ट कर दिए गए।

निगरानी करने के लिए कई हफ़्तों से ड्रोन उड़ रहे थे। सिग्नलों को इंटरसेप्ट कर जानकारी हासिल की गयी। तौर-तरीकों पर ध्यान दिया गया। समय तय किया गया और फिर एक साथ 9 आतंकी ठिकानों पर आग बरसायी गयी। ये सारा काम पूरी सटीकता के साथ किया गया था, जिसने पाकिस्तान के सबसे बड़े पदों पर बैठे लोगों को हिलाकर रख दिया था। एक भी निशाना चूका नहीं था। बीस से पच्चीस मिनट के अंदर, नौ आतंकी ठिकानों पर कहर बरपाया जा चुका था। इनमें 5 ठिकाने पाक अधिकृत कश्मीर में थे और चार पाकिस्तान के पंजाब प्रान्त में थे।

ये एक नयी सुबह की शुरुआत थी। एक ऐसा मौक़ा था, जब हिंदुस्तान ने पूरी स्पष्टता के साथ, बगैर किसी झिझक के, करारा जवाब दिया था। ऑपरेशन सिंदूर के

साथ, प्रधानमंत्री नरेंद्र मोदी की सरकार ने दशकों के संयम को पीछे छोड़ दिया। संदेश एकदम साफ़ था: पाकिस्तान की ओर से कोई भी उल्लंघन हुआ तो जवाब में कड़ी कार्रवाई की जाएगी। महज़ निंदा करने का दौर ख़त्म हो चुका था। भारत ने नए सिरे से लकीर खींच दी थी और ये काम साधिकार और बगैर किसी झिझक के किया गया था।

यहां से अगर पाकिस्तान कोई भी कदम उठाता तो उसे बेहद बुरा अंजाम भुगतना पड़ता।

हमले के कुछ ही दिनों के भीतर, भारतीय रक्षामंत्री श्री राजनाथ सिंह ने श्रीनगर में बादामी बाग़ कैंटोनमेंट में भारतीय सेना के जवानों को संबोधित करते हुए, इस बदलाव को अपने अंदाज़ में बयां किया, 'प्रधानमंत्री श्री नरेन्द्र मोदी ने आतंकवाद के ख़िलाफ़ भारत की नीति को फिर से परिभाषित किया है।'

उन्होंने घोषणा की, 'अब भारत की धरती पर किए जाने वाले किसी भी हमले को युद्ध की कार्रवाई माना जाएगा।'

तत्कालीन डायरेक्टर जनरल ऑफ़ एयर ऑपरेशन्स, एयर मार्शल अवधेश कुमार भारती एवीएसएम वीएम, ने बेहद दृढ़ आवाज़ में मुझसे कहा, 'उन्होंने आम नागरिकों को निशाना बनाया। टूरिस्ट, परिवार, वो लोग, जो शांति से छुट्टियां मनाने गए थे। उन्हें पॉइंट-ब्लैंक रेंज पर मारा गया। मैं इसे अमानवीय कहता हूं। एक देश के तौर पर, हम शांति चाहते हैं। हम जीना और जीने देना चाहते हैं। लेकिन जब बार-बार आपको उकसाया जाए, एक ऐसा मौक़ा आता है जब आपको जवाब देना पड़ता है और हमने ऐसा किया। हमने उनके आतंकी ठिकानों को, ट्रेनिंग सेंटर और उनके छिपने के ठिकानों को निशाना बनाया। हमने आम नागरिकों को निशाना नहीं बनाया, हमारे निशाने पर आतंकवाद था।'

उनकी बात एकदम सही थी। भारत ने पाकिस्तान के भीतर, गहरे में बसे आतंकवाद के ठिकानों पर चोट की थी। लेकिन इस सबसे महज़ आतंकवादी ही चिंतित नहीं हुए थे। पूरे पाकिस्तानी तंत्र में भूचाल आ गया था। 7 मई को हुई इन अभूतपूर्व स्ट्राइक्स के चंद घंटों के भीतर पाकिस्तान की सेना हड़बड़ाहट के साथ हरकत में आ गयी। सुरक्षा तंत्र को चालू किया जा चुका था, अधिकारियों और सैन्यकर्मियों की आवाजाही शुरू हो चुकी थी और देश की वायुसेना को हाई अलर्ट पर रख दिया गया था।

और फिर, आसमान रोशन हो उठा।

कुछ-एक अनुमान के मुताबिक़, दोनों देशों के लगभग 125 फ़ाइटर जेट्स आसमान में उड़ रहे थे और हवाई युद्ध के लिए तैयार थे। भारतीय और पाकिस्तानी विमानों ने अपने-अपने रडार लॉक कर लिए थे और लॉन्ग-रेंज की मिसाइलें दागनी शुरू कर

दीं। ये भीषण लड़ाई एक घंटे से ज़्यादा देर के लिए चली। दुर्घटनाग्रस्त हुए विमान की अटकलों के बीच तत्कालीन डायरेक्टर जनरल ऑफ़ एयर ऑपरेशन्स का दिल्ली से वो बयान आया जो अब ऐतिहासिक दर्जा प्राप्त कर चुका है: 'हम युद्ध की स्थिति में हैं। नुकसान किसी भी युद्ध का हिस्सा होता है। एक सवाल, जो पूछा जाना चाहिए, वो ये है कि क्या हमने अपना लक्ष्य प्राप्त कर लिया है? और उसका जवाब है एक ज़ोरदार हां। पूरी दुनिया ये नतीजे अपनी आंखों से देख सकती है।'

आतंक के ठिकानों पर जिस तेज़ी से हमले हो रहे थे और ये सभी हमले इस कद्र सटीक थे कि ये सब देखकर पाकिस्तान सदमे में जा चुका था। लेकिन कुछ ही वक़्त में ये सदमा बेमतलब के बयानों और उग्रता में बदल गया। इस्लामाबाद के सैन्य और सत्ता के गलियारों से आवाज़ें आना शुरू हुईं और भारतीय प्रतिक्रिया को 'युद्ध की कार्रवाई' बताया जाने लगा।

उसी रोज़, पाकिस्तान के प्रधानमंत्री शहबाज़ शरीफ़ ने एक्स पर लिखा, 'भारत द्वारा किए गए इस युद्ध के कृत्य का पाकिस्तान को जोरदार तरीके से जवाब देने का पूरा अधिकार है। ज़ोरदार जवाब दिया जा रहा है... दुश्मन को उसके दुर्भावनापूर्ण इरादों में कभी कामयाब नहीं होने दिया जाएगा।'

बताया जाता है कि उन्होंने पाकिस्तान के चीफ़ ऑफ़ आर्मी स्टाफ़, सैयद आसिम मुनीर अहमद शाह को खुली छूट और जो ठीक लगे, वो कदम उठाने की आज़ादी दे दी थी।

24 अप्रैल 2025 के ठीक बाद से पाकिस्तान ने हर दिन सीज़फायर का उल्लंघन किया था। उन्होंने छोटे हथियारों से गोलीबारी की और भारतीय सेना को उकसाने के लिए या आतंकियों को घुसपैठ में मदद करने के उद्देश्य से, एलओसी पर गोले दागने जारी रखे थे।

हालांकि, 7 मई को भारतीय हमलों के बाद, पाकिस्तान ने पहले पहल तो जम्मू-कश्मीर के भारतीय सीमा के भीतर वाले हिस्से पर आर्टिलरी शेलिंग और छोटे हथियारों से फ़ायरिंग तेज़ कर दी। इस दौरान कुपवाड़ा से लेकर बारामुला, उरी से लेकर पुंछ, राजौरी और अखनूर प्रभावित हुए। सीमा से लगे गांव और कस्बे ख़तरे के केंद्र में थे। तोप के गोले बरस रहे थे जिसके चलते कई आम नागरिक मारे गए, कई घरों, स्कूलों और यहां तक कि अनेक धर्मों से जुड़े धार्मिक स्थलों को भारी नुकसान पहुंचा। इस सबके बीच पाकिस्तान ने ये भी दावा किया कि भारतीय शेलिंग ने उसके नीलम-झेलम हाइड्रोपॉवर प्लांट को नुकसान पहुंचाया था।

उस रात, पाकिस्तान ने भारत के उत्तरी और पश्चिमी छोर पर ड्रोन और मिसाइलों से हमले करने शुरू कर दिए। वो न केवल सेना की इमारतों को निशाना बना रहा था, बल्कि जम्मू, कश्मीर, पंजाब, राजस्थान और यहां तक कि गुजरात के घने आबादी वाले इलाक़ों को भी नुकसान पहुंचाने की कोशिश कर रहा था। उनके निशाने पर जो जगहें थीं, उनसे सारा माजरा समझ में आ रहा था: भारतीय सेना के पंद्रह फ्रंटलाइन बेस जिसमें अवंतीपुरा, श्रीनगर, जम्मू, पठानकोट, अमृतसर, जालंधर, बठिंडा, आदमपुर, लुधियाना, चंडीगढ़, नाल, फलोदी, उत्तरलाई और भुज शामिल थे।

पाकिस्तान ने अपने काउंटर-ऑपरेशन को नाम दिया 'बुनयान-अल-मरसुस'[1] जिसका शाब्दिक अर्थ होता है 'लोहे की मज़बूत दीवार'। भारत इस जवाबी कार्रवाई के लिए महज़ तैयार ही नहीं था बल्कि मुंहतोड़ जवाब देने के मूड में था। भारत ने देश की नागरिकीय और सैन्य प्रतिष्ठानों को निशाना बनाने के पाकिस्तान के हर मंसूबे पर लगातार पानी फेरना जारी रखा। दुश्मन बेताब था और उनकी परमाणु हमले और दूसरी धमकियों की बातें लगातार खोखली साबित होती जा रही थीं। हर ड्रोन और हर मिसाइल को सुरक्षा तंत्र निरस्त करता जा रहा था। ये सबकुछ उस रणनीति के तहत हो रहा था, जिसे बनाने में और अर्जित करने में दशकों की मेहनत और संसाधन लगे थे।

भारत का एकीकृत काउंटर-अनमैंड एयरक्राफ़्ट सिस्टम (सीयूएएस) और कई स्तरों पर काम करने वाली एयर डिफ़ेंस ग्रिड हरकत में आ गयी और अपनी पूरी क्षमता के साथ काम करने लगी। एक के बाद एक, आते जा रहे ख़तरों को हवा में ही निष्प्रभावी कर दिया गया।

उधर, आसमान से इतर भी एक लड़ाई लड़ी जा रही थी। ज़मीन और पानी पर। 7 मई को, जब भारतीय मिसाइलें आसमान में उड़ती दिखायी दे रही थीं, एक और युद्ध शुरू होने को तैयार था। ऐसा युद्ध, जो फ़ाइटर जेट्स या तोप के गोलों से नहीं बल्कि इंटरनेट की सीमारहित और हड़बड़ी से भरी दुनिया में लड़ा जाना था। इस युद्ध का डिजिटल फ्रंट खुल चुका था।

इस्लामाबाद ने एक्स पर पंद्रह महीने पहले लगाया बैन हटाया और उसके कुछ ही देर बाद सोशल मीडिया प्लेटफ़ॉर्म पर आग लग गयी। हालांकि पाकिस्तानी सेना का आधिकारिक हैंडल ख़ामोश ही रहा लेकिन उसकी डिजिटल सेना जागृत हो चुकी थी। डीपफ़ेक, ग़लत जानकारियां और संयोजित मनोवैज्ञानिक स्तर पर प्रभावित करने वाली सामग्री सभी की टाइमलाइन्स पर दिखाई पड़ने लगीं। इन सभी के बीच भारत के विदेश मंत्री, डॉ. एस. जयशंकर का एक ऐसा वीडियो शेयर किया गया जिसके साथ

छेड़छाड़ की गयी थी। इस डॉक्टर्ड वीडियो को अफ़रातफ़री और बदगुमानी फैलाने के उद्देश्य से शेयर किया जा रहा था जिसका सच भारत के प्रेस इनफ़ॉर्मेशन ब्यूरो ने सभी के सामने रखा।

इस सबसे संदेश साफ़ हो चुका था कि ये युद्ध अकेले एक मोर्चे पर नहीं लड़ा जाने वाला था। हर तरह के मीडिया को हथियार की तरह इस्तेमाल किया जा रहा था।

भारतीय सेना पूरी तरह से तैयार थी। बालाकोट एयरस्ट्राइक्स के बाद भारतीय सेना ने स्ट्राइक और वो जिस हमले की प्रतिक्रिया की थी, को लेकर बहुत कुछ नहीं कहा था, लेकिन पाकिस्तान ने काफ़ी प्रोपेगेंडा फैलाया था और ऐसा झूठा घटनाक्रम और कथानक तैयार किया, जो वैश्विक मीडिया में दिखाया गया। छह साल बाद, हिंदुस्तान किसी भी हाल में पाकिस्तान को हर ओर झूठी जानकारियां फैलाने में सफल नहीं होने देने वाला था।

इस बार, जवाब न केवल क़रारा था, बल्कि सुनियोजित भी था। ज़मीनी ऑपरेशन के साथ-साथ जानकारी फैलाने के कैम्पेन भी चालू थे। बड़े से बड़े स्तर पर सबकुछ पूर्वनियोजित तरीक़े से चल रहा था और कथानक एक-एक महीन बात को ध्यान में रखते हुए गढ़ा जा रहा था। पहलगाम हमले के बाद, भारतीय खेमे ने महज़ बयान नहीं जारी किये बल्कि पूरी हनक के साथ सच सामने पेश किया था। सभी डिजिटल प्लेटफ़ॉर्म्स पर इस हमले के ज़िम्मेदार लोगों को निशाना बनाया गया था और भारतीय संदेश हर शोर और प्रोपेगेंडा को काटते हुए सभी दिशाओं में पहुंच रहा था।

पहला आधिकारिक बयान किसी एक मंच से नहीं बल्कि एक शानदार तिकड़ी के माध्यम से आया। ये तीन लोग थे, भारतीय थलसेना की कर्नल सोफ़िया क़ुरैशी, भारतीय वायुसेना की विंग कमांडर व्योमिका सिंह और भारत के विदेश सचिव विक्रम मिसरी। उनका शांत रवैया, नपा-तुला लहजा और शब्दावली के सटीक प्रयोग ने ख़बरों में जगह बनायी। लेकिन एक बात और थी, जिसने हर किसी का ध्यान खींचा – एक वरिष्ठ राजनयिक के साथ सेना की वर्दी में दो महिलाएं खड़ी हुई थीं। इस बात को सभी ने देखा, समझा और इसे समावेशिता, संकल्प, एकता और शक्ति का स्वरूप माना। सिर्फ़ पाकिस्तान ही बल्कि पूरी दुनिया के लिए एक संदेश जा चुका था।

बाद में, जब मैंने विंग कमांडर व्योमिका सिंह से इस बारे में पूछा तो उन्हें बेहद गरिमापूर्ण बात कही, 'मैं बस अपनी ड्यूटी कर रही थी, जो मुझसे करने को कहा गया था।'

एक वरिष्ठ अधिकारी ने ये बात विस्तार से बतायी, 'ये हमारी टीम का हिस्सा हैं, ये इनकी भूमिका है। हमने इन्हें ये ज़िम्मेदारी इनकी पेशेवर योग्यता देखते हुए दी

थी। हमारे साथ ढेरों शानदार पुरुष और महिला ऑफ़िसर्स हैं जो इतने ही योग्य हैं। हमारा कोई एजेंडा नहीं था। न ही कोई दिखावा करना था। हम एक यूनिट, एक बल की तरह काम करते हैं। चाहे वो मिसाइलें लॉन्च करनी हों, सॉर्टीज़ उड़ानी हों, हवाई यातायात को संभालना हो, सामान व्यवस्थित करना हो या गरुड़ की स्पेशल फ़ोर्सेज़ हों, ये एक निरंतर चलने वाला ऑपरेशन था। हर किसी ने अपना सर्वश्रेष्ठ दिया और हमें इसपर गर्व है।'

भारतीय वायुसेना के हत्थे एक अलग ही जंग का मैदान था, जिसे उन्हें संभालना था। 'हमारे सामने सबसे बड़ी चुनौती थी ग़लत जानकारियों की, जिससे हमें तुरंत ही और बिल्कुल सही ढंग से निपटना था। हम तथ्यों को सामने रखना चाहते थे, महज़ गाल बजाना या छाती ठोंकना नहीं चाहते थे। हम पूरी सादगी और ज़िम्मेदारी के साथ, नियंत्रित तरीक़े से, विश्वसनीय अपडेट्स देना चाहते थे। आपको दूसरे पक्ष द्वारा फैलाई गयी वो अफ़वाहें सुनने को मिली होंगी, जिनके अनुसार उन्होंने हमारी एक महिला पायलट को कब्जे में ले लिया था। लेकिन हमने इन सभी बातों को हमें उकसाने नहीं दिया। वो जो कहना चाहते हैं, कह सकते हैं। एक पेशेवर सेना का आचरण इस तरह का कतई नहीं हो सकता है।'

ये युद्ध का कोई नया तरीक़ा नहीं था बल्कि अपने आपमें एक नया ज़माना था। यहां महज़ करारा जवाब देकर प्रतिकार नहीं किया जा सकता था। यहां आपको अपनी कहानी तथ्यों और सबूतों के साथ सामने रखनी होती है। आसमान में, ज़मीन पर और हरसंभव स्क्रीन पर भी।

8 मई की सुबह होते-होते ये साफ़ हो चुका था कि भारतीय खेमा महज़ जवाब नहीं दे रहा था बल्कि वो रणभूमि को नया आकार देते हुए आतंकवाद के ख़िलाफ़ अपनी प्रतिक्रिया के रवैये को भी तेज़ी से बदल रहा था। पाकिस्तान के बेतरतीबी से बढ़ रहे हमलों और देश की जनता में डर पैदा करने की कोशिशों का भावशून्य और नपा-तुला जवाब देते हुए भारत ने एक गहरा वार किया। ये गहराई महज़ रणनीतिक नहीं बल्कि सांकेतिक भी थी। पाकिस्तान के सबसे बड़े शहरी केंद्र, लाहौर के पास पाकिस्तान का एक एयर डिफ़ेंस सिस्टम ध्वस्त कर दिया गया। बेहद साफ़ शब्दों में ये संदेश दे दिया गया था कि पाकिस्तान में कोई भी जगह सुरक्षित नहीं थी। लाहौर भी नहीं। तनाव बढ़ता जा रहा था और पाकिस्तान अपनी हरक़तों में तेज़ी ला रहा था। 8 और 9 मई को उसने एलओसी पर भारी कैलिबर की शेलिंग बढ़ा दी। ये युद्ध, जिसने आसमान में आग लगा रखी थी, अब एक नये मोड़ पर आ चुका था।

कई भारत और पाकिस्तानी न्यूज़ पोर्टलों ने बताया कि पाकिस्तान ने 400 से 500 ड्रोन झोंक दिए थे। इनमें से कई तुर्की में निर्मित हुए थे और ये लेह से लेकर सर क्रीक तक लगभग छत्तीस जगहों तक पहुंच चुके थे। इनमें से एक यूएवी ने बठिंडा के मिलिट्री स्टेशन को भी निशाना बनाने की कोशिश की, लेकिन वहां तक पहुंच ही नहीं सका। इससे पहले कि वो कोई भी नुकसान पहुंचा सकता, भारतीय एयर डिफ़ेंस सिस्टम ने उसे निष्प्रभावी कर दिया था।

एलओसी पर, पाकिस्तान ने तंगधार, उरी, पुंछ, मेंढर, राजौरी, अखनूर और ऊधमपुर में आर्टिलरी बरसानी और ड्रोन स्ट्राइक्स जारी रखीं जिससे भारतीय सीमा के भीतर कुछ लोग मारे गए और कुछ घायल भी हुए। लेकिन किसी भी मौक़े पर, भारत विचलित नहीं दिखा। अत्याधुनिक मानवरहित तकनीक के भंडार का इस्तेमाल करते हुए इंडिया ने न केवल अपनी सीमाओं की रक्षा की बल्कि सटीक निशानों के साथ मुंहतोड़ जवाब भी दिया। सीधे हमलों से और कुछ दूसरे तरीक़ों से, पाकिस्तान के कई ड्रोन्स मार गिराए जा चुके थे।

पाकिस्तान का उकसाना और हमले करते रहना जारी रहा। उसने सतह से सतह की छोटे रेंज की मिसाइलें दागीं, जिन्होंने ऊधमपुर और पठानकोट के एयरबेसों को भी निशाना बनाने की कोशिश की थी। यही वो मौक़ा था, जब भारत ने अपनी सबसे ताक़तवर ढाल, एस-400 ट्रायम्फ़ मिसाइल डिफ़ेंस सिस्टम को काम पर लगाया। रूस में तैयार हुई इस तकनीक का पहली बार इस्तेमाल किया जा रहा था और इसने पूरी बारीक़ी से तमाम हवाई ख़तरों को निष्प्रभावी बनाया। एस-400 600 किलोमीटर की दूरी से ख़तरा पकड़ लेता है और 30 किलोमीटर की ऊंचाई तक, एक साथ 36 निशाने लगा सकता है। एस-400, देश के सबसे भरोसेमंद प्रहरी की तरह बचाव कर रहा था।

भारत का अपना सतह से हवा में मार सकने वाले मिसाइल सिस्टम आकाश ने भी अहम भूमिका निभायी, जिसे डीआरडीओ ने तैयार किया था। मल्टी लेयर्ड एयर डिफ़ेंस सिस्टम के साथ जुड़कर और इंटिग्रेटेड एयर कमांड एंड कंट्रोल सिस्टम के साथ-साथ काम करते हुए आकाश ने फुर्ती में जवाब देना जारी रखा। इसने ड्रोन्स और मिसाइलों की बड़ी से बड़ी लहरों को निष्क्रिय करना जारी रखा और बेहद अहम निर्माणों और शहरों को बचाए रखा। पेचोरा जैसे पुराने डिफ़ेंस सिस्टम भी बेहतरीन काम कर रहे थे और उन्होंने चुन-चुनकर ख़तरों को निष्प्रभावी किया।

इस युद्ध में कई दूसरी तरह की मिसाइलें, ड्रोन, एयर डिफ़ेंस सिस्टम और विमानों का इस्तेमाल हुआ। स्वदेशी एलसीए तेजस भी, भारतीय वायुसेना में आने के बाद

पहली बार ऑपरेशन का हिस्सा बन रहा था। ये राफ़ेल, सुखोई, मिग और मिराज विमानों के साथ-साथ काम कर रहा था। इस सबके साथ, मैं भारतीय वायुसेना के विशेष सैन्यबल गरुड़ का ज़िक्र भी करना चाहूंगी, जिन्होंने अद्भुत शौर्य दिखाया। ऐसी रिपोर्टें आ रही थीं कि उन्होंने अपनी स्नाइपर रायफ़लों से कई विमान गिराने के साथ ऐसे और भी कारनामे किये थे, संभवतः जिनकी जानकारी निकट भविष्य में हमारे सामने आ जाएगी।

9 मई को, सूर्यास्त के समय, पाकिस्तान ने बड़े हमले की तीसरी लहर भेजी। इस बार उनके निशाने पर कुल छब्बीस जगहें थीं जिसमें मिलिट्री बेस, नागरिकीय केंद्र और यहां तक कि धार्मिक स्थल भी थे। ड्रोन्स, भारी आर्टिलरी और टैक्टिकल मिसाइलों से पश्चिमी छोर भर चुका था।

इस सबके बावजूद, भारतीय सीमाओं पर कुछ उल्लेखनीय घट रहा था। भारतीय नागरिक, इस पूरे हो-हल्ले से बेफ़िक्र, अडिग खड़े थे। स्थानीय लोगों के कितने ही ऐसे वीडियो आ रहे थे, जिसमें वो हवाई युद्ध के दृश्यों को अपने मोबाइल फ़ोन में क़ैद कर रहे थे और डर को गर्व में बदलकर दुनिया को दिखा रहे थे। इन्स्टाग्राम रीलों में हवा में होता हुआ युद्ध दिखायी पड़ रहा था। ऐसा लग रहा था जैसे ये लड़ाई राष्ट्रीय प्रतिरोध का प्रतीक बन गयी हो। भारतीय सशस्त्र सेनाओं ने न केवल देश की रक्षा की थी, बल्कि पूरे हिंदुस्तान का अडिग विश्वास भी जीता था।

लेकिन, पाकिस्तान यहीं रुकने का नाम नहीं ले रहा था। जैसा कि कई राष्ट्रीय और अंतर्राष्ट्रीय न्यूज़ पोर्टल बताते हैं, पाकिस्तान ने, पूरी नाटकीयता के साथ अपना स्वदेशी निर्मित फ़तह-II गाइडेड आर्टिलरी रॉकेट सीधा दिल्ली को निशाना बनाते हुए दाग दिया। ये मिसाइल रास्ते में ही, सिरसा के आसमान के ऊपर, निष्प्रभावी कर दी गयी। जवाब में, भारत ने न केवल इस हानि से इंकार किया, बल्कि उसने पाकिस्तान के दावों को झूठा साबित करते हुए अपने एयरबेस की हाई-रिज़ोल्यूशन वाली तस्वीरें दिखाते हुए बताया कि उसे कोई भी नुकसान नहीं हुआ था। और फिर, भारत ने जवाबी कारवाई की। 10 मई को तड़के, भारतीय वायुसेना ने ब्रह्मोस-A से हमला करना शुरू कर दिया और साथ ही आसमान को क्रूज़ मिसाइलों से भर दिया। उनके निशाने बेहद ख़ास रणनीति के साथ चुने गए थे: पाकिस्तानी वायुसेना के कई बेस। पहली चोट की पुष्टि की ख़बर आयी रावलपिंडी के पास चकलाला[2] से और पंजाब प्रान्त में सरगोधा से। उड़ान और असबाब की दृष्टि से ये अहम जगहें थीं।

लेकिन ये वो अकेली चीज़ नहीं थी जो भारत कर रहा था।

कुछ ही घंटों के भीतर भारत सरकार ने पुष्टि की कि पाकिस्तान के कुल ग्यारह सैन्य केंद्रों को निशाना बनाया जा चुका था: नूर ख़ान, रफ़ीक़ी, मुरीदके, सुक्कुर, सियालकोट, पसरूर, चुनियां, सरगोधा, स्कर्दू, भोलारी और जैकबाबाद। ये मात्र एयरबेस नहीं थे, ये कमांड सेंटर, रडार केंद्र, हथियारों के डिपो और मशीनरी की नज़र से अहम जगहें थीं। हमले से पहले और बाद की तस्वीरें सैटेलाइट से मिल चुकी थीं और वो विकट कहानी बयां कर रही थीं। पूरी की पूरी इमारतें ध्वस्त हो चुकी थीं, उनकी सारी शक्ति ख़त्म की जा चुकी थी।

जब मैं एयर मार्शल अवधेश कुमार भारती से मिली और इस बारे में जानकारी ली, तो भारत की उस कार्रवाई के बारे में बात करते हुए, उनकी आवाज़ में एक दृढ़ता महसूस हुई। 'हमने शानदार काम किया। उनके रडार ख़त्म कर दिए। बेहद अहम मिसाइल सिस्टम ध्वस्त कर दिए। पहली वेव सबसे ख़ास थी और हमने सबकुछ माप-जोखकर अंजाम दिया था। उन्होंने हमपर ड्रोन्स और मिसाइलों से हमला किया। ये काम उनकी सेना का था, न कि उनके साथियों का। उसके बाद ही हमने जवाब देना शुरू किया, और तब भी, हमारी कार्रवाई नपी-तुली ही थी। हमारा संदेश साफ़ था: अगर आप आतंकियों का साथ देंगे, अगर आप हमारे बेस या नागरिकों को निशाना बनाने की जुर्रत करेंगे, हम आप तक पहुंच जायेंगे, भले ही आप कहीं भी छिपे हों।'

वो कुछ पलों के लिए रुके, जिससे आगे जो वो कहने वाले थे, उसका मर्म और वज़न हर कोई समझ सके, 'हमने गहरे में जाकर मारा। हमने करारी चोट की। और हमने दुश्मन को सर उठाने का मौक़ा ही नहीं दिया।'

उनकी बातों में कोई अतिश्योक्ति नहीं थी। बीते दिनों से लगातार, भारत ये दिखा रहा था कि वो पाकिस्तानी सीमा के भीतर कितना सटीक निशाना लगाते हुए उन्हें चोट पहुंचा सकता है। लम्बी रेंज के बेहद सटीक निशाने, एक के बाद एक लगते जा रहे थे और हर एक निशाना पाकिस्तान के उन दावों को ध्वस्त करता जा रहा था, जिनके मुताबिक़ वो ख़ुद को सुरक्षित और क़ाबिल सेना के धनी बता रहे थे। कुछ भारतीय कोशिशों को पाकिस्तानी वायुसेना की ओर से चुनौती तो मिलीं, लेकिन वृहद परिप्रेक्ष्य में सच सामने आ चुका था: कि भारतीय हवाई हमलों के मामले में पाकिस्तान बेहद कमज़ोर स्थिति में था और ये बात सिर्फ़ भारत को ही नहीं बल्कि पूरी दुनिया को मालूम चल चुकी थी।

ये बस एक और सीमाओं की लड़ाई नहीं थी। ये शक्ति संतुलन में एक और बदलाव था। आश्चर्य की बात नहीं है कि इस युद्ध ने दुनिया की सबसे बड़ी शक्तियों को हिलाकर रखा हुआ था।

कई दशकों से, पाकिस्तान ने अपने न्यूक्लियर हथियारों को एक ढाल बनाया हुआ था, जिसकी आड़ लेकर आतंकवाद पल रहा था। उसे ऐसा लग रहा था कि इन हथियारों के चलते भारत को क़ाबू में रखा जा सकता था। ऐसा इस बार नहीं होने वाला था। 2025 में, इतिहास में पहली बार, किसी देश ने परमाणु हथियारों से लैस किसी देश के सैन्य प्रतिष्ठानों पर सफलतापूर्वक एयरस्ट्राइक्स लॉन्च की थीं और इसके लिए ज़रूरी समय, जगह और शक्तिबल का निर्धारण भी ख़ुद ही किया था। भारत ने युद्ध के नियमों को नए सिरे से लिख दिया था। दुनिया ये सब देख और समझ रही थी।

एक भारतीय होने के नाते, इस अकेली बात ने मुझे गर्व से भर दिया।

बाद में, भारत सरकार द्वारा जारी की गयी एक तस्वीर ने ख़ुद बहुत कुछ साफ़ कर दिया। इस तस्वीर में, रहीमयार ख़ान एयर बेस में जले हुए मलबे के बीच पाकिस्तानी राष्ट्रपति आसिफ़ अली ज़रदारी की आधी जली हुई तस्वीर दिखायी पड़ रही थी। भारत सरकार ने अपने बयान में कहा, 'ये एक ऐसी तबाही है जो पाकिस्तान ख़ुद के लिए लेकर आया है। ये एक देश की वो बिखरी हुई तस्वीर है, जो उसके असली चेहरे को दिखाती है।'[3]

प्रधानमंत्री मोदी ने भी इस पर चुटकी ली। वो राजस्थान के बीकानेर में ऑपरेशन सिंदूर के बाद पहली बार किसी सार्वजनिक रैली को संबोधित कर रहे थे। उन्होंने कहा, 'जब मैं दिल्ली से यहां आया तो बीकानेर के नाल एयरपोर्ट पर उतरा। पाकिस्तान ने इस एयरबेस को भी निशाना बनाने की कोशिश की थी। लेकिन वो इस एयरबेस को रत्तीभर भी नुकसान नहीं पहुंचा पाया। और वहीं, यहां से कुछ ही दूर सीमापार, पाकिस्तान का रहीमयार एयरबेस है। पता नहीं आगे वो कब खुलेगा? आईसीयू में पड़ा है। भारत की सेना के अचूक प्रहार ने इस एयरबेस को तहस-नहस कर दिया है।'

वो जली हुई, कटी-फटी तस्वीर – जो शायद किसी दीवार पर टंगी थी और धमाके के ज़ोर से आ गिरी थी – सारी कहानी बता रही थी, जो कोई भी ब्रीफ़िंग नहीं बता सकती थी: एक भ्रम का अंत हो रहा था। पाकिस्तान के उस झूठे घमंड को चूर किया जा चुका था, जो 'वॉर बाय अ थाउसैंड कट्स' के विश्वास पर टिका हुआ था।

भारत ने महज़ जवाबी कार्रवाई ही नहीं की थी। उसने नीतियों में बदलाव ला दिया था।

एक और चीज़ ऐसी सामने आयी, जिसने पाकिस्तान को दुनियाभर में हंसी का पात्र बना दिया था। ये थी *रॉयटर्स* की वो रिपोर्ट्स, जो कह रही थीं कि भारतीय स्ट्राइक्स के

बाद, पाकिस्तान ने वर्ल्ड बैंक समेत अपने तमाम अंतर्राष्ट्रीय सहयोगियों से ये कहते हुए और भी ज़्यादा उधार मांगा था कि उसे 'दुश्मन की वजह से हुए नुकसान' के चलते पैसों की ज़रूरत थी। भारतीय आपत्तियों के बावजूद उसे ये ख़ैरात दे दी गयी थी, लेकिन इस पूरे प्रकरण ने पाकिस्तान के सरकारी और सैन्य तंत्र की सच्चाई को सभी के सामने खोलकर रख दिया था। अपनी आंतरिक आर्थिक तंगी की सुध लेने और सरकारी तंत्र दुरुस्त करने की बजाय पाकिस्तान ने आतंकी नेटवर्क और प्रॉक्सी वॉर के ज़रिये भारत पर लगातार हमले करना जारी रखा। हालांकि उसे इस क्रम में हर मोड़ पर हार का सामना ही करना पड़ा। पाकिस्तान की सेना अपने देश पर राज कर रही थी और उसके हर हमले के जवाब में भारत उससे कहीं ज़्यादा ताक़तवर साबित हो रहा था।

ऑपरेशन सिंदूर को वाकई असाधारण बनाने वाली बात थी भारतीय सशस्त्र बलों की नयी अपनायी गई मेलजोल की नीति का बेहतरीन प्रदर्शन। पूरे देश ने सेना, नौसेना और वायुसेना के बीच एक ठोस तालमेल की भावना को देखा, जिसका उदाहरण था इंटिग्रेटेड एयर कमांड एंड कंट्रोल सिस्टम (आईएसीसीएस), जो एक स्वचालित सिस्टम है, जिसे भारतीय वायुसेना ने विकसित किया है। आईएसीसीएस रडार, लड़ाकू विमान, मानवरहित सिस्टम और निगरानी प्लेटफ़ॉर्म से मिलने वाले वास्तविक समय के डेटा को साथ रखते हुए हवाई क्षेत्र की एक जीवंत और समग्र तस्वीर तैयार करता है। ये वायुसेना, थलसेना, नौसेना और अन्य साथ काम करने वाली ईकाइयों की खुफ़िया जानकारी, निगरानी, हथियार प्रणालियों और निर्णय लेने वाले उपकरणों को एक साथ रखकर, सारा डेटा आपस में वितरित करता रहता है।

सीज़फ़ायर के बाद, 13 मई 2025 को प्रधानमंत्री औचक रूप से पंजाब के आदमपुर एयरबेस पर पहुंचे। ये वही एयरबेस था, जिसके बारे में पाकिस्तान ने दावा किया था कि उसने इसे बर्बाद कर दिया था। अपने दौरे के दौरान, उन्होंने भारतीय वायुसेना के प्रयासों की जमकर तारीफ़ें कीं। यहां से आने वाली तस्वीरों में प्रधानमंत्री आदमपुर के वीर एयर वारियर्स के समक्ष खड़े होकर देशभक्ति के नारे लगाते दिख रहे थे और पृष्ठभूमि में मिग-29 और एस-400 एयर डिफ़ेंस सिस्टम दिख रहे थे। इन तस्वीरों ने भी पाकिस्तान के प्रोपेगेंडा को बर्बाद करके रख दिया।

उन्होंने कहा, 'मैं देश के सभी एयरबेस से जुड़ी लीडरशिप की, भारतीय वायुसेना के हर एयरवॉरियर की हृदय से सराहना करता हूं। आपने वाक़ई बहुत शानदार काम किया है। मुझे गर्व है कि आपने बहुत सावधानी से, बहुत सतर्कता से, सिविलियन

एयरक्राफ़्ट को नुकसान किये बिना कमाल करके दिखाया। तेज़ और असरदार जवाबी कार्रवाई के पीछे आईएसीसीएस का डिजिटल कवच था। इस नेटवर्क-आधारित कमांड स्ट्रक्चर ने भारत की बहु-स्तरीय वायु रक्षा को वास्तविक समय में समन्वित किया, जिससे हवाई खतरों को नाकाम किया जा सका और नागरिक व सामरिक लक्ष्यों की सुरक्षा सुनिश्चित हुई।'

ऑपरेशन सिंदूर के चार कठोर दिनों के दौरान भारत ने पाकिस्तान के अहम सैन्य केंद्रों, आतंकी कैम्पों, एयरबेस पर सटीक निशाने लगाते हुए आग बरसायी और पाकिस्तान की ओर से आने वाले हर हमले को निष्प्रभावी किया। ऑपरेशन ख़त्म होने के बाद जो तस्वीरें सामने आयीं, वो बताती हैं कि कैसे तमाम एयरबेस, रनवे और चुनी गयी बिल्डिंगों और हैंगरों को निशाना बनाया गया था। जो संदेश भेजा गया था, उसमें किसी संशय की कोई गुंजाइश नहीं थी। संदेश था कि हिंदुस्तान अपनी मर्ज़ी के मुताबिक़ हमला कर सकता था और वो महज़ सीमा के पार नहीं बल्कि पाकिस्तान के सरकारी और सैन्य तंत्र के भीतर घुसकर वार कर सकता था।

और सबकुछ यहीं नहीं रुका।

बगैर किसी शोर-शराबे के, भारतीय नौसेना देश की तटीय सीमाओं पर मुस्तैद थी। उसके सशस्त्र बेड़े ने कराची पोर्ट को ब्लॉक करके रखा हुआ था, जो पाकिस्तान की आर्थिक जीवनरेखा माना जाता है। नौसेना युद्ध की किसी भी स्थिति का सामना करने को तैयार खड़ी थी। नौसेना ने जो संदेश दिया था, वो एकदम स्पष्ट था: अगर पाकिस्तान ज़रा भी और आगे बढ़ता है तो ये स्थिति ऐसे युद्ध में तब्दील हो जाएगी, जिससे वो कभी उबर नहीं सकेगा।

जितना भी नुकसान किया जा रहा था, पाकिस्तान घबराता जा रहा था। तमाम सूत्रों के मुताबिक़, विनाशकारी एयरस्ट्राइक्स के बाद पाकिस्तानी प्रधानमंत्री और आर्मी चीफ़ ने यूनाइटेड स्टेट्स से मदद की गुहार लगायी।

इधर, दिल्ली में प्रधानमंत्री नरेंद्र मोदी पर स्थिति को सामान्य करने का दबाव बढ़ता जा रहा था। लेकिन वो टस से मस नहीं हुए। *इंडिया टुडे* (26 मई 2025) के अनुसार, प्रधानमंत्री ने यूएस को बगैर किसी लाग लपेट के, ये कहा:

> 'भारत का जवाब और भी प्रभावशाली, बलपूर्ण और विनाशकारी होगा।'

टीवी पर प्रसारित हुए राष्ट्र के नाम संबोधन के दौरान भारतीय प्रधानमंत्री ने एक कदम और आगे बढ़कर बात कही, 'कोई भी न्यूक्लियर ब्लैकमेल भारत नहीं सहेगा। न्यूक्लियर ब्लैकमेल की आड़ में पनप रहे आतंकी ठिकानों पर भारत सटीक और

निर्णायक प्रहार करेगा। हम आतंक की सरपरस्त सरकार और आतंक के आकाओं को अलग-अलग नहीं देखेंगे।'

भारत, जो एक उन्नति करती हुई विश्वशक्ति है, कभी भी इतने बड़े स्तर पर युद्ध नहीं करना चाहता था। लेकिन यदि उसे इस दिशा में धकेला जाएगा तो वो इस युद्ध को ख़त्म करने की मंशा से शुरू करेगा।

जिस वक़्त सीज़फ़ायर को लेकर माथापच्ची चल रही थी, एक ट्वीट के चलते अफरातफरी में और बढ़ोत्तरी हो गयी। ये ट्वीट अमेरिकी राष्ट्रपति डॉनल्ड ट्रम्प का था। भारत या पाकिस्तान सीज़फ़ायर का आधिकारिक ऐलान करता, उससे पहले ही ट्रम्प ने एक्स पर ऐलान करते हुए छाती फुलानी शुरू कर दी कि उनके प्रयासों से एक परमाणु युद्ध को रोक दिया गया था। इससे भी बुरा ये रहा कि उन्होंने इस पूरी स्थिति को 'कश्मीर मामले' से जोड़ दिया था। ये एक ऐसा दावा था जिसने पूरे साउथ ब्लॉक को चौंका दिया था। भारत ने तेज़ी दिखाते हुए, बगैर किसी समझौते के, जवाब दिया। नयी दिल्ली ने कश्मीर के किसी भी सन्दर्भ को बेमतलब बताया और ये पूरी तरह से साफ़ किया कि जो युद्ध चल रहा था, वो किसी भी हाल में अधिकार क्षेत्र को लेकर नहीं था बल्कि इसके केंद्र में आतंकवाद था। ऑपरेशन सिंदूर ने ये दिखा दिया था कि हिंदुस्तान को फ़र्ज़ी समानताओं में नहीं बांधा जा सकता था। इस लड़ाई की जड़ सिर्फ़ और सिर्फ़ एक राष्ट्र द्वारा प्रायोजित आतंकवाद ही था।

भारतीय प्रधानमंत्री ने अपनी बात घुमा-फिराकर न रखते हुए कहा, 'आर्टिकल 370 हटने के बाद घाटी के हालात पर कोई बात नहीं होगी। भारत का मत एकदम स्पष्ट है, टेरर और टॉक एक-साथ नहीं हो सकते। टेरर और ट्रेड, एक साथ नहीं चल सकते।'

ये युद्ध, शांति के साथ कैसे बंद हो गया, इसकी असल कहानी कुछ दिनों बाद सामने आयी। सरकारी सूत्रों के अनुसार, पाकिस्तान के एयरबेस बर्बाद होने के बाद, उन्होंने यूएस से बीच-बचाव करने के लिए गुहार लगायी थी। अमेरिकी तंत्र दोनों पक्षों से लगातार बात कर ही रहा था, क्यूंकि वो ये महसूस कर सकता था कि मामला हर पल और भी ज़्यादा ख़तरनाक होता जा रहा था। लेकिन वाशिंगटन को जल्दी से जल्दी हस्तक्षेप करने के लिए जिस एक चीज़ ने मजबूर किया, वो थी पाकिस्तान की रणनीति की नज़र से अहम केंद्रों को लेकर मिली एक गोपनीय चेतावनी।

10 मई को, एक फ़ोन कॉल ने अंत का प्रारम्भ किया। पाकिस्तान के सैन्य ऑपरेशन के डायरेक्टर जनरल, मेजर जनरल काशिफ़ अब्दुल्लाह ने भारतीय समकक्ष अधिकारी, लेफ़्टिनेंट जनरल राजीव घई को फ़ोन मिलाया और कहा, 'हम सीज़फ़ायर चाहते हैं।'

भारतीय डीजीएमओ ने इस अनुरोध की जानकारी वरिष्ठ अधिकारियों को दी और अनुमति मिलने के बाद जवाब दिया, 'भारत राज़ी है।'

और इस तरह से अट्ठासी घंटे चलने वाला युद्ध ख़त्म हुआ। वो युद्ध, जो आतंक के चलते पैदा हुआ, जिसे बारूद ने आकार दिया और कूटनीति, लेकिन बल और कठोर अवरोध के दम पर ख़त्म हुआ।

18 मई 2025 के *इंडिया टुडे* के प्रिंट संस्करण में एक वरिष्ठ भारतीय अधिकारी का बयान था: 'पाकिस्तान को इसलिए सीज़फ़ायर नहीं चाहिए था क्यूंकि वहां किसी को अंग्रेज़ी आती थी। वो सीज़फायर चाहते थे क्यूंकि कुछ ऐसा हुआ कि आसमान से कुछ गिरा और उनके बेस को भयानक रूप से क्षति पहुंचाई।'

पहलगाम में हुए आतंकी हमले के बाद, भारत सरकार द्वारा की गयी तमाम ग़ैर-सैन्य कार्रवाइयों में – जो इतिहास को देखते हुए अपनी अहमियत और प्रतीकात्मक प्रभाव के चलते अलग ही नज़र आयी—शामिल था पैंसठ साल पुराने सिंधु जल समझौते का रद्द किया जाना। एक ऐसा समझौता, जिसने चार युद्धों का दंश झेला है, अब ख़तरे में था।

सिंधु घाटी का पानी पाकिस्तान की जीवनरेखा है। ख़ासकर पंजाब और सिंध प्रांत के लिए। ये नदियां महज़ भौगोलिक संरचनाएं नहीं हैं बल्कि पाकिस्तान की बेहद अहम शिराएं हैं। हालांकि इस समझौते को रद्द करने के चलते रातोंरात पानी नहीं रोक दिया गया, लेकिन इसने अलग ही झटके की लहर भेजी। ये लहर मनोवैज्ञानिक स्तर पर असर कर रही थी। इस समझौते को रद्द करने की धमकी भर से ही इस्लामाबाद हिल चुका था।

प्रधानमंत्री मोदी ने ऐलान कर दिया था, 'पानी और ख़ून एक-साथ नहीं बह सकते।' ये एक ऐसा वाक्य था जो पूरी दुनिया में गूंज रहा था।

संदेश बेहद स्पष्ट शब्दों में दिया जा चुका था: जब तक पाकिस्तान आतंकवाद पर नकेल नहीं कसेगा, भारत उस पर दबाव बनाता रहेगा। समझौते को रद्द करना, एक तरह से नीतिगत फैसला था। ये एक सोचा-समझा इशारा था कि अगर देश की सुरक्षा पर सवाल उठेगा, तो देश लम्बे वक़्त से चली आ रही कूटनीतिक व्यवस्थाओं को ख़त्म करने से हिचकिचायेगा नहीं।

इस सबके साथ, भारत के प्रधानमंत्री ने अमेरिकी राष्ट्रपति डॉनल्ड ट्रम्प के कश्मीर मुद्दे पर मध्यस्थता करने के प्रस्ताव को पूरी तरह से ख़ारिज कर दिया। उन्होंने साफ शब्दों में कहा, 'मैं आज विश्व समुदाय को भी कहूंगा, हमारी घोषित नीति रही है, अगर

पाकिस्तान से बात होगी, तो टेररिज़्म पर ही होगी। अगर पाकिस्तान से बात होगी, तो पाकिस्तान ऑक्युपाइड कश्मीर पर ही होगी।'

ये महज़ शब्द नहीं थे। ये शब्द भारत के कूटनीतिक रवैये में भारी बदलाव का सबब बन गए। ये एक ऐसी साफ़गोई थी, जो बार-बार मिले धोखों के बाद पायी थी।

जो प्रधानमंत्री, आज पाकिस्तान के सामने एक चट्टान की तरह खड़े हुए थे, एक मौक़े पर उसी की ओर दोस्ती का हाथ भी बढ़ा चुके थे। 2015 में, उन्होंने लाहौर जाकर पाकिस्तान के तत्कालीन प्रधानमंत्री नवाज़ शरीफ़ से औचक मुलाक़ात की थी। ये एक ऐसा कदम था जिसने पूरी दुनिया को चौंका दिया था। लेकिन कुछ ही दिनों बाद भारत में पठानकोट एयरबेस पर हमला कर दिया गया था।

ऐसा लग रहा था कि इतिहास ख़ुद को दोहरा रहा था। फ़रवरी 1999 में, प्रधानमंत्री अटल बिहारी बाजपेयी एक बस लेकर लाहौर पहुंचे थे, जो एक ऐतिहासिक शांति प्रस्ताव था और जिसके जवाब में हमें कारगिल युद्ध के रूप में बहुत बड़ा धोखा मिला था।

भारतीय नेतृत्व ने बार-बार माफ़ करने, उदारता दिखाने और कूटनीति में विश्वास जताया। और उतनी ही बार, पाकिस्तान के सैन्य तंत्र ने बंदूक की गोलियों और ख़ून-ख़राबे से जवाब दिया है। ये बिल्कुल साफ़ होता जा रहा था कि पाकिस्तान की सेना को शांति क़ायम करने में कोई ख़ास दिलचस्पी नहीं थी। पाकिस्तान पर उसकी पकड़ तभी मज़बूत रहने वाली थी, जब वो भारत के साथ मुठभेड़ जारी रखेगी क्यूंकि ये दुश्मनी ही उसके अस्तित्व को मज़बूती दे सकती थी और उसे मुख्यधारा में बनाए रख सकती थी।

प्रधानमंत्री मोदी के नेतृत्व में भारत को एक लकीर खींचते हुए ये तय कर देना था कि बातचीत एकतरफ़ा नहीं हो सकती थी।

सीज़फ़ायर के कुछ दिनों बाद ही हुई प्रेस कॉन्फ्रेंस में भारत के सीनियर सैन्य अधिकारियों में भी यही भावना देखी गयी। उस प्रेस कॉन्फ्रेंस का माहौल बेहद चटकीला था, गर्व, जोश और साहस से भरा हुआ था। ऑफ़िसर्स के पीछे एक बड़ी सी स्क्रीन लगी हुई थी जिस पर चल रहे वीडियो में शिव तांडव स्त्रोत के साथ आतंकवाद पर भारतीय कार्रवाई की तस्वीरें दिखायी जा रही थीं। इसके साथ ही रामचरितमानस की दमदार चौपाइयां भी आती जा रही थीं।

इस तरह के प्रतीकों का इस्तेमाल बेहद सूझ-बूझ के साथ किया जा रहा था। ये महज़ अपने बल का प्रदर्शन नहीं था, बल्कि ये एक ऐसी संस्कृति की झलक थी, जो

शांति की उपासक तो है, मगर जिसे उकसाए जाने पर आग बरसाने से गुरेज़ नहीं है। बाद में, जब इन अफ़सरों से चौपाइयों और भेजे गए संदेश के लहजे के बारे में पूछा गया तो एयर मार्शल ए.के. भारती आगे आये। बेहद शांत, नरम और दृढ़ लहजे में उन्होंने विश्लेषण करने की बजाय कुछ और करना चुना।

उन्होंने रामचरितमानस की एक चौपाई सुनायी, जिसने एक ही झटके में भारतीय रवैये की कहानी बयां कर दी: 'मैं बस आपको रामचरितमानस की कुछ पंक्तियां याद दिलाऊंगा, आप समझ जाएंगे... *बिनय न मानत जलधि जड़ गए तीनि दिन बीति। बोले राम सकोप तब भय बिनु होइ न प्रीति॥* तो समझदार के लिए इशारा काफ़ी है।'

जिन्हें जानकारी नहीं है, उनके लिए – ये चौपाइयां भगवान राम के समुद्र को चेतावनी देने से जुड़ी हैं, जब तीन दिन विनती करने के बाद भी समुद्र ने उन्हें आगे जाने का रास्ता नहीं दिया, तो उन्होंने कहा कि जब तक अंजाम का डर न दिखाया जाए, प्रेम और सद्‌भाव से काम नहीं चलता। 'भय बिनु होइ न प्रीति' का अर्थ है कि बिना भय के प्रीति या शांति नहीं हो सकती।

ये एक चौपाई, जो काव्य और रणनीति का हिस्सा थी, सारी तस्वीर साफ़ कर रही थी।

बाद में, मुझे एयर मार्शल ए.के. भारती से मिलने का सौभाग्य प्राप्त हुआ, जो बेहद धैर्यपूर्ण शख्सियत और कुशल रणनीतिकार हैं। राष्ट्रीय दायित्वों के भार और समय की कमी के बावजूद उन्होंने इस किताब के लिए वक़्त निकाला। एक ऐसे समय में, जहां प्रति सेकंड की दर से ट्वीट किये जा रहे हों और जहां एक हेडलाइन आपके आस-पास की दुनिया को शोरगुल से भर देती हो, जहां बेहतर काम की जगह जल्दी होने वाले काम को तरजीह मिलती हो, ये किताब एक ऐसी चीज़ है जिसे स्क्रीन पर स्क्रॉल करने से कहीं ज़्यादा तवज्जो मिलनी चाहिए और इसे छोटे कस्बों और गांवों तक पहुंचना चाहिए। ये किताब भारतीय वायुसेना के पराक्रम, अनुशासन और पलभर में फैसला लेकर किसी भी आदेश को अंजाम तक पहुंचाने के कौशल के बारे में दुनिया को बताना चाहती है।

मैंने उनसे पूछा कि क्या भारतीय वायुसेना को ऑपरेशन सिंदूर के दौरान किन्हीं मुश्किलों का सामना करना पड़ा था। साथ ही, इन परिस्थितियों से क्या सीख मिली है। उन्होंने बगैर वक़्त ज़ाया किये जवाब देना शुरू किया। उनकी बातों में स्पष्टता और अटूट विश्वास झलक रहा था।

उन्होंने पूरी मज़बूती से कहा, 'कोई भी चुनौती नहीं थी। हम हर दिन उसी आक्रामकता और जोश के साथ ट्रेनिंग करते हैं, जिसकी ज़रूरत असल युद्ध में होती है। हमारे लिए तैयार रहना किसी एक ख़ास पल के बारे में नहीं होता बल्कि ये हमारे जीवन जीने का एक तरीका होता है। युद्ध कभी भी शुरू हो सकता है। अगर आप ध्यान देंगे तो पायेंगे कि पहलगाम के बाद हमारी जवाबी कार्रवाई कुछ ही दिनों के भीतर बेहद तेज़ी से शुरू हुई। इससे मालूम चलता है कि हमारे प्लान और सिद्धांत, सबकुछ तैयार थे। हम युद्ध की तैयारी का इंतजार नहीं करते। हम वक़्त आने पर कार्रवाई कर देते हैं।'

वो कुछ रुके। उनकी नज़रों में दिख रही कठोरता कुछ क्षीण हुई। और फिर आयी वो मज़बूत बात, जिसने सबकुछ साफ़ कर दिया।

उन्होंने बात आगे बढ़ाई, 'जहां तक सीख की बात है, ऑपरेशन सिंदूर ने हमारे उस विश्वास को दोबारा स्थापित कर दिया है कि हम गहरे में जाकर वार कर सकते हैं। कि हम सटीक जगह पर और बड़े करीने से, दुश्मन के घर में अपने हथियार ले जाकर चोट पहुंचा सकते हैं। लेकिन हां, इसने हमें दुश्मनों के बारे में भी बहुत कुछ बताया। देखिये, आप अपने दुश्मन को तभी अच्छे से जान पाते हैं जब युद्ध के मैदान में आप उसके सामने आकर खड़े हों। और अब, जबकि हम ऐसा कर चुके हैं, हम उसे और बेहतर तरीक़े से जान चुके हैं। ये ज्ञान, जहां हम उसके तौर-तरीक़ों को समझ गए हैं, आने वाले वक़्त में हमारी मदद करेगा।'

मैंने उन्हें और कुरेदने की कोशिश की। मैंने पूछा कि क्या इसी तर्ज पर दुश्मन को भी हमारे बारे में, हमारे रणनीति, हमारे साज़-ओ-सामान, हमारे सिद्धान्तों के बारे में जानकारी नहीं मिली होगी। वो मुस्कुराये और उनकी मुस्कान में ये साफ़ दिख रहा था कि वो इसके बारे में पूरी तरह से तैयार थे।

उन्होंने विश्वास के साथ कहा, 'बात ये है कि हम लगातार अपनी रणनीति बदलते रहते हैं। आधुनिक युद्धकला के लिए ये बेहद ज़रूरी होता है कि हम ख़ुद को बदलते रहें, सुधार करते रहें और विकसित होते रहें। इससे फ़र्क ही नहीं पड़ता कि पाकिस्तान कितने तरीक़ों से हमें चुनौती देता है, हमारे पास हर बार उसे जवाब देने के लिए पर्याप्त तरीके मौजूद रहेंगे। चाहे वो रणनीति की बात हो, हथियारों की बात हो या सिद्धांतों की, हमारे पास वो ताक़त और सूक्ष्मता है कि हम अपने अनुसार, अपने तय किये हुए वक़्त पर उसे यथोचित जवाब दे सकते हैं। एक पेशेवर सेना का यही मतलब होता है। हम बस एक जगह रुके नहीं रहते। हम ख़ुद का आकलन करते रहते हैं, नये तरीके

ईजाद करते हैं और ख़ुद को बेहतर बनाते हैं। हमारा मक़सद एकदम साफ है। और हम हमेशा तैयार खड़े हैं।'

एयर मार्शल भारती ने ऑपरेशन सिंदूर के दौरान सेना के तीनों हिस्सों के साथ मिलकर शानदार काम करने की ख़ूब सराहना की। चूंकि मेरी किताब, *शौर्य की उड़ान* के केंद्र में सिर्फ़ भारतीय वायुसेना थी, मैंने उनसे जानना चाहा कि एक सैन्यबल के तौर पर भारतीय वायुसेना का भविष्य कैसा होने वाला था।

इस बात का जवाब उन्होंने बगैर किसी हिचकिचाहट के दिया।

'भारतीय वायुसेना मूल रूप से तकनीक पर निर्भर रहती है। थलसेना और नौसेना अपने-अपने क्षेत्र और उनसे जुड़ी सीमाओं तक सीमित रहती हैं। उनसे अलग, वायुसेना को ज़मीन, समुद्र और आसमान, तीनों पर लड़ने के लिए तैयार रहना पड़ता है। यही बात हमें हर जगह मौजूद और प्रभावशाली बनाती है। आने वाले समय की परिस्थितियों में प्रासंगिक और प्रभावी बने रहने के लिए, हमें हमेशा तकनीकी बढ़त बनाए रखनी होगी।'

वो एक पल के लिए रुके और फिर उसी दृढ़ विश्वास के साथ बोले, 'यहां तक कि शांतिकाल में भी, प्राकृतिक आपदाओं या वैश्विक संकटों के बीच, भारतीय वायुसेना बचावकार्य आदि के लिए सबसे पहले पहुंचती है। हम एक ऐसी सैन्य शक्ति हैं, जो युद्ध हो या शांतिकाल, तेज़ी से काम करती है, परिस्थिति को स्थिरता की ओर लाती है और जल्द से जल्द ख़ुद को उसी के अनुसार ढाल लेती है। हम सबसे ज़्यादा हथियार लेकर चलते हैं, सटीक प्रहार करते हैं और दुश्मन की सीमा के भीतर, गहरे में मारने का कौशल रखते हैं। ये सब बेहद तेज़ी से होता है और निर्णायक भी। जब भी देश को त्वरित कार्रवाई की ज़रूरत होती है, भारतीय वायुसेना आगे आकर काम को अंजाम देती है। दुश्मन के इलाक़े में वार करती है और कम से कम समय में ज़्यादा से ज़्यादा नुकसान पहुंचती है। यही हमारी भूमिका है। हम भूगोल के गणित में नहीं फंसते। हम बने हैं पहुंच, ताक़त और सटीक वार करने के लिए।'

मैंने अपनी बातचीत के दौरान उनकी जड़ों के बारे में भी पूछा। उन्होंने गर्व और विनम्रता के साथ जवाब दिया।

'मैं सबसे पहले एक भारतीय हूं। हां, ये सच है कि हर किसी की तरह, मैं जहां से आता हूं, उस जगह को बेहद प्यार करता हूं। लेकिन सैन्यबल की मूल भावना कभी भी हमारी निजी पहचान को लेकर रही ही नहीं। सच है कि हर सैनिक किसी न किसी राज्य से आता है, लेकिन सबकुछ यहीं तक सीमित रहता है। असली बात यही है कि हमारी मेहनत किस तरीक़े से देश के काम आती है।'

अंत में, मैंने जानना चाहा कि ऑपरेशन सिंदूर के बाद अचानक मिली लोकप्रियता को वो किस तरह से देख रहे थे। क्यूंकि अब उनका नाम हर घर में जाना जा रहा था।

वो मुस्कुराये और पूरी विनम्रता के साथ बोले, 'किसी को तो ये करना ही था। मेरे सीनियर्स ने मुझे ये काम सौंपा, इसलिए मैंने आगे बढ़कर इसे पूरा किया। ये मेरे लिए सौभाग्य की बात है कि हर सुबह मैं वही करता हूं जिससे मुझे प्यार है – मैं भारतीय वायुसेना को अपनी सेवाएं देता हूं। सच कहूं तो सेना की पृष्ठभूमि से आने के चलते बाहरी दुनिया के साथ मेरा संवाद बेहद कम रहा। इसलिए बाहर जो कुछ कहा जा रहा होता है, मैं उसकी बड़ी कम ख़बर रखता हूं। और शायद यही वो चीज़ है जो मुझे उस चीज़ पर अपना फोकस रखने में मदद करती है, जो सबसे ज़रूरी होता है – हमारा मिशन।'

इस पूरी बातचीत ने मेरे ऊपर गहरी छाप छोड़ी। मैं पहले से ही भारतीय सेनाओं के प्रति ढेर सारा सम्मान रखती हूँ, जो अब और गहरा हो चला था। हमारी सेनाओं के वरिष्ठ नेतृत्व में कुछ तो ऐसा ख़ास है जो उन्हें सबसे अलग बनाता है। समय-समय पर, मुश्किल हालात और संघर्ष के दौर में, उन्होंने ख़ुद की परवाह किये बगैर, अदम्य शौर्य का परिचय देते हुए देश का नेतृत्व किया है।

नेतृत्व कर रहे ये सभी अफ़सर अलग ही वर्ग के मालूम देते हैं, जो सिर्फ़ और सिर्फ़ इस एक ही बात में अटूट विश्वास रखते हैं कि ये देश सबसे पहले आता है।

ऑपरेशन सिंदूर के दौरान हर विपक्षी दल सरकार के साथ कंधे से कंधा मिलाकर खड़ा था, जो ज़रूरत के सबसे अहम पलों में बेहद महत्वपूर्ण था और इसने राष्ट्रीय एकीकरण का एक मज़बूत उदाहरण पेश किया। बाद में, भारत का संदेश पूरी दुनिया में प्रसारित करने के इरादे से, एक सर्वदलीय प्रतिनिधिमंडल को प्रमुख मित्र देशों में भेजा गया, जिसमें संयुक्त राष्ट्र की सुरक्षा परिषद के सदस्य देश भी शामिल थे।

एक ऐसे भूभाग में, जहां दशकों से गर्मा-गर्मी और युद्ध चला आ रहा है, भारत के लिए ऑपरेशन सिंदूर एक निर्णायक मोड़ था। ये सेना का महज़ एक फलदायी जवाबी हमला नहीं था, बल्कि इसने तमाम मोर्चों पर बड़ी रणनीतिक पहल की।

भारत ने पहली बार अंतर्राष्ट्रीय सीमा पार किए बगैर या दुश्मन के हवाई क्षेत्र का उल्लंघन किए बिना, पाकिस्तान के भीतर गहराई तक सटीक और लगातार हमले अंजाम दिए। ये युद्धनीति में एक निर्णायक बदलाव था। पाकिस्तान के सैन्य ढांचे पर किया गया साहसी और योजनाबद्ध हमला इस बात का स्पष्ट इशारा था कि संयम का दौर ख़त्म हो चुका था।

लेकिन ऑपरेशन सिंदूर इसलिए ऐतिहासिक नहीं बना कि इसके दौरान क्या किया गया था, बल्कि इसलिए था कि इसे कैसे अंजाम दिया गया था।

भारत ने जितने भी हमले किये, बेहद सटीकता के साथ, उसके चुने हुए वक़्त और जगह पर किये थे। भारत ने तेज़ी के साथ और सोच-समझकर ये संदेश भेजा था, जिसके ज़रिये दुश्मन की परमाणु शक्ति के भ्रम को पूरी तरह मिटाया जा चुका था। ये चोट जितनी भौतिक थी, उतनी ही मनोवैज्ञानिक भी। इसके ज़रिये उन्हें याद दिलाया जा रहा था कि भारत अगर संयम से काम ले रहा था, तो ये उसकी मजबूरी नहीं, बल्कि उसकी ताकत थी। ड्रोन का इस्तेमाल इस ऑपरेशन की एक और ख़ास बात थी। ड्रोन अब महज़ निगरानी करने या हथियार गिराने तक सीमित नहीं थे। पहली बार, इन ड्रोन्स ने रियल टाइम में लक्ष्य तय करने, युद्धक्षेत्र की जानकारी जुटाने और हमलों के तालमेल में बहुत बड़ी भूमिका निभायी, जिसने भविष्य के युद्धों के लिए एक नया मानक तय कर दिया।

लेकिन ऑपरेशन सिंदूर की सबसे ख़ास बात थी वो कमाल का सामंजस्य, जिसके साथ भारत की सेना, कूटनीतिक तंत्र और रणनीतिक एजेंसियां साथ मिलकर काम कर रही थीं। सशस्त्र बलों, ख़ुफ़िया इकाइयों, विदेश सेवा और राजनीतिक नेतृत्व के बीच ये तालमेल, एक परिपक्व राष्ट्रीय युद्धनीति का प्रतीक था। ये युद्धकाल में कार्रवाई करने की आदर्श तस्वीर थी।

कई मायनों में, युद्ध के भविष्यकाल में ये भारत का पहला अहम कदम था। इसमें युद्ध सिर्फ़ बूटों और बंदूकों के दम पर ही नहीं बल्कि दिमाग, बैंडविड्थ और एकीकरण को मिलाकर लड़ा जाता है।

भविष्य में क्या रखा है, इसकी भविष्यवाणी करना बेहद मुश्किल है। क्या पाकिस्तान हिल गया है? हां, कुछ देर के लिए ज़रूर। मगर क्या इसने वाकई कोई सीख ली है? इस बात पर संशय बरक़रार है। आख़िर, ये एक ऐसा देश है जो लगातार चल रही अंदरूनी उथल-पुथल और ऐतिहासिक सैन्य तख्तापलटों का शिकार होकर आर्थिक रूप से धराशायी होने की कगार पर खड़ा है। यदि ये देश 1971 की शर्मनाक हार से भी कुछ सीख नहीं पाया तो आज इससे कूटनीतिक परिपक्वता की अपेक्षा करना बेमानी ही होगा।

मैं अपने हमवतनों से कहना चाहती हूं: नागरिकों के तौर पर, हम वाक़ई चैन की सांस ले सकते हैं क्यूंकि हमें मालूम है कि दुनिया की सबसे शानदार सेनाएं हमारी सीमाओं की रक्षा कर रही हैं। ऐसे में, हमें चिंता न करते हुए, एक होकर देश के निर्माण और विकास के लिए काम करते रहना चाहिए।

जिस वक़्त तक ये किताब छपने के लिए जाने वाली थी, एयर चीफ़ मार्शल अमर प्रीत सिंह ने बेंगलुरु के एक इवेंट में बता दिया था कि पाकिस्तान के पांच फ़ाइटर विमान और एक बड़ा विमान गिराया गया था। उन्होंने पाकिस्तानी एयरफ़ील्ड में हैंगरों को निशाना बनाए जाने की बात भी कही।

उन्होंने कहा, 'हमारे पास पांच कंफ़र्म किल्स और एक बड़े विमान के गिराए जाने की ख़बर है। बड़ा विमान या तो ELINT विमान हो सकता है या फिर AEW&C विमान, जो 300 किलोमीटर दूर गिराया गया था। ये असल में ज़मीन से हवा में मार गिराने की अब तक की सबसे लम्बी दूरी है।'

उन्होंने शाहबाज़ जैकबाबाद एयरफ़ील्ड में एफ़-16 हैंगर के ध्वस्त होने की भी बात की। उन्होंने कहा, 'हमने मुरीदके और चकलाला जैसे कम से कम दो कमांड एंड कंट्रोल सेंटर को निशाना बनाया। कम से कम छह रडार... हमें उस AEW&C हैंगर में कम से कम एक AEW&C विमान और वहां मेंटेनेंस के लिए मौजूद कुछ एफ़-16 विमानों को नष्ट करने के भी इशारे मिले हैं।'

उन्होंने हंसते हुए कहा, 'कोई भी पाकिस्तानी विमान आकाश की सीमाओं तक नहीं पहुंच सका। सरगोधा... हम एयरफ़ोर्स में ऐसे ही दिनों की कल्पना करते हुए जीते हैं। हम सोचते हैं कि ऐसा कुछ करने का हमें भी मौक़ा मिले। ऐसा हो गया कि मुझे रिटायर होने से बस कुछ ही वक़्त पहले ये मौक़ा मिल गया... तो हमने वहां की एयरफ़ील्ड पर हमला कर दिया।'

अपने भाषण में उन्होंने सभी सेनाओं को एकसाथ लाने के लिए चीफ़ ऑफ़ डिफ़ेंस स्टाफ़ जनरल अनिल चौहान की, राष्ट्रीय सुरक्षा सलाहकार श्री अजीत डोभाल और राजनीतिक इच्छाशक्ति की भी प्रशंसा की।

अभी तक, ऑपरेशन सिंदूर गोपनीय है और इसका पूरा दायरा सिर्फ़ सरकारी और सैन्य नेतृत्व तक ही सीमित है। इस किताब में सिर्फ़ उसी जानकारी को जगह मिली है, जो सार्वजनिक की गयी हैं और जिन्हें साझा करने की अनुमति मिली है। लेकिन, मैं आशा करती हूं कि इन सभी बातों से पर्दा उठेगा और हमें इस ऑपरेशन में हिस्सा लेने वाले और मज़बूती से डटे रहने वाले पायलटों, ग्राउंड क्रू, तकनीकी काम संभालने वालों और युद्धक्षेत्र के कमांडरों के जीवन के बारे में जानकारी मिल सकेगी।

एक मौक़े पर, भारतीय वायुसेना के एक वरिष्ठ अधिकारी ने मुझसे कहा था, 'ऑपरेशन सिंदूर के दौरान, इंसानी साहस, प्रतिरोध और हर मुसीबत से पार पाने की ज़िद की अनगिनत कहानियां हैं। समय के साथ-साथ ये कहानियां बाहर आती जाएंगी।'

ये विचार मुझे आशावान बनाता है, क्यूंकि यही वो कहानियां और वो नायक हैं, जो आने वाली पीढ़ी को आगे बढ़ने, सामना करने और जीत हासिल करने के लिए प्रेरित कर सकती हैं।

आख़िर, ये दुनिया एक कहानी नहीं तो फिर और क्या है?

इसलिए, पन्नों को पलटिये और हौसले, बलिदान और अडिग जज़्बे की कहानियों को अपने सामने खुलने दीजिए। वो कहानियां, जो उस गौरवशाली विरासत को सलाम करती हैं, जिसे हम गर्व से भारतीय वायुसेना कहते हैं।

मानवीय सहायता और आपदा राहत

भारत सरकार मानवतावादी सहायता और आपदा राहत को ऐसी कोशिशों के रूप में परिभाषित करती है, जिनका उद्देश्य चक्रवात, बाढ़, भूकंप, सूखा या युद्ध जैसी आपदाओं से प्रभावित लोगों की मदद करना होता है। ऐसे मिशन्स में हवाई शक्ति की अहमियत बढ़ जाती है क्यूंकि ये तेज़ी से काम करती है, योजनाओं में औचक बदलाव के लिए तैयार रहती है और दूर के इलाक़ों तक आसानी से पहुंच सकती है। भारतीय वायुसेना इन कोशिशों की अगुवाई करती है, अपने विमानों को काम पर लगाती है और भारत के साथ-साथ पड़ोसी देशों की धरती पर भी अपनी एयरलिफ़्ट और ऑपरेशन को अंजाम देने की क्षमता के दम पर सहायता प्रदान करती है।

आज़ादी के बाद से, भारतीय वायुसेना अनेकानेक आपदा के मौक़ों पर राहत पहुंचाने के मिशन में शामिल रही है। ये एक ऐसा सैन्यबल बन चुकी है, जिस पर मुसीबत के समय में पूरा भरोसा किया जा सकता है। हिंडन, पालम, बेंगलुरु, गुवाहाटी और चंडीगढ़ जैसे मुख्य बेसों पर इमरजेंसी टीम्स तैनात रहती हैं। ये रैपिड एरो मेडिकल टीम्स (RAMT) के ज़रिये मेडिकल सहायता पहुंचाती हैं।[1]

भारतीय वायुसेना के मानवीय सहायता कार्यों में विदेशी धरती पर मौजूद भारतीयों की मदद करना प्रमुख काम है। करोड़ों भारतीय विदेश में रहते हैं और ऐसे में भारतीय

वायुसेना ने ख़तरे के क्षेत्रों से उन भारतीयों को सुरक्षित लाने में निपुणता विकसित कर ली है। भारतीय वायुसेना ने दक्षिणी सूडान, यमन, यूक्रेन, इज़रायल और अफ़ग़ानिस्तान जैसी मुश्किल हालात वाली जगहों से भारतीयों और कई विदेशी नागरिकों को सुरक्षित निकाला है। इन कोशिशों के चलते भारत को दुनियाभर से सम्मान और सद्भाव मिला है।

भारतीय वायुसेना ने एक सशक्त मज़बूत बेड़ा तैयार कर अपनी मानवीय सहायता और आपदा राहत की क्षमता को काफ़ी मज़बूत किया है, जिसमें सी-17 ग्लोबमास्टर III, इल्यूशिन आईएल-76, सी-130जे सुपर हरक्युलिस, ऐन-32 और सी-295 विमान शामिल हैं। इन सभी को एक वृहद हेलीकॉप्टर बेड़े का सहयोग मिलता है, जिसमें हेवी-लिफ़्ट वाला चिनूक, एमआई-8/एमआई-17 मीडियम यूटिलिटी हेलीकॉप्टर, एएलएच और चेतक, चीता और चीतल लाइट हेलीकॉप्टर शामिल हैं। एकसाथ मिलकर, ये सभी भारतीय वायुसेना की विरासत की रक्षा करते हैं और मुसीबत के वक़्त सबसे पहले आगे आते हैं।

यहां एक लिस्ट दी जा रही है जिसमें हालिया वक़्त में किये गए मानवीय सहायता और आपदा राहत कार्य का ब्यौरा है। ये सभी सहायता और राहत कार्य विदेशी धरती पर, भारत सरकार के दिशानिर्देशों के अधीन संपन्न हुए हैं:[2]

1. ऑपरेशन राहत (2015)

जगह: यमन

विवरण: यमन में तेज़ी से उग्र होते नागरिक संघर्ष के बीच भारत ने लगभग 4,000 भारतीय और विदेशी नागरिकों को एडेन के युद्ध से घिरे इलाक़े से सुरक्षित मार्ग के ज़रिये निकाला।

2. वन्दे भारत मिशन (2020)

जगह: कई देश

विवरण: ये मिशन कोविड-19 महामारी के दौरान फंसे हुए भारतीयों को स्वदेश लौटाने के लिए शुरू किया गया था। इस मिशन के तहत, दिसंबर 2020 के अंत तक, चौबीस देशों से लगभग 3.2 करोड़ लोगों को लाया गया था।

3. ऑपरेशन देवी शक्ति (2021)

जगह: अफ़ग़ानिस्तान

विवरण: तालिबान के ताक़तवर हो जाने के बाद, सत्ता हस्तांतरण के नाज़ुक दिनों में, भारत ने 669 लोगों को वहां से निकाला, जिसमें अफ़ग़ानी लोग भी शामिल थे।

4. ऑपरेशन गंगा (2022)

जगह: यूक्रेन

विवरण: रूस-यूक्रेन युद्ध के जवाब में, भारत ने, पड़ोसी देशों के रास्ते और भारतीय वायुसेना और कमर्शियल फ़्लाइट्स के ज़रिये अपने 18,282 नागरिकों को वहां से निकाला, जिसमें वहां पढ़ रहे छात्रों की संख्या प्रमुख थी।

5. ऑपरेशन कावेरी (2023)

जगह: सूडान

विवरण: सूडान में संघर्ष के दौरान, भारत ने 4,097 से ज़्यादा लोगों को भारतीय वायुसेना की सॉर्टीज़, नेवी के जहाज़ों और कमर्शियल फ़्लाइट्स के ज़रिये वहां से निकाला, जिसमें 136 विदेशी नागरिक शामिल थे।

6. ऑपरेशन अजय (2023)

जगह: इज़रायल

विवरण: इज़रायल और हमास के बीच संघर्ष के बाद, भारत ने ये ऑपरेशन अपने नागरिकों को सकुशल वापस लाने के लिए शुरू किया। इसके साथ ही ओसीआई कार्डधारकों और नेपाली नागरिकों को भी वापस लाया गया था।

अपने बहुचर्चित मानवीय सहायता और आपदा राहत मिशन्स के अलावा भारतीय वायुसेना के पास बचाव अभियानों की एक ऐसी मज़बूत विरासत है, जो बहुत जगहों पर दर्ज नहीं हैं। ऐसे बचाव अभियान भारत और विदेश, दोनों जगहों पर हुए हैं। हमें इस बात पर गर्व होना चाहिए कि चाहे बाढ़ हो, भूस्खलन हो, भूकम्प हो, दुश्मनों ने हमला किया हो या और कोई प्राकृतिक आपदा आयी हो, भारतीय वायुसेना हमारे लिए हमेशा तैयार खड़ी दिखायी देगी।

भारतीय वायुसेना के हर मानवीय सहायता और आपदा राहत कार्य को कहीं एक जगह दर्ज करना असंभव सा काम है। इसलिए, मैंने दो शानदार ऑपरेशन: ऑपरेशन कावेरी का वादी सैदिना मिशन और देवघर केबल कार बचाव कार्य का विशेष उल्लेख किया है। ये कहानियां न केवल मिशन के पीछे काम कर रही महीन योजनाओं और अपार प्रयासों को दिखाती हैं बल्कि बताती हैं कि कैसे वायुसेना के बहादुर कर्मी इस दौरान कितने बड़े-बड़े ख़तरे मोल लेते हैं। इन्हीं कहानियों से हमें मालूम चलता है कि एक संघर्षरत इलाक़े में उड़कर जाने और वहां से सकुशल वापस लौटकर आने के लिए आपको किस मिट्टी का बना होना पड़ता है।

खार्तूम

15 अप्रैल 2023

खार्तूम की सेंट्रल मार्केट के इलाक़े में घनश्याम नाम का एक भारतीय नागरिक अपने भाई के साथ तेल बेच रहा था और एकाएक उसे गोलियां चलने की आवाज़ सुनायी दी। इससे पहले कि उसे कुछ समझ में आता, उसने देखा कि कुछ लोग उसी की दिशा में चिल्लाते-दौड़ते आ रहे थे। किसी ने चिल्लाकर कहा, 'भागो! छुप जाओ! यहां ख़तरा है!' ख़ुद को बचाने के, सुरक्षित रहने के इरादे से वो एक खम्भे के पीछे छुप गया और उसका भाई उसके साथ ही था।

घनश्याम और उसका भाई कर्नाटका की हक्का पक्की जनजाति[3] से आते थे और पिछले पांच महीनों से खार्तूम में अपना हर्बल तेल बेच रहे थे। वो छुपे हुए थे और उन्हें गोलियों की तड़तड़ाहट और हथगोलों के धमाके सुनायी दे रहे थे। अचानक एक सूडानी सैनिक आया और अपनी बंदूक उनकी ओर तानकर खड़ा हो गया। दोनों भाइयों के दिल ज़ोर से धड़क रहे थे।

घनश्याम ने तुरंत ही चिल्लाना शुरू किया, 'इंडियन! इंडियन!'

अपनी मूल पहचान बताने का उस सैनिक पर गहरा असर हुआ और उसने दोनों भाइयों को तुरंत ही पास के एक होटल तक पहुंचाया और कहा कि वो भीतर ही रहें, बाहर निकलना ख़तरे से खाली नहीं होने वाला था।

इस भागादौड़ी में फंसने वाले ये अकेले लोग नहीं थे। पूरे शहर में आफत मची हुई थी, जहां लगभग 60 लाख लोग रहते थे। इस शहर में बड़ी संख्या में विदेशी नागरिक थे जो दुनियाभर से आये हुए थे। भारतीयों की भी बड़ी तादाद थी। सूडान में भारतीयों के रहने का इतिहास लगभग 150 साल पुराना है[4] और यहां रहने वाले 1,500 भारतीयों के अलावा कितने ही और भी भारतीय, काम के सिलसिले में, अपने परिवार से मिलने या घूमने के लिए आते रहते हैं। उस वक़्त पर, देश में लगभग 4,000 भारतीय नागरिक थे और 15 अप्रैल 2023 को खार्तूम का युद्ध शुरू होते ही, सभी के सभी, अचानक ख़तरे में पड़ गए थे।[5]

ये हिंसा तब शुरू हुई जब दिनों-दिन से बढ़ रहा तनाव अपनी सीमा को पार कर गया। रैपिड सपोर्ट फ़ोर्स (आरएसएफ़)[6] के सदस्य पूरे देश में फिर

1

ऑपरेशन कावेरी; वादी सैदिना: सूडान में साहसी बचाव अभियान

वादी सैदिना एयरबेस

खार्तूम से 22 किलोमीटर उत्तर की ओर

सूडान

27 अप्रैल 2023

रात का घुप्प अंधेरा फैला हुआ था, आसमान बादलों से ढका था और एक भी तारा नहीं देखा जा सकता था। बस मोबाइल फ़ोन और टॉर्च से निकलती रोशनी, इधर-उधर होती नज़र आ रही थी। हवा में आशंकाओं और तनाव की बू फैली हुई थी। इसके साथ ही इंसानी आवाज़ें आ रही थीं, जिसमें घुले हुए जल्दबाज़ी और डर के भाव को आसानी से समझा जा सकता था।

वादी सैदिना एयरबेस के पास मौजूद एक खुले मैदान में सैकड़ों लोग इकट्ठा थे। ये सभी इस आस में थे कि इन्हें कुछ ही वक़्त में यहां से बचाकर निकाल लिया जाएगा। इस दृश्य में ढेर सारा कष्ट देखा जा सकता था। कई दिनों से, ये सभी लोग ख़ौफ़नाक नज़ारे देख रहे थे। उन्होंने बिखरी हुई लाशें देखी थीं, जो बेहद ख़राब स्थिति में पड़ी हुई

थीं। उन्हें हर ओर निर्दयता के साक्ष्य देखने को मिल रहे थे। ज़मीन ख़ून से सनी थी, हवा में बारूद की गंध फैली थी। ये सबकुछ वहां पसरे विनाश की याद दिला रहा था।

सूडान के उथल-पुथल इतिहास की किताब में एक और काला ध्याय जुड़ चुका था। इस संघर्ष में सूडान की सेना और उसकी पैरामिलिट्री फ़ोर्स, रैपिड सपोर्ट फ़ोर्सेज़, जिसे जंजावीद भी कहा जाता था, आमने-सामने थे। सत्ता की उठापटक, जातीय तनाव और संसाधनों पर कब्जे की लड़ाई ने सूडान की राजधानी खार्तूम को युद्ध के मैदान में तब्दील कर दिया था।

वादी सैदिना, राजधानी से 22 किलोमीटर दूर स्थित एक एयरफ़ील्ड है और जब सूडान की सरकार ने सीज़फ़ायर का ऐलान किया तो लोग यहां आकर जमा हो गए। इस छोटी सी समयावधि में तमाम देशों को ये मौक़ा मिल गया कि वो अपने-अपने नागरिकों को वहां से निकालकर ले जा सकें। इसके चलते एक समय पर सन्नाटे में रहने वाला वादी सैदिना[1] बचाव अभियान का केंद्र बन गया। लोग खार्तूम से पोर्ट सूडान नहीं पहुंच पा रहे थे और इसी के चलते यहां अफरातफरी बढ़ती चली गयी।[2]

वहां से जान बचाकर निकलने वाली इस भारी भीड़ में 118 भारतीय नागरिक भी थे। औरतें रोती जा रही थीं और अपने बच्चों को ख़ुद से चिपकाए घूम रही थीं। मंद रोशनी में उनके आंसू चमक रहे थे और उनकी पीड़ा पर रोशनी डाल रहे थे। बूढ़े हो चले लोग थके-मांदे एकसाथ खड़े थे और अपनी आंखों की बची हुई शक्ति से किसी चमत्कार की राह देख रहे थे। इस पूरी आपाधापी के बीच सूडान की ख़तरनाक सेना खड़ी थी।

बेहद कम देशों के पास ऐसे विमान या दृढ़ संकल्प शक्ति थी कि वो इस अंधेरे में, सूडान जैसे आंतरिक संघर्ष का दंश झेल रहे देश में जाकर बचाव अभियान को अंजाम दे सकें। भारत उन मुट्ठीभर देशों में एक था जो ऐसा कर सकते थे।

अलग-अलग देशों के निराश और परेशान लोगों की भीड़ बढ़ती जा रही थी।

कठोर और निर्दयी सूडानी सैनिक इस भीड़ को काबू में करने की हरसंभव कोशिश कर रहे थे। वो बेहद कड़े शब्दों में आदेश दे रहे थे और उनकी चिल्लम-चिल्ली, वहां के गहमागहमी के माहौल को और भी बदतर कर रही थी। बैरीकेडिंग के पास कोई भी फटकता तो उसे रायफ़ल की बट से मार मिलती और देह पर लगती भारी धातु की चोट की आवाज़ हवा में गूंजने लगती। डर और पीड़ा से उपजी चिल्लाने की आवाज़ें हर ओर से आ रही थीं और किसी को कुछ भी समझ में नहीं आ रहा था। बच्चे चीख रहे थे और उनकी नुकीली आवाज़ कानों में चुभ रही थी। कुछ बच्चों ने अपनी मांओं

के कपड़ों में अपने नाखून धंसा रखे थे। ज़मीन पर बैग, जूते और लोगों का दूसरा सामान बिखरा हुआ था, जो उन्होंने सुरक्षित जगह पर पहुंचने की जल्दबाज़ी में छोड़ दिया था। लोग एक-दूसरे से लड़ते-भिड़ते आगे बढ़ रहे थे। ज़िंदा रहने की जद्दोजहद के बीच वो उत्तेजित और अनियंत्रित भाव के साथ चल-फिर रहे थे।

इस दु:स्वप्न जैसे माहौल में दूर से एक हवाई जहाज़ की आवाज़ आना शुरू हुई। इस आवाज़ ने सभी के भीतर उम्मीद जगा दी। हवाई जहाज़ के इंजन्स का शोर तेज़ होता जा रहा था और ज़मीन के कोलाहल को काटना शुरू कर चुका था।

ये जहाज़ भारतीय वायुसेना का लॉकहेड मार्टिन सी-130जे सुपर हरक्यूलिस था।

ये जहाज़ उम्मीद की एक मशाल के समान आ रहा था। कॉकपिट में तनाव भरा माहौल था क्यूंकि पायलट लगातार विमान उड़ाने की सीमा को पार करने के नज़दीक खड़े हुए थे। उन्हें घने अंधेरे में, टर्ब्युलेंस और ख़राब मौसम का सामना करते हुए, अद्भुत साहस से जहाज़ लैंड करना था। इसी बीच, विमान में सवार गरुड़ स्पेशल फ़ोर्सेज आने वाले संभावित ख़तरे के लिए ख़ुद को तैयार कर रही थी।

इनमें से किसी को नहीं मालूम था कि धरातल पर उन्हें किन परिस्थितियों का सामना करना था। उन्हें नहीं मालूम था कि दुश्मन अंधेरे का फ़ायदा उठाकर उनके विमान को गोलियों का निशाना बनाने की फ़िराक़ में होगा, जिससे विमान और उसमें सवार सभी लोगों की जान ख़तरे में पड़ सकती थी। लेकिन, वहां मौजूद सभी लोग देशवासियों के लिए, अपने मिशन के लिए ये ख़तरा मोल लेने को पूरी तरह तैयार थे। कितने ही परिवार अपने पिता, माता, बेटों, बेटियों और प्रियजनों की सुरक्षित वापसी की राह देख रहे थे।

ऑपरेशन कावेरी का मिशन यही था। सूडान में फंसे भारतीय नागरिकों को देश वापस लेकर आना था।

वादी सैदिना पर साहस से भरा बचाव अभियान इस ऑपरेशन का ही एक हिस्सा था, जिसके दौरान 118 भारतीय नागरिकों और 3 सूडानी नागरिकों को सफलतापूर्वक निकालकर लाया गया था। सूडान से कुल मिलाकर 4,097 भारतीय नागरिकों को निकाला गया था जिसमें 136 विदेशी नागरिक भी शामिल थे।

वादी सैदिना मिशन भारतीय वायुसेना के सबसे साहसिक मिशनों में से एक माना जाता है, जो देश की विरासत में हमेशा के लिए जगह बना चुका है।

से तैनात कर दिए गए थे और इस कदम को सूडानी सेना ने हमलावर रुख़ की तरह देखा।

जवाब में, सेना ने कड़ा कदम उठाने का फैसला किया और जल्द ही, खार्तूम का पूरा शहर भयानक आर्टिलरी फ़ायरिंग की ज़द में आ गया। आसमान में सेना के जेट दौड़ लगा रहे थे और शहर की सड़कों पर बख़्तरबंद गाड़ियां नज़र आ रही थीं।[7]

एक समय में, जहां रौनक फैली रहती थी, अब वो जगह युद्ध का मैदान बन चुकी थी। बंदूक की गोलियों और हथगोलों ने सैकड़ों जानें ले ली थीं, जिसमें कई नागरिक शामिल थे। राजधानी के हवाई अड्डे समेत सभी मुख्य जगहों पर अपने कब्जे को लेकर शुरू हुई लड़ाई भीषण थी और घनी आबादी वाले शहरी क्षेत्र में लड़ी जा रही थी, जिससे आम नागरिक बड़े ख़तरे में पड़ गये थे। नागरिक विमानों को आग के हवाले कर दिया गया था और वायुसेना की चोटों ने आरएसएफ़ के बेसों को निशाना बनाया, जिन्हें योजनाबद्ध तरीक़े से आवासी इलाक़े में शिफ़्ट कर दिया गया था जिससे और भी ज़्यादा आम नागरिक मारे गये थे। जिनके लिए संभव था, वो अपने घरों के दरवाज़े भीतर से बंद कर, घर की बत्तियां बंद कर, दुबककर बैठ गए। कई और लोग, जो कहीं से आ रहे थे या कहीं को जा रहे थे, फंस गए। वो फंसे हुए थे, क्यूंकि पुलों पर और सड़कों पर बैरीकेडिंग लगी हुई थी। स्कूल अनिश्चितकाल के लिए बंद किये जा चुके थे।

पूरी आबादी के बीच डर का माहौल था। ये कमाल की बात थी कि एक वक़्त पर, जिन्हें लोगों की सुरक्षा की ज़िम्मेदारी दी गयी थी, आज वही उनकी जान पर ख़तरे का सबब थे। खार्तूम की गलियां, जो जीवन और चमक-दमक से भरी होती थीं, आज वहां अफरातफरी मची हुई थी और बर्बादी फैली हुई थी।

घनश्याम ने मुझे बताया कि कैसे उनसे कुछ दूरी पर मौजूद घर पर मिलिशिया (नागरिक सेना) ने गोलीबारी की, जिससे बचने के लिए उन्हें छुपने जाना पड़ा। ये भीषण लड़ाई कई दिनों तक चली, जिसके चलते खार्तूम का पूरा इलाक़ा खाली और बर्बाद हो चुका था। वहां से लाखों लोग पलायन कर चुके थे।

लम्बे वक़्त से राष्ट्रपति के पद पर बैठे ओमार अल-बशीर को 2019 में अपदस्थ किया गया[8] और उसके बाद शुरू हुए संघर्ष में, अप्रैल की ये भिड़ंत सबसे ताज़ी थी। सूडान की सेना और पैरामिलिट्री के बीच जो दरार पैदा हुई, उसके चलते वहां अक्टूबर 2021 के बाद से कोई कामकाज़ी सरकार रह ही नहीं गयी थी, क्यूंकि देश की सेना ने प्रधानमंत्री अबदल्ला हम्दोक की कार्यभारी सरकार को भी बर्खास्त कर दिया और देश में इमरजेंसी लागू कर दी। कई लोगों ने इसे तख्तापलट की श्रेणी में रखा।

देश में गृहयुद्ध के चलते शुरू हुई हिंसा ने सूडान में रह रहे तमाम विदेशी नागरिकों को मुसीबत में डाल दिया था। इन विदेशी नागरिकों में कई भारतीय भी शामिल थे।

भारतीय प्रधानमंत्री नरेंद्र मोदी ने भारत के विदेशमंत्री डॉक्टर सुब्रमण्यम जयशंकर से बात की। प्रधानमंत्री मोदी ने ये जानकारी लेनी चाही कि क्या इस परिस्थिति से निपटने के लिए किसी योजना पर काम चल रहा था और क्या भारतीय राजदूत, दूसरे देशों से बातचीत कर रहे थे। प्रधानमंत्री ने ये जानकारी भी ली कि क्या भारतीय वायुसेना और नौसेना काम सँभालने के लिए तैयार खड़ी थीं।

कुछ ही दिन पहले, एक कार्यक्रम के दौरान, डॉक्टर जयशंकर ने वैश्विक संकट की परिस्थिति में अपने नागरिकों को वहां से बचाकर निकालने की सक्रिय विदेश नीति पर रोशनी डाली थी। उनकी बातों ने इस एक चीज़ में लोगों का विश्वास और भी गाढ़ा किया था कि भारत सरकार, हर मौक़े पर अपने नागरिकों के साथ खड़ी रहने वाली थी।

उन्होंने कहा था, 'जब आप भारतीय सीमा पार करते हैं और दूसरे देशों में जाते हैं, आप इस विश्वास के साथ जाएं कि भारत सरकार आपके साथ खड़ी है। कोई भी देश, जो अपने ही देशवासियों का साथ छोड़ देता है, उसकी कोई इज़्ज़त नहीं करता।'[9]

इस संकट के दौरान यात्रा करते हुए डॉक्टर जयशंकर ने संयुक्त राष्ट्र के सेक्रेटरी जनरल एंटोनियो गुटेरेस से न्यू यॉर्क में मुलाक़ात की। वो चाहते थे कि सूडान में फंसे लगभग 4,000 भारतीयों की सुरक्षा और उन्हें वहां से निकालने में संयुक्त राष्ट्र उनकी मदद करे।[10]

भारत वापस आते ही उन्होंने राष्ट्रीय सुरक्षा सलाहकार अजीत डोभाल, कीर्ति चक्र और दूसरे वरिष्ठ अधिकारियों से एक हाई-लेवल मीटिंग में बात की, जिसकी अध्यक्षता प्रधानमंत्री कर रहे थे। इसी मीटिंग के दौरान, प्रधानमंत्री ने सभी अधिकारियों से बचाव अभियान के लिए आकस्मक योजनाएं बनाने को कहा क्यूंकि सूडान में हालात बेहद तेज़ी से बदतर होते दिख रहे थे।

इन निर्देशों ने भारत के पूरे सरकारी तंत्र को हरकत में ला दिया। भारत ने अपने साथी देशों के साथ संपर्क करना शुरू कर दिया, जिससे वो अपने नागरिकों को सुरक्षित वापस ला सके।

इसी दौरान, भारतीय विदेश मंत्रालय ने औपचारिक और अनौपचारिक रास्तों से खार्तूम में मौजूद भारतीय समुदाय से बात की। साथ ही कई निर्देश भी जारी किये।

सूडान में फंसे भारतीयों को जानकारी उपलब्ध कराने और उन्हें सहायता देने के लिए एक 24/7 कंट्रोल रूम भी बनाया गया। इस बेहद तनावपूर्ण स्थिति के दौरान, भारत और विदेश में मौजूद, विदेश मंत्रालय के कर्मियों ने अथक परिश्रम के बूते पर ये संभव कर दिखाया।

विदेश मंत्रालय के प्रवक्ता अरिंदम बागची ने बाद में ये बताया कि उन्हें पहले चौबीस घंटे में लगभग 100 फ़ोन कॉल आये थे। ये काम बेहद चुनौतीपूर्ण था लेकिन उनकी मेहनत का नतीजा ये रहा कि उन्होंने बचाव अभियान का इंतज़ार कर रहे भारतीयों की एक पुष्ट सूची तैयार कर ली।[11]

शुरुआती स्तर पर, भारत सरकार के आग्रह पर, कई मित्र देशों ने सैकड़ों भारतीयों को वहां से निकाल लिया। लेकिन, ये काफ़ी नहीं था। क्यूंकि अभी भी, सूडान में हज़ारों भारतीय फंसे हुए थे और वहां का माहौल हर पल ख़तरनाक होता जा रहा था।

और फिर वो मौक़ा आ गया, जब भारत ने अपने जहाज़ काम पर लगा दिए[12] और उन्हें पोर्ट सूडान तक पहुंचा दिया। ये जगह खार्तूम से 850 किलोमीटर दूर थी। भारत ने बचाव अभियान की अपनी प्रक्रिया पूरी तरह से शुरू कर दी थी।

पोर्ट सूडान में एक हवाई अड्डा और बंदरगाह, दोनों थे। ये जगह फंसे हुए भारतीयों को निकालने के लिए एकदम मुफ़ीद समझी जा रही थी। पहली बार में, भारतीय नौसेना का सरयू-क्लास जहाज़, आईएनएस सुमेधा, 278 लोगों को पोर्ट सूडान से जेद्दाह तक ले आया।[13] वहां से, विशालकाय सी-17 ग्लोबमास्टर और कुछ अन्य लम्बी दूरी की नॉन-स्टॉप फ़्लाइट्स के ज़रिये निकाले गए लोगों को भारत लाया गया।

भारतीय सेना के युद्धपोत आईएनएस तेग, जो चौथा तलवार-क्लास युद्धपोत है,[14] ने भी इस ऑपरेशन में कदम रखा और बचाव अभियान को और भी मज़बूती दी। लेकिन, अभी भी, ये सभी प्रयास काफ़ी नहीं जान पड़ रहे थे। कई लोग खार्तूम में फंसे हुए थे और वो पोर्ट सूडान तक नहीं पहुंच पा रहे थे। ऐसे लोग ख़तरे के बीचोबीच थे और उनका तुरंत बचाव किया जाना बेहद ज़रूरी था।

अब, भारतीय वायुसेना को बुलाया गया।

एक हाई-लेवल मीटिंग में तत्कालीन वायुसेना अध्यक्ष, एयर चीफ़ मार्शल[15] विवेक राम चौधरी के साथ एयर मार्शल[16] अमर प्रीत सिंह, तत्कालीन वाइस चीफ़ ऑफ़ द एयर स्टाफ़ ने सूडान में फंसे भारतीय नागरिकों के बचाव अभियान की योजनाओं पर नज़र डाली। वायुसेना के सभी ऑपरेशन्स के प्रमुख के तौर पर, उप वायुसेना प्रमुख

ने सभी ज़रूरी अंगों को तुरंत हरकत में आने का आदेश जारी किया, इंटेलिजेंस, लॉजिस्टिक्स और ऑपरेशन की योजनाओं के बीच तालमेल बिठाया। सभी सीधे वायुसेना अध्यक्ष को रिपोर्ट कर रहे थे, जो ख़ुद रक्षा मंत्रालय के संपर्क में थे। वरिष्ठ पदों पर आसीन लोगों ने और पूरे तंत्र ने मिलकर बचाव अभियान को बगैर किसी समस्या के अंजाम दिया।

> तत्कालीन असिस्टेंट चीफ़ ऑफ़ एयर स्टाफ़ ऑपरेशन्स (ट्रांसपोर्ट एंड हेलीकॉप्टर) और भातीय वायुसेना के एचएडीआर ऑपरेशन ने नोडल ऑफ़िसर, एयर वाइस मार्शल एस श्रीनिवासन ने बताया, 'सूडान में जो परिस्थितियां थीं, वो अभूतपूर्व रूप से चुनौतीपूर्ण थीं।'
>
> 'मैंने यमन, ईराक़, अफ़ग़ानिस्तान और यूक्रेन में बचाव अभियान किये हैं लेकिन सूडान में एक अलग ही प्रकार की अनिश्चितताएं सामने खड़ी थीं। कुछ ही देश ऐसे थे जिन्होंने ऐसे बचाव अभियान करने की कोशिश करने के बारे में सोचा, क्यूंकि सीमित संसाधन और इच्छाशक्ति की कमी एक बहुत बड़ी रुकावट होती है। ये भारत सरकार और भारतीय वायुसेना के मनोबल और दृढ़ता का ही नतीजा था कि ऑपरेशन कावेरी को संभव बनाया जा सका। हवाई जहाज़ को निशाना बनाया जा सकता था, ये एक बहुत बड़ी संभावना थी जिससे जी नहीं चुराया जा सकता था। ज़मीन पर जो स्थिति थी, वो बेहद गंभीर थी। इन सबके साथ, बातचीत के रास्ते लगभग बंद थे। प्रधानमंत्री की मीटिंग से पहले ही हमने अपनी आकस्मिक योजनाओं पर काम करना शुरू कर दिया था क्यूंकि हम इस बात के लिए तैयार थे कि किसी भी वक़्त पर भारतीय वायुसेना को बुलाया जा सकता था।'

यहां तक कि प्रधानमंत्री की हाई-लेवल मीटिंग से पहले ही वायुसेना अध्यक्ष ने एक एक्शन प्लान बनाकर उसे रक्षा मंत्रालय के साथ साझा किया था, जो विदेश मंत्रालय तक भी पहुंचा था। इस ज़मीनी स्तर के काम ने प्रधानमंत्री को, तमाम ख़तरों के बावजूद, भारतीय विमानों की तैनाती से जुड़े फैसले लेने में मदद की।

और फिर, सूडान से निकलने की चाह रखने वाले भारतीय नागरिक को निकाले जाने के मिशन को प्रधानमंत्री द्वारा हरी झंडी दिखाये जाने के बाद, वायुसेना अध्यक्ष ने एयर हेडक्वार्टर्स में एक हाई-लेवल मीटिंग की। वरिष्ठ अधिकारियों को मिशन के

लक्ष्यों के बारे में जानकारी दी गयी और दो सी-130जे सुपर हरक्युलिस विमानों को मिशन के लिए काम पर लगा दिया गया। भारतीय वायुसेना के वरिष्ठतम अफ़सरों द्वारा जो फैसले लिए गए थे, उन्हें हर किसी तक पहुंचा दिया गया था और इसकी जानकारी भारत सरकार को भी मिल चुकी थी।

24 अप्रैल 2023 को, विदेश मंत्री डॉक्टर एस. जयशंकर ने ऑपरेशन कावेरी लॉन्च होने का ऐलान किया और ट्वीट करते हुए लिखा:

> सूडान में फंसे हमारे नागरिकों को वापस लाने के लिए ऑपरेशन कावेरी शुरू हो चुका है। लगभग 500 भारतीय पोर्ट सूडान पहुंच चुके हैं। और भी पहुंचने वाले हैं। हमारे पोत और विमान उन्हें घर लाने के लिए तैनात हैं। सभी स्वजनों की सहायता के लिए हम कटिबद्ध हैं।[17]

अपनी ट्रांसपोर्ट एयरक्राफ़्ट फ़्लीट को तैनात करने के साथ-साथ भारतीय वायुसेना ने एयर वाइस मार्शल एस. श्रीनिवासन को इस ऑपरेशन का नोडल ऑफ़िसर नियुक्त कर दिया। इसके साथ ही, डायरेक्टर गरुड़ को मिशन पर जाने वाले हर एक हवाई जहाज़ के साथ गरुड़ स्पेशल फ़ोर्सेज़ को भेजने का कार्यभार सौंपा गया। गरुड़, जिन्हें उनके कौशल और दुश्मन को घातक परिणाम दिखाने के लिए जाना जाता है, को कभी भी हल्के मामलों के लिए नहीं तैनात किया जाता है। उन्हें वहीं पर बुलाया जाता है जहां ख़तरा बड़ा हो और इस मिशन में परिस्थितियां कुछ ऐसी ही थीं।

सूडान में जो भी कुछ घट रहा था, उसे डायरेक्टर गरुड़ लगातार देख रहे थे और हिंसा से जान बचाने के लिए भागने पर मजबूर हो चुके परिवारों के त्रासद दृश्य देखकर वो भावुक थे। तीन बेटियों के पिता और एक समर्पित पति होने के नाते, वो फंसे हुए नागरिकों से हमदर्दी रख रहे थे और उन सभी को उनके प्रियजनों से मिलाने को तत्पर दिख रहे थे।

एयर हेडक्वार्टर्स में वरिष्ठ के सामने विमानों के उड़ान भरने से पहले सभी महीन से महीन जानकारियों को एकसाथ लाने की बड़ी चुनौती थी। इस मिशन में सूडान पहुंचने से पहले तमाम देशों की हवाई सीमा में उड़ान भरी जानी थी और सभी जगहों से पहले ही अनुमति भी लेनी थी। ये बेहद पेचीदा काम विदेश मंत्रालय मैनेज करता है और इसमें उसे हर जगह के दूतावास से संपर्क करना होता है। समय की कमी ने इस

पूरी प्रक्रिया को और भी जटिल बना दिया था क्यूंकि तय किये गए समय से पहले ही सभी अनुमतियां ली जानी थीं।

इसके अलावा कई सारे जवानों के पास पासपोर्ट नहीं थे। कुछ ही घंटों में ये पासपोर्ट तैयार किये गये। बेहद कम समय में सारी तैयारी करनी थी और इस दौरान ये भी सुनिश्चित करना था कि सभी जवान अपने तय काम पर फोकस कर सकें। नेतृत्व की ये एक बड़ी परीक्षा थी। और इस क्रम में विदेश मंत्रालय, वायुसेना और तमाम दूसरे अफ़सरों ने ठीक वैसा ही किया, जैसा अव्वल दर्जे का काम उनसे अपेक्षित था।

इधर, उड़ान भरने से पहले पूरे क्रू को सभी ज़रूरी जानकारियां दी जा रही थीं। हर कोई समय से रेस लगा रहा था और उन्हें एक-एक सेकंड की कीमत अच्छे से मालूम थी। क्यूंकि सूडान में हर पल परिस्थितियां बद से बदतर होती जा रही थीं और वहां फंसे हुए भारतीयों की जान पर ख़तरा बढ़ता जा रहा था।

एयर वाइस मार्शल श्रीनिवासन उस मौक़े को याद करते हैं, जब सभी जगहों से मंज़ूरी मिलते ही, उड़ान भरने से ठीक पहले, क्रू के हाथों में भारत सरकार की अनुमति समेत तमाम ज़रूरी दस्तावेज़ सौंपे गए थे।

> 'हम तीन दिन घर वापस नहीं गए और अपनी-अपनी कुर्सियों में ही बैठे हुए सो जाते थे। लेकिन जिस तालमेल के साथ तमाम रक्षा विभागों, अफ़सरशाही और मंत्रालयों ने इसे सफल बनाने के लिए काम किया, वो देखने लायक़ था।'

सूडान में जो ख़तरनाक होती परिस्थितियां थीं, उनके चलते विमानों और उसमें सवार सभी लोगों पर ख़तरे के बदल छाये हुए थे लेकिन भारतीय वायुसेना ने कभी अपने कदम पीछे खींचने के बारे में सोचा भी नहीं।

ये कोई पहला मौका नहीं था जब इतने कम वक़्त में उन्हें किसी मिशन पर जाने को कहा जा रहा था। इससे पहले, नेपाल, यमन, गाजा, सूडान और अफ़ग़ानिस्तान और तमाम दूसरे संकट में घिरे इलाक़ों में उन्होंने बचाव अभियानों को अंजाम दिया था और वो ये साबित कर चुके थे कि भारतीय वायुसेना देश की सेवा करने के लिए हमेशा तत्पर रहती थी।

भारतीय वायुसेना स्टेशन
उत्तर प्रदेश
अप्रैल 2023

सूडान में जो परिस्थितियां थीं, उसके चलते कोई भी बात साफ़-साफ़ नहीं मालूम चल पा रही थी क्यूंकि पल-पल कोई न कोई नयी ख़बर आती जा रही थी और सभी अधिकारियों को लगातार अपनी योजनाएं बदलनी पड़ रही थीं।

> मिशन में शामिल एक पायलट ने याद करते हुए बताया: 'सूडान बचाव अभियान में अनिश्चितताएं चरम पर थीं। हमें खार्तूम रनवे की स्थिति के बारे में कोई जानकारी नहीं थी। मालूम नहीं था कि वो सही था या उस नुकसान पहुंचा चुका था। हमें मौसम, बाहरी ख़तरों, वायुक्षेत्र की स्थिति, एटीसी की कार्यप्रणाली आदि के बारे में कुछ नहीं मालूम था। शुरुआत में बात हुई कि हमें खार्तूम हवाई अड्डे पर उतरना था क्यूंकि ज़्यादातर हिंदुस्तानी राजधानी में फंसे हुए थे, लेकिन वहां की ज़मीनी स्थिति के बारे में कोई ख़ास जानकारी नहीं थी। क्या वो हमपर गोलीबारी कर सकते थे? लैंडिंग के वक़्त मिसाइल दाग सकते थे। आपातकालीन स्थिति में हम कितने कम वक़्त में प्रतिक्रिया कर सकते थे, ये बेहद अहम था। इसलिए हम उड़ान भरने से लेकर लैंडिंग तक के सभी चरणों की तैयारी पहले से ही करके रखते हैं। यहां तक कि हम बैक-अप प्लान भी तैयार रखते हैं, जिससे अपने काम को अंजाम देने में हमें बहुत वक़्त न लगे। लेकिन सूडान में स्थितियां जितनी तेज़ी से बदल रही थीं, उससे किसी भी चीज़ के बारे में कोई साफ़ जानकारी मौजूद नहीं थी।'

गरुड़ को भी ऐसी ही चुनौतियों का सामना करना पड़ रहा था। अमूमन, वो ज़मीन से आ रही रिपोर्टों के आधार पर ही तैयारी करते हैं, जिससे वो विमान, क्रू और बचाए गए लोगों को सुरक्षित रख सकें। लेकिन, सूडान में स्थितियां लगातार बदल रही थीं और हर कदम पर अनिश्चितताओं से सामना होने वाला था। ग्रेनेड ब्लास्ट और लड़ाकों द्वारा सैन्य ठिकानों पर कब्जे की ख़बरें, धू-धू कर जलते विमानों और बिल्डिंगों की डरावनी तस्वीरें आती जा रही थीं। आम नागरिकों को मैनपैड (मैन पोर्टेबल एयर डिफ़ेंस

सिस्टम)[18], रॉकेट लॉन्चर और दूसरे तमाम हथियार ले जाते हुए और भाग निकलने की फ़िराक़ में देखा जा सकता था।

आपातकाल में काम करने वाले पेशेवर सैनिकों के लिए भी इस तरह की अनजान परिस्थितियां बहुत बड़ा रोड़ा साबित होती हैं, जब लोगों की रक्षा करना और राष्ट्रीय संकट को टालना आपका मुख्य उद्देश्य हो। सटीक प्लानिंग, ख़ास उपकरणों और असाधारण कौशल के बल पर ही किसी भी मिशन की सफलता की आधारशिला रखी जाती है।

यहां, भारतीय वायुसेना को नरसंहार और पलायन की ख़बरों के बीच युद्ध की विभीषिका झेल रहे एक देश में जाने की ज़िम्मेदारी दी गयी थी। उनका मिशन था कि उन्हें लाखों परेशान आम नागरिकों के बीच हज़ारों भारतीयों को पहचानना था और उन्हें सही-सलामत घर वापस लाना था। इस दौरान, उन्हें बेहद ख़तरनाक स्थितियों से जूझते हुए हवाई जहाज़ और क्रू को सुरक्षित वापस लाना था।

स्थिति बेहद तनावपूर्ण थी लेकिन सभी बहादुर जवानों की दृढ़ता बेमिसाल थी।

सूडान की हर एयरफ़ील्ड को बंद किया जा चुका था। इसलिए विदेश मंत्रालय के साथ काम रही भारतीय वायुसेना ने सूडान के लिए सबसे छोटा और सबसे सुरक्षित रास्ता प्लान किया। शुरुआत में योजना ये थी कि स्थिति का जायज़ा लेने के बाद खार्तूम पहुंचकर भारतीय नागरिकों को बचाकर निकाल लिया जाएगा। हर विमान के साथ गरुड़ स्पेशल फ़ोर्सेज़ की एक टुकड़ी थी। नंबर 81 स्क्वाड्रन, 'स्काई लॉर्ड्स' के कमांडिंग ऑफ़िसर, ग्रुप कैप्टन समीप निझावन[19], को ये जिमेदारी दी गयी थी कि वो इस महत्वपूर्ण मिशन के लिए सी-17 ग्लोबमास्टर तैनात करें।

612 गरुड़ फ़्लाइट[20] को कमांड करने वाले एक युवा कमांडिंग ऑफ़िसर, स्क्वाड्रन लीडर प्रीतम सिंह जैतावत[21], उन लोगों में एक थे, जिन्होंने एयर हेडक्वार्टर से एक अतिआवश्यक कॉल रिसीव की थी। जब उन्हें डायरेक्टर गरुड़[22] से ये कॉल आयी, वो पानागढ़ में यूएस एयर फ़ोर्स की स्पेशल फ़ोर्सेज़ के साथ रनिंग कर रहे थे। उन्हें निर्देश मिला कि वो हिंडन एयरबेस पर तुरंत ही अपनी फ्लाइट को जॉइन कर लें।

राजस्थान के इकत्तीस साल के कमांडिंग ऑफ़िसर, रात ग्यारह बजे, कलाईकुंडा से कोलकाता एयरपोर्ट के लिए सड़क के रास्ते से निकल पड़े। अगली सुबह उन्होंने फ़्लाइट पकड़ी और सुबह 9 बजे हिंडन एयरबेस पर उपस्थित हो गए। हिंडन पर पहुंचते ही वो अपने सीनियर, कॉल साइन 'जग्गी' वाली गरुड़ फ़्लाइट के कमांडिंग ऑफ़िसर से मिले, जो गरुड़ मिशन वाले हिस्से की देखरेख कर रहे थे। उन्होंने जैतावत को मिशन के मुख्य लक्ष्यों के बारे में जानकारी दी।

इधर, पायलटों के हिस्से में आयी एक कॉल को रिसीव किया विंग कमांडर[23] रजनीश चंद्र उनियाल[24] ने, जो एक ट्रांसपोर्ट पायलट थे और सी-130जे सुपर हरक्युलिस को उड़ाने में उन्हें महारत हासिल थी।

संयोगवश, वो भी अमेरिकी वायुसेना के साथ पानगढ़ में ही ट्रेनिंग कर रहे थे। विंग कमांडर उनियाल ने तुरंत ही अपना काम समेटा और हिंडन एयरबेस पर रात को 2 बजे आने वाले एक विमान में चढ़ गए। सुबह की ब्रीफ़िंग के बाद उनके फ़्लाइट कमांडर ने जानकारी दी कि उन्हें किसी भी वक़्त उड़ान भरने के लिए तैयार रहना चाहिए।

उधर, सूडान में परिस्थितियां लगातार बुरी होती जा रही थीं।

हिंसक टकराव में एक भारतीय नागरिक की मौत हो चुकी थी और हज़ारों लोग ऐसे वीडियो पोस्ट कर रहे थे, जिसमें देखा जा सकता था कि कैसे वो बगैर खाना-पानी के कई दिन से ज़िंदा रहने की कोशिश कर रहे थे और लगातार भारत सरकार से बचाने की गुहार लगा रहे थे।

सुबह-सुबह की ब्रीफ़िंग के बाद, क्रू के सभी लोग 77 नंबर स्क्वाड्रन (वेल्ड वाइपर्स) के मिशन प्लानिंग रूम में इकट्ठा हुए। इसमें पायलट, कॉम्बैट सिस्टम ऑपरेटर्स, लोडमास्टर्स, फ़्लाइट कमांडर और कमांडिंग ऑफ़िसर, ग्रुप कैप्टन रवि नंदा शामिल थे। ग्रुप कैप्टन रवि नंदा को इससे पहले अगस्त 2021 में ऑपरेशन देवी शक्ति के दौरान अफ़ग़ानिस्तान में फंसे भारतीयों को निकालने के लिए वायु सेना मेडल से सम्मानित किया जा चुका था। वो एक बेहद योग्य और असाधारण कमांडिंग ऑफ़िसर थे।

इसके बाद क्रू की प्लानिंग का एक बेहद गंभीर और लम्बा सेशन चलता रहा।

विंग कमांडर रजनीश चंद्र उनियाल ने बताया:

> सूडान में परिस्थितियां नाज़ुक थीं और तेज़ी से बदल रही थीं। नतीजतन, इस बात का अनुमान लगाना मुश्किल था कि कितने विमानों की ज़रूरत थी और कितने मिशन अंजाम देने होंगे। इसलिए, हमने तय किया कि हम हर विमान पर क्रू की संख्या को दोगुना कर देंगे। इस बात की प्रबल संभावना थी कि हमें विमान को 24/7 उड़ाना होगा। इसलिए, हमने तय किया कि थक चुके लोगों की जगह लेने के लिए एक और ग्रुप मौजूद रहना चाहिए। हमारे सीओ ने एक-एक शख़्स को स्पेशल ऑपरेशन में उसकी क़ाबिलियत के दम पर चुना।

चूंकि हमारे पास अलग से योजना बनाने का वक़्त ही नहीं था, इसलिए हमें अपनी ट्रेनिंग और पिछले अनुभवों पर ही आश्रित रहना था। ऐसे भी पायलट थे, जो अफ़ग़ानिस्तान में ऑपरेशन देवी शक्ति, यमन में ऑपरेशन राहत और दूसरे विदेशी ऑपरेशंस के दौरान उड़ान भर चुके थे।

आगे बढ़ने से पहले वो कुछ देर के लिए रुके, फिर बोले, 'बहुत सारी अनिश्चितताएं थीं। इसलिए सीओ ने तय किया कि ज़्यादा से ज़्यादा कर्मी जायेंगे। हमारी सबसे अच्छी प्लानिंग के बावजूद, हर पायलट को एक बार में कई घंटे, भयानक तनावपूर्ण स्थितियों में विमान उड़ाना था। और थके हुए दिमाग के साथ विमान उड़ाने को कतई प्रोत्साहित नहीं किया जाता है।'

अंत में, उन्होंने मुस्कुराते हुए कहा:

'देखिये, एक विमान की कोई सीमा नहीं होती। मगर, इंसानों की होती है।'

सुबह की ब्रीफ़िंग जब ख़त्म हुई तो उन्हें एक अत्यंत महत्वपूर्ण निर्देश मिला, जिसके अनुसार उन्हें तुरंत ही उड़ान भरनी थी।

सभी क्रू मेंबर तुरन्त ही अपनी उड़ान वाली यूनीफ़ॉर्म पहनने को भागे। उन्हें एक बेहद ख़तरे से भरे मिशन की तैयारी करनी थी। विंग कमांडर उनियाल ने जल्दी से अपना मोबाइल फ़ोन निकाला और अपनी पत्नी के लिए एक छोटा सा मैसेज लिखा। उन्होंने अपनी पत्नी से कहा कि कि उन्हें शायद एक लम्बे मिशन पर जाना पड़े और वो कुछ हफ़्तों के बाद वापस आ जायेंगे।

हालांकि उन्होंने जानबूझकर उन्हें ये नहीं बताया कि वो युद्ध झेल रहे सूडान जा रहे थे। टीवी पर जिस तरह के दृश्य दिखाये जा रहे थे, उन्हें देखकर उनकी पत्नी चिंता से घिर जातीं। उन्हें मालूम था कि एक पायलट की पत्नी होना कोई आसान बात नहीं होती क्यूंकि वो जितनी भी बार आसमान में उड़ान भरते हैं, वो बड़ा ख़तरा मोल ले रहे होते हैं। अब अगर वो ये बता दें कि उन्हें मिसाइलों और एयरस्ट्राइक्स के बीच जहाज़ उड़ाना था, फिर तो उनकी पत्नी कुछ ज़्यादा ही परेशान हो जाएंगी।

उन्होंने अपना फ़ोन किनारे रखा। उन्होंने सोचा कि *जब वापस आ जाऊंगा, फिर उन्हें सबकुछ बता दूंगा।* इसके बाद वो एयरक्रू के सामान रखने के कमरे में पहुंचे, जहां हर कोई किसी न किसी काम में व्यस्त था।

मिनटों में, उन्होंने उड़ान भरने के लिए ज़रूरी ड्रेस पहनी, जूते पहने और उड़ने के लिए तैयार हो गए।

उनके स्क्वाड्रन पैच चमक रहे थे। दाहिने पैच पर लिखा था 'कारगिल नाइट्स'। ये कारगिल में उनकी स्क्वाड्रन की रात की लैंडिंग की बदौलत था। दूसरे पैच में एक ख़तरनाक सांप दिख रहा था और उसपर लिखा हुआ था 'स्ट्राइक टू किल' (मारने के लिए मारो), जो वेल्ड वाइपर्स की स्क्वाड्रन को दर्शा रहा था। उनकी दाहिनी बाज़ू पर एक पैच था जो कह रहा था 'आईएएफ़ स्पेशल ऑप्स' और उसके साथ सी-130जे सुपर हरक्युलिस की परछाईं दिख रही थी, जो सुपर हरक्युलिस के साथ ख़तरनाक ऑपरेशंस में हिस्सा लेने की बदौलत आया था।[25]

उनके 'फ़्लाइंग बैग' में सभी ज़रूरी दस्तावेज़ थे। वो उस बैग को लेकर, बाकी साथियों के साथ टारमैक की ओर बढ़े। उस बड़े से कंक्रीट के मैदान को सभी ओर से हरियाली ने घेरा हुआ था, जो सुबह की रोशनी में चमक रही थी। ये एक ऐसा दृश्य था जो हमेशा ही उन्हें प्रभावित करता था। विशालकाय सी-130जे एक लाइन में खड़े हुए थे और ऊपर हवा में एमआई-17 हेलीकॉप्टर उड़ रहे थे। टारमैक पर हर ओर चमकीली पोशाक में ग्राउंड स्टाफ़ का आना-जाना लगा हुआ था।

उन्होंने अपने पहले प्रेम, सी-130जे सुपर हरक्युलिस को एक बार फिर देखा। यही वो स्पेशल ऑपरेशन का विमान था, जिसमें वो उड़ान भरने वाले थे।

अमेरिकी एरोस्पेस कंपनी लॉकहेड मार्टिन द्वारा निर्मित किया जा रहा सी-130जे सुपर हरक्युलिस राष्ट्रीय गर्व का स्रोत था और लेटेस्ट एविएशन तकनीक से लैस था। सेना की कार्यक्षमता को कई गुना मज़बूती देने में इसका बहुत बड़ा योगदान था।[26]

सी-130जे पर लोगों ने सवार होना शुरू कर दिया था।

पायलट अपने फ़्लाइट सूट्स में फब रहे थे और उन पर स्क्वाड्रन के प्रतीक चिह्न दिखायी दे रहे थे। सभी लोग एक लक्ष्य लेकर इंतज़ार कर रहे विमान की ओर तेज़ी से कदम बढ़ा रहे थे। उनके हर कदम में आत्मविश्वास दिखायी पड़ रहा था और ये उनकी ट्रेनिंग और मिशन को लेकर तैयारी दिखा रहा था।

गरुड़ स्पेशल फ़ोर्सेज़ के जवानों की यूनिफ़ॉर्म में केमोफ़्लाज और ज़रूरी हथियारों, उपकरणों का मिश्रण था। वो सभी क्षितिज की ओर ध्यान केन्द्रित कर दृढ़ता के साथ आगे बढ़ रहे थे। उनके आस-पास, ग्राउंड स्टाफ़ ने अंतिम प्रक्रियाएं ख़त्म कीं और उनके सीनियर अधिकारी ये सुनिश्चित कर रहे थे कि हर एक चीज़ पर ख़ास नज़र

डाली जा रही थी। इंजन चालू थे और गर्म हो रहे थे। उनकी आवाज़ वहां गूंज रही थी और हवा में विमानों के ईंधन के जलने की एक ख़ास महक भरी हुई थी। इस सबके बीच सी-130जे चुपचाप अपनी जगह पर खड़े हुए थे।

लोडिंग रैम्प एक ज़ोरदार आवाज़ के साथ बंद हुए और पायलटों ने हिंडन एयरबेस पर एयर ट्रैफ़िक कंट्रोल (एटीसी) से टैक्सी करने की अनुमति मांगी।

'इंडिया फ़ॉक्सट्रॉट चार्ली 4019 टु एटीसी।'

'एटीसी टु इंडिया फ़ॉक्सट्रॉट चार्ली 4019 – गो अहेड।'

'इंडिया फ़ॉक्सट्रॉट चार्ली 4019 रिक्वेस्टिंग टैक्सी।[27] पीओबी 40।[28]'

पायलटों ने कुछ दूरी तक तो टैक्सी की और सुनिश्चित किया कि वहां और कोई विमान मौजूद नहीं था। फिर उन्होंने एटीसी से फ़ाइनल टेक-ऑफ़ के लिए अनुमति मांगी।

'एटीसी। इंडिया फ़ॉक्सट्रॉट चार्ली 4019 इज़ रेडी फ़ॉर टेक-ऑफ़।'

'इंडिया फ़ॉक्सट्रॉट चार्ली 4019। यू आर क्लियर फ़ॉर टेक-ऑफ़,' एटीसी से अंतिम मंज़ूरी आ चुकी थी।

सभी परीक्षण पूरे हो चुके थे और पायलट ने पूरी पॉवर लगा दी, ब्रेक हटाये और विमान रनवे पर दौड़ने लगा। जैसे ही वो ज़रूरी गति पर पहुंचा, पायलट ने फ़्लाइट कंट्रोल को पीछे धकेला और विमान हवा में उड़ने लगा।

~

इंटरनेशनल एयरपोर्ट
सूडान के क़रीब
24 अप्रैल 2023

भारतीय वायुसेना के सी-130जे सुपर हरक्युलिस ने विदेशी एयरबेस[29] पर टचडाउन किया, डूबते हुए सूरज ने लाल सागर को सुनहरे रंग में रंग दिया। विमान ने वहां पर आराम से टैक्सी किया, उसके इंजन हल्की-हल्की आवाज़ कर रहे थे और उन्हें वहां

के ग्राउंड स्टाफ़ मदद करते हुए पूर्वनिर्धारित पार्किंग स्पॉट पर ले जा रहे थे। कॉकपिट में पायलटों ने पाया कि हवाईअड्डे पर चहल-पहल थी, जिसके चलते उन्होंने राहत की सांस भी ली और आगे के बारे में सोचने लगे। एयरपोर्ट स्टाफ़, दोबारा ईंधन भरने और ज़रूरी सामान मुहैया करवाने के लिए विमान तक आ गए। हवा में विमान के ईंधन और समुद्र का नमक तैर रहा था। ये आने वाली यात्रा का सूचक था। इमिग्रेशन की प्रक्रिया शुरू होने वाली थी।

ये लैंडिंग एक बेहद महत्वपूर्ण घटना थी। ये गृहयुद्ध झेल रहे देश में मानवतावादी अभियान के लिए पोर्ट सूडान पहुंचने से पहले एक छोटा सा पड़ाव था।

एयरपोर्ट लाउंज में, एयरक्रू ने भारतीय दूतावास के अधिकारियों से मुलाक़ात की। दूतावास की टीम ने तेज़ी दिखाते हुए ग्रुप कैप्टन्स[30] को ज़मीनी हक़ीक़त, बचाव अभियान की स्थिति और विदेशी ज़मीन पर काम करते हुए ध्यान में रखने के लिए ज़रूरी प्रोटोकॉल बताते हुए एक विस्तृत रिपोर्ट दी।

तत्कालीन डिफ़ेंस अटैशे, कर्नल गुरतेज सिंह ग्रेवाल, शौर्य चक्र (अब ब्रिगेडियर)[31] ने याद करते हुए बताया, 'स्थिति बेहद नाज़ुक थी। पहले, 15 अप्रैल को हमें परेशान करने वाली रिपोर्ट मिली। हमें मालूम चला कि खार्तूम एयरपोर्ट पर एक कमर्शियल विमान को छोटे हथियारों के बल पर मार गिराया गया था। हमने तुरंत ही परिस्थितियों पर नज़र रखनी शुरू कर दी। हम ज़्यादा से ज़्यादा जानकारी जुटाकर वापस इंडिया भेजने की कोशिश कर रहे थे।'

> लेकिन, चार-पांच दिनों में ही स्थिति बेहद तेज़ी से बिगड़ने लगी थी। क़तर दूतावास को बर्बाद किया जा चुका था, मिस्त्र के एक राजनयिक को मारा जा चुका था और भारतीय दूतावास के पास भारी गोलीबारी चल रही थी, जो खार्तूम हवाई अड्डे के पास ही था। दूतावासों पर ऐसे हमले कोई आम बात नहीं थे। इसी मौक़े पर ये फैसला लिया गया था कि सूडान में पूरे भारतीय दूतावास को खाली कर दिया जाएगा।

उन्होंने आगे बताया कि इस वक़्त तक, विदेश मंत्रालय ने भारत में कमांड सेंटर बना दिया था और भारतीय युद्धपोत और विमानों को काम पर लगा दिया गया था।

मुश्किल हालात के बारे में याद करते हुए उन्होंने कहा:

> वहां की स्थिति के बारे में कोई भी साफ़ और विश्वस्त जानकारी नहीं मिल रही थी। साथ ही, नेटवर्क कवरेज भी बहुत ही कम थी। जब शुरुआत में कुछ देशों ने अपने दूतावास खाली करवाये, तब हमें उस नौ घंटे की यात्रा के बारे में मालूम पड़ा, जो उन्हें खार्तूम से पोर्ट सूडान पहुंचा रही थी। साथ ही, हमें उन ख़तरों के बारे में भी मालूम पड़ा, जो उनके सामने आये थे। कई लोगों पर गोलियां चली थीं, कई को लूटा गया था। सबसे बड़ी मुसीबत थी, पोर्ट सूडान एयरपोर्ट के बारे में ज़मीनी रिपोर्टों की कमी, जहां हमारे विमानों को लैंड होना था।

फिर उन्होंने बताया कि कैसे भारतीय नौसेना के जहाज़ों के आते ही उन्हें पोर्ट सूडान जाने को कहा गया, जहां उन्हें हवाई अड्डे का जायज़ा लेना था और बताना था कि उन नाज़ुक परिस्थितियों में वहां भारतीय विमान का उतरना और बचाव अभियान को अंजाम देना ठीक रहेगा या नहीं।

उन्होंने आगे बताया:

> 'उसके बाद, जब 24 अप्रैल 2023 को सी-130जे विमानों को मिशन में तैनात किया गया, तब बचाव अभियान में तेज़ी आयी।'

अनुभवी ऑफ़िसर कर्नल ग्रेवाल ने सी-130जे सुपर हरक्युलिस के क्रू का स्वागत किया और सूडान की परिस्थितियों की विस्तृत रिपोर्ट दी। उधर, दूतावास में मौजूद विदेश मंत्रालय के कर्मियों ने बेहद अहम जानकारी भारत तक पहुंचानी शुरू कर दी। इस बातचीत ने प्लानिंग की पूरी प्रक्रिया को एक आकार दिया क्यूंकि नागरिक और सैन्य समूहों की जानकारी होना बेहद ज़रूरी था।

विदेश मंत्रालय की टीम ने भारतीय एयर क्रू की इमिग्रेशन प्रक्रिया शुरू करवाई और उनके ऑपरेशन के लिए उपयुक्त आवास की व्यवस्था सुनिश्चित की।

वहीं पर एक जॉइंट प्लानिंग सेल (जेपीसी) का गठन किया, जिसमें वायुसेना कर्मी थे, विदेश मंत्रालय की टीम थी और स्थानीय दूतावास के लोग थे। दूतावास के अधिकारी स्थानीय जानकारी इकट्ठा करते थे, मिशन के लक्ष्य निर्धारित करते थे, इधर-उधर की आवाजाही में मदद करते और सारी कार्रवाई के लिए ज़रूरी सुविधा मुहैया कराते। विदेश मंत्रालय और भारतीय वायुसेना के कर्मी बिना थके अपने कम्प्यूटरों पर लगे हुए थे और अपनी-अपनी जिम्मेदारियां निभा रहे थे।

इसी बीच, इंटेलिजेंस नेटवर्क टास्किंग सेल तमाम दूतावासों से जानकारियां इकट्ठी कर रहा था और उसके आधार पर मौजूदा और आने वाले दिनों के काम का संचालन कर रहा था। हर टीम, बड़े करीने से डेटा तैयार करती, ज़रूरतों और संसाधनों की लिस्ट बनाती। और भी डेटा पाने के लिए जेपीसी, दूसरी जगहों, जैसे एक्स (पहले ट्विटर) और यूट्यूब से जानकारियां इकट्ठी करनी, एयरफ़ील्ड की मैपिंग करनी और ज़मीनी हक़ीक़त का आकलन करना शुरू कर दिया।

इधर, इंडिया में सभी एजेंसियों का आपसी तालमेल होना बेहद ज़रूरी था। विदेश मंत्रालय में जॉइंट सेक्रेटरी[32] (पश्चिमी एशिया और उत्तरी अफ्रीका) डॉक्टर प्रदीप सिंह राजपुरोहित और एयर वाइस मार्शल श्रीनिवासन ने विदेश मंत्रालय और रक्षा मंत्रालय के प्रयासों को एक आकार देना शुरू किया। उन्होंने बहुमूल्य जानकारी उपलब्ध करायीं और ज़रूरी निर्देश जारी किये। प्रधानमंत्री, विदेशमंत्री, वायुसेना अध्यक्ष और वायुसेना के उप प्रमुख इस ऑपरेशन पर अपनी नज़र रखे हुए थे।

वायुसेना के पायलट और सभी क्रू, अपने ऑपरेशन के लिए रास्ते उसी डेटा के आधार पर चुनते थे, जो जेपीसी उन्हें मुहैया करवाता था। गरुड़ के जवान हर दिन के आपातकालीन और बैक-अप प्लान निर्धारित करते थे। ऐसी नाज़ुक परिस्थिति में ये बेहद ज़रूरी था कि हर कोई लगातार कुछ न कुछ बदलाव के लिए तैयार रहे क्यूंकि पल-पल नयी जानकारी आती जा रही थीं।

ज़्यादातर भारतीय नागरिक खार्तूम एयरपोर्ट पर फंसे हुए थे और शुरुआत में ये समझा जा रहा था कि जल्द ही वो खुल भी जायेगा। लेकिन बाद में, सभी का ध्यान दूसरी एयरफ़ील्ड खोजने में लग गया।

इधर, भारतीय नौसेना के जहाज़ और दोनों सी-130जे विमानों ने उन सभी भारतीय नागरिकों को निकालना जारी रखा, जो पोर्ट सूडान पहुंचने में सफल हो रहे थे। इन भारतीयों को अंतर्राष्ट्रीय हवाई अड्डे पर पहुंचाया जा रहा था, जहां से बचाए गए लोगों को सी-17 ग्लोबमास्टर से सीधे भारत लाया जा रहा था। और इस तरह से, ग्लोबमास्टर विमानों ने बचाव अभियान को सक्षम बनाने में अहम भूमिका निभायी।[33]

जेपीसी लगातार इंतज़ार रही थी क्यूंकि सूडान का हवाई क्षेत्र अभी भी बंद था और परिस्थिति बदतर होती जा रही थी। कई भारतीय अभी भी खार्तूम और आस-पास के इलाक़ों में फंसे हुए थे। तनाव के केंद्र खार्तूम और पोर्ट सूडान के बीच सड़क के ज़रिये दो दिनों की यात्रा थी।

भारतीय दूतावासों ने भी कोताही नहीं बरती। उन्होंने साठ से सत्तर बसों का इंतज़ाम किया था, जिससे भारतीयों को खार्तूम से निकालकर पोर्ट सूडान तक ले जाया जाए। बेहद परेशान भारतीय नागरिक लगातार विदेश मंत्रालय की हेल्पलाइन और सोशल मीडिया के ज़रिये संपर्क करने की कोशिश कर रहे थे। दूतावास लगातार इस प्रयास में लगे हुए थे कि भारतीय नागरिकों को नियत जगह पर इकट्ठा किया जा सके, जहां से उन्हें बसों में बिठाकर रवाना किया जाना था।

इतने बड़े काम के दौरान कई कदम पर चुनौतियां आयीं। आने-जाने के दौरान सुरक्षा मुहैया करवाने से लेकर तनाव भरे इलाक़े में आपसी संचार बनाए रखने की जद्दोजहद शामिल थी।

सूडान में डिफ़ेंस अटैशे लेफ़्टिनेंट गुरप्रीत सिंह[34] की ख़ास तारीफ़ करनी होगी क्यूंकि उन्होंने इस अफरातफरी के बीच प्रबंधन, समन्वयन और बातचीत करने का काम किया। जिस वक़्त, वो ये सबकुछ कर रहे थे, उनकी गर्भवती पत्नी भी ऐसी ही एक तनाव भरी स्थिति में फंसी हुई थीं।

घनश्याम को उसके भाई के साथ सुरक्षित भारत वापस ले आया गया था। उसने अपने डरावने अनुभव के बारे में याद करते हुए बताया:

> हम पांच बसों में ट्रैवल कर रहे थे और मैं जिस बस में था, वो सबसे आख़िरी में थी और उस पर भारतीय झंडा भी नहीं लगा हुआ था। अचानक से, हम पर गोलियों की बौछार होने लगी। बस के शीशे टूट गए और हम सभी नीचे झुककर जैसे-तैसे बचने की कोशिश करने लगे। अचानक ही कुछ लड़ाके आकर हमारी बस में चढ़ गए और हमसे पैसों की मांग करने लगे। उन्होंने हमें लातों से और रायफ़ल की बट से मारना शुरू कर दिया। जब हमने बताया कि हम सभी भारतीय थे, उन्होंने हमें जाने दिया।

सूडान में भारतीय नागरिक होना, दूसरे देशों के नागरिक होने से बेहतर था, जिनकी सरकार यहां कम सक्रिय थीं। अपनी ख़ुद की जान जोखिम में होने के बावजूद, सूडान स्थित भारतीय दूतावास के कर्मियों ने हरसंभव पक्ष से बातचीत जारी रखी और भारतीय नागरिकों को एक सुरक्षित रास्ता मुहैया करवाया। फिर भी, खार्तूम से पोर्ट सूडान तक की यात्रा बेहद ख़तरनाक बनी हुई थी। कई फंसे हुए लोगों को पीटा गया, उन्हें धमकी दी गयी और बुरे नतीजों से बचने के लिए रिश्वत देने पर मजबूर किया गया।

हर चेकपॉइंट पर वसूली की जा रही थी, जिसमें सेना और स्थानीय लड़ाके, दोनों शामिल थे। वहां पानी और खाने की बेहद कमी थी और लगातार एयरस्ट्राइक्स और गोलियों की बौछार हो रही थी।

जो भारतीय लम्बे समय से रह रहे थे, उन्हें एक्सपायर हुए वीज़ा और पासपोर्ट जैसी और भी चीज़ें झेलनी पड़ रही थीं, जिसके चलते विदेश मंत्रालय का काम और भी बढ़ गया था। इसके चलते सेना के बचाव अभियान में और भी देरी हुई।

पोर्ट सूडान में जब पहली फ़्लाइट आयी, तो भारतीय वायुसेना वहां की पल-पल बदल रही परिस्थितियों से अनजान थी। हर एक चीज़ को लेकर आशंका घेरे हुए थी। इसलिए, शुरुआती फ़्लाइट्स में, पायलट और को-पायलट समेत पूरे एयरक्रू ने सुरक्षा की दृष्टि से बुलेटप्रूफ़ जैकेट और हेल्मेट पहन लिए थे।

फ़्लाइट में जो भी गरुड़ जवान थे, उन्होंने हर पैसेंजर को विमान पर चढ़ने की अनुमति देने से पहले, उनके भारतीय परिचय पत्र चेक किये। वो किसी भी आपातकालीन स्थिति से निपटने को तैयार थे और उन्हें विमान को सुरक्षित करने और उसकी घेराबंदी भी करनी थी, ताकि किसी भी ख़तरे को दूर रखा जा सके।

इसी बीच, लोडमास्टर[35] ने बोर्डिंग की पूरी प्रक्रिया पर कड़ी नज़र बनायी हुई थी। इस दौरान मेंटेनेंस क्रू अपनी ज़िम्मेदारी का निर्वहन कर रहे थे। पायलट्स कई मौक़ों पर नीचे उतरकर इलाक़े को जांच करने की नज़र से देख रहे थे।

इस पूरी अफरातफरी के बीच, ऐसी रिपोर्टें आयीं कि 150 से 250 लोग, जिसमें भारतीय दूतावास के भी कुछ लोग शामिल थे, खार्तूम में फंसे हुए थे। तब तक, गृहयुद्ध की हिंसा बेहद तेज़ी से बढ़ चुकी थी और हालात ये थे कि अब पोर्ट सूडान की ओर जाने वाली सड़क बंद कर दी गयी थी। इससे वहां से निकलने वाले लोग क़ैद हो गए थे।

दो से तीन दिन रुकने के बाद भी खार्तूम एयरपोर्ट पर लैंड करने के ख़तरे संबंधी चेतावनियां लगातार आ रही थीं। ये हवाई अड्डा हिंसा के केंद्र में थे। रिपोर्टें बता रही थीं कि रनवे पर विमान जल रहे थे और वहां भारी मात्रा में नुकसान पहुंचाया जा चुका था। रनवे पर बड़े-बड़े गड्ढे बन चुके थे और ये भारतीय बचाव अभियान की राह में एक बहुत बड़ी रुकावट थी।

खार्तूम के लिए उड़ान भरना अब ख़तरे से खाली नहीं था।

विंग कमांडर उनियाल इस मिशन में शामिल थे। उन्होंने बताया:

> विदेशी इलाक़ों में काम करने के दौरान हम भारत की वैश्विक छवि को बाकायदे ध्यान में रखते हैं। दुनिया हमें देखती है और हम अपने विमान और क्रू की सुरक्षा से कोई समझौता नहीं करते हैं। ज़रा सी भी ढील बरती, तो ये भारतीय और सैन्य कूटनीति के लिए एक बहुत बड़ा झटका होगा। इसीलिए हम अपने मिशन को बहुत बारीकी से प्लान करते हैं। सूडान संकट के दौरान, शुरुआती जानकारी बहुत ही कम थी और ग्राउंड रिपोर्ट लगातार बदल रही थीं।

विचलित करने वाले वीडियो लगातार आ रहे थे, जिनमें युद्धक्षेत्र में तब्दील हो चुके खार्तूम में हो रहे पलायन में फंसे हुए भारतीयों को देखा जा सकता था। कई देश अपने नागरिकों को वहां से निकाल नहीं पा रहे थे। कई वीडियोज़ में तो ये तक देखा जा सकता था कि तमाम लोग हथियारों के साथ वहां से निकलने की कोशिश कर रहे थे। ऐसे में स्थिति ख़तरनाक हो सकती थी क्यूंकि वहां से जान बचाकर निकलने वालों और ख़तरा पैदा करने वाले लोगों में अंतर बता पाना मुश्किल लग रहा था।[36]

चालू हमलों के बीच, पोर्ट सूडान के कुछ सुरक्षित तटीय शहर से लोगों को लगातार निकाला जा रहा था। लेकिन, सूडान के अंदरूनी वायुक्षेत्र में घुसना बेहद मुश्किल था और इसकी तस्दीक दूसरे देशों से हो रही थी, जो अपने नागरिकों को बचाकर निकालने में मुश्किलों का सामना कर रहे थे।

जॉइंट प्लानिंग सेल लगातार चिंता से घिरता जा रहा था और उसने खार्तूम एयरफ़ील्ड की परिस्थितियों पर नज़र रखने के साथ-साथ दूसरी एयरफ़ील्ड की तलाश करनी भी शुरू कर दी। क़िस्मत से, उन्हें नील नदी के पास रेगिस्तान में दूसरे विश्व युद्ध के समय का एक मिलिट्री बेस मिल गया। ये था वादी सैदिना मिलिट्री बेस, जो खार्तूम से महज़ 20 किलोमीटर की दूरी पर था और जहां दूतावास के कई कर्मचारी फंसे हुए थे। एक बार, जब दूतावास के कर्मचारियों से संचार स्थापित हो गया, उन्होंने बताया कि वो खार्तूम से वादी सैदिना एयरबेस तक यात्रा कर सकते थे।

एक नए हवाई रास्ते के मिलने से सभी को राहत तो मिली, लेकिन इसने वायुसेना के कंधों पर बचाव अभियान की सफलता का अतिरिक्त भार डाल दिया था। वादी सैदिना में जो एयरफ़ील्ड थी, उसका इस्तेमाल सूडान की सेना भी कर रही थी और वहां से

आरएसएफ़ पर एयरस्ट्राइक्स को अंजाम दे रही थी। रिपोर्टें बता रही थीं कि आरएसएफ़ के लड़ाके, लगभग बीस ट्रकों में सवार होकर नील नदी के पूर्वी हिस्से तक पहुंच गए थे और वादी सैदिना एयरफ़ील्ड तक पहुंचने के लिए पुल पार करने की कोशिश कर रहे थे।[37] एयरबेस पर किसी भी वक़्त हमला हो सकता था।

इसी बीच, ख़बर आयी कि एक पड़ोसी देश ने सूडान की सेना और आरएसएफ़ के बीच डील करवाकर बहत्तर घंटे के सीज़फ़ायर का इंतज़ाम करवा लिया था। बताया जा रहा था कि दोनों पक्षों को अच्छा-खासा आर्थिक प्रलोभन दिया गया था।

इस सीज़फ़ायर ने कई देशों के लिए एक दरवाज़ा खोल दिया था, जिससे वो अपने लोगों को निकालकर ले जा सकते थे। सूडान ने ऐलान किया कि वो बचाव अभियान के लिए आने वाले विदेशी विमानों की न ही कोई सहायता करेंगे, न ही उस पर गोलियां चलाएंगे।

भारतीय वायुसेना तेज़ी के साथ बचाव अभियान की तैयारी में जुट गयी। खार्तूम में फंसे हुए ज़्यादा से ज़्यादा लोग पोर्ट सूडान की ओर निकलने की कोशिश में जुट गए, जहां से वायुसेना उन्हें निकालने वाली थी। सूडान में डिफ़ेंस अटैशे, ज़मीन पर रहकर लगातार काम कर रहे थे और सभी प्रयासों को संचालित कर रहे थे।

सीज़फ़ायर के बावजूद, सूडानी सेना और आरएसएफ़ के बीच नये टकराव जन्म ले रहे थे। आरएसएफ़ के लड़ाके अमरीका और दूसरे देशों की गाड़ियों पर गोलीबारी कर रहे थे। खार्तूम से पोर्ट सूडान की ओर जा रहे भारतीय काफ़िले पर भी ऐसे ही गोलियां बरसीं।

जिन परेशान और पीड़ित लोगों को पोर्ट सूडान से बचाकर लाया गया था, उन्हें जल्दी से जल्दी नॉन-स्टॉप फ़्लाइट्स के ज़रिये भारत भेजा जा रहा था। इन फ़्लाइट्स के लिए सी-17 ग्लोबमास्टर का इस्तेमाल किया जा रहा था। पोर्ट सूडान में 72 घंटों के सीज़फ़ायर के दौरान इसी तरह ऑपरेशन चलते रहे और वादी सैदिना पर फंसे लोगों को निकालने के लिए अंतिम मंजूरी का इंतज़ार किया जा रहा था।[38]

एक सी-130जे सुपर हरक्युलिस अपनी उड़ान भर रहा था और दूसरा वादी सैदिना के संभावित मिशन के इंतज़ार में तैयार खड़ा था। लेकिन, विदेश मंत्रालय ने क्लीयरेंस नहीं दी क्यूंकि उनकी नज़र में सूडानी हवाईक्षेत्र में विमान उड़ाना ख़तरे से खाली नहीं हुआ था। ज़मीन पर ज़रूरी इंतज़ाम भी करने थे, जिसमें समय लगने वाला था।

सूडान में डिफ़ेंस अटैशे को ये ज़िम्मेदारी सौंपी गयी कि वो जितने संभव हों, उतने भारतीय नागरिकों को इकट्ठा करें और वादी सैदिना की ओर सुरक्षित पहुंचाएं, जहां बचाव अभियान के लिए विमान आने वाले थे। इस जटिल ऑपरेशन में उन्हें अपनी गर्भवती पत्नी को भी बचाना था। हम ये सोच भी नहीं सकते हैं कि वो कितने तनाव से गुज़र रहे होंगे। वो बद से बदतर होती ज़मीनी परिस्थितियों के बीच काम कर रहे थे, गाड़ियों का इंतज़ाम कर रहे थे, सुरक्षित रास्ते निकाल रहे थे और एक-एक भारतीय नागरिक को निकालने के प्रयास में लगे हुए थे, जिस दौरान वो सूडानी अधिकारियों से भी बातचीत में लगे हुए थे और अपनी पत्नी की सुरक्षा और सेहत के प्रति अतिरिक्त चिंता भी कर रहे थे।

अंत में, 27 अप्रैल की सुबह, ऑपरेशन वादी सैदिना के लिए हरी झंडी मिल गयी। आधी रात में सीज़फ़ायर ख़त्म होने वाला था। ये एक अकेला मौक़ा था, जिसमें 118 भारतीयों को बचाया जा सकता था।

बात 'अभी या कभी नहीं' पर आ गयी थी।

~

वादी सैदिना एयरबेस
सूडान
अप्रैल 2023

दूसरा सी-130जे विमान प्रतीक्षारत था और उसके क्रू को कमांडिंग ऑफ़िसर से अर्जेंट कॉल आया। क्रू में विंग कमांडर रजनीश चंद्र उनियाल भी थे। कमांडिंग ऑफ़िसर ने उन्हें नए ऑपरेशन के तहत वादी सैदिना तक उड़ान भरते हुए भारतीय नागरिकों को बचाने के निर्देश दिए। हालांकि भारतीयों की ठीक-ठीक संख्या साफ़ नहीं हो सकी थी, मगर वहां अंदाजन 150-200 लोग थे। सीओ ने ये भी कहा कि खार्तूम से क़रीबी होने के चलते वादी सैदिना एयरबेस को शायद कुछ क्षति भी पहुंची थी और उन्हें उड़ान के दौरान कुछ एयरस्ट्राइक्स भी झेलनी पड़ सकती थीं।

ये जानते हुए कि शाम को उड़ान भरनी थी, पूरे एयरक्रू ने तुरंत ही मिशन को लेकर योजना बनानी शुरू कर दी।

पायलटों ने सबसे पहले संभावित ख़तरों के बारे में सोचना शुरू कर दिया। वो लैंडिंग के वक़्त बहुत कुछ झेल सकते थे और वहां तमाम अनिश्चितताएं उनका इंतज़ार कर रही थीं। उन पर गोलियां भी चल सकती थीं और उन्हें हिरासत में भी लिया जा सकता था। पायलटों ने आपातकालीन स्थिति से निपटने के लिए एयरक्राफ़्ट सेल्फ़-डिफ़ेंस सिस्टम की पूरी प्रक्रिया के बारे में कॉम्बैट सिस्टम ऑपरेटर्स से चर्चा की।

उन्होंने फ़्लेयर और चैफ़ के इस्तेमाल की एक स्पष्ट योजना बनायी। किसी मिसाइल स्ट्राइक से बचने के लिए ये योजना बेहद अहम थी। इसके बाद उन्होंने पूरे इलाक़े का विश्लेषण किया। अभी तक रनवे की स्थिति के बारे में कोई पुख्ता जानकारी नहीं मिल सकी थी।[39] वादी सैदिना एयरबेस के बारे में जानकारी बेहद कम थी। उन्हें बस गूगल अर्थ से सीमित चीज़ें मालूम चल रही थीं और वो बस इतना ही जान पाए थे कि वहां एक खाली एयरस्ट्रिप थी जिसका रनवे छोटा सा था और सीमित वायुसेना संसाधन या एटीसी सुविधाएं थीं। वहां कोई बाउंड्री नहीं थी, कोई ग्राउंड क्रू नहीं था और न ही कोई दूसरी सहायता थी। वो बस एक पुराना हैंगर था।

गूगल अर्थ से निर्देशांक निकालकर उन्होंने योजना बनानी शुरू की कि वो आगे के काम को कैसे अंजाम देंगे, अपने विमान को सुरक्षित लैंड और पार्क कैसे करेंगे। पायलटों ने मिशन की योजना बनाने वाले कम्प्यूटरों पर इलाक़े का विश्लेषण पूरा किया और तय किया कि वादी सैदिना तक किस रास्ते से पहुंचा जाएगा। संभावित एयरस्ट्राइक से बचने के लिए, उन्होंने ये भी तय किया कि सूडानी वायुक्षेत्र में कोई भी विमान, शहर या मुख्य सड़कों से ऊपर उड़ान नहीं भरेगा। जहां उन्हें लैंड करना था, उस हैंगर के नज़दीक पहाड़, पेड़ और बिल्डिंग़ आदि को चेक कर लिया गया था, जिससे छोटे रनवे पर कोई समस्या न पैदा हो।

ये पूरी योजना कमांडिंग ऑफ़िसर को बता दी गयी थी, जिन्होंने इसकी जानकारी अपने सीनियर अधिकारियों को दे दी। उन्होंने सूडान के डिफ़ेंस अटैशे से भी बात की और अपनी लैंडिंग आदि की योजनाओं के बारे में उन्हें इत्तिला किया। डिफ़ेंस अटैशे को ये ज़िम्मेदारी दी गयी कि एक बार विमान सुरक्षित पार्क हो जाए, उसके बाद ही लोगों को निकालने की प्रक्रिया शुरू की जाए।

इसी बीच, गरुड़ के जवानों को लैंडिंग के बारे में सारी जानकारी दी जा चुकी थी और उन्हें निर्देश दिए गए कि जल्दी से जल्दी नीचे उतरकर, बेहद सीमित समय में भारतीय नागरिकों को विमान पर चढ़ा लें। उनकी ओर से ज़रा भी देरी हुई तो पूरा मिशन ख़तरे में पड़ सकता था और उन्हें कुछ नागरिकों को पीछे छोड़ना पड़ सकता था।

तय ये हुआ था कि विमान शाम 5 बजे उड़ान भर देगा। विंग कमांडर उनियाल को को-पायलट की ज़िम्मेदारी दी गयी थी। जाने-माने ग्रुप कैप्टन रवि नंदा,[40] वेल्ड वाइपर्स नंबर 77 स्क्वाड्रन के कमांडर और इस ऐतिहासिक फ़्लाइट के कैप्टन थे। इस मिशन की पूरी योजना गरुड़ को बता दी गयी थी, जिन्होंने तुरंत ही ख़ुद को तैयार करना शुरू कर दिया।

स्क्वाड्रन लीडर प्रीतम सिंह जैतावत, 612 गरुड़ फ़्लाइट के कमांडिंग ऑफ़िसर और वादी सैदिना के लिए गए मिशन के लीडर थे। उन्हें भली-भांति मालूम था कि उनके लिए असली मिशन तो उस पल शुरू होने वाला था, जब रैंप खुलेगा। ये ऑपरेशन उनके लिए एकदम नया और अनोखा अनुभव होने वाला था।

उन्होंने मुझसे कहा:

> 'मैंने कश्मीर की घाटी में काम किया है, जहां जीवन और मृत्यु की परिस्थितियां सामने आती हैं। लेकिन वहां, हमेशा एक सेफ़्टी नेट मौजूद रहता था। हमेशा भाई-बंधु होते थे, जो ये सुनिश्चित करते थे कि चुनौतियों से निपटा जा सके। ज़रूरत पड़ने पर बैक-अप आ जाता था, घायलों के इलाज के लिए सेना के अस्पताल पास ही में मौजूद थे और सबसे बुरी स्थिति में मुझे उठाकर मेरे घर पहुंचा देने वाले मेरे भाई मौजूद होते थे।
>
> ख़तरे के बीच भी, एक पूरा तंत्र मौजूद था, जो मेरे साथ था। लेकिन यहां, विदेश में, ऐसी ज़मीन पर जहां गृहयुद्ध छिड़ा हुआ था, ऐसा आराम नसीब में नहीं था। कोई भी पीछे से साथ देने के लिए नहीं आने वाला था, न ही हम जानी-पहचानी जगह पर थे, गड़बड़ हो जाने पर बचकर निकल सकने की गारंटी नहीं थी। अनिश्चितता एकमात्र निश्चित चीज़ थी।

ये सबसे बड़ी परीक्षा थी। ये एक ऐसा ख़तरनाक ऑपरेशन था, जो मानो सनक से भरा था। बहुत कुछ दांव पर लगा हुआ था, ख़तरा कई गुना बढ़ चुका था और आस-पास से कोई मदद नहीं मिलने वाली थी।

स्क्वाड्रन लीडर प्रीतम सिंह जैतावत को अपने लड़कों को तैयार करना था। मिशन के लिए हर कोई अपने काम की जानकारी ले रहा था और रैम्प खुलते ही होने वाली कार्रवाई को लेकर बातचीत हो रही थी। उनकी सुस्पष्टता, ट्रेनिंग और ध्येय ने उन्हें ख़तरनाक, प्रभावी और उग्र बनाया हुआ था। जैतावत ने विमान के कैप्टन के साथ रेडियो फ्रीक्वेंसी का आदान-प्रदान किया, जिससे आपसी बातचीत सुरक्षित रहे और संभव हो सके।

शाम के पांच बजे, पूरा एयरक्रू और गरुड़ के जवान उस ताक़तवर सी-130जे सुपर हरक्युलिस पर सवार हो गये। उनमें से किसी को भी आगे आने वाले ख़तरों की कोई जानकारी नहीं थी। वो एक आपसी संघर्ष से जूझ रहे, ऐसे देश में जा रहे थे, जो अंदर ही अंदर टूट चुका था। लेकिन, ये सभी लोग अपने देशवासियों, अपने मिशन, भारतीय वायुसेना और अपने देश के लिए कुछ भी करने को तैयार थे।

उनकी बहादुरी और निःस्वार्थ भाव ने देश के इतने बड़े इतिहास में, उन सभी का नाम दर्ज कर दिया था।

बाद में, मैंने स्क्वाड्रन लीडर जैतावत से पूछा कि क्या उन्हें विदेशी ज़मीन पर इतने ख़तरनाक मिशन पर, वापसी की किसी भी गारंटी के बगैर जाते हुए कोई हिचक तो नहीं महसूस हुई थी। इस पर उन्होंने कहा:

> हम जब प्लेन पर चढ़ रहे थे, हमारे दिमाग में कोई दूसरा विचार नहीं था क्यूंकि अगर हम कुछ परिवारों को भी बचाकर निकाल लेते, तो हमारी हर शपथ और हर ट्रेनिंग काम में आ जाती, जो हमने इतने सालों में ली थी। शुरुआत से ही हमें ये सिखाया गया है कि देश सबसे पहले आता है। देश की वायुसेना सबसे पहले आती है।

जब मैंने ठीक यही सवाल विंग कमांडर उनियाल से पूछा कि घर पर उनका इंतज़ार कर रहे बीवी और बच्चों को छोड़ इतने ख़तरनाक मिशन पर जाते हुए उन्हें कैसा लग रहा था, तो वो मुस्कुराये और बोले:

> मेरी पत्नी मुझसे कहीं ज़्यादा बहादुर है। मुझे मालूम है कि अगर मुझे कुछ हो जाएगा तो मेरे पीछे वो सबकुछ संभाल लेगी। वो एक ऐसे पायलट की पत्नी है, जो जब भी आसमान में उड़ान भर रहा होता है, वो अपनी जान ख़तरे में

डाल रहा होता है। मुझे मालूम था कि वो सब संभाल लेगी। उसने हमेशा मुझे ख़ूब हिम्मत दी है।

जैसे-जैसे अनजान जगह पर जाने के लिए, टेक-ऑफ़ से पहले विमान का रैम्प बंद हो रहा था, सूरज डूबने की कगार पर था। पायलटों ने सोचा, *हम अंधेरे में लैंडिंग कर रहे होंगे।*

जैसे ही हर कोई उड़ान भरने को तैयार था, विदेश मंत्रायल से एक इमरजेंसी कॉल आयी और फ़्लाइट आधे घंटे के लिए रोक दी गयी।

भारतीय नागरिकों को सुरक्षित निकालने के लिए अभी भी बातचीत चल रही थी। जिन्हें बचाकर निकाला जाना था, वो अभी वादी सैदिना पहुंच नहीं पाए थे और एक खाली पड़े हवाई अड्डे पर यूं ही विमान खड़ा रखना ख़तरनाक साबित हो सकता था। जानकारी का ये बेहद प्रभावी आदान-प्रदान इस बात का सबूत था कि सभी डिपार्टमेंट अपना-अपना काम बड़ी ज़िम्मेदारी के साथ कर रहे थे।

जैसे ही दूसरा क्लियरेंस सिग्नल आया, पायलटों ने उड़ान भर दी।

अकेला सी-130जे सुपर हरक्युलिस अनियंत्रित वायुक्षेत्र में उड़ रहा था और उसे वादी सैदिना पर उतरना था। ऐसी असमंजस भरी स्थिति में, सूडानी वायुक्षेत्र में उड़ने के लिए कोई ख़ास जानकारी मुहैया नहीं करवाई गयी थी। न ही कोई प्रोटोकॉल स्थापित हुए थे, कोई पक्का रास्ता नहीं तय हुआ था और न ही कोई ड्रिल हुई थी। सबकुछ अनिश्चित लग रहा था।

हालांकि, मिशन की योजना तैयार करने के दौरान, क्रू को एक ओपेन-सोर्स डॉक्युमेंट हाथ लगा था, जिसने उनके मार्गदर्शन में महत्वपूर्ण भूमिका अदा की। उसमें उड़ान संबंधी जानकारियां थीं, काम कर रही फ्रीक्वेंसी और सूडानी वायुक्षेत्र में घुसने और निकलने के लिए बेहतर रास्तों का ब्यौरा था। इन जानकारियों के बल पर संभावित ख़तरों से निपटने की योजनाएं भी बनायी जा सकती थीं।

बगैर किसी दुर्घटना के कार चलाने के लिए कौशल और ट्रैफ़िक नियमों का सख़्ती से पालन बेहद अहम होता है। ठीक उसी तरह, किसी विमान को सुरक्षित उड़ान भरने के लिए एक पूरे तकनीकी तंत्र का इस्तेमाल करना होता है। अनियंत्रित वायुक्षेत्र में,

किसी ग्राउंड सपोर्ट या एयर ट्रैफ़िक कंट्रोल की सहायता के बिना उड़ान भरना बेहद टेढ़ा काम बन जाता है।

इस सबके बावजूद, निडर वायुसेना के पायलटों ने साथी देशवासियों की सुरक्षा की ख़ातिर, इतना ख़तरा मोल लिया हुआ था।

ओपेन सोर्स जानकारी के ज़रिये, उन्होंने अपनी फ़्लाइट की पूरी योजना बनायी थी। उनका मानना था कि उस इलाक़े में यदि कोई दूसरा विमान हुआ, तो वो भी उन्हीं प्रोटोकॉल को मानते हुए काम कर रहा होगा। उन परिस्थितियों में ये सबसे अच्छा विकल्प था। पायलटों को अभी भी ऐसा लग रहा था कि वो दूसरे उड़ रहे विमानों और खार्तूम एयर ट्रैफ़िक कंट्रोल से संपर्क साध लेंगे, जिससे उन्हें एयर ट्रैफ़िक की ज़रूरी जानकारियां मिलती रहेंगी। पोर्ट सूडान के वायुक्षेत्र में पहुंचते ही उन्होंने ओपेन सोर्स डॉक्युमेंट में दी गयी फ़्रीक्वेंसी की मदद से दूसरे विमानों से संपर्क करने की कोशिश शुरू की:

'ऐनी एयरक्राफ़्ट ऑन दिस फ़्रीक्वेंसी, दिस इज़ इंडिया फ़ॉक्सट्रॉट चार्ली 007।'

कोई जवाब नहीं आया।

कई प्रयासों के बाद भी वो किसी से संपर्क नहीं जोड़ पाए। तब तक, वो पोर्ट सूडान से काफ़ी आगे बढ़ चुके थे और वहां के एयर ट्रैफ़िक कंट्रोल से भी उनका संपर्क टूट चुका था।

हालात झुंझलाहट से भरे थे। पायलट अनियंत्रित वायुक्षेत्र में यूं ही उड़े चले जा रहे थे और उनके दिल ज़ोर से धड़क रहे थे। किसी भी दिशा से कोई भी विमान आ सकता था और हवा में ही टकराने का ख़तरा बढ़ता जा रहा था। कोई भी कम्युनिकेशन चैनल खुला नहीं था, जिससे वो मिसाइल हमलों के ख़तरे के बीच भी थे।

मामले को बदतर करने के लिए, ख़राब मौसम आ गया। घने बादलों के चलते वहां ठीक से कुछ दिखायी नहीं दे रहा था और विमान को भयानक टर्ब्युलेंस झेलनी पड़ रही थी। जब वो ऊंचाई पर पहुंचे, विमान के किनारों और सामने शीशे पर बर्फ़ जमने लगी। हर विमान की अपनी सीमाएं होती हैं। पायलटों ने इंजन की पॉवर बढ़ाई जिससे आसपास की हवा गर्म हो और बर्फ़ पिघल सके। लेकिन ऐसा करने के क्रम में विमान की कार्यक्षमता पर असर पड़ने लगा।

बर्फ़ जमने की पहले और दूसरे लेवल की चेतावनी मिल चुकी थीं और सभी पर दबाव बनने लगा था। निराशा के पल में, उन्होंने खार्तूम एयर ट्रैफ़िक कंट्रोल से एक बार फिर संपर्क करने की कोशिश की।

हालांकि सूडान ने ये आश्वासन दिया था कि किसी भी विमान को निशाना नहीं बनाया जाएगा, लेकिन इस बात की न ही कोई गारंटी थी और न ही ये स्थापित हो पा रहा था कि सूडानी एयर ट्रैफ़िक कंट्रोल के कर्मी युद्ध के इस वक़्त में काम पर मौजूद थे या नहीं।

भारतीय पायलटों ने प्रयास करना जारी रखा:

'खार्तूम एटीसी, दिस इज़ इंडिया फ़ॉक्सट्रॉट चार्ली 007।'

दूसरे छोर पर सन्नाटा पसरा हुआ था। उन्होंने आस-पास मौजूद किसी भी विमान के लिए संदेश प्रसारित करने शुरू कर दिए:

'ऐनी एयरक्राफ़्ट, दिस इज़ इंडिया फ़ॉक्सट्रॉट चार्ली 007 ऑन दिस फ्रीक्वेंसी।'

कई प्रयासों के बाद, पास ही उड़ान भर रहे एक विमान से संपर्क हो पाया। हवा में आने के बाद ये पहला मौका था, जब उनकी किसी से बात हो रही थी। इस बातचीत ने कुछ राहत पहुंचायी।

'इंडिया फ़ॉक्सट्रॉट चार्ली 007, दिस इज़ यूके 2043। गो अहेड।'

'यूके 2043, दिस इज़ इंडिया फ़ॉक्सट्रॉट चार्ली 007। वी आर प्रोसीडिंग टू वादी।'

'इंडिया फ़ॉक्सट्रॉट चार्ली 007, कंफ़र्म वादी?'

भारतीय पायलटों ने जवाब दिया, 'अफ़र्मेटिव।'

'इंडिया फ़ॉक्सट्रॉट चार्ली, वादी एयरबेस इज़ डैमेज्ड...'

और फिर रेडियो पर एक अजीब सा सन्नाटा छा गया।

पायलटों को कुछ भी समझ में नहीं आ रहा था। उन्होंने उसी फ्रीक्वेंसी पर दोबारा बात करने की कोशिश की, लेकिन कोई जवाब नहीं मिला। ऐसा लग रहा था कि वो विमान रेडियो की रेंज से बाहर जा चुका था। ये एक बुरी परिस्थिति थी। वो अनजान जगह पर उड़ रहे थे, कोई संचार संभव नहीं था और अब, जिस एक विमान से बात हो सकी थी, उसने बता दिया था कि वो जहां जा रहे थे, वो जगह क्षतिग्रस्त हो चुकी थी। ये तनाव और अनिश्चितता से भरा पल था।

विंग कमांडर रजनीश चंद्र उनियाल ने बताया:

> मैंने कई चुनौतियों से भरे मिशंस में उड़ान भरी है लेकिन वादी सैदिना का कोई मेल नहीं। सबकुछ हमारे विरुद्ध ही जा रहा था। हमें वापस जाना एक बेहतर और सुरक्षित विकल्प लग रहा था, लेकिन फंसे हुए भारतीय और हमारी ज़िम्मेदारी ने हमें एक कड़ा फैसला लेने पर बाध्य कर दिया। भारतीय वायुसेना की कठिन ट्रेनिंग काम आयी और उसने हमें उस परिस्थिति को संभालने और उस दौरान संयम बनाए रखने में ढेर सारी मदद की। एक पायलट के लिए मुस्तैदी बेहद ज़रूरी होती है। बात केवल हमारी नहीं बल्कि विमान को संभालने, उसकी चाल के मुताबिक़ ढलने और मिलीसेकंड के हिसाब से काम करने की ज़रूरत पड़ती है।

इस किताब को लिखने के दौरान मुझे समझ में आया कि किसी भी एक मिशन का फ़ेल होना, संसाधनों के नुकसान से कहीं ज़्यादा बुरा होता है। इससे पूरे देश के मनोबल पर असर पड़ता है, राष्ट्रीय सुरक्षा पर सवालिया निशान खड़े होते हैं और अंतर्राष्ट्रीय कूटनीति में भी पचड़े पड़ते हैं। जलते हुए विमानों की तस्वीरें देश की साख पर बट्टा लगाती हैं और वैश्विक स्तर पर दशकों तक इसे याद रखा जाता है। सी-130जे जैसा अत्याधुनिक विमान किसी भी देश के लिए एक अमूल्य संसाधन और गर्व का विषय है। ऐसे विमानों के लिए जिन अफसरों का चयन किया जाता है, वो श्रेष्ठ अधिकारियों की लिस्ट में भी सवश्रेष्ठ होते हैं।

पायलटों ने तय किया कि वो उस ओपेन सोर्स डॉक्युमेंट की शरण में एक बार फिर जायेंगे। उसमें लिखा हुआ था कि किसी भी विमान को वादी सैदिना पहुंचने से पहले खार्तूम एयर ट्रैफ़िक कंट्रोल से संपर्क करना ही करना था और यदि उधर से कोई जवाब नहीं आता है, तो उसे वापस लौट जाना होगा। दोनों पायलट इस बात पर सहमत हुए कि वो प्रोटोकॉल मानेंगे, लेकिन उन्होंने एक आख़िरी बार वादी सैदिना की ज़मीनी स्थिति का आकलन करने का फैसला किया। उनका कहना था कि अगर परिस्थितियां अनुकूल लगेंगी तो वो लैंड करेंगे, वरना वापस लौट जाएंगे।

विंग कमांडर उनियाल ने कहा:

> हम ऊंचाई पर उड़ रहे थे। कुछ भी पक्का तो नहीं था लेकिन हमें ऐसा लग रहा था कि अगर हमें अभी तक किसी ने मारकर नहीं गिराया है तो शायद

आगे भी, जब तक हम हवा में थे, कोई हम पर गोलीबारी नहीं करेगा। हम इस मिशन में एक आख़िरी कोशिश करना चाहते थे। हम उन भारतीय परिवारों को बचाना चाहते थे। आख़िर हम इस देश की सेवा करने की ही तो शपथ लेते हैं।

जैसा किस्मत में लिखा था, यूके वाला विमान एक बार फिर रेंज में आ गया और उसने भारतीय क्रू से संपर्क किया:

यूके 2043 टू इंडिया फ़ॉक्सट्रॉट चार्ली 007, यूके-सी130 इज़ ऑपरेटिंग ऑन द ग्राउंड इन वादी।

मुझसे बात करते हुए विंग कमांडर उनियाल के चेहरे पर मुस्कान दिखायी पड़ रही थी और उनकी आंखों में चमक थी:

'अगर वहां ब्रिटिश विमान लैंड कर सकते थे तो हम भी कर सकते थे। यूके का विमान वादी एयरफ़ील्ड में सकुशल लैंड कर चुका था, इस ख़बर ने हमारे आत्मविश्वास को और भी बढ़ा दिया था।'

चूंकि खार्तूम एयर ट्रैफ़िक कंट्रोल ने अभी तक कोई जवाब नहीं दिया था, पायलटों ने मिलकर फैसला लिया कि वो अपना रास्ता बदल लेंगे। ये जानते हुए कि कोई मदद नहीं आने वाली थी, उन्होंने अपनी ट्रेनिंग पर पूरी तरह से निर्भर रहते हुए एक बड़ा फैसला लिया।

उनकी कॉल्स का कोई जवाब नहीं आ रहा था लेकिन उन्हें इस बात का विश्वास था कि दूसरे लोगों ने उन्हें सुना ज़रूर होगा और वो शायद उन पर हमला करने के सही मौक़े का इंतज़ार कर रहे हों। ऐसा करने वाली कुछ छोटी टुकड़ियां भी हो सकती थीं, लड़ाके भी हो सकते थे या उस वक़्त एयर ट्रैफ़िक कंट्रोल में मौजूद कर्मी भी हो सकते थे।[41]

इस गृहयुद्ध के दौरान कई विमान मार गिराए जा चुके थे। इसलिए पायलटों ने तय किया कि वो पहले से निर्धारित रास्ते को छोड़ देंगे और सीधे वादी सैदिना की ओर उड़ चलेंगे। उनकी नज़र में ये सबसे अच्छा विकल्प था।

जब वो वादी सैदिना पहुंचे तो वहां घुप्प अंधेरा था। न ही चांद की रोशनी थी, न ही तारे चमक रहे थे और न ही आसपास कहीं कोई बिजली की रोशनी थी। ये माना जा रहा था कि सुरक्षा की दृष्टि से आसपास की लाइट बंद रखी गयी थी। क्रू ने सी-130जे के अत्याधुनिक नाइट-विज़न सिस्टम को चालू किया, जिसने कॉकपिट की स्क्रीन पर एक हरी चमक बिखेर दी। इस तकनीक के बावजूद वहां बहुत अच्छे से दिखायी नहीं पड़ रहा था।

लैंडिंग के दौरान सारे क्रियाकलापों में सावधानी बेहद ज़रूरी थी। एकदम सही वक़्त पर गति को कम करना और ब्रेक लगाना महत्वपूर्ण था। मगर वहां कुछ भी ठीक से दिखायी नहीं दे रहा था और ये मुश्किलों को बढ़ा रहा था। कॉम्बैट सिस्टम ऑपरेटर (सीएसओ) ने चीज़ें अपने हाथ में लीं। अपने उपकरणों और अपनी ट्रेनिंग का इस्तेमाल करते हुए वो ख़तरे और रुकावटों को भांपते चले और पायलटों को रास्ता दिखाया। उनके अनुभव ने पूरी टीम को हिम्मत दी और सभी में आत्मविश्वास लौट आया।

कॉकपिट में सीएसओ की आवाज़ आयी, 'पचास मील पर लैंडिंग करनी है।'

पायलटों ने उस ऊंचाई पर सभी ज़रूरी कार्रवाइयों को अंजाम दिया।

सीएसओ की आवाज़ आती जा रही थी और वो लगातार पायलटों को निर्देश देते जा रहे थे, 'लैंडिंग बीस मील दूर... लैंडिंग दस मील दूर...'

अब वो सभी लैंडिंग से मात्र आठ मील दूर थे, लेकिन उन्हें न ही नाइट-विज़न के साथ और न ही नंगी आंखों से रनवे दिखायी पड़ रहा था। सीएसओ की आवाज़ ने एक बार फिर उन्हें आराम पहुंचाया।

पायलट्स, सीएसओ-एलज़ी[42] ट्वेल्व ओ क्लॉक।'

कॉकपिट में राहत की एक लहर दौड़ गयी। पायलटों को समझ में आ चुका था कि साफ़ रास्ता उनके ठीक सामने मौजूद था। माइक के ऊपर संचार अभी भी चल रहा था और वो हवा में उड़ते हुए लैंडिंग की तैयारी कर रहे थे। सीएसओ सी-130जे के आधुनिक उपकरणों का इस्तेमाल करते हुए सुरक्षित रास्ता बना रहे थे और मदद करते जा रहे थे।

सीएसओ का अगला अपडेट आया, 'रनवे ओके है। छोटी-मोटी गड़बड़ियां हैं। रफ़ लैंडिंग के लिए तैयार रहें!'

ये जानते हुए कि रनवे के क्षतिग्रस्त होने के बावजूद लैंडिंग संभव थी, पायलटों की हिम्मत कई गुना बढ़ चुकी थी। वो घने अंधेरे में लैंडिंग कर रहे थे और दो मील दूर से भी उन्हें रनवे दिखायी नहीं पड़ रहा था। ज़मीन से महज़ 300-400 फ़ीट की ऊंचाई पर उन्हें रनवे का कुछ-कुछ हिस्सा दिखायी पड़ने लगा था। रनवे पर गाइडिंग लाइट नहीं थीं और उस अंधेरे में सभी ने लैंडिंग की तैयारी करनी शुरू की। नीचे उतरते वक़्त विमान की गति को करने के लिए फ़्लेयर मनूवर[43] को अंजाम देना ज़रूरी था, जिससे क्रैश लैंडिंग न हो।

एक बार फिर, सीएसओ ने अहम भूमिका निभायी। वो ऊंचाई के बारे में लगातार जानकारी दे रहे थे और एकदम सटीक मौक़े पर उन्होंने पायलट को फ़्लेयर के लिए सूचित किया। विमान बिल्कुल सुरक्षित तरीक़े से लैंड कर चुका था। जब विमान के पहिये ज़मीन पर पड़े, तब जाकर पूरे क्रू को ये अहसास हुआ कि वो घने अंधेरे में सही-सलामत लैंड कर चुके थे।

पायलटों ने तुरंत ही विमान को घुमाया और इंजन को चालू स्थिति में रखते हुए पार्क कर दिया। इससे लौटते वक़्त विमान को घुमाने में वक़्त ज़ाया नहीं करना पड़ता। नाइट-विज़न सिस्टम अभी भी चालू था और रैंप खुल चुका था। अब गरुड़ को अपना ग्राउंड ऑपरेशन करना था।

~

जैसे ही रैम्प खुला, गरुड़ हर ओर फैल गए। बुलेटप्रूफ़ हेल्मेट में पिकैटिनी रेल और नाइट विज़न उपकरण लगे हुए थे। एल्बो और नी पैड उनके जॉइंट्स को सुरक्षित रख रहे थे और उनकी डिजिटल कैमो धारियों वाली वर्दी पर सुरक्षा जैकेट[44] लगी हुई थी।

स्क्वाड्रन लीडर प्रीतम सिंह जैतावत, सीओ 612 गरुड़ फ़्लाइट ने अपनी जार्मिन जीपीएस घड़ी पर नज़र डाली। उनके पास इस मिशन को अंजाम तक पहुंचाने के लिए और भारतीय नागरिकों को सकुशल विमान तक लाने के लिए मात्र दो घंटे का समय बचा था। उन्होंने अपने लड़कों पर नज़र डाली और उन्हें शांत, फोकस्ड चेहरे नज़र आये।

उन्होंने मन ही मन सोचा, *बढ़िया!*

सीओ को बहुत अच्छे से मालूम था कि कैसे, अफ़ग़ानिस्तान में ऑपरेशन देवी शक्ति के दौरान, लोगों की एक बहुत बड़ी भीड़ उनके विमान की ओर भागी हुई चली आयी थी। उन्हें वहां जल्द से जल्द घेराबंदी करनी थी। उन्होंने तुरंत ही जवानों की जोड़ियां बनवायीं और उनमें से कुछ को ये काम सौंप दिया।

इसके बाद जैतावत और उनके जोड़ीदार सार्जेंट विकास तिवारी, आसपास की टोह लेने के इरादे से निकल पड़े। घुप्प अंधेरे में, किसी भी तरह की रोशनी की ग़ैर-मौजूदगी के चलते, उन्हें हर वक़्त दिशाभ्रम हो रहा था। वहां ज़मीन पर कोई भी ऐसा शख़्स नहीं था जो उन्हें कैसी भी जानकारी दे सके। न ही कोई ऐसा शख़्स था जो उन्हें इंतज़ार कर रहे भारतीय परिवारों तक पहुंचा सके। अपने नाइट-विज़न चश्मों और टॉर्च की मदद से, वो आगे बढ़े जा रहे थे। कुछ दूर चलते रहने के बाद उन्हें हल्की सी रोशनी नज़र आयी, जो उनसे लगभग 400-500 मीटर दूर थी।

जैतावत ने सोचा कि *ये आशा की किरण दिख रही है, मगर इसमें ख़तरा भी हो सकता है, इसलिये कैप्टन को सूचित करना होगा।*

उन्होंने ग्रुप कैप्टन नंदा को रेडियो संदेश भेजा और उनसे विमान से बाहर आने का अनुरोध किया। सी-130जे पर वापस पहुंचकर जैतावत ने ग्रुप कैप्टन को दूर दिख रही रोशनी के बारे में जानकारी दी और बताया कि उसकी जांच की जानी चाहिए। उन्होंने गरुड़ जवानों के बारे में भी बताया, जो विमान की सुरक्षा में लगे हुए थे। साथ ही, आपातकालीन योजनाओं से जुड़ी जानकारी भी दी।

जैतावत ने दो और गरुड़ जवान अपने साथ लिए और भारतीय नागरिकों की खोज में निकल पड़े। विदेशी ज़मीन पर बलप्रयोग के नियमों को ध्यान में रखते हुए, उन्होंने भारी सामान पीछे छोड़ दिए और अपने पिट्ठू बैग में सबसे ज़रूरी सामान ही रखा। ये ज़रूरी सामान था संचार के लिए रेडियो सेट्स।

उधर, डिफ़ेंस अटैचे, सूडान लेफ़्टिनेंट गुरप्रीत सिंह, भारतीय नागरिकों के एक समूह के साथ वादी एयरफ़ील्ड पहुंचने के लिए निकल चुके थे। उनकी गर्भवती पत्नी भी इस समूह में शामिल थीं। उन्होंने कई चेक-पॉइंट पार किये, ऐसी जगहों से निकले जहां गोलीबारी हो रही थी। उन्होंने कई स्तरों पर बसों के काफ़िले की सुरक्षा से जुड़ी बातचीत की थी और उन्हें सी-130जे से कुछ ही समय पहले वहां पहुंच जाना था।

एयर हेडक्वार्टर, विमान और भारतीय नागरिकों, दोनों पर नज़र बनाए हुए था, जिससे इन विषम परिस्थितियों में सबकुछ क्रमवार होता रहे। लेकिन, वादी सैदिना

एयरफ़ील्ड पहुंचने पर, भारतीय नागरिकों को स्थानीय अधिकारियों ने रोक लिया। इस एयरफ़ील्ड का प्रबंधन, संयुक्त रूप से, ब्रिटिश और सूडानी अधिकारियों के हाथ में था और भीड़ का हवाला देते हुए, इनमें से कोई भी भारतीय नागरिकों को अंदर आने की अनुमती देने को तैयार नहीं था।

आधे घंटे की देरी के बाद, लेफ़्टिनेंट कर्नल सिंह की मेहनत रंग लायी और वो बसों के काफ़िले को अंदर लाने में सफल हुए। इसी देरी की वजह से, कुछ वक़्त पहले सी-130जे की उड़ान में देरी हुई थी,[45] क्यूंकि उस वक़्त तक विमान को भी वायुक्षेत्र में उड़ने की अनुमति नहीं मिल सकी थी।

अंत में, विदेश मंत्रालय और भारतीय वायुसेना के अफ़सरों ने मिलकर, सभी पक्षों को सहमत करते हुए बचाव अभियान को एक तय समय में आगे बढ़ाने का काम किया।

यहां, ये जानना ज़रूरी है कि भारतीय नागरिकों का ब्रिटिश और सूडानी अधिकारियों के सामने अपनी नागरिकता बताना बहुत फ़ायदेमंद साबित हुआ। इससे उनका वादी सैदिना एयरबेस पर पहुंचना आसान हो गया। भारत की वैश्विक छवि और डॉक्टर एस. जयशंकर के नेतृत्व में विदेश मंत्रालय ने जो काम किया, उसके लिए उनका शुक्रिया ज़रूर कहा जाना चाहिए।

इस बीच, स्क्वाड्रन लीडर जैतावत उस रोशनी की ओर बढ़ रहे थे, जो उन्हें दिखायी पड़ी थी। ज़मीनी स्तर पर, ऐसे काम ख़तरे से भरे होते हैं, लेकिन फ़िलहाल वक़्त निकला जा रहा था। सीज़फ़ायर ख़त्म होने में बस कुछ ही घंटे बचे थे।

कोई भी इंसान नज़र में नहीं आ रहा था। फ़ोन में भी सिग्नल आने बंद हो चुके थे। उस परिस्थिति को समझने के लिए ये बेहद ज़रूरी था कि रोशनी जहां से आ रही थी, वहां मौजूद लोगों से संपर्क किया जा सके।

जैसे-जैसे वो नज़दीक पहुंच रहे थे, उन्हें समझ में आने लगा कि वो रोशनी एक विमान से आ रही थी। उसकी रेडियो फ्रीक्वेंसी से अनजान, अपने रेडियो सेट के ज़रिये वो विमान से संपर्क नहीं कर सके। अंत में, जैतावत ने तय किया कि वो अपनी टॉर्च के ज़रिये उसे इशारा करेंगे। उन्होंने विमान की ओर युक्तिपूर्ण तरीक़े से उसे चमकाया। इस परिस्थिति में बेहद ज़रूरी था कि सामने से कोई रक्षात्मक प्रतिक्रिया न आये।

जो जवाब आया, वो शांतिपूर्ण था। उधर से भी दो बार चमक आयी, जो संदेशप्राप्ति को स्वीकारने की निशानी थी। ये प्रक्रिया कई बार दोहरायी गयी जिसके बाद जैतावत और उनकी टीम, पूरे एहतियात के साथ विमान की ओर बढ़ने लगी, जिससे दोनों पक्ष ये समझ लें कि वो एक-दूसरे के लिए ख़तरा नहीं बनने वाले थे।

मालूम पड़ा कि ये वही ब्रिटिश विमान था, जिससे कुछ वक़्त पहले, उड़ान के दौरान, उनका संपर्क हुआ था।

गरुड़ कमांडिंग ऑफ़िसर ने एक विदेशी जवान से उनकी पहचान पूछी।

उसने जवाब दिया:

> 'हम यूके की स्पेशल फ़ोर्स हैं। ये हमारा विमान है और हम अपने नागरिकों का विमान में चढ़ने का इंतज़ार कर रहे हैं। उनके पासपोर्ट और वीज़ा के कुछ मसले हैं और उन्हें अभी यहां से निकलने की क्लियरेंस नहीं मिल पायी है। हम जल्द से जल्द उन्हें निकालना चाहते हैं।'

उस वक़्त पर, ब्रिटिश उस एयरफील्ड को मैनेज कर रहे थे क्यूंकि उनकी सूडानी सेना के साथ सांठगांठ हो चुकी थी और उन्होंने एयरबेस की मरम्मत करने में साथ भी दिया था।[46]

यूके स्पेशल फ़ोर्सेज़ ने गरुड़ को ज़मीनी स्थिति की जानकारी दी। उन्होंने बताया कि वहां से 600 से 700 मीटर आगे एक बहुत बड़ी भीड़ जमा थी। कुछ ब्रिटिश सैनिक उस इलाक़े में एक छोटे से चेक-पॉइंट पर खड़े थे, जिसके बाद एक दूसरा चेक-पॉइंट था, जिसे सूडानी सेना देख रही थी। वहां सुरक्षा की दृष्टि से कई बैरियर खड़े किये गए थे और लोगों की भीड़ में हर देश के नागरिक मौजूद थे जिसके चलते हर किसी को अपने नागरिकों को खोजने में मशक्कत करनी पड़ रही थी। सीज़फ़ायर के ख़त्म होने का समय नज़दीक आता जा रहा था और इस बात की गारंटी कोई नहीं दे सकता था कि उससे पहले गोलीबारी शुरू नहीं होगी।

हवा में तनाव और अर्जेंसी घुली हुई थी।

जानकारी मिलने के बाद, गरुड़ के जवान ब्रिटिश चेक-पॉइंट की ओर बढ़े, जो उस विमान से कुछ ही दूरी पर था। ब्रिटिश सैनिकों ने उन्हें रोक दिया और आगे जाने की अनुमति देने से इंकार करने लगे।

एक ने बेहद कठोर शब्दों में कहा,

'हम आपको आगे बढ़ने की अनुमति नहीं दे सकते। ये बेहद ख़तरनाक होगा। हम आख़िरी ऐसे चेक-पॉइंट हैं जो दोस्ताना रवैया रखता है। हमारे बाद आपका सामना सूडानी सेना से होगा, जो बहुत अच्छे मूड में नहीं हैं। और उसके बाद आपको हज़ारों लोग मिलेंगे जो किसी भी विमान में चढ़ने के उद्देश्य से आये हुए हैं। आगे बढ़ना बेहद ख़तरनाक साबित होगा।'

युवा गरुड़ कमांडिंग ऑफ़िसर ने ब्रिटिश ऑफ़िसर्स से बात की और फिर उन्हें आगे बढ़ने की अनुमति मिल गयी। शर्त बस ये थी कि कम से कम दो गरुड़ जवान पीछे रहें, जो किसी भी आपातकालीन स्थिति में विमान के साथ उसी रेडियो फ्रीक्वेंसी पर संचार का काम करेंगे। जैतावत ने दो जवानों को ब्रिटिश चेकपॉइंट पर छोड़ दिया और अकेले अपने जोड़ीदार के साथ आगे बढ़ गए। अब उनका लक्ष्य था लोगों के हुजूम में भारतीय नागरिकों को ढूंढना।

उन्होंने रेडियो के ज़रिये ग्रुप कैप्टन रवि नंदा को नयी योजना की जानकारी दी। वो जानते थे कि हर किसी को, सभी अपडेट देना कितना महत्वपूर्ण था। समय निकला जा रहा था और विमान के कैप्टन के लिए ये ज़रूरी हो चला था कि उन्हें हर एक काम की जानकारी मिलती रहे, जिससे वो संभावित स्थिति के लिए मानसिक तौर पर तैयार रहें।

स्क्वाड्रन लीडर जैतावत और सार्जेंट विकास तिवारी, कुछ ही देर में सूडानी सेना द्वारा संचालित चेक-पॉइंट पर पहुंच गए। अस्थायी बैरियर के पीछे कुछ सैनिक खड़े थे और उनके पीछे सैकड़ों लोगों की भीड़ थी। सेना ने बड़े करीने से, बैरीकेडिंग और ज़मीन की खुदाई कर, लोगों को तितर-बितर कर रखा था। इससे हुआ ये कि टारमैक की ओर आने के लिए एक संकरा सा ही रास्ता बचा था।

वहां जो दिख रहा था, उसमें अफरातफरी के सिवा और कुछ नहीं था।

रात के अंधेरे में, बीमार, बूढ़े, महिलाओं, बच्चों और युवा लोगों की एक किलोमीटर से ज़्यादा के क्षेत्र में फैली भीड़ के बीच, भारतीय नागरिकों की पहचान करने में स्क्वाड्रन लीडर जैतावत और सार्जेंट तिवारी को ख़ासी मशक्कत करनी पड़ रही थी। उन्होंने दक्षिण एशियाई रंग-रूप वाले लोगों पर ध्यान देना शुरू कर दिया। ऐसे लोग

इंडिया, पाकिस्तान, बांग्लादेश या पड़ोसी देशों से हो सकते थे। लेकिन इस भीड़-भड़क्के के बीच उन्हें पहचानना मुश्किल होता जा रहा था।

अचानक, जैतावत ने देखा कि पीली टीशर्ट पहने और लम्बी दाढ़ी रखे हुए एक आदमी, जिसके सर पर फ़्लैशलाइट लगी हुई थी, उनकी ओर ज़ोर-ज़ोर से हाथ हिला रहा था। ये लेफ़्टिनेंट कर्नल गुरप्रीत सिंह थे।

हालांकि जैतावत को उस वक़्त पर नहीं मालूम था कि वो कौन थे, उस दृश्य ने उन्हें आशा से भर दिया। उन्होंने तुरंत ही सूडानी सेना से दूसरी ओर जा सकने की अनुमति मांगी। अपनी नागरिकता साबित करने और भारतीय वायुसेना की ओर से भारतीय नागरिकों को बचाने का आदेश मिले होने का भरोसा दिलाने के बाद, उन्हें दूसरी ओर जाने की अनुमति मिल गयी।

भीड़ को चीरते हुए, वो दूरी तय करना एक कठिन काम था लेकिन गरुड़ के जवान पीली टीशर्ट पहने उस व्यक्ति तक पहुंच गए। उस तक पहुंचते ही जैतावत ने हिंदी में[47] दूसरे भारतीयों के बारे में बात करनी शुरू कर दी। डिफ़ेंस अटैशे ने पुष्टि की कि उनके पास भारतीय नागरिकों के नाम की लिस्ट थी और बताया कि उन्हें साथ रखना कितना मुश्किल साबित हो रहा था। जैतावत ने उनसे कहा कि वो जल्दी से जल्दी सभी को एक जगह इकट्ठा करें और सभी को उनके साथ विमान तक ले चलें।

सूडानी सेना के खड़ूस अधिकारियों और भारी भीड़ के बावजूद, वो बैरीकेडिंग को पार करते हुए टारमैक तक पहुंचने में सफल रहे। मिशन के लिए तैयारी करते हुए जैतावत ने खार्तूम की कुछ तस्वीरें देखी थीं जिसमें उन्हें हथियार ले जाते हुए कुछ लोग दिखायी दिए थे। एक भी हथियारबंद शख़्स की मौजूदगी के चलते पूरे विमान की सुरक्षा दांव पर लग सकती थी। इसके साथ ही, डरे हुए, तनावग्रस्त लोगों के विमान में चढ़ने का भी ख़तरा था, जो कुछ नुकसान कर सकते थे। मसलन, वो इंजन की ओर दौड़ सकते थे या किसी दूसरी तरह से कुछ नुकसान कर सकते थे।

इससे भी बड़ा ख़तरा उन लोगों से था जो जानबूझकर इस मिशन को नुकसान पहुंचाना चाहते थे। कोई भी कट्टरपंथी या बाहरी तत्व, भारतीय नागरिकों की भीड़ में शामिल होकर ऐसा कुछ कर सकता था। ऐसे में, न केवल लोगों को बल्कि विमान

को भी नुकसान पहुंच सकता था, जिससे पूरा मिशन ख़तरे में पड़ सकता था और विदेशी ज़मीन पर एक बहुत बड़ा हादसा हो सकता था। विमान को नुकसान पहुंचने से महज़ किसी संगठन का नुकसान नहीं होता बल्कि देश की छवि पर एक दाग साबित हो सकता था।

जैतावत ने अपने जोड़ीदार से कहा, 'हमें इनकी तलाशी लेनी होगी।'

भारतीय नागरिकों के साथ ब्रिटिश चेक-पॉइंट पर वापस आकर चारों गरुड़ जवानों ने तलाशी और पहचान करने का काम शुरू कर दिया। लेफ़्टिनेंट कर्नल गुरप्रीत सिंह ने जो लिस्ट दी थी, उसके अनुसार वहां 118 लोग होने थे। वहां से निकलने वाले भारतीय एक लाइन में लगे हुए थे और हर किसी के पासपोर्ट की जांच और उनकी तलाशी चालू हो चुकी थी। वो ग़लती से किसी दूसरे देश के नागरिक को विमान में चढ़ाकर अपने देश लाने का ख़तरा नहीं मोल ले सकते थे क्यूंकि इससे भारतीय राजनयिकों की किरकिरी हो सकती थी। जब आप विदेशी ज़मीन पर किसी ऑपरेशन को अंजाम दे रहे होते हैं तो क़ायदे-क़ानून का ख़ास ख्याल रखना पड़ता है।

तलाशी अभियान के दौरान चाकू जैसे कई छोटे-मोटे हथियार बरामद हुए। इनकी मौजूदगी समझी जा सकती थी, क्यूंकि वो लोग एक हिंसाग्रस्त से गुज़रते हुए आ रहे थे। लेकिन विमान में इन हथियारों की कोई ज़रूरत नहीं थी। इस प्रोसेस के दौरान, स्क्वाड्रन लीडर जैतावत, लगातार अपने ग्रुप कैप्टन रवि नंदा से बात कर रहे थे, जो सी-130जे पर तैनात थे। ग्रुप कैप्टन, सुरक्षा की दृष्टि से, सारी कार्रवाई को जल्दी निपटाने के लिए कह रहे थे।

सीज़फ़ायर का अंत होने वाला था।

गरुड़ के जवानों ने भीड़ के साथ कड़ा बर्ताव करना शुरू कर दिया। उन्होंने ऐलान किया कि सभी लोग ख़ुद ही अपने-अपने हथियार फेंक दें वरना उनके साथ सख़्ती से पेश आया जाएगा। इस निर्देश ने असर दिखाया और जिसने भी हथियार छुपाये हुए थे, उसने ख़ुद ही उन्हें फेंकना शुरू कर दिया।

समय की कमी के बावजूद, गरुड़ जवानों ने लोगों की जांच करनी चालू रखी। वो चेहरे-मोहरे की जांच कर रहे थे और दक्षिण एशियाई चेहरों की खोज में थे क्यूंकि लाइन में कई दूसरे देशों के लोग भी थे, जो वहां से कैसे भी निकल सकने की फ़िराक़ में थे। भारत के बारे में सवाल किये जा रहे थे, परिवार के बारे में पूछा जा रहा था और

पासपोर्ट की कड़ी जांच की गयी। इसके बाद उस भीड़ में से सही 118 भारतीयों को चिह्नित कर लिया गया।

कई विदेशी नागरिकों को लाइन से निकाल दिया गया। जो पीछे रह गए, उन्होंने ढेरों मिन्नतें कीं और चीखे-चिल्लाए। ये वो लोग थे जो इंतज़ार कर रहे थे कि उनकी सरकार आकर उन्हें वहां से निकालेगी।[48]

इस प्रोसेस में स्क्वाड्रन लीडर जैतावत को मालूम चला कि पीली टीशर्ट में जो शख़्स मौजूद था, वो कोई और नहीं बल्कि लेफ़्टिनेंट कर्नल गुरप्रीत सिंह, डिफ़ेंस अटैशे, सूडान थे, जो गरुड़ के आने का इंतज़ार कर रहे थे। यही वजह थी कि उन्होंने गरुड़ के जवानों को देखते ही उनका ध्यान खींचने के लिए हाथ हिलाना शुरू कर दिया था।

हलचल के बीच, सूडानी सेना का एक सदस्य गरुड़ के पास पहुंचा और उनसे मिन्नत करने लगा कि उसे भी वहां से निकाल लिया जाए। उसके साथ उसकी गर्भवती पत्नी थी और वो किसी भी हाल में वादी सैदिना से निकलना चाहता था। स्क्वाड्रन लीडर जैतावत ने तुरंत ही ग्रुप कैप्टन नंदा और डिफ़ेंस अटैशे को इस बारे में बताया। सभी ने मिलकर तय किया कि वो मानवता के आधार पर, उस परिवार को वहां से निकालेंगे। भारतीय अधिकारियों में बसी इंसानियत और दयालुता की ये एक बानगी थी।

विमान पर सभी के चढ़ने की प्रक्रिया शुरू हो चुकी थी। बाद में इस मौक़े की कई तस्वीरें भी सार्वजनिक हुईं और सूडान संकट के दौरान सोशल मीडिया पर छा गयीं। इन तस्वीरों में गरुड़ स्पेशल फ़ोर्सेज़ को टॉर्च की रोशनी में पासपोर्ट चेक करते हुए देखा जा सकता था। इस पूरे मिशन को अंतर्राष्ट्रीय स्तर पर शाबाशी मिली। विदेश मंत्री डॉक्टर एस. जयशंकर ने भारतीय वायुसेना के साहस भरे बचाव अभियान की ख़ूब प्रशंसा की।

ऑपरेशन के बाद डॉक्टर जयशंकर ने कहा:

> ये एक ऐसा ऑपरेशन था, जिसमें लोगों ने अपनी जान जोखिम में डाली थी। जब हिंसा शुरू हुई, ज़्यादातर दूतावास भाग खड़े हुए, लेकिन भारतीय खेमा डटा रहा। उन्होंने जिन चुनौतियों का सामना किया, वो बहुत बड़ी थीं और अंत में, भारतीय वायुसेना का एक विमान, एक ऐसी क्षतिग्रस्त हवाईपट्टी पर उतरा, जहां पहले ही एक विमान को नष्ट किया जा चुका था। इस सबके बावजूद, हमारे बहादुर लोगों ने वहां बगैर किसी एयर ट्रैफ़िक कंट्रोल की मदद

> के, लैंडिंग का ख़तरा मोल लिया। वायुसेना ने जिस बहादुरी का प्रदर्शन हवा में किया, उसी बहादुरी के साथ ज़मीन पर दूतावास के लोग काम कर रहे थे।[49]

वायुसेनाध्यक्ष के शाबाशी के बोल सुनकर वायुसेना कर्मियों को और भी ख़ुशी मिली और गर्व की अनुभूति हुई।

एयर चीफ़ मार्शल वी.आर. चौधरी ने कहा:

> मुझे लगता है कि भारतीय वायुसेना ने सबसे कठिन परिस्थितियों में ऑपरेशन को अंजाम देने की अपनी मुख्य क्षमता का प्रदर्शन किया है और उस एयरक्रू को मेरा सलाम, जिसने इस मिशन को बगैर किसी चूक के पूरा किया। मैं इस देश को भरोसा दिलाना चाहता हूं कि जब भी ज़रूरत पड़ेगी, हम यूं ही अपना काम करते रहेंगे।

अपने अनुभव को याद करते हुए सार्जेंट विकास तिवारी ने बताया,

> हमें तब तक कुछ समझ में नहीं आया, जब तक हमने भारत में लैंड नहीं किया। जब हमें चीफ़ ऑफ़ एयर स्टाफ़ ने ख़ुश होकर शाबाशी दी, तब हमें इस बात का अहसास हुआ कि हमने कोई बहुत बड़ी चीज़ हासिल कर ली थी।

विमान पर सभी के चढ़ने की प्रक्रिया ख़त्म हो चुकी थी और गरुड़ ने पूरे इलाक़े पर एक अंतिम बार नज़र डाली और फिर ख़ुद विमान में चढ़ गये।

पायलटों ने एक लम्बी सांस ली और विमान में इंजन की पूरी ताक़त झोंकते हुए उसे हवा में ऊपर उड़ा दिया। लाल सागर को पार करते हुए, अंधेरे को पीछे छोड़ते हुए वो आगे बढ़ रहे थे और सभी को मालूम था कि प्रति सेकंड की दर से वो ख़तरे से दूर जा रहे थे।

फ़्लाइट के दौरान, निकाले गए भारतीय नागरिक बेहद भावुक थे। विमान में सभी अपनी पूरी ताक़त लगाकर 'भारत माता की जय' के नारे लगा रहे थे। तमाम उम्रदराज़ महिलाएं गरुड़ जवानों और क्रू के सदस्यों के पैर छूने को आगे आ रही थीं। जवानों और क्रू के सदस्यों के लिए एक अजीब सा पल था लेकिन हर ओर से उन्हें ढेर सारा

प्यार और आशीर्वाद मिल रहा था। वहां मौजूद हर आम नागरिक वायुसेना कर्मियों का आभारी था और लगातार शुक्रिया अदा कर रहा था।

बाद में, घनश्याम ने मुझे बताया:

> मेरे पास शब्द नहीं हैं ये बयान करने के लिए कि जब मैंने भारतीय वायु सेना को देखा तो मुझे कैसा लगा। सच कहूं तो मुझे लग नहीं रहा था कि हमें बचाया जाएगा। हमने युद्ध के सबसे बुरे पहलू को देखा था और ढेरों लोगों का बुरा हश्र होते हुए अपनी आंखों से देखा था। वादी सैदिना तक पहुंचने के लिए हमें ढेरों ख़तरे पार करने पड़े थे और स्थिति इतनी ख़राब थी कि हम बहुत आशावान नहीं थे। लेकिन जैसे ही मुझे सेना के लोग दिखे, हम सभी को ढेर राहत मिली। हमें बचाने वाले आ चुके थे। हमारे भगवान आ चुके थे। हमें अहसास हो गया था कि अब हमें कुछ नहीं होगा। हमें बचा लिया जाएगा।

ज़ल्द ही, बचाव अभियान की ख़बर सभी ओर फैल गयी। भारतीय सी-130जे के चले जाने के कुछ ही देर बाद, तुर्की के सी-130जे विमान पर गोलीबारी हुई थी,[50] जिसने सफल उड़ान की अहमियत को और भी ज़ाहिर कर दिया था।

इस अद्‌भुत बचाव अभियान ने दुनियाभर की सुर्ख़ियों में जगह बनायी। ऑपरेशन कावेरी को लेकर जो तनाव था, उसके बीच, अपनों का इंतज़ार कर रहे तमाम भारतीय परिवारों को राहत नसीब हुई।

बाद में, बचाव अभियान में लाये गए लोगों ने सी-17 ग्लोबमास्टर पर चढ़ना शुरू किया। ये विमान ग्रुप कैप्टन समीप निझावन के नेतृत्व में, नंबर 81 स्क्वाड्रन, स्काई लॉर्ड्स द्वारा चलाया जा रहा था। ग्रुप कैप्टन ने अपने साथियों को प्रेरित किया और इस मुश्किल घड़ी में वो सभी नॉन-स्टॉप उड़ान भरकर देश वापस लौटे।[51]

ग्लोबमास्टर का एयरक्रू इस बात का भी ख़ास ध्यान रख रहा था कि इन यात्रियों ने संकट झेला था और वो भावनात्मक रूप से बिखरे हुए थे। विमान तो सैन्य बचावकार्य के लिए बना हुआ था, जिसमें व्यावसायिक विमानों से उलट, बचाव के उपकरणों को तरजीह दी जाती है। इसके बावजूद, विमान के क्रू ने सभी की आरामदायक यात्रा के लिए हरसंभव कोशिश की।

कमांडिंग ऑफ़िसर ख़ुद रैम्प पर खड़े थे और बोर्डिंग की सुलभ प्रक्रिया सुनिश्चित कर रहे थे।

उन्होंने मुझे बताया:

> ऐसे कई मौक़े आये थे, जहां हमारी दिलेरी की परीक्षा ली गयी थी। लेकिन मैंने ऐसी वृद्ध महिलाओं को देखा, जो विमान में चढ़ नहीं पा रही थीं। ऐसे में, हमने जैसे-तैसे चार व्हीलचेयर का जुगाड़ किया और लगभग पंद्रह बूढ़ी महिलाओं को विमान में चढ़ाया। जब वो विमान में आ गयीं, उनके चेहरे खिले हुए दिख रहे थे और वो हमें आशीर्वाद देते नहीं थक रही थीं।

उस ग्लोबमास्टर फ़्लाइट की को-पायलट थीं फ़्लाइट लेफ़्टिनेंट हरराज कौर बोपरै।[52] उनकी अभी-अभी शादी हुई थी और उनके हाथों पर मेहंदी अभी भी लगी हुई थी। ऑपरेशन कावेरी के वक़्त पर वो एकमात्र महिला पायलट थीं, जो विशालकाय सी-17 ग्लोबमास्टर उड़ा सकती थीं। (जब मैं ये कहानी लिख रही हूं, इन विमानों को उड़ाने वाली और भी महिला पायलट आ चुकी हैं।) संकट के उस वक़्त में, हरी यूनीफ़ॉर्म में, तनावग्रस्त नागरिकों को निकालते हुए उनकी एक तस्वीर वायरल हुई। उनकी इस तस्वीर ने गांवों और शहरों की हज़ारों लड़कियों को प्रेरित किया।

अपनी इस किताब को लिखने के दौरान, मुझे उनसे और ग्रुप कैप्टन समीप निझावन से मिलने का मौक़ा मिला। वो मुझे नंबर 81 स्क्वाड्रन के हॉल में ले गये, जहां दुनियाभर में बहादुरी के साथ अंजाम दिए गए बचाव अभियानों की उनकी तस्वीरें सुसज्जित थीं। सी-17 ग्लोबमास्टर्स को उन्होंने आपस में 'ग्लोब ट्रॉटर्स' नाम दिया था, जो एकदम मुफ़ीद था और स्क्वाड्रन की मज़बूती और बहुविज्ञता दर्शाता था। उन्होंने बताया कि कैसे इन मुश्किल परिस्थितियों में ऑपरेशन को अंजाम देना, उनके भीतर संतुष्टि का भाव लेकर आता है।

बाद में, जब मैं प्रतिष्ठित सी-17 के साथ खड़ी हुई थी और उसका कॉकपिट एक दो माले की बिल्डिंग की ऊंचाई के बराबर खड़ा था और उसका बाक़ी हिस्सा मेरे सामने फैला हुआ था, मुझे बेहद विनम्रता का अहसास हुआ। मैं तो लगातार यही सोच रही थी कि ये लोग इतनी विशालकाय मशीनों को उड़ा कैसे पाते हैं और सात समंदर पार करके बहादुरी भरे बचाव अभियानों को अंजाम देते हैं।

नंबर 77 स्क्वाड्रन, वेल्ड वाइपर्स पर, मैं विंग कमांडर रजनीश चंद्र उनियाल और ऑपरेशन में शामिल दूसरे अफ़सरों से मिलीं। इनमें कॉम्बैट सिस्टम्स ऑपरेटर और फ़्लाइट कमांडर भी शामिल थे। उनसे मिलकर मुझे ऐसा लग रहा था, जैसे मैं असल ज़िंदगी में *टॉप गन* फ़िल्म का हिस्सा बन चुकी थी। मैं बगैर किसी पूर्वाग्रह के ये कह रही हूं कि असंभव लगने वाले इलाक़ों और अकल्पनीय परिस्थितियों में कमाये गए बैज, जब उनके हरे ओवर-ऑल पर दिखते हैं, तो उनकी चौड़ी मुस्कान और रे-बैन चश्मों के साथ वो सभी लोग कमाल के दिखते हैं। सच कहूं तो ये भारतीय पायलट टॉम क्रूज़ से कहीं ज़्यादा सुंदर दिखायी पड़ते हैं।

और गरुड़ के जवान?

ये निडर जवान, अपने चेहरे पर एक मुस्कान के साथ मुझसे मिले और अपनी-अपनी फ़्लाइट्स से जुड़ी यादगार चीज़ें दीं। इन चीज़ों में एक था अफ्रीका का मैप, जिसे फ्रेम किया गया था और उस पर वादी सैदिना को हाईलाइट किया गया था। इसके साथ ही एक कोलम्बियाई खंजर भी था, जिस पर '612 गरुड़ फ़्लाइट' लिखा गया था। ये उनके ऑपरेशन की याद में था। आज, ये सभी चीज़ें मेरे लिविंग रूम की दीवार सजी हुई हैं और मेरे घर की शोभा बढ़ा रही हैं।

जब तक ये इंटरव्यू ख़त्म हुए, इस मिशन की व्यापकता का असल एहसास हुआ। मैं ये सोचा करती थी कि क्या मैं इन नायकों की कहानी के साथ न्याय कर पाउंगी, जिनकी बहादुरी शायद इस अंतर्राष्ट्रीय संकट की विशालता के बीच कहीं दब गई होती?

ये कहानी बतायी जानी बेहद ज़रूरी थी। देश को ये याद रखना चाहिए कि अपने नागरिकों की जान बचाना उतना ही महत्वपूर्ण है, जितना दुश्मनों की जान लेना और अगली बार, जब किसी अंतर्राष्ट्रीय संकट के दौरान, आप भारतीय वायुसेना का विमान आसमान में उड़ता हुआ देखें तो याद रखें कि उसमें बैठा एक-एक कर्मी हमारी-आपकी जान बचाने के लिए अपनी जान दांव पर लगा रहा है।

लेखिका की टिप्पणी

ये कहानी उन जांबाज़ अफ़सरों के इंटरव्यूज़ पर आधारित है जो बचाव अभियान के केंद्र में मौजूद थे – तत्कालीन एसीएएस ऑपरेशन्स (ट्रांसपोर्ट एंड हेलीकॉप्टर) और मिशन के नोडल ऑफ़िसर, एयर वाइस मार्शल एस. श्रीनिवासन; विंग कमांडर रजनीश चंद्र उनियाल, वादी सैदिना ऑपरेशन के दौरान को-पायलट; मिशन में शामिल कॉम्बैट

सिस्टम ऑपरेटर; गरुड़ रेजिमेंटल ट्रेनिंग सेंटर के मौजूदा कमांडेंट, जिन्होंने ऑपरेशन कावेरी के दौरान गरुड़ ऑपरेशन पर नज़र रखी; स्क्वाड्रन लीडर प्रीतम सिंह जैतावत, जिन्होंने वादी सैदिना में गरुड़ टीम का नेतृत्व किया; उनके जी1, सार्जेंट विकास तिवारी, जो अब जूनियर वारंट ऑफ़िसर के पद पर पहुंच गए हैं; और ब्रिगेडियर गुरतेज सिंह ग्रेवाल, तत्कालीन सउदी अरब के डिफ़ेंस अटैशे। मैं इन सभी लोगों की आभारी हूं कि उन्होंने मुझे ऐसी दुर्लभ जानकारियां दीं और मैं इन कहानियों को सभी के सामने ला सकी।

हालांकि ये कहानी कुछ प्रमुख पात्रों को ही सामने लाती है, लेकिन ये उन असंख्य अनसुने नायकों का प्रतिनिधित्व करती है जिनका योगदान, ऑपरेशन से जुड़ी गोपनीयताओं और ऐसे अभियानों के विशाल पैमाने के कारण, पर्दे के पीछे रह जाता है।

2

देवघर केबल कार रेस्क्यू: एक जाबांज रोपवे रेस्क्यू मिशन

त्रिकुट की पहाड़ियां
देवघर ज़िला, झारखंड
10 अप्रैल 2022

त्रिकुट रोपवे की स्टील से बनी रस्सियों पर केबल कार बड़े आराम से सरकती जा रही थी। क्षितिज पर डूबता हुआ सूरज, नीचे हरियाली पर अपनी सुनहरी रोशनी बिखेर रहा था। केबल कार में राकेश कुमार, तीन महिला रिश्तेदारों के साथ बैठे हुए थे और ज़मीन से 1,200 फ़ीट ऊपर से इस अद्भुत दृश्य का आनंद ले रहे थे। केबल कार कुछ-कुछ हिल रही थी, जो आनंद के साथ रोमांच का भाव भी जोड़ रही थी।

एकाएक, रोमांच की जगह भय ने ले ली।

एक ज़ोर की आवाज़ के साथ झटका लगा और केबल कार इधर-उधर डोलने लगी।

राकेश के पास बेहद कम वक़्त था। उन्होंने जैसे-तैसे केबल कार की रेलिंग पकड़ी ही थी कि उनकी ट्रॉली कई फ़ीट नीचे आकर झूलने लगी। जिस झटके के साथ केबल

कार नीचे आयी थी, उसके ज़ोर के चलते उसमें बैठे सभी यात्री उसकी दीवारों से आ टकराये। घाटी में धातुओं के टकराने की ज़ोरदार और डरावनी आवाज़ गूंज गयी। सेकंड के कुछ हिस्से के भीतर, केबल कार एक जगह पर आकर रुक गयी। अब वो हवा में ज़ोर-ज़ोर से इधर-उधर झूल रही थी। शुरुआती पलों के सन्नाटे ने सभी को झकझोर कर रख दिया था। राकेश का सर ज़ोर से दर्द कर रहा था और उनके माथे से गर्म ख़ून गिर रहा था, जिसके चलते उन्हें देखने में भी तकलीफ़ हो रही थी। उनकी साथी दर्द में चीख रही थीं। वहां पैर टूट चुके थे, पीठ में चोट लगी थी और सर फटा हुआ था। लेकिन ये ऐसा समय नहीं था, जिसमें चोटों का इलाज हो सकता हो। वो लोग बस इतना कर सकते थे कि ट्रॉली का किनारा ज़ोर से पकड़े रहें और प्रार्थना कर सकें कि ट्रॉली और नीचे नहीं गिरेगी।

उधर, स्थिति गंभीर दिखायी पड़ रही थी। 766 मीटर लम्बे रोपवे पर कुल बारह केबल कार थीं, जो शाम की कम होती रोशनी के बीच, हवा में झूल रही थीं। जैसे-जैसे समय बीत रहा था, शाम की सुनहरी रोशनी की जगह अंधेरा बढ़ता जा रहा था। आसमान काला होता जा रहा था और मद्धम बहती हवा अब अपना वेग बढ़ाने लग पड़ी थी।

खिड़की से, राकेश को परछाइयों के सिवा और कुछ भी नज़र नहीं आ रहा था। नीचे घना जंगल था और दूर-दूर तक त्रिकुट की पहाड़ियों की आकृति दिखायी पड़ रही थी। ऊपर इक्का-दुक्का बादल आते जा रहे थे, जिनसे छनकर चांदनी नीचे गिर रही थी। इस पूरे दृश्य के बीच वो सभी लोग हवा में क़ैद थे।

ट्रॉलियों के भीतर डर का माहौल था। हवा के हर बड़े झोंके के साथ धातु का वो बक्सा डरावनी आवाज़ के साथ हिलता जाता था। महिलाएं इकट्ठी होकर प्रार्थना कर रही थीं और साथ ही उनके रोने की आवाज़ आती जा रही थी। राकेश ने अपनी सीट के किनारे को ज़ोर से पकड़ा हुआ था और उनका दिमाग़ तेजी से दौड़ रहा था। वो ज़मीन से सैकड़ों फ़ीट ऊपर, हवा में लटके हुए, ऐसे बक्से में क़ैद थे, जो सिर्फ़ बाहर से खुल सकता था।

न बाहर निकला जा सकता था, न ही कोई मदद आती दिख रही थी।

कई घंटे गुज़र चुके थे। पेट में भूख और गले में प्यास की जलन थी। बीच-बीच में ट्रॉली हिल-डुल रही थी, जो बार-बार उसमें फंसे लोगों को बेसहारा होने का अहसास दिला रही थी। हर बार ट्रॉली हिलती और हर बार उन्हें ऐसा लगता कि केबल बस टूटने ही वाला था और वो नीचे खाई में जा समाएगा। दूसरे फंसे हुए यात्रियों की चीखें रात

के अंधेरे में गूंज रही थीं। कुछ मदद के लिए पुकार रहे थे और कुछ कष्ट और भय के चलते चीख रहे थे।

इस वक़्त तक, तापमान गिर चुका था और हवा ठंडी हो गयी थी। तेज़ हवाएं शरीर को काट रही थीं। हवा का शोर भी तेज़ था और उससे डर में इज़ाफ़ा हो रहा था, लोग ख़ुद को अकेला पा रहे थे। नीचे का जंगल एक खाई जैसा लग रहा था, जिसकी परछाईं ऊपर चमकते चांद की रोशनी में हिल-डुल रही थी। ट्रॉली के हिलने का हर मौक़ा, केबल से आती हर तीखी आवाज़, सबकुछ अंत होने का संदेसा ला रही थी।

फिर, रोशनी की एक हल्की किरण नज़र आयी। वो दूर थी, लेकिन पूरे यक़ीन से कहा जा सकता था कि वहां एक रोशनी थी। उस रोशनी ने सभी को आशावान बना दिया था। कुछ ही पलों में लाउडस्पीकर से आवाज़ आयी। नागरिक प्रशासन उन्हें जानकारी दे रहा था: 'उम्मीद न खोएं। मदद आ रही है।'

लेकिन जैसे-जैसे घंटे बीत रहे थे, उम्मीद कम होती जा रही थी। राकेश और उनके साथ की महिलाओं की तरह, और भी लोग थे, जो सबसे ऊंचे बिंदु पर फंसे हुए थे। उन्हें बचाना नामुमकिन के बराबर लग रहा था। वो बहुत ज़्यादा ऊंचाई पर थे और पहुंच से बहुत दूर थे। हवा की ठंडक उनके हौसलों की गर्माहट को कड़ी टक्कर दे रही थी। निराशा ने उन्हें पूरी तरह से घेर लिया था।

राकेश ने अपने साथियों के घबराए हुए चेहरे देखे और फिर खिड़की के बाहर फैले शून्य को ताका। उन्होंने ख़ुद से कहा, 'अगर यहीं सबकुछ ख़त्म होना है, तो यही सही। अगर बाबा बैद्यनाथ यही चाहते हैं तो हम चले जाएंगे। अगर नहीं चाहते हैं, तो कोई न कोई चमत्कार होकर ही रहेगा।'

और वाक़ई, चमत्कार रास्ते में था।

बादलों को, काले आसमान को चीरता हुआ चमत्कार, भारतीय वायुसेना के एमआई-17वी-5[1] के रूप में चला आ रहा था। ये दुनिया के अत्याधुनिक ट्रांसपोर्ट हेलीकॉप्टर में एक है। इसमें निडर पायलट, क्रू और भारतीय वायुसेना की ख़ास स्पेशल फ़ोर्स: गरुड़ के जवान थे।

जब ज़मीन डगमगाती है, तो आसमान सहारा देने उठ खड़ा होता है।

ये कोई आम बचाव अभियान नहीं होने वाला था। इतिहास में इसका नाम देवघर केबल कार रेस्क्यू के नाम से दर्ज होने वाला था। इतने बड़े पैमाने पर, शायद पूरी दुनिया में कहीं भी कोई बचाव अभियान नहीं हुआ था। 90 के दशक में हुआ टिम्बर ट्रेल बचाव अभियान[2] एकमात्र ऐसा उदाहरण दिखायी पड़ता है, जहां 10 लोगों को

केबल कार से निकाला गया था। हिमाचल प्रदेश के ख़ूबसूरत शहर परवाणू में टिम्बर ट्रेल नाम के रिज़ॉर्ट में ये दुर्घटना घटी थी।

यहां, बारह केबल कारों में कुल 48 पर्यटक फंसे हुए थे।

देवघर ज़िला मुख्यालय
10 अप्रैल 2022

बाबा बैद्यनाथ की पवित्र नगरी में रामनवमी की धूम मची हुई थी। हर गली-सड़क में भक्तों की भीड़ थी। हर ओर से भक्तिमय गीतों और भजनों की आवाज़ आ रही थी। मन्दिर में वैष्णव हिंदुओं की भीड़ थी, जिन्होंने व्रत रखा हुआ था और पूजा-पाठ में मग्न थे। साथ ही भंडारा आदि का इंतज़ाम भी था। रथ यात्रा धूमधाम से निकाली जा रही थी और रथ पर राम, सीता, लक्ष्मण और हनुमान विराजमान थे। गली-गली में 'जय श्री राम' के नारे लग रहे थे।

इस सबके बीच, साम्प्रदायिक कारणों से, रथ यात्रा के दौरान ज़िला प्रशासन हाई अलर्ट पर था। जिस बड़े स्तर पर ये त्योहार मनाया जा रहा था और जिस धूम के साथ यात्रा निकल रही थी, टकराव का ख़तरा बढ़ता जा रहा था। हर सुरक्षा अधिकारी सजग और मुस्तैद था और किसी भी अनचाही परिस्थिति से निपटने के लिए तैयार था।

ज़िलाधिकारी (डीएम) मंजुनाथ भजंत्री को तत्परता और त्वरित कार्रवाई के लिए जाना जाता था। ज़िला मुख्यालय में डीएम और देवघर के एसपी लगातार हर स्थिति पर नज़र बनाए हुए थे। उनकी इस निरंतर निगरानी में ख़लल डाला एक फ़ोन कॉल ने, जिसके ज़रिये उन्हें केबल कार दुर्घटना की जानकारी मिली।

शाम के पौने सात बजे तक मजिस्ट्रेट आ चुके थे और वो खौफ़नाक मंज़र देख रहे थे। केबल कार, रोपवे से लटक रही थीं और उसमें फंसे लोग डरे हुए, बेतहाशा चिल्ला रहे थे। वहां लगभग 300 स्थानीय लोगों की भीड़ जमा थी। कुछ लोग मदद करने की कोशिश कर रहे थे, कुछ सहमे हुए, शांत, एक जगह दुबककर खड़े हुए थे। स्थानीय नेता आ चुके थे और केबल कारों में फंसे हुए लोगों के रिश्तेदार उस जगह पर आ गए थे। लोगों की भीड़, उनके डर, हताशा और बेबसी ने ढलते हुए उस दिन की अफरातफरी को बढ़ा दिया था।

बढ़ते जा रहे हंगामे के बीच डीएम ने अतिरिक्त सुरक्षाबल मंगवा लिया जिससे उस इलाक़े की घेराबंदी हो सके और वहां की भीड़ को संभाला जा सके। वो परेशान परिवारजनों से मिल रहे थे, उन्हें सांत्वना भी दे रहे थे और उनका हौसला भी बढ़ा रहे थे। लोग इस आशा के साथ कि बचाव अभियान शुरू होने वाला था, उनसे विनती कर रहे थे, 'डीएम साहब, बचा लो।'

ज़िला आपदा प्रबंधन प्राधिकरण के मुखिया होने के नाते, श्री मंजुनाथ ने सभी संभव संसाधनों को तैयार रखने का आदेश दिया। उन्होंने राष्ट्रीय आपदा मोचन बल (एनडीआरएफ़), प्रदेश आपदा मोचन बल (एसडीआरएफ़) और भारत तिब्बत सीमा पुलिस (आईटीबीपी), भारतीय सेना से संपर्क किया और यहां तक कि कुछ राज्य मंत्रियों से भी बात की।

उनकी हर एक कॉल, जीवनरेखा साबित हो सकती थी। वो हर किसी से बचाव अभियान में मदद करने की गुज़ारिश कर रहे थे।

तनाव उस वक़्त बढ़ गया, जब एक स्थानीय नेता ने, बग़ैर स्थिति को ठीक से समझे, ये सुझाव दे दिया कि सिस्टम को दुरुस्त करने के लिए केबल कारों को फिर से चालू कर दिया जाए। इससे पहले कि परिस्थिति बद से बदतर हो जाए, मंजुनाथ ने इस विचार को कूड़े के डब्बे में डाल दिया। एक और ऐसा मौक़ा आया जब वहां ये अफ़वाह फैल गयी कि बचाव अभियान को रात घिरने से पहले ही, किसी भी हाल में पूरा हो जाना चाहिए। इन बातों के चलते पहले से ही तनावपूर्ण स्थिति में और गर्मागर्मी बढ़ गयी।

इस वक़्त तक युवा डीएम को ये एक बात समझ में आ गयी थी कि वहां सिर्फ़ और सिर्फ़ हवाई बचाव अभियान ही किया जा सकता था। ये एक ऐसा काम था, जिसे रात के अंधेरे में शुरू करना लगभग असंभव था। वो बहुत विचलित नहीं हुए और उन्होंने प्रधानमंत्री कार्यालय से इस ऑपरेशन की टाइमलाइन को बढ़ाने के लिए बातचीत की। जिस वक़्त वो ये सब कर रहे थे, वहां मौजूद आम लोग परेशान होकर उन्हें घेर रहे थे और आरोप लगा रहे थे कि वो कुछ भी नहीं कर रहे थे।

मंजुनाथ के लिए ऐसी परिस्थितियों का सामना करना कोई नयी बात नहीं थी। वो कर्नाटका के सुरेबन गांव से आते थे और वो वहां से आईआईटी पहुंचने और फिर आईएएस बनने वाले पहले छात्र थे। वहां से अपनी मौजूदा पोस्टिंग पर आने तक की पूरी यात्रा ने उन्हें बेहद मज़बूत बना दिया था। बीते वक़्त के संघर्षों ने उन्हें मुश्किल वक़्त में आपा न खोने और सकारात्मक बने रहने की तालीम दी थी।

जैसे-जैसे रात बढ़ रही थी, बचाव अभियान और तेज़ किया जा रहा था। ज़िलाधिकारी के नेतृत्व में पूरे ज़िला प्रशासन ने हर संसाधन को इस काम में लगा दिया था। वहां पर टॉवर लाइटों का इंतज़ाम कर दिया गया था, जिसने उस पूरे अंधकार में उजाला भर दिया। इन लाइट टॉवरों ने ज़मीन पर मौजूद परेशान लोगों के चेहरों पर लम्बी परछाइयां ला दी थीं जबकि हवा में अटके हुए लोगों को आशा की किरण दिखा दी थी। उस जगह पर एक अस्थायी कैम्प बना दिया गया था, जहां एक टेम्परेरी हेलीपैड भी बनाया गया था। ये मानकर चला जा रहा था कि इस पर बचाव अभियान के लिए एक विमान उतरेगा। जहां तक ड्रोन्स पहुंच सकते थे, वो फंसे हुए यात्रियों को खाना और पानी पहुंचा रहे थे। लाउडस्पीकरों से समय-समय पर अनाउन्समेंट किये जा रहे थे और फंसे हुए यात्रियों को ये कहकर हिम्मत बंधवाई जा रही थी कि मदद आ रही थी। साथ ही, वहां जमा भीड़ से भी शांत रहने की अपील की जा रही थी।

इसी बीच, डीएम का फ़ोन लगातार बज रहा था। ज़रूरी मंत्रालय, सम्बंधित प्राधिकारी और राष्ट्रीय-अंतर्राष्ट्रीय मीडिया हाउस, लगातार अपडेट मांग रहे थे। सोशल मीडिया पर बगैर सही संदर्भ के, कई क्लिप्स शेयर की जा रही थीं और इन्होंने कई भ्रांतियां फैला दीं। कई मीडिया संस्थानों ने ग़लत जानकारियां भी शेयर कर दीं, जिससे काफ़ी अस्पष्टता फैल गयी। भजंत्री ने तुरंत ही मीडिया मैनेजमेंट का काम शुरू किया, जिससे अपुष्ट ख़बरें लोगों के बीच न फैल सकें और लोग नाहक परेशान न हों। वहां तमाम बल पहुंच रहे थे और सभी की अपनी अलग-अलग मांगें आ रही थीं। इस सबने पूरा मामला और भी चुनौतीपूर्ण बना दिया था। उन्होंने तुरंत ही देवघर के एरोडोम को सक्रिय करने का फैसला लिया।

रात के ग्यारह बजे तक, मंजुनाथ को अहसास हो गया था कि मौक़े पर लगातार सबकुछ मैनेज करने की ज़रूरत होगी, इसलिए उन्होंने तय किया कि वो कैम्प में ही रुकेंगे। उन्होंने अपनी पत्नी को फ़ोन पर पूरी स्थिति बतायी। उनकी पत्नी सबकुछ पूरी तरह से समझ रही थीं।

फंसे हुए यात्रियों के रिश्तेदार धैर्य खोते जा रहे थे। वो लगातार सवाल पूछ रहे थे, 'आप बार-बार कह रहे हैं कि वायुसेना आ रही है, लेकिन वो कहां हैं? वो अभी तक आये क्यूं नहीं हैं?'

बाद में, इस बारे में बात करते हुए श्री मंजुनाथ भजंत्री, जो अब रांची के जिलाधिकारी हैं, ने मुझे बताया:

ये एक अभूतपूर्व परिस्थिति थी जिसके लिए कोई स्पष्ट प्रोटोकॉल नहीं होते हैं। कई जानें ख़तरे में थीं और अंधेरे के चलते इसका पूरा आकलन करना संभव नहीं हो पा रहा था। वहां सैकड़ों लोग जमा हो गए थे जिसमें कुछ तो मदद कर रहे थे और बाक़ी बाधा उत्पन्न कर रहे थे। यात्री और उनके रिश्तेदार चिल्ला रहे थे और बहुत से लोग प्रशासन को धमकी देने में लगे हुए थे। जब तक वायुसेना नहीं आ रही थी, हमें सबकुछ मैनेज करना था।

फिर उन्होंने कुछ देर रुककर कहा:

'आपको पता है हमें सबसे बड़ा डर किस बात का था? कहीं एयरफ़ोर्स के आने से पहले ही केबल कार गिर न जाएं।'

वायुसेना स्टेशन, बैरकपुर
पश्चिम बंगाल
10 अप्रैल 2022

ग्रुप कैप्टन योगेश्वर कृष्णराव कांडलकर, बैरकपुर की 157 हेलीकॉप्टर यूनिट के कमांडिंग ऑफ़िसर थे। वो अपने घर पर एक आनंदमयी शाम बिता रहे थे। रात के साढ़े दस बजने को थे और वो अपनी पत्नी का हाथ बंटा रहे थे। आज उनके बेटे शर्वाय के दसवें जन्मदिन की एक छोटी सी पार्टी रखी गयी थी। हालांकि शर्वाय का जन्मदिन एक दिन पहले था, लेकिन उस दिन उन्हें एक ज़रूरी इंस्पेक्शन के लिए जाना था, इसलिए पार्टी एक दिन बाद रखी गयी थी।

एक हेलीकॉप्टर पायलट की पत्नी होने के नाते, श्वेता अपने जीवन में आने वाली रुकावटों को लेकर अभ्यस्त हो चुकी थीं। उन्हें अपने पति की लम्बी ग़ैर-मौजूदगी और ज़िम्मेदारियों की अदला-बदली की आदत पड़ चुकी थी। उन्हें मालूम था कि वो हर छोटी-बड़ी बात के लिए अपने पति पर ज़िम्मेदारी नहीं डाल सकती थीं। वो इस बात को बख़ूबी समझती थीं कि उनके पति के लिए अपने काम पर फोकस और क्लियर माइंड का होना कितना ज़रूरी था। श्वेता बेहद ख़ुश थीं कि उनके पति

ने बेहद व्यस्त दिनचर्या के बावजूद, परिवार के साथ अपने बेटे का दसवां जन्मदिन मनाया था।

श्वेता के लिए उनका परिवार ही सबकुछ था। शर्वाय ने बस अभी-अभी दहाई का आंकड़ा छुआ था। उनके मां-बाप और रिश्तेदार इकट्ठा होकर जश्न मना रहे थे। जीवन बेहद सुखद और शांतिपूर्ण ढंग से चलता दिखायी दे रहा था। उन्हें और कुछ नहीं चाहिए था। लेकिन जैसा कि कहते हैं कि भारतीय वायुसेना के पायलट, ख़ासकर एक हेलीकॉप्टर पायलट के जीवन से शांति दूर-दूर ही भागा करती है।

उस शाम की शांति और ख़ुशी में कांडलकर के फ़ोन की घंटी ने अवरोध पैदा कर दिया। उन्होंने फ़ोन की स्क्रीन को देखा और पाया कि उन्हें ईस्टर्न एयर कमांड से कॉल आ रहा था। उन्होंने सोचा कि ये कुछ अजीब सी घटना थी। *कमांड से फ़ोन, इस वक़्त पर?*

उस छोर से सीनियर ऑफ़िसर की आवाज़ आ रही थी, 'कैंडी, मैंने रोपवे दुर्घटना की कुछ तस्वीरें और लिंक शेयर की हैं। इन्हें देखो और मुझे बताओ। एक हेलीकॉप्टर लॉन्च करो और मौक़े पर दिन निकलने से पहले पहुंच जाओ।'

कंडालकर ने तुरंत ही समय चेक किया। 10 बजकर 30 मिनट हो रहे थे। फ़ोन पकड़े-पकड़े उन्होंने टीवी पर चलती ब्रेकिंग न्यूज़ को देखा:

'रोपवे दुर्घटना में कई जानें फंसीं। एक की मौत। बचाव कार्य जारी। झारखंड के देवघर में है त्रिकुट रोपवे।'

एक भी सेकंड गंवाए बिना कंडालकर ने अपने सेकंड-इन-कमांड, अपने विश्वासपात्र फ़्लाइट कमांडर को फ़ोन मिलाया।

'हाय, जाग रहे हो?'

उधर से जवाब आया, 'सर, मैं खाना खा रहा हूं।'

'कोई बात नहीं! तुम खाना खाओ, मैं आ रहा हूं,' कंडालकर ने कहा। इस बातचीत तक वो दरवाज़े तक पहुंच चुके थे।

जब वो फ़्लाइट कमांडर के क्वार्टर तक पहुंचे, दृश्य हास्यास्पद हो चुका था। मुंडू और आधी बांह की गाढ़ी नीली टीशर्ट पहने हुए वो तमिल ऑफ़िसर अपने हाथों में साम्भर-चावल की थाली पकड़े हुए थे। इस अजीब-ओ-ग़रीब स्थिति में होने के बावजूद, उन्होंने अपने कमांडिंग ऑफ़िसर का स्वागत मुस्कुराते हुए किया।

कांडलकर ने समय गंवाना ठीक नहीं समझा और उन्हें रिपोर्ट दिखायी। चावल का आख़िरी कौर समेटने के बाद ऑफ़िसर ने घटना की तस्वीरों को ध्यान से देखा।

कांडलकर ने पूछा, 'क्या करेंगे हम?'

बगैर एक भी सेकंड गवाए, दोनों ने लगभग एक साथ कहा, 'टिम्बर ट्रेल रेस्क्यू!'

वो उस बड़े और नामी-गिरामी ऑपरेशन की बात कर रहे थे, जिसे भारतीय वायुसेना ने 13-14 अक्टूबर 1992 को अंजाम दिया था। इस मौक़े पर चंडीगढ़ के पास, परवाणू के टिम्बर ट्रेल में केबल कार ख़राब हो जाने के बाद एक साहसिक बचाव अभियान किया गया था।[3] उत्तर प्रदेश के सरसावा स्थित 152 हेलीकॉप्टर यूनिट (एचयू) के फ़्लाइट लेफ़्टिनेंट पारितोष उपाध्याय के नेतृत्व में एमआई-17 के क्रू और मेजर आइवन जोसेफ़ कास्त्रो के नेतृत्व वाले 1 पैरा कमांडोज़ ने मिलकर 10 फंसे हुए यात्रियों को बचाया था।

यहां रिपोर्ट के अनुसार, त्रिकुट रोपवे पर अड़तालीस यात्री हवा में फंसे हुए थे। कुल बारह ट्रॉलियां हवा में, 300 से 1200 फ़ीट की अलग-अलग ऊंचाइयों पर लटकी हुई थीं।

पायलटों ने कोशिश की कि उन्हें इस बड़े पैमाने पर हुए किसी बचाव अभियान का सन्दर्भ मिल सके लेकिन वो नाकाम रहे।

असल में, वो जो डेटा देख रहे थे, उसके अनुसार दुनियाभर में कई त्रासद रोपवे एक्सीडेंट हुए थे। 1976 में, इटली में हुई कैवेलीज़ केबल कार दुर्घटना में तैंतालिस मौतें हुई थीं। 1983 में, सिंगापुर में हुई केबल कार दुर्घटना में सात लोग मारे गए थे और फ्रांस में 1999 में हुई सेंट-एतियेन-ऑन-देवोलूई दुर्घटना में बीस लोगों की मौत हुई थी। भारत में, गुलमर्ग के रोपवे की लाइन पर एक पेड़ के गिर जाने पर 2017 में सात जानें चली गयी थीं। आंकड़े एक बुरी तस्वीर पेश कर रहे थे और पायलटों को ये समझ में आ चुका था कि ये एक अनोखा बचाव अभियान होने वाला था। इसके बारे में न ही कोई सन्दर्भ मिल पा रहा था और न ही कोई नियमावली न निर्देशावली मौजूद थी। 1992 में हुए टिम्बर ट्रेल बचाव अभियान से जुड़े पायलटों द्वारा दी गयी जानकारी उनका एकमात्र सहारा थी।

इत्तेफ़ाक़ की बात ये थी कि ग्रुप कैप्टन कंडालकर ने अपनी कमीशनिंग के बाद, टिम्बर ट्रेल बचाव अभियान अंजाम देने वाली 152 हेलीकॉप्टर यूनिट[4] में ही सबसे पहली अपनी सेवाएं दी थी। उस ऑपरेशन की कहानियां पूरे करियर उनके साथ रही थीं, जिनमें एमआई-17 के हेलीकॉप्टर्स और कमांडोज़ ने तालमेल बिठाकर कई जानें बचायी थीं।

कुछ दशकों के बाद, इतिहास बनाने की बारी उनकी थी।

अपनी आवाज़ में दृढ़ता लाते हुए ग्रुप कैप्टन कंडालकर ने कहा, 'हेलीकॉप्टर तैयार करवाओ।'

जिस वक़्त हेलीकॉप्टर यूनिट इस साहसी ऑपरेशन की तैयारी कर रही थी, एक और अत्यावश्यक कॉल आयी। इस बार ये कॉल, कलाईकुंडा वायुसेना स्टेशन[5] पर गरुड़ फ़्लाइट के नए नियुक्त हुए कमांडिंग ऑफ़िसर, सत्ताईस वर्षीय फ़्लाइट लेफ़्टिनेंट तेजपाल यादव[6] के लिए थी। ये वायुसेना स्टेशन, बैरकपुर वायुसेना स्टेशन से लगभग 151 किलोमीटर दूर स्थित था।[7] फ़्लाइट लेफ़्टिनेंट तेजपाल ने अभी-अभी गरुड़ रेजिमेंटल ट्रेनिंग सेंटर में अपनी ट्रेनिंग पूरी की थी और दो हफ़्ते पहले ही फ़्लाइट की कमांड अपने हाथों में ली थी।

~

वायुसेना स्टेशन, कलाईकुंडा
खड़गपुर, पश्चिम बंगाल
10 अप्रैल 2022

सत्ताईस बरस की उम्र में, फ़्लाइट लेफ़्टिनेंट तेजपाल यादव कलाईकुंडा वायुसेना स्टेशन पर सबसे युवा कमांडिंग ऑफ़िसर थे। उस रात, वो किसी पार्टी में, अपने कोर्स के एक साथी के साथ थे, जो हाल ही में उसी स्टेशन पर नियुक्त हुआ था। रात 11 बजे, जब उनका फ़ोन बजा, वो लोग घर जाने की तैयारी ही कर रहे थे।

उन्होंने फ़ोन उठाते ही जवाब दिया, 'फ़्लाइट लेफ़्टिनेंट यादव।' उधर से उन्हें चीफ़ ऑपरेटिंग ऑफ़िसर (सीओओ) की आवाज़ सुनायी दी और उस आवाज़ में आपातकालीन सुर थे।[8]

सीओओ ने बगैर कोई भूमिका बनाए कहा, 'झारखंड में एक ऑपरेशन के लिए गरुड़ की ज़रूरत है।'

तेजपाल ने अपनी आवाज़ को और भी पेशेवर बनाते हुए पूछा, 'सर, शुरुआती जानकारियां क्या बता रही हैं?'

'झारखंड में केबल कार के साथ कुछ समस्या हो गयी है। बीस केबल कार चल रही थीं जिनमें छिहत्तर यात्री थे लेकिन अब वो हवा में लटके हुए हैं। एनडीआरएफ़, एसडीआरएफ़, भारतीय सेना और सिविल एडमिनिस्ट्रेशन ने अट्ठाईस यात्रियों को

बचा लिया है, जो कम ऊंचाई पर थे। बाक़ी की कार ऊंचाई पर हैं और उनकी पहुंच से दूर हैं। नागरिक प्रशासन ने भारतीय वायुसेना से मदद करने का आग्रह किया है।'

अपनी बात आगे बढ़ाने से पहले सीओओ कुछ देर के लिए रुके। 'रोशनी की पहली किरण निकलते ही, आपकी टीम को पिक करने के लिए बैरकपुर से हेलीकॉप्टर आ जायेंगे। मैं आपको कुछ लिंक के साथ बाकी ब्यौरे भेज रहा हूं। ज़्यादा जानकारी के लिए 157 हेलीकॉप्टर यूनिट के सीओ से बात कीजिए। अपनी टीम को तैयार करना शुरू कर दीजिये।'

तेजपाल ने सबसे पहले वो रिपोर्टें देखीं, जो उन्हें दी गयी थीं। लेकिन उनसे कोई बड़ी जानकारी नहीं मिल रही थी। न ही कोई ठोस डेटा था, न ही पूर्व उदाहरण और न ही निर्देशावली। एक भी पल गंवाए बगैर, उन्होंने जेडब्लूओ रणजीत कुमार[9] को बुलाया और निर्देश किया कि पूरी 627 गरुड़ फ़्लाइट को एक जगह एकत्रित किया जाए।

तीस मिनट के भीतर गरुड़ तैयार थे। कई गहरी नींद से जागकर आये थे, लेकिन उनके चेहरे पर गंभीरता और दृढ़ता के भाव थे और उनकी आंखों में योद्धाओं का सा मौन संकल्प दिखायी पड़ रहा था।

तेजपाल उन सभी के सामने खड़े थे और उन्हें मालूम था कि दांव पर क्या कुछ लगा हुआ था। वो अभी भी सीओ के अपने रोल में बसने की कोशिश में लगे हुए थे, आख़िर वो वायुसेना की सबसे दुस्साहसी यूनिट का नेतृत्व कर रहे थे।

सीओ ने सभी के सामने पूरी स्थिति साफ़ की:

> ये अभूतपूर्व है। गरुड़ या किसी भी दूसरी भारतीय स्पेशल फ़ोर्सेज़ के इतिहास में, इससे पहले ऐसा कोई ऑपरेशन नहीं आया है, जहां उन्हें हवा में लटकी हुई कई केबल कार से लोगों को बचाकर निकालना पड़ा हो। इस टास्क में हमें उन केबल कार पर उतरकर लोगों को वहां से निकालना होगा। न हमारे पास कोई नियम-निर्देश हैं, न ही कोई उदाहरण हैं और जो ब्यौरे हैं वो आधे-अधूरे हैं। ये बेहद ख़तरनाक मिशन है जहां ख़ुद हमारी सुरक्षा की गारंटी नहीं होगी।

उन्होंने अभी-अभी जो कुछ कहा, उसकी गंभीरता के बावजूद, जब तेजपाल ने मिशन के लिए इच्छुक लोगों से हाथ उठाने को कहा तो एक-एक जवान का हाथ हवा में पाया। उस दृश्य ने उन्हें गर्व से भर दिया। अपने जी1 से बातचीत करने के बाद, उन्होंने एक टीम चुनी, जिसमें अनुभवी और युवा जवानों का मिश्रण शामिल था।

टीम अपनी तैयारी में जुटी हुई थी और किसी भी शक-ओ-शुब्हा की कोई गुंजाइश नहीं थी। ख़तरा बड़ा था, मगर इन बहादुरों के लिए उनकी अपनी ड्यूटी से बढ़कर और कुछ नहीं था। झारखंड में किसी जगह पर कितनी ही ज़िंदगियां हवा में झूल रही थीं और उन्हें घर वापस पहुंचाने का ज़िम्मा इन गरुड़ जवानों के कंधों पर आ चुका था।

~

ऑपरेशन्स रूम, 157 हेलीकॉप्टर यूनिट और 627 गरुड़ फ़्लाइट
बैरकपुर और कलाईकुंडा, पश्चिम बंगाल
11 अप्रैल 2022
रात के 2 बजे

11 अप्रैल तक, आठ ट्रॉलियों से अट्ठाईस यात्रियों को एनडीआरएफ़, एसडीआरएफ़, भारतीय सेना और आईटीबीपी की टीमों ने बचा लिया था, लेकिन और लोगों को बचाना संभव नहीं था। अभी जो हवा में लटके हुए थे, उन्हें बचाने के लिए ज़मीन पर चल रहे प्रयास नाकाफ़ी साबित हो रहे थे। इसके चलते डीएम ने राज्य सरकारों के ज़रिये अनुरोध किया, जिसके बाद भारतीय वायुसेना से मदद मांगी गयी।

दिल्ली स्थित एयर हेडक्वार्टर्स ने ज़रा भी समय नहीं गंवाया और ईस्टर्न हाई कमांड को निर्देश जारी किये। रात के दस बजे तक, ईस्टर्न कमांड के तत्कालीन एसएएसओ[10], एयर मार्शल ए.पी. सिंह ने कारगिल युद्ध के नायक एओसी-इन-सी एयर मार्शल दिलीप कुमार पटनायक, अति विशिष्ट सेवा मेडल, वायुसेना मेडल से बातचीत करके ऑपरेशन की कमान संभाली। हर ओर संदेशों का आदान-प्रदान हो रहा था और इस चुनौतीपूर्ण मिशन के लिए सबसे अच्छी टीमों, विमानों को जुटाया गया।

157 हेलीकॉप्टर यूनिट के ग्रुप कैप्टन कांडलकर को जिस वक़्त तक, निर्देश मिले, आधी रात जा चुकी थी। कांडलकर एक ऐसे विमान चालक थे, जिन्हें एमआई-17वी-5, चीता और एमआई-8 जैसे हेलीकॉप्टर उड़ाने का 22 साल का और 4,500 फ़्लाइंग ऑवर्स का अनुभव था। कांडलकर को इस चुनौती का पूरा अहसास था। विमानों को ज़रूरत के हिसाब से, ढंग से तैयार किया जाना था। एक छोटी सी चूक बहुत बड़ी

दुर्घटना का कारण बन सकती थी। कांडलकर और उनके फ़्लाइट कमांडर साथ मिलकर हेलीकॉप्टर को तैयार करने में जुट गए।

बाद में, कांडलकर ने बात करते हुए गर्व और गंभीरता के मिश्रण के साथ कहा:

> लोग कहते हैं कि भारत कश्मीर से कन्याकुमारी तक है। लेकिन मेरे लिए ये इंदिरा कोल से लेकर इंदिरा पॉइंट तक है।[11] मैंने इस पूरी दूरी में विमान उड़ाए हैं, केरल के बाढ़ पीड़ितों को बचाया है, कश्मीर में गोलीबारी झेल रहे घायल सैनिकों को निकाला है, नागालैंड और मिज़ोरम में ऑपरेशन किये हैं और यहां तक कि तमिलनाडु में जंगल की आग को संभाला है। लेकिन ये? ऐसी परिस्थिति का मैंने कभी भी सामना नहीं किया था। न ही कोई निर्देशावाली थी, न ही कोई जानकारी थी, न ही कोई लैंडिंग ज़ोन था। बस एक टीम थी, एक हेलीकॉप्टर और ये विश्वास था कि हम सबकुछ कर सकते थे।

बचाव अभियान की पेचीदगी इस वजह से बढ़ गयी थी क्यूंकि विंचिंग[12] के दौरान हेलीकॉप्टर्स को हवा में एक ही जगह रोककर रखना था। इस काम के लिए अद्भुत सटीकता और कौशल की ज़रूरत थी।

उन्होंने कुछ पल रुककर अपनी बात आगे बढ़ाई:

> जो सबसे क़रीबी उदाहरण दिखायी पड़ रहा था, वो था मशहूर टिम्बर ट्रेल बचाव अभियान। मैं जब रिपोर्ट्स पढ़ रहा था, मुझे समझ में आ गया था कि हमें इस मिशन को पूरा करने के लिए टिम्बर ट्रेल ऑपरेशन को बारह बार अंजाम देना होगा और ये काम बारह अलग-अलग तरह की ऊंचाइयों पर और अलग-अलग परिस्थितियों में करना होगा।
>
> तब तक, मेरे फ़्लाइट कमांडर[13] ने को-पायलट्स को सक्रिय कर दिया था। हमें उस जगह के बारे में बहुत जानकारी नहीं थी, इसलिए हमने गूगल अर्थ की मदद ली। इसी दौरान ग्राउंड क्रू ने एमआई-17वी-5 को सुबह 4 बजे टेक-ऑफ़ करने के लिए तैयार करना शुरू कर दिया। हमने इस बीच कई सारी योजनाएं बनायीं लेकिन अंत में हमें एक बात साफ़ हो गयी थी: लोगों को सिर्फ़ और सिर्फ़ विंचिंग के ज़रिये ही बचाया जा सकता था।

ये सुनिश्चित करने के लिए कि मिशन के लिए विमान सुबह 4 बजे तैयार हो जाए, ज़रूरी था कि सभी तैयारियां देर रात 3 बजे शुरू हो जाएं। इसका मतलब ये था कि तकनीकी स्टाफ़ को टारमैक पर रात 2 बजे तक आ जाना था। इस बीच, एयर हेडक्वार्टर और हेडक्वार्टर ईस्टर्न कमांड से संदेश आये जा रहे थे। कोई भी रात में एक पल के लिए भी सो नहीं सका।

ग्रुप कैप्टन कांडलकर ने मुझसे कहा:

> इतने बड़े स्तर पर बचाव अभियान को अंजाम देने के लिए तमाम चीज़ों की आवश्यकता थी और हमारे पास समय बेहद कम था। हमें हमारे सबसे अनुभवी पायलट चाहिए थे, रीफ़्यूलिंग की सुविधा चाहिए थी, लैंडिंग की जगह और ऐसे अनूठे मिशन के लिए सर्विसिंग की भी ज़रूरत थी। रोपवे पर चालीस से पचास लोग फंसे हुए थे इसलिए सभी को वहां से निकालने के लिए कई सॉर्टीज़ लगने वाली थीं। सिविल एडमिनिस्ट्रेशन ने घटनास्थल से पांच किलोमीटर दूर एक खुले मैदान में एक अस्थायी हेलीपैड बना दिया था। लेकिन हमें विशुद्ध एयरोडोम[14] की ज़रूरत थी, जहां कम से कम मूलभूत सुविधाएं मिलती हों। अच्छी बात ये थी कि हमें पास में ही देवघर का एयरपोर्ट मिल गया, जो घटनास्थल से लगभग पंद्रह किलोमीटर दूर था। हालांकि वो अभी चल नहीं रहा था और वहां सुविधाएं बेहद कम थीं, हमें एक अस्थायी कमांड सेंटर भी स्थापित करना था जहां से संचार, एक्स्ट्रा एयरट्रैफ़िक की लैंडिंग आदि चीज़ें संभाली जा सकें।

इस मिशन का इतना बड़ा स्तर देखते हुए, कमांडिंग ऑफ़िसर ने तय किया कि वो इस ऑपरेशन का नेतृत्व ख़ुद करेंगे।

ये अपेक्षित था कि इस ऑपरेशन में कई चक्कर लगाने होंगे, इसलिए रीफ़्यूलर की मांग भी रखी गयी।[15] जल्द ही इसकी मंजूरी दे दी गयी और बताया गया कि रीफ़्यूलर पानागढ़ मिलिट्री स्टेशन से निकल चुका था और सुबह सात बजे तक निर्धारित जगह पर पहुंच जाएगा।

इसी बीच, उन्हें गरुड़ जवानों को कलाईकुंडा वायुसेना स्टेशन से उठाते हुए देवघर पहुंचना था।

एक ऐसा मौक़ा आया था, जब हेडक्वार्टर ने ग्रुप कैप्टन कांडलकर से पूछा कि केबल कार में फंसे हुए लोगों को बचाने के लिए उन्हें अपनी रेस्क्यू टीम में गरुड़ के जवान चाहिये थे या फिर एनडीआरएफ़ के सदस्य।[16] उनका जवाब पक्का था:

'किसी भी स्थिति में गरुड़ का होना बेहतर साबित होगा। वो अक्सर हमारे साथ, हमारे हेलीकॉप्टर्स पर ही ट्रेनिंग करते हैं और विंचिंग के ऑपरेशनों की जानकारी रखते हैं।'

और इस तरह से, एक प्रतिष्ठित केबल कार रेस्क्यू की तैयारी पूरी हो गयी। ये बचाव अभियान इतिहास में दर्ज किया जाने वाला था।

इस बीच, फ़्लाइट लेफ़्टिनेंट तेजपाल यादव, अपने जी1 जेडब्लूओ रंजीत कुमार के साथ कुछ अलग चुनौतियों का सामना कर रहे थे।

तमाम कोशिशों के बाद भी उन्हें घटनास्थल की भौगोलिक या दूसरी परिस्थितियों के बारे में पुष्ट जानकारी नहीं मिल पायी थी। इधर, कमांडिंग ऑफ़िसर ने बिहार और उड़ीसा के दो स्थानीय लड़कों को लोकल टीवी और सोशल मीडिया पर चलने वाली लोकल ख़बरों पर नज़र रखने का काम सौंप दिया। उड़ीसा के लड़के ने एक उड़िया न्यूज़ चैनल पर एक विस्तृत न्यूज़ रिपोर्ट देखी। उसमें जो फ़ुटेज दिखी, उससे समझ में आया कि घटनास्थल की स्थिति किस कद्र गंभीर थी। वहां हवा में लटकी हुई केबल कारों से लोग हाथ निकालकर मदद मांग रहे थे। इसके साथ ही उन्हें ये अंदाज़ा भी लग पाया कि केबल कार हवा में कितनी ऊंचाई पर लटक रही थीं।

उस जगह को देखने के बाद गरुड़ जवानों को ये अहसास हुआ कि आगे किस कद्र की ख़तरनाक परिस्थितियों का सामना करना था। हर बचाव अभियान में कुछ ऐसी स्थितियां आती ही हैं, जहां आपको मुश्किलों का सामना करना पड़ता है। लेकिन इस मौक़े पर बेहद कठिन चुनौतियां सामने खड़ी थीं। नयी जानकारी पाने के बाद, टीम ने उसी के अनुसार अपने औज़ार आदि संभाले और टीम की संरचना को बदला।

फ़्लाइट लेफ़्टिनेंट तेजपाल यादव ने मुझसे कहा:

> मैम, गरुड़ जवान होने के नाते, हवा में इतनी ऊंचाई पर पेंडुलम जैसी लटकी हुई केबल कारों पर, हमें उतरना था। इस तरह के मिशन हाई-रिस्क केटेगरी में आते हैं और हमें बहुत ज़्यादा जानकारी भी नहीं मिल पायी थी। पतले-पतले केबलों से लटककर लोगों को बचाकर निकालना था। टीम का कमांडर होने

> के नाते, हमें उस इलाक़े का पूर्व-परीक्षण करना था। मुझे ये जानना था कि केबल कारों पर और केबल पर कितना वज़न डालना था। हमें मालूम नहीं था कि हमारे हिलने-डुलने से क्या असर पड़ेगा। अगर केबल पहले से ही अपनी आख़िरी लिमिट पर हुई, तो? उस पर एक जवान के जाते ही, पूरा सिस्टम नीचे गिर सकता था।
>
> इस सबके साथ, ऊपर हवा में घूमता हेलीकॉप्टर, ख़तरा बढ़ा रहा था क्यूंकि उससे भी केबलों पर लोड बढ़ता है। जब हेलीकॉप्टर आता है, हवा की गति 100 नॉट्स से अधिक तक पहुंच सकती है। ऐसी कठिन परिस्थितियों में हमें उस केबल पर वज़न डालना था। और हमें कोई आइडिया नहीं था कि वो केबल इस तरह का वज़न और तनाव झेल सकते थे या नहीं।

वो एक पल के लिए रुके और फिर बोले:

> और ये तो बस एक समस्या थी। एक और बड़ी मुसीबत थी, बचाव अभियान के दौरान गरुड़ जवानों की तमाम हरकतों से उपजी हलचल। बाढ़ के दौरान बचाव अभियानों में जवानों को स्थिर जगहों पर उतरना होता था जो आसान माना जाता है। लेकिन यहां, हमें पेंडुलम जैसी झूल रही ट्रॉलियों पर उतरना था। ऊपर हेलीकॉप्टर होने वाला था जो हवा का झोंका नीचे फेंक रहा होगा और हमें उड़ते हुए हेलीकॉप्टर से हिल-डुल रही ट्रॉली पर उतरना था और अपना बैलेंस बनाए रखना था। नीचे गिरने का ख़तरा हमेशा बना हुआ था।

157 हेलीकॉप्टर यूनिट के सभी गरुड़ जवान और क्रू, अपने अब तक के सबसे चुनौतीपूर्ण मिशन के लिए रातभर तैयारी में जुटे रहे। उन्हें नहीं मालूम था कि ये तो बस शुरुआत थी। असली परीक्षा तो घटनास्थल पर पहुंचने के बाद शुरू होने वाली थी।

गरुड़ जवानों को बेहद स्पष्ट निर्देश मिले थे: रात 3 बजे रनवे पर रिपोर्ट करना था, जिससे सुबह साढ़े 4 बजे विमान उड़ान भर सके।

~

त्रिकुट पर्वत
देवघर, झारखंड
11 अप्रैल 2022
सुबह 6 बजकर 15 मिनट

देवघर स्थित त्रिकुट रोपवे, आधुनिक टूरिज़्म का एक अनूठा नमूना था और मुख्य पहाड़ी तक पहुंचने का रास्ता था। समुद्रतल से 2,470 फ़ीट ऊंचा ये पहाड़, एडवेंचर से प्रेम करने वालों को अपनी ओर खींचा करता था और 766 मीटर लम्बा ये रोपवे, यहां का मुख्य आकर्षण था।[17] पथरीले इलाके से जाता हुआ रास्ता घने जंगलों के बीच से निकलता था, जहां देवघर और नीचे स्थित पवित्र त्रिकुटाचल महादेव मंदिर के सुन्दर दृश्य देखने को मिलते थे।

फिर भी, 10 अप्रैल को ये शांत जगह, एक भयावह घटनास्थल में बदल गयी।

जो दिन रोमांच से भरी राइड्स से भरा होना चाहिए था, वो अचानक अफ़रा-तफ़री में बदल गया।

बिना किसी चेतावनी के, रोपवे में ख़राबी आ गयी और छिहत्तर यात्री, बीस ट्रॉलियों में, हवा में ही लटके रह गये। जैसे ही राज्य और राष्ट्रीय बलों ने बचाव अभियान शुरू किया, तनाव साफ़ महसूस किया जा सकता था लेकिन इस शुरुआती बचाव अभियान में सिर्फ़ उन यात्रियों तक पहुंचा जा रहा था, जो कम ऊंचाई पर फंसे थे। ज़्यादा ऊंचाई पर फंसे हुए लोग तो जैसे किसी मदद की पहुंच से बाहर थे। प्रशासन ने ड्रोन के ज़रिए खाना और पानी पहुंचाने की कोशिश की थी, लेकिन नुकीली और खुरदुरी चट्टानों और घनी झाड़ियों की वजह से ये मशीनी मदद भी ऊपरी ट्रॉलियों तक नहीं पहुंच पा रही थी। हालात बिगड़ते जा रहे थे और इसको ध्यान में रखते हुए एक बेहद साहसी फैसला लिया गया: हवाई बचाव ही एकमात्र विकल्प था।

नयी दिल्ली स्थित एयर हेडक्वार्टर को भेजे गए एक आपात संदेश ने भारतीय वायुसेना को तुरंत सक्रिय कर दिया।

त्रिकुट पहाड़ का आसमान रोटर ब्लेड्स की गूंज से भर गया, क्यूंकि एमआई-17वी-5 हेलीकॉप्टर तेज़ी से वहां पहुंच चुके थे। उनके विशाल पांच ब्लेड वाले रोटर और बादलों से ढके आसमान में घुलती ग्रे आकृतियां बेहद प्रभावशाली दिख रही थीं। बड़े स्तर के ख़तरनाक मिशंस के लिए डिज़ाइन किये गये इन अत्याधुनिक ट्विन-इंजन वाले एमआई-17वी-5 हेलीकॉप्टर्स ने इस संकट की घड़ी में जीवनदाता का रूप ले लिया था।[18]

धातु की प्लेटों से सुदृढ़ कॉकपिट के अंदर ग्रुप कैप्टन कांडलकर और उनके कुशल को-पायलट फ़्लाइट लेफ़्टिनेंट आकाश अग्रवाल बैठे थे। जूनियर वारंट ऑफिसर (जेडब्लूओ)[19] रशप्रीत सिंह सतर्क फ़्लाइट इंजीनियर के रूप में तैनात थे। पीछे, प्रवेश द्वार के पास, फ़्लाइट गनर जूनियर वॉरंट ऑफ़िसर वेंकटेश जी और मास्टर वॉरंट ऑफ़िसर[20] सतीश कुमार अपनी-अपनी भूमिकाओं पर फोकस रखते हुए तैनात थे और एक्शन के लिए पूरी तरह से तैयार थे।

157 हेलीकॉप्टर यूनिट के बेड़े का हिस्सा होने के नाते, एमआई-17वी-5 घटनास्थल पर पहुंचा, जहां क्रू ने वास्तविक मिशन शुरू करने से पहले हवाई टोह ली और फिर देवघर एयरपोर्ट की ओर बढ़ गये। रास्ते में, उन्होंने गरुड़ कमांडोज़ को भी कलाईकुंडा एयरफ़ोर्स स्टेशन से उठा लिया, जो रनवे पर उनका इंतज़ार कर रहे थे।

ग्रुप कैप्टन कांडलकर को गरुड़ फ़्लाइट के युवा कमांडिंग ऑफ़िसर से हुई बातचीत याद है।

'गुड मॉर्निंग, यंग्स्टर! उम्मीद है कि तुम्हें पहले भी रेस्क्यू ऑपरेशन्स का अनुभव रहा होगा?'

फ़्लाइट लेफ़्टिनेंट तेजपाल यादव ने जवाब दिया, 'सर, मैंने अभी-अभी जीआरटीसी से अपनी ट्रेनिंग ख़त्म की है और पंद्रह दिन पहले ही कमांड ली है।'

कांडलकर ने मुस्कुराते हुए पूछा, 'कर लेगा न तू?'

गरुड़ जवान ने पूरी दृढ़ता से जवाब दिया, 'सर! जोश पूरा है!'

बाद में कांडलकर ने मुझसे कहा:

> देखिये, ऐसे ऑपरेशनों में इस बात से फ़र्क ही नहीं पड़ता है कि इससे पहले हमने कितने घंटों का काम किया है। जिस चीज़ से असर पड़ता है, वो है हमारा जोश और काम को अंजाम देने के प्रति निष्ठा। हम सभी के लिए ये एकदम नए तरह का मिशन था, लेकिन मुझे उस युवा लड़के का रवैया बहुत अच्छा लगा।'

पायलट उस जगह का चक्कर लगा रहे थे और हेलीकॉप्टर कॉकपिट के पारदर्शी पैनल से नीचे के इलाक़े को स्कैन कर रहे थे। पीछे केबिन में लगभग तीस यात्रियों को बिठाने भर की जगह थी। उसी में केबिन में गरुड़ के जवान, मुस्तैदी के साथ बैठे हुए थे और

अपनी दूरबीन से हवा में लटकी केबल कारों को देख रहे थे। उन जवानों को इन्हीं कारों पर उतरकर, उनमें से लोगों को निकालकर सुरक्षित ले जाना था।

ठीक इसी मौक़े पर, अपनी दूरबीन से देखते हुए तेजपाल को कुछ ऐसा दिखा, जो सभी की चिंता बढ़ाने वाला था। हर जगह ग्रीस ही ग्रीस थी। ये ग्रीस सिर्फ़ केबल पर ही नहीं बल्कि उन ट्रॉलियों पर भी थी, जिन पर उन्हें उतरकर लोगों को निकालना था।

इसी बीच, पायलटों को अलग चुनौतियों का सामना करना पड़ रहा था। पूरे इलाक़े में पहाड़ियां थीं और उन्हीं के बीच रोपवे था। केबल इतनी पतली थीं कि ऊपर से उड़ते हुए उन्हें पहचान पाना बहुत मुश्किल हो रहा था। केबल कारों की छत 4X3 फ़ीट की थी। ये ज़मीन पर लगने वाली लगभग 4 टाईलों के बराबर होता है। इनकी ऊंचाई मात्र 5 फ़ीट की थी। ज़्यादा ऊंचाई से उनका भी सही-सही अंदाज़ा नहीं लग पा रहा था। साफ़ तरह से देख सकने के लिए, विमान के कैप्टन कांडलकर को तीन बार विमान को नीचे लाना पड़ा और पहाड़ियों के बेहद नज़दीक से निकालना पड़ा। घटनास्थल तक पहुंचने के लिए, उन्होंने दो ऊंचे टीलों के बीच से विमान को निकालना पड़ा। केबल के ज़्यादा नज़दीक पहुंचने पर भी अप्रिय स्थिति पैदा हो सकती थी।

पहली सॉर्टी के दौरान, उन्होंने अपने क्रू से इंटरकॉम पर पूछा, 'दिखा?'

को-पायलट ने जवाब दिया, 'नहीं सर! हमें और पास जाना पड़ेगा।'

वो विमान को कुछ और पास तक लेकर गए। इतनी देर में गनर की उत्साह भरी आवाज़ आयी, 'दिख गया सर, पहला पिलर दिख गया! थोड़ा और पास लो।'

इसके बाद जाकर क्रू को केबल कार साफ़-साफ़ दिखायी पड़ने लगीं। उन पर अलग-अलग रंगों का पेंट लगा हुआ था और उन पर लिखे हुए नंबर भी साफ़ दिखायी पड़ने लगे थे। गनर और फ़्लाइट इंजीनियर ने तुरंत ही ये जानकारी अपने पास लिखकर रख ली, ताकि आगे बचाव अभियान में इसका इस्तेमाल किया जा सके।

क्रू ने ये भी देखा कि रोपवे खड़ी चट्टानों के ऊपर था और दोनों तरफ़ रुकावटें और पहाड़ियां ही थीं। दो बड़े खम्बों के बीच दो मुख्य केबल थीं। एक खम्बा नीचे था और दूसरा पहाड़ी के एकदम ऊपर। मेंटेनेंस ट्रॉलियों के लिए एक और लाइन थी। खड़ी पहाड़ी के चलते, हेलीकॉप्टर के लिए ज़रूरी था कि वो केबल कारों से कुछ ऊपर उड़ान भरे और इससे ये मिशन और भी मुश्किल बन गया। इसके साथ ही, वेग बदल रही हवा ने भी मुसीबतों की लिस्ट में अपना नाम लिखवा लिया था। हेलीकॉप्टर की उड़ान की दिशा इससे बार-बार बदल रही थी। नीचे आ चुके बादल और कुछ-कुछ धुंध ने साफ़ देखने में भी ख़लल डालना शुरू कर दिया था।

देखा जा सकता था कि लोगों ने ट्रॉली की खिड़कियों से हाथ निकाला हुआ था और वो मदद के लिए पुकार रहे थे। ये दृश्य डरावना और निराश करने वाला था।

जब तक गरुड़ के जवान और क्रू अपने मिशन के लिए चुनौतियों और परिस्थितियों का आंकलन करना ख़त्म करते, हेलीकॉप्टर का ईंधन कम होने लगा। कैप्टन ने तय किया कि वो लैंड करेंगे और ईंधन भरेंगे। वापस आते हुए उन्हें अहसास हुआ कि अपने साथ दो गनर लाने का उनका फैसला कितना फ़ायदेमंद साबित होने वाला था। मुख्य गनर वेंकटेश, विंचिंग का काम संभालेगा और पायलट हेलीकॉप्टर को कंट्रोल करते रहेंगे। वहीं, दूसरा गनर इस बात का ध्यान रखेगा कि मुख्य रोटर, रोपवे केबलों से सुरक्षित दूरी पर रहे।

~

देवघर एयरपोर्ट
झारखंड
11 अप्रैल 2022
सुबह 9 बजे

ज़मीन पर, देवघर हवाई अड्डे से लेकर त्रिकुट पर्वत तक, हर ओर अफरा-तफरी का माहौल था। एनडीआरएफ़ की एक देवघर और दूसरी पटना की टीमें, आईटीबीपी, भारतीय सेना और सिविल एडमिनिस्ट्रेशन, एक-साथ मिलकर लगातार काम कर रहे थे और लोगों को निकालने और उन्हें मेडिकल मदद करने में लगे हुए थे।

इन दृश्यों में बहुत कुछ होता दिख रहा था। लोग इधर-उधर भाग रहे थे, एम्बुलेंस पीड़ितों का इंतज़ार क़र रही थीं, पथरीली और ऊबड़-खाबड़ ज़मीन पर स्ट्रेचर लाये-ले जाये जा रहे थे और सिविल एडमिनिस्ट्रेशन द्वारा अस्थायी टेंट लगाये जा रहे थे, जिन्हें लॉजिस्टिक्स सेंटर का काम करना था। इन सभी प्रयासों के बावजूद, ये काफ़ी नहीं था। हर कोई बेक़रारी से भारतीय वायुसेना द्वारा बचाव अभियान शुरू करने का इंतज़ार कर रहा था। हर कोई एक चमत्कार की उम्मीद में था।

आख़िर, भारतीय वायुसेना आ गयी। सुबह 6 बजे, 157 हेलीकॉप्टर यूनिट का एमआई-17वी-5 लैंड कर चुका था, जिसमें गरुड़ स्पेशल फ़ोर्सेज़ के जवान भी थे। विमान में ईंधन भरा जा रहा था और ऑपरेशन शुरू होने को था।

सुबह 6 बजकर 45 मिनट पर, रांची से आया एक एमआई-17 हेलीकॉप्टर भी लैंड कर गया और उसने बचाव के लिए पहली उड़ान भरी। क्रू ने कम ऊंचाई पर लटकती केबल कारों से शुरुआत की क्यूंकि यहां रोपवे केबल बहुत टेढ़ा नहीं था, जिससे वो हेलीकॉप्टर को केबल कारों के पास ले जा सकते थे और चीज़ों को पास से देखा भी जा सकता था। लेकिन ये योजना जल्द ही असफल होती हुई दिखने लगी। जैसे ही हेलीकॉप्टर नज़दीक पहुंचा, रोपवे तेज़ी से हिलने लगा। ये एक बड़ी तकनीकी चुनौती थी और इसे देखकर पायलट ने तुरंत ही मिशन छोड़कर बेस पर वापस आने का फैसला लिया।

जब पहला हेलीकॉप्टर बेस पर खाली हाथ वापस आया, आशा निराशा में बदलने लगी। लोग बात करने लगे थे कि अगर भारतीय वायुसेना भी सफल न हुई तो रोपवे पर फंसे हुए इन अड़तालीस लोगों को कैसे बचाया जा सकेगा?

ग्रुप कैप्टन कांडलकर ने बाद में एक बातचीत का ज़िक्र किया, जो वहां पर उनके और एक पुलिसवाले के बीच हुई थी।

पुलिसवाले ने उनसे कहा, 'सर, अगर आप उन्हें बचा नहीं सकते हैं तो कम-से-कम उन्हें खाना तो पहुंचा दें।'

कांडलकर ने पूछा, 'आपको क्या लागता है, हम उन तक कैसे खाना पहुंचा सकते हैं?'

पुलिसवाले ने जवाब दिया, 'एक रस्सी से लटकाकर उन तक पहुंचा दीजिये।'

कांडलकर ने मुस्कुराते हुए कहा, 'अगर मैं एक रस्सी गिराकर उन तक खाना पहुंचा सकता हूं तो हमारी स्पेशल फ़ोर्सेज़ भी उन तक ऐसे ही पहुंच सकती हैं न?'

पुलिसवाले ने सहमत होते हुए कहा, 'हां, सर!'

कांडलकर ने आगे कहा, 'अगर मेरे गरुड़ जवान उन तक पहुंच सकते हैं तो हम उन्हें वापस भी ला सकते हैं।' उन्होंने पूरी दृढ़ता के साथ अपनी बात पूरी की, 'मुझे जाने दीजिये। मैं एक सीनियर ऑफ़िसर हूं और अगर ये काम मैं नहीं कर सकता हूं तो कोई और नहीं कर पायेगा।'

बचाव अभियान आगे बढ़ रहा था और इतने में ही, टोह लेने के इरादे से, बागडोगरा से एक हेलीकॉप्टर आ पहुंचा। इसी बीच, एक नयी समस्या जन्म ले चुकी थी। विमानों में ईंधन भरने के लिए जिस हेलीकॉप्टर को सुबह-सुबह आना था, वो रास्ता भटक गया था। कांडलकर का हेलीकॉप्टर उसका इंतज़ार कर रहा था। क्रू ने उस विमान के साथ संपर्क स्थापित कर उसे सही निर्देश दिये और बेसब्री से उसका इंतज़ार करने लगे।

जहां बचाव अभियान किया जाना था, वहां का माहौल तनावपूर्ण था। आस-पास के गांवों से हज़ारों लोग इकट्ठे हो चुके थे और बचाव अभियान का चश्मदीद बनना चाहते थे। ऊपर फंसे लोगों के नाते-रिश्तेदार हर बीतते पल के साथ उत्सुक हो रहे थे। ज़िला प्रशासन ने अतिरिक्त पुलिस बल मंगवाकर भीड़ को संभालने की कोशिश ज़रूर की, मगर उनकी बहुत चल न सकी। मीडिया भी पूरे जोश के साथ अपने काम में लगी हुई थी और इस घटना के सभी पक्षों को कवर करने में जुटी थी जबकि सरकारी तंत्र का एक बहुत बड़ा हिस्सा भीड़ और मीडिया को साधने में लगा हुआ था।

ऐसा लग रहा था कि वहां सबकुछ व्यवस्थित होने लगा था, लेकिन परिस्थितियां अभी भी संकटपूर्ण बनी हुई थीं। वहां दंगों, आगज़नी या और भी मौतों का ख़तरा बरक़रार था। ऊपर फंसे लोगों के कई रिश्तेदार फूट-फूटकर रो रहे थे। महिलाएं बेहोश हो रही थीं और बच्चे ख़तरनाक सहमे हुए थे।

ग्रुप कैप्टन कांडलकर और उनके क्रू ने एनडीआरएफ़ और डीएम के साथ मिलकर स्थिति का जायज़ा लेना शुरू किया। एनडीआरएफ़ के लोग काफ़ी वक़्त से ज़मीन पर थे और उन्होंने कम ऊंचाई पर फंसे लोगों को बचाया था। इस दौरान उन्हें जो कुछ भी समझ में आया, वो जानकारी उन्होंने साझा की। तमाम आपदाओं के दौरान हुए बचाव अभियानों में उन्होंने हिस्सा लिया था और इस काम में उनकी दक्षता के चलते, वो ये बता सकते थे कि वहां के ख़तरनाक इलाके में रास्ता कैसे बनाया जा सकता था और साथ ही केबल कार की संरचना से जुड़ी जानकारी भी दे सकते थे।

कांडलकर ने डीएम से ये भी अनुरोध किया कि इलाक़े और रोपवे के 360-डिग्री विज़ुअल्स उपलब्ध कराए जाएं, ताकि ज़मीन को बेहतर तरीके से समझा जा सके और बाधाओं की पहचान की जा सके। हालांकि शुरुआती रेस्क्यू सॉर्टीज़ सफल नहीं रही थीं, लेकिन वो बेहद महत्वपूर्ण साबित हुईं क्यूंकि उन्होंने ऐसी जानकारी दी, जिसने आगे होने वाली कोशिशों को दिशा दी।

जो भी जानकारी आ रही थी, उससे आगे की योजनाओं को बल मिल रहा था और उसमें ज़रूरी बदलाव किये जा रहे थे। मसलन, ये समझ में आया कि कम ऊंचाई से शुरू करने की बजाय, पहली सॉर्टी ऊंचाई पर करना ज़्यादा प्रभावी होगा। इस फैसले के पीछे एक मानवतावादी कारण भी था। असल में, जो लोग कम ऊंचाई पर फंसे थे, उन यात्रियों तक ड्रोन के ज़रिए खाना-पानी पहुंचाया जा चुका था, मगर ज़्यादा ऊंचाई पर फंसे लोगों को कुछ भी मिले हुए चौबीस घंटे से ऊपर का समय हो चला था।

मिशन की सफलता और सिविल प्रशासन, भारतीय वायु सेना और आपदा प्रतिक्रिया टीमों की सारी चर्चा, योजना और प्रयासों का परिणाम, अब इस बात पर निर्भर करता था कि गरुड़ स्पेशल फ़ोर्सेज़, ज़मीन से 300 फ़ीट की बजाय 1,200 फ़ीट की ऊंचाई से ऑपरेशन को अंजाम दे पायेगी या नहीं।

स्थिति बेहद गंभीर थी और जोखिम बहुत बड़ा। गरुड़ अत्यंत कठिन परिस्थितियों में काम करने के लिए प्रशिक्षित थे, लेकिन ये ऑपरेशन उनकी जिस तरह से परीक्षा लेने वाला था, वो अभूतपूर्व था। फंसे हुए लोगों की ज़िन्दगी गरुड़ के जवानों के साहस पर टिकी थी। किसी भी तरह की नाकामी का मतलब विनाश ही होने वाला था।

ग्रुप कैप्टन कांडलकर ने गरुड़ के सीओ से बात करने का फ़ैसला किया।

फ़्लाइट लेफ़्टिनेंट तेजपाल यादव, कमांड पोस्ट के पास खड़े थे और एनडीआरएफ़, एसडीआरएफ़, आर्मी और अन्य एजेंसियों से मिली ताज़ा जानकारी को समझ रहे थे। सुबह के टोही अभियान ने केबल कारों की छत पर लगी ग्रीस जैसी कुछ बेहद अहम बातें उजागर की थीं, जिसने बचाव अभियान के अंतिम प्लान को आकार देने में मदद की। एक त्वरित ब्रीफ़िंग के बाद उन्होंने अपनी टीम को तैयारी करने के लिए भेज दिया। समय बहुत कम था, और वो हेलीकॉप्टर तैयार होने के बाद एक सेकंड भी बर्बाद नहीं करना चाहते थे।

जब वो अपनी किट लेने के लिए अस्थायी टेंट में दाखिल हुए, तो वहां कांडलकर मिले, जिन्होंने उन्हें नयी बनायीं गयी योजना के बारे में बताया।

तेजपाल ने अनुरोध पर विचार करने के लिए रुककर कहा, 'मुझे थोड़ा समय दीजिए। ज़मीन से 300 फ़ीट और 1,200 फ़ीट की ऊंचाई पर ऑपरेशन को अंजाम देना दो बिल्कुल अलग स्थितियां हैं, जिनके लिए पूरी तरह अलग तकनीकों की ज़रूरत होती है। मुझे इसकी व्यवहारिकता का आकलन करने दीजिए। इसके अलावा, ये इस तरह का पहला अभियान है। हमारे पास इसके लिए कोई निर्देशावली नहीं है और जोखिम काफ़ी ज़्यादा है।'

इसके बाद वो बाहर आये और अपनी टीम को नए प्लान के बारे में बताया।

उन्होंने कहा, 'देखो, पायलटों का मानना है कि 1,200 फीट पर सफलता की संभावना ज्यादा है। लेकिन क्या हम उस ऊंचाई पर इस ऑपरेशन को अंजाम दे सकते हैं और सभी को बचा पायेंगे?'

बाद में, फ़्लाइट लेफ़्टिनेंट ने उस पल को याद किया और मुस्कुराते हुए मुझे बताया:

एक एलएसी[21] से मुझे बड़ा मज़ेदार जवाब मिला। वो एक सरदार था। मैंने मसखरी करते हुए उससे पूछा, 'ओये काके, ठीक है न?'

एलएसी ने मुझे जवाब दिया, 'सर, हम 300 फ़ीट से नीचे गिरें या 1,200 फ़ीट से। मरना तो दोनों में है। क्या फ़र्क पड़ता है?'

मैं आश्चर्य से भरा हुआ था। मैंने पूछा, 'तुम ऐसा क्यूं कह रहे हो?'

उसने जवाब दिया, 'सर, नीचे चट्टानें हैं। हम गिरे तो मरना तय है।'

उस जवाब ने मेरे भीतर के सारे शक़ मार दिए। मुझे मेरे लड़कों के भीतर की दृढ़ता और उनकी तैयारी के बारे में मालूम चल गया था। मैं तुरंत कैप्टन के पास पहुंचा और उन्हें सूचित किया कि हम तैयार थे।

बाद में, मैंने तेजपाल से पूछा, 'इतनी ऊंचाई से नीचे देखने में ही डर लगता है, आप तो एक हवा में लटकी हुई ट्रॉली पर कूदने वाले थे और ऊपर हेलीकॉप्टर था और ज़ोरों की हवा चल रही थी। आपकी टीम को डर नहीं लग रहा था?'

उनके जवाब ने मुझे बहुत प्रभावित किया:

गरुड़ रेजिमेंटल ट्रेनिंग सेंटर पर हम 11 महीनों तक ट्रेनिंग लेते हैं। ये किसी भी भारतीय स्पेशल फ़ोर्सेज़ में सबसे लम्बी चलने वाली ट्रेनिंग होती है। वजह ये है कि हमें महज़ ख़तरनाक होने की ट्रेनिंग नहीं मिलती बल्कि हमें वो इंसान बनाया जाता है, जो देश के अति-महत्वपूर्ण संसाधनों की सुरक्षा कर सके। हम हर उस जगह जाते हैं, जहां विमान जाता है। रेंगते हुए पहुंचते हैं, रस्सियों से उतरते हैं और तमाम विमानों से कूद पड़ते हैं। और भी न जाने क्या-क्या करते हैं। ऐसे ऑपरेशन का कोई उदाहरण नहीं था, लेकिन हमारे दिमाग़ में एक बार भी डर ने दस्तक नहीं दी।

सुबह क़रीब पौने ग्यारह बजे, ईंधन भरने वाला विमान आ गया। गरुड़ जवानों ने अंतिम तैयारी शुरू कर दी। तेजपाल की आंखों में दृढ़ निश्चय दिखायी दे रहा था। हालांकि वो उनके कमांडिंग ऑफ़िसर थे, वो टीम में सबसे कमउम्र के थे। इसके बावजूद, उन्होंने सबसे आगे जाने का फैसला लिया। पहले हो चुके बचाव अभियानों में हिस्सा ले चुके कई सीनियर एलएसी[22] ने उन्हें सुझाव दिया कि उनसे पहले किसी और को कूदने के लिए भेजा जाए, लेकिन उन्होंने किसी की नहीं सुनी।

वो अपनी टुकड़ी का नेतृत्व कर रहे थे और उन्हें जीआरटीसी में अपने इंस्ट्रक्टर की बात अब भी याद थी: आप सच्चे कमांडिंग ऑफ़िसर तभी बनते हैं जब आप आगे बढ़कर सभी का नेतृत्व करते हैं।

उन्होंने सभी को जवाब दिया, 'मैं पहले जाऊंगा। ऐसा ऑपरेशन हम सभी के लिए एकदम नया है।'

सत्ताईस वर्षीय फ़्लाइट लेफ़्टिनेंट तेजपाल यादव, राजस्थान में अलवर ज़िले के रेवाणा के एक मध्यम वर्गीय परिवार से आते हैं। अपने परिवार में वो पहले शख़्स थे, जिसने दसवीं की परीक्षा पास की थी। अपने गांव में वो पहले शख़्स थे, जो एयरफ़ोर्स ऑफ़िसर बने थे। परिवार में आर्थिक संघर्ष एक आम बात थी। अपनी पढ़ाई पूरी करने के लिए उन्होंने इधर-उधर कुछ काम भी किये क्यूंकि पिता जो पैसे भेजते थे, वो काफ़ी नहीं होते थे। उनके पिता एक एक्सीडेंट के बाद कई सालों के लिए बिस्तर के हवाले हो चुके थे और कोई काम नहीं कर सकते थे। ऐसे समय में उन्होंने अपने भाई के साथ मिलकर परिवार को आगे बढ़ाया।

ज़िंदगी आसान कतई नहीं थी। मगर उन दिनों में खेलकूद और एथलेटिक्स के सहारे वो समय काटते गए। अपने छोटे-मोटे काम और प्राइज़ मनी और स्कॉलरशिप्स के ज़रिये उन्होंने अपनी पढ़ाई जारी रखी। उनके दिमाग़ में एक बात साफ़ थी कि वो अपने जीवन में कुछ बहुत बड़ा करना चाहते थे।

उन्होंने मुझसे कहा:

> मैं जैसे मिडल-क्लास परिवार से आता हूं, उसमें सबसे बड़ी समस्या होती है किसी मार्गदर्शक की ग़ैर-मौजूदगी की। क्या ग़लत है और क्या सही, ये बताने वाला कोई नहीं था। लेकिन मैं किसी भी हाल में कुछ बड़ा करना चाहता था, इसीलिए मैंने कोशिश करना कभी बंद नहीं किया। जब आप किसी गांव से आते हैं तो आप जानते हैं कि आपको जल्दी से जल्दी स्थिर होना होगा वरना आर्थिक मुसीबतें आपको घेरे रहती हैं। इस एक आग ने मुझे कभी भी कोई आम सा काम करते हुए संतुष्ट होने नहीं दिया।

तेजपाल खेल-कूद में अव्वल थे और कई बार राष्ट्रीय स्तर पर राजस्थान यूनिवर्सिटी का प्रतिनिधित्व कर चुके थे। बारहवीं क्लास से ही उन्होंने सेना में जाने का सपना देखना शुरू कर दिया था। चूंकि इतने पैसे नहीं थे कि वो कोचिंग क्लासेज़ में जा सकें, इसलिए

वो कई बार एसएसबी की परीक्षा में फ़ेल हुए। फिर 2017 में, उन्होंने एएफ़सीएटी पास किया और दुंडिगल स्थित एयर फ़ोर्स एकेडमी में 2018 में ट्रेनिंग पूरी करते हुए वायुसेना ऑफ़िसर बन गये।

इसके बारे में याद करते हुए उन्होंने कहा:

> मेरे मां-बाप बेहद सौम्य हैं और पढ़े-लिखे नहीं हैं। जब मैंने उन्हें बताया कि मैंने एएफ़सीएटी पास कर लिया था तो उन्होंने बहुत ख़ुशी ज़ाहिर नहीं की। उन्हें मालूम ही नहीं था कि ये होता क्या है। मेरे पिता के पास जो कुछ एकड़ की ज़मीन थी, वही उनकी पूरी दुनिया थी। हालांकि मेरे छोटे भाई मेरे लिए बहुत ख़ुश थे।

सर्विस में कुछ साल गुज़ारने के बाद तेजपाल को और भी एक्शन की चाह होने लगी। उन्होंने गरुड़ में अपनी सेवाएं देने का मन बना लिया। प्री-सेलेक्शन में क़रीब चालीस अफ़सरों ने आवेदन दिया लेकिन ट्रेनिंग तक कुल नौ लोग ही पहुंच सके। जब पासिंग आउट परेड हो रही थी, मात्र दो लोगों को ही बैज और मरून टोपी मिल सकी और वो आधिकारिक रूप से गरुड़ ऑफ़िसर बन गए। और आज वो क़िसी भी हाल में पीछे नहीं मुड़ने वाले थे।

वो चुपचाप अपनी तैयारी में जुट गए। पहले उन्होंने अपने शरीर पर हार्नेस लगायी और सुनिश्चित किया कि हर पट्टी सुरक्षित थी और कसकर बंधी हुई थी। इसके बाद उन्होंने अपने घुटनों और कुहनियों पर, अपनी यूनिफ़ॉर्म के ऊपर से पैड लगाये, जिसका उन्हें अच्छा-ख़ासा अभ्यास था। इसके बाद बारी रेडियो सेट की थी। अपनी हार्नेस पर उन्होंने रेडियो डिवाइस लगायी, अपने मुंह के पास माइक को रखा और इयरपीस को आराम से अपने कान में लगा लिया। अपनी बेल्ट से उन्होंने चमकता हुआ खंजर निकाला और अपनी हार्नेस से जुड़े खोल में रख लिया। उन्होंने अपने सर पर हेल्मेट लगाया और उसकी पट्टी दुरुस्त की। फिर अपने दस्ताने पहने। अंत में उन्होंने अपने ख़ास चश्मे पहने।

उन्होंने, अपने बडी, सार्जेंट[23] पंकज कुमार राणा के साथ विमान की ओर चलना शुरू कर दिया। पूरी तरह सुसज्जित ये जवान किसी भी हाल में हार नहीं मानने वाले थे।

उनका कर्तव्य उन्हें पुकार रहा था। आख़िर उन्होंने ऐसे दिनों के लिए ही ट्रेनिंग ली थी।

~

त्रिकुट रोपवे
सुबह 11 बजकर 30 मिनट

विशालकाय एमआई-17वी-5 ज़मीन से 1200 फ़ीट की ऊंचाई पर उड़ रहा था और 4X3 फ़ीट की ट्रॉली से लगभग 80-100 फ़ीट ऊपर था। ये बेहद मुश्किल परिस्थिति थी। इतने छोटे इलाक़े के ऊपर हेलीकॉप्टर को स्थिर रखना बहुत मुश्किल काम था। पायलट जब विमान को किसी जगह के ठीक ऊपर ले जाता है तो वो उस जगह को देख नहीं पाता है, जिसके चलते वो पूरी तरह से क्रू के निर्देशों पर निर्भर हो जाता है। इस दौरान उसे केबल से उचित दूरी भी बनाए रखनी थी, जिससे रोटर ब्लेड उनसे छू न सकें। एक छोटी सी गलती के चलते हेलीकॉप्टर के ब्लेड केबलों से छू सकते थे और ख़तरनाक स्थिति पैदा हो सकती थी। ये बेहद ख़तरनाक काम था।

फ़्लाइट इंजीनियर जेडब्लूओ रशप्रीत सिंह विमान के मानकों पर नज़र बनाए हुए थे और को-पायलट स्क्वाड्रन लीडर के.के. सिंह ने विमान को एक जगह स्थिर रखने में मदद करनी शुरू की। इसी बीच गनर जेडब्लूओ वेंकटेश जी. लगातार स्पष्ट निर्देश देते जा रहे थे:

'ठीक है, धीरे करो। हम स्पॉट पर आ रहे हैं। थोड़ा सा लेफ़्ट... पांच मीटर की दूरी... दो मीटर... एक मीटर बचा है... हम स्पॉट पर हैं। यहीं पर रुके रहिये।'

पायलटों के कौशल और टीम के एक साथ काम करने ने उन्हें हेलीकॉप्टर की उड़ान में एक बहुत ही हैरतअंगेज़ काम को अंजाम देने में मदद की।

अब वक़्त था गरुड़ के जवानों के कारनामे का।

जैसे ही फ़्लाइट लेफ़्टिनेंट तेजपाल ने ख़ुद को विंच केबल के साथ जोड़ा, कई सालों के अनुभव वाले सार्जेंट पंकज कुमार राणा ने एक बार फिर पूछा, 'सर पहले मैं जाऊं क्या?' तेजपाल ने बड़े आराम से जवाब दिया, 'हम दोनों इस काम के लिए नए हैं। आप विमान में रहिए। अगर कुछ गड़बड़ होती है, तो यहां का चार्ज लेने के लिए आपकी ज़रूरत होगी।'

इसके बाद तेजपाल ने नीचे उतरना शुरू किया। विंच केबल के सहारे नीचे उतरने के दौरान उनके पास खाने और पानी से भरा एक बैग था। इसके साथ ही फंसे हुए यात्रियों के लिए रस्सियां भी थीं, जिससे वो ख़ुद को सुरक्षित कर सकते थे। और भी कई रस्सियां उनकी कमर से बंधी हुई थीं। उनका हेल्मेट कसकर बंधा हुआ था, चश्मे उनकी आंखों की रक्षा कर रहे थे और दस्ताने केबल पर अच्छी पकड़ बनाने में मदद कर रहे थे।

ट्रॉली पर लैंड करने से लेकर गिरने की स्थिति में या हेलीकॉप्टर में गड़बड़ी आने की स्थिति तक, टीम ने हर संभावना को लेकर पूरी सावधानी से प्लानिंग की हुई थी। लेकिन अभी वो बस दस मीटर ही नीचे उतरे थे कि हेलीकॉप्टर के पंखों की वजह से चल रही तेज़ हवा रोपवे को ज़ोर-ज़ोर से हिलाने लगी। जब भी तेजपाल धातु से बनी विंच केबल को पकड़ते, एक तेज़ स्टैटिक करंट उनके शरीर में दौड़ने लग जाता।

उन्होंने ख़ुद से कहा, 'वाह! एक और चुनौती।' अब वो हेलीकॉप्टर से हवा में झूलती केबल कारों पर कूदने की तैयारी कर रहे थे। उन्हें आस-पास की केबलों से बचकर वहां पहुंचना था।

जिस जगह वो थे, वहां से उन्हें पूरा रोपवे साफ़ दिखायी पड़ रहा था। वो कांप रही केबल लाइन, हिल-डुल रही केबल कार और उसकी खिड़कियों से झांकते बेबस लोग, सबकुछ देख सकते थे। एक बार फिर उन्हें जीआरटीसी के अपने इंस्ट्रक्टर की कही बात याद आ गयी: 'समय आने पर तुम्हारी परीक्षा ज़रूर ली जाएगी।'

शायद ये वही मौक़ा था। बस, उन्होंने ऐसी परिस्थितियों के बारे में नहीं सोचा था।

सत्ताईस साल के इस जवान की 'परीक्षा' एड्रेनलिन के तेज़ बहाव के साथ आयी। इस वक़्त दुनिया ने अपनी आशाओं का भार उनकी बहादुरी के कंधों पर रख छोड़ा था। उतनी ऊंचाई से नीचे देख लेने भर से न जाने कितनों की सिट्टी-पिट्टी गुम हो सकती थी। और यहां तो वो हेलीकॉप्टर से एक पतली रस्सी से लटके हुए थे।

गनर लगातार तेजपाल को नीचे उतार रहे थे और जब वो केबल कार से लगभग पंद्रह फ़ीट की दूरी पर थे, उन्होंने अपने रेडियो सेट के माध्यम से संदेश भेजा कि हेलीकॉप्टर को थोड़ा सा शिफ्ट किया जाए, जिससे वो सीधे ट्रॉली पर उतर सकें।

लेकिन, एमआई-17वी-5 के रोटरों की भड़भड़ाती आवाज़ और नीचे की ओर तेज़ी से जा रही हवा के शोर ने उनकी सभी बातों को दबा दिया। अंत में, उन्हें हाथ के इशारों से काम लेना पड़ा और हेलीकॉप्टर के दरवाज़े पर खड़े जेडब्लूओ वेंकटेश और गरुड़ पंकज कुमार राणा को संदेश दिया।

उधर से वापस इशारा किया गया। बताया गया कि ये सबसे अच्छी जगह थी, जहां हेलीकॉप्टर को स्थिर रखा जा सकता था। थोड़ा भी इधर-उधर करने पर रोटरों के केबल को छू जाने या उन्हें काट देने का ख़तरा था।

अब फ़्लाइट लेफ़्टिनेंट तेजपाल यादव के सामने एक नयी चुनौती थी। उन्हें केबल कार तक पहुंचने के लिए झूलकर पहुंचना होगा। उनके और ट्रॉली के बीच पंद्रह फ़ीट की दूरी थी और वो उससे समानांतर लटके हुए थे। हवा में लटके-लटके उन्होंने संवेग

बना शुरू किया और वो इधर से उधर, एक झूले की तरह ख़ुद को हिलाने लगे। जल्द ही उन्हें समझ में आया कि वो दो तरह से हिल रहे थे। विंच को धुरी बनाकर गोलाई में और ट्रॉली की ओर किसी पेंडुलम की तरह। उन्होंने अपने हाथ और पैर फैलाकर, गोलाई में घूमने की गति को कम करने की कोशिश की। वो जैसे ही स्थिर हुए, तो ट्रॉली तक पहुंचने के लिए टार्ज़न की तरह झूलने लगे।

तेजपाल ने मन ही मन अपने इंस्ट्रक्टरों को धन्यवाद कहा, जो उन्हें ट्रेनिंग के दौरान हवा में झूलना, गुलाटी मारना, रेंगना सिखाते थे और तमाम तरह की सज़ा देते थे। वो ट्रेनिंग नहीं हुई होती तो इस मौक़े पर वो इस तरह से काम नहीं कर पाते।

लगभग बीस मिनट के बाद, तेजपाल एक रोपवे केबल को थामने में सफल हो पाए। ये केबल ट्रोली के पास ही थी और उसकी छत से हल्की सी ऊपर स्थित थी। इस केबल से ट्रॉली तक पहुंचा जा सकता था। लेकिन एक नयी मुसीबत आ गयी।

जैसे ही वो ट्रॉली पर लैंड करने की कोशिश करते, ट्रॉली हिलने-डुलने लगी और उनका शरीर बार-बार उसकी दीवारों से टकराने लगा। उनके हाथ, पेट और कमर पर धातु ने कई चोटें कीं और उसे रगड़ दिया। उन्हें चोट लग रही थी। शरीर कई जगह पर कट गया और घाव हो गए। दर्द तेज़ था लेकिन तेजपाल ने अपने दांतों को भींचा और काम में लगे रहे। उन्हें मालूम था कि इतने बड़े मिशन में असफलता की कोई जगह नहीं थी।

फिर, रोटर से आती तेज़ हवा को काटते हुए और केबल के जाल से गुज़रते हुए तेजपाल केबल कार की छत पर पहुंच गए। लेकिन अब एक नयी मुसीबत सामने आ खड़ी हुई। सवाल ये था कि ट्रॉली में घुसा कैसे जाए? वो नीचे गिरते तो मौत निश्चित थी। इससे बचने के लिए उन्होंने ट्रॉली के किनारों को कसकर पकड़ लिया था। उन्हें अहसास हो चला था कि सबकुछ उनके कौशल और फैसलों पर निर्भर करने वाला था।

तेजपाल ने सावधानीपूर्वक, ख़ुद को विंच केबल से अलग कर लिया और साथ लायी रस्सियों की मदद से ट्रॉली को सपोर्ट करने वाली केबल से जोड़ लिया। ये वही केबल था, जो ट्रॉली को मुख्य निर्माण से जोड़ रहा था। अब हेलीकॉप्टर से उन्हें कोई सपोर्ट नहीं मिल रही थी और वो पूरी तरह से ख़ुद पर निर्भर थे। उन्होंने 9 मिलीमीटर मोटी एक रस्सी से ख़ुद को ट्रॉली केबल से बांध रखा था और वो आशा कर रहे थे कि कुछ भी गड़बड़ होने की स्थिति में ये रस्सी उन्हें नीचे गिरने से रोककर रखेगी।

अगला काम था केबल कार का दरवाज़ा खोलकर उसके अंदर जाने का।

अंदर, चौबीस घंटे से ऊपर, पांच यात्री फंसे हुए थे और वो ट्रॉली की छत पर अंदर घुसने की तरक़ीब लगा रहे तेजपाल को देख रहे थे। गरुड़ टीम ने लैंडिंग की योजना बनाने पर इतना ज़ोर दे दिया था कि वो ट्रॉली को खोलने के बारे में सोचना ही भूल गए थे। उस ऊंचाई और ठंडी हवा में, ट्रॉली का हैंडल जाम हो गया था।

उन्हें अहसास हुआ कि अब उनको स्पाइडरमैन की तरह सर नीचे गिराकर लटकना होगा। उन्होंने अपनी रस्सी में एक गांठ बांधी जिससे वो पकड़ बना सकें और उन्होंने स्पाइडरमैन वाली छलांग लगा दी। उनके पैर ऊपर और सर नीचे था। उन्होंने अपना पूरा ज़ोर शरीर के ऊपरी हिस्से पर डाला हुआ था।

हवा तेज़ थी और ट्रॉली उसके ज़ोर से हिल-डुल रही थी। लेकिन तेजपाल ने अपने बूटों को उससे चिपकाकर, ख़ुद को स्थिर कर दिया। इस अजीब-ओ-गरीब स्थिति में, वो हैंडल खोलने में सफल हो गए।

बाद में, तेजपाल ने याद करते हुए बताया:

> मैं 1,200 फ़ीट ऊपर हवा में था और उल्टा लटका हुआ था। वहां से जो दृश्य दिखायी दे रहा था, मुझे वैसा का वैसा याद है। ऐसे मौकों पर आप न चाहते हुए भी नीचे देखने लगते हैं। मैं बता नहीं सकता कि वो कितना डरावना दृश्य था। मेरे दिमाग को उसे समझने में कुछ वक़्त लग रहा था। लेकिन मैंने संयम बनाए रखा और अपने काम पर फोकस करने लगा।

दरवाज़ा खुल चुका था और अब केबल कार में घुसने का समय था। लेकिन, जैसे ही दरवाज़ा खुला, बंद ट्रॉली में 'सुरक्षित' बैठे लोगों को अचानक 1,200 फ़ीट की गहराई दिखी और वो घबरा गए। उनकी थकान और डर ने असर दिखाना शुरू कर दिया और वो चीखते-चिल्लाते हिलने-डुलने लगे।

तेजपाल अभी भी केबल कार के बाहर थे और उन्होंने बेहद फुर्ती में काम किया। वो अंदर की ओर आने लगे और उन्होंने कहना शुरू कर दिया, 'हटो! हटो! किसी चीज़ को कसकर पकड़ लो। कसकर पकड़ लो!'

ट्रॉली केबल से बंधी अपनी 9 मिलीमीटर मोटी रस्सी का इस्तेमाल करते हुए वो केबिन के अंदर दाखिल हुए। इस अफरातफरी और ऊंचाई के बावजूद उन्होंने संयम से काम लिया और डरे-सहमे यात्रियों को शांत करवाया। इस मिशन का सबसे अहम

काम पूरा हो चुका था। वो सफलतापूर्वक केबल कार में घुस चुके थे। उन्होंने अपनी किस्मत को शुक्रिया कहा।

इस वक़्त तक हेलीकॉप्टर को एक ही जगह स्थिर रहकर उड़ते हुए बीस मिनट हो चुके थे। जब हेलीकॉप्टर उड़ रहे होते हैं, हवा का बहाव उसके इंजन और दूसरे यंत्रों को ठंडा रखता है। लेकिन जब वो एक ही जगह स्थिर रहता है तो हवा नहीं बहती है और उसका सिस्टम गर्म हो जाता है। क्रैश से बचाने के लिए ये बेहद ज़रूरी था कि हेलीकॉप्टर को एक सर्किट[24] करना होगा।

लेकिन, वो सभी फ़्लाइट लेफ़्टिनेंट तेजपाल यादव को, बगैर उनकी सुरक्षा की पुष्टि किये, यूं ही छोड़कर नहीं जा सकते थे। रोटर की आवाज़ और हवा के शोर के चलते उनसे संपर्क नामुमकिन हो चला था।

बढ़ते जा रहे तनाव के बीच गनर ने ख़ुशखबरी दी। गरुड़ का जवान केबल कार में घुस चुका था। ये जानकारी पाते ही कैप्टन ने राहत की सांस ली।

हवा में झूलती उस कार में सभी फंसे हुए यात्री डर की अवस्था में थे। उसमें पांच लोगों का एक परिवार था। मां-बाप अपने तीन बच्चों के साथ थे। वो साथ होकर बैठे हुए थे, हल्के से चोटिल थे और बेहद परेशान थे। वो लगभग तीस घंटों से भूख और प्यास से लड़ रहे थे। वो कमज़ोर थे, उन्हें दिशाभ्रम हो रहा था और उन्हें मालूम नहीं था कि केबिन से बाहर आना सुरक्षित होगा या ख़तरनाक साबित होगा।

जब फ़्लाइट लेफ़्टिनेंट तेजपाल दिखायी दिये, ट्रॉली में मौजूद परिवार को डर भी लगा और राहत भी महसूस हुई। एक गरुड़ जवान को देखकर उन्हें हिम्मत आयी लेकिन उनकी निर्णय लेने की क्षमता पर थकान और डर ने बुरा असर डाल दिया था। बड़े ही शांत तरीक़े से, उन्होंने अपने बैग से खाना और पानी निकालकर उस परिवार को दिया। उन्होंने परिवार को समझाया कि आगे क्या होने वाला था। साथ ही उन्होंने परिवार की हिम्मत और बहादुरी की सराहना भी की।

जिस वक़्त वो ये बातें कर रहे थे, उन्होंने केबल कार का दरवाज़ा बंद करते हुए उनका डर कम करने की कोशिश की।

ढेरों बातें समझाने के बाद, वो परिवार बाहर निकलने के लिए राज़ी हो गया। तेजपाल ने उन्हें एक्स्ट्रा हार्नेस दी, जिसे वो अपने साथ लेकर आये थे। उन्होंने पूछा कि उनमें से कौन सबसे पहले जाना चाहता था। परिवार ने एक-दूसरे को देखा और फिर मां की ओर इशारा किया। वो चाहते थे कि पहले मां जाएं, फिर वो सभी आयेंगे।

लेकिन ख़तरे को देखते हुए, तेजपाल ने कहा कि सबसे पहले परिवार के सबसे युवा, बत्तीस वर्षीय पुत्र को जाना चाहिए। सबसे उम्रदराज़ पुत्र को डर के चलते लकवा सा मार आया था और वो अपनी जगह से हिलने से भी इंकार कर रहे थे। धैर्य बरतते हुए, तेजपाल ने सबसे युवा बेटे को हार्नेस में जकड़ा और उन्हें किनारे तक लेकर आये।

हेलीकॉप्टर से जो विंच केबल फेंकी गयी थी, वो केबिन से पंद्रह फ़ीट की दूरी से इधर-उधर डोल रही थी। हर बार, तेजपाल ने उसे पकड़ने की कोशिश की। ये आसान काम नहीं था। यात्रियों को हेलीकॉप्टर तक भेजने के लिए जितनी भी बार उन्होंने केबल पकड़ी, उन्हें छह से सात बार कोशिश करने पड़ी। हर मौक़े पर उनका आधे से ज़्यादा शरीर हवा में झूल रही कार से बाहर लटका हुआ होता था।

लेकिन, असली चुनौती मनोवैज्ञानिक थी। डरे-सहमे यात्रियों को बाहर निकलने के लिए प्रेरित करना था। तेजपाल किसी के साथ ज़बरदस्ती नहीं कर सकते थे। इसलिए उन्होंने शांत और संयमित बातचीत के साथ उन्हें हिम्मत देने की कोशिश जारी रखी। अंत में, यात्री हिम्मत जुटाकर हार्नेस पर भरोसा दिखाने लगे और उन्हें ऊपर की ओर खींचा गया।

जैसे ही वो हेलीकॉप्टर तक पहुंच जाते थे, उन्हें अंदर ले लिया जाता।

पहली केबल कार से बचाव कार्य ने काफ़ी वक़्त लिया। जब उसका आख़िरी यात्री, जो अब बहुत शांत हो चुका था, ऊपर जा रहा था, उसने पूछा, 'आपका नाम क्या है?'

जवाब आया, 'तेजपाल।'

उस यात्री ने एक मुस्कान के साथ कहा, 'हमारी जान बचाने का ढेर सारा शुक्रिया।' और इसके बाद उन्हें ऊपर खींच लिया गया।

इस दुर्घटना के बारे में फ़ोन पर जानकारी मिलने के बाद ये सबसे पहला मौक़ा था, जब फ़्लाइट लेफ़्टिनेंट तेजपाल मुस्कुराये थे। कृतज्ञता भरे इन शब्दों ने उन्हें और भी दृढ़ बना दिया था। उन्होंने तुरंत ख़ुद को बाकी यात्रियों को बचाने के लिए तैयार करना शुरू कर दिया।

हेलीकॉप्टर को एक जगह रहते हुए लगभग पैंतालीस मिनट हो चुके थे और उसके सिस्टम ख़तरनाक रूप से गर्म हो चुके थे। फ़्लाइट लेफ़्टिनेंट तेजपाल को ऊपर लाने का वक़्त भी नहीं बचा था। ये बेहद ज़रूरी हो चला था कि हेलीकॉप्टर को एक कूलिंग सर्किट कर ही लेना चाहिए।

पांच यात्रियों को लेकर हेलीकॉप्टर उड़ चला और तेजपाल केबल कार में ही रह गए। उन्हें संदेश भेजा गया कि वी-5 की वापसी का इंतज़ार करें। शुरुआत में जो डर था, उसकी जगह आत्मविश्वास और आशा ने ले ली थी। तेजपाल को पीछे छूट जाने में कोई समस्या नहीं थी। वो ख़ुश थे और आगे आने वाली चुनौतियों के लिए तैयार थे।

~

त्रिकुट रोपवे
दोपहर 12 बजकर 50 मिनट

हेलीकॉप्टर ने अस्थायी हेलीपैड पर पहुंचकर पांच बचाए हुए यात्रियों को उतार दिया और उस पहली ट्रोली तक वापस आ गए, जहां फ़्लाइट लेफ़्टिनेंट तेजपाल यादव इंतज़ार कर रहे थे। सुरक्षित वापस लाये गए यात्रियों को देखकर सभी में ख़ुशी की लहर दौड़ गयी और मीडिया ने पॉज़िटिव ख़बरें दिखानी शुरू कर दीं। हालांकि इस ऑपरेशन की शुरुआत, एक मौत[25] के चलते निराश करने वाली ख़बर के साथ हुई थी, लेकिन इस सफल बचाव कार्य ने लोगों को फिर से आशावान बना दिया था।

हेलीकॉप्टर के पायलट ग्रुप कैप्टन कांडलकर और को-पायलट स्क्वाड्रन लीडर के.के. सिंह थे। जब वो पहली ट्रॉली पर वापस आये, तेजपाल ने ख़ुद को ऊपर लेने को नहीं कहा, बल्कि हेलीकॉप्टर की केबल से जुड़कर वो अगली ट्रॉली की ओर चल पड़े। इस ट्रॉली में तीन यात्री फंसे हुए थे, जो कुछ-कुछ घायल थे और बेहद डरे-सहमे थे। उन्होंने एक बार फिर से पूरी प्रक्रिया दोहरायी और तीनों यात्रियों को बचाकर निकाल लिया।

अब, स्थिति ये आ गयी थी कि हेलीकॉप्टर का ईंधन ख़त्म होने को था। क्रू ने बचाए हुए यात्रियों को नागरिक प्रशासन के हवाले किया, जहां डीएम और एनडीआरएफ़ की टीम ने उन्हें अस्पताल पहुंचाया और उनका उपचार शुरू हुआ। इधर, हेलीकॉप्टर क्रू और गरुड़ के जवान, हेलीकॉप्टर में ईंधन भरवाने के लिए देवघर के एरोडोम आ गए।

लैंडिंग पर बचावकर्मियों को ख़ूब शाबाशी मिली और लोगों ने उनका धन्यवाद अदा किया।

फ़्लाइट लेफ़्टिनेंट याद करते हुए बताते हैं कि उनके पास खाने की प्लेट लेकर एक बुज़ुर्ग आये और उनसे खाना खाने का आग्रह करने लगे। क्रू ने पूरे दिन से कुछ भी

नहीं खाया था। लेकिन अपनी अगली उड़ान की तैयारी कर रहे तेजपाल ने बेहद सौम्य तरीक़े से उन्हें मना किया और अपने जवानों को निर्देश देने के लिए आगे बढ़ गए। इस वक़्त तक इस ऑपरेशन की संरचना बहुत बेहतर हो चली थी।

तेजपाल की बहादुरी और ख़ुद को ख़तरे में डालकर नपे-तुले जोखिम उठाने के काम ने दूसरों को तेज़ी से और सुरक्षित तरीक़े से विंचिंग करने के लिए प्रेरित किया।

अपनी ब्रीफ़िंग ख़त्म करने के बाद, तेजपाल ने देखा कि वो बुज़ुर्ग शख़्स, अभी भी, शांति के साथ, एक कोने में खाने की प्लेट लेकर खड़े थे। खीझते हुए उन्होंने कहा, 'अंकल, मैं बिज़ी हूं। मैं अभी खा नहीं सकता। आप मेरे पीछे-पीछे क्यूं आ रहे हैं?'

उस बुज़ुर्ग ने जवाब दिया, 'आपने अभी जिस लड़के को बचाया है, वो मेरा रिश्तेदार है। थोड़ा सा खा लीजिये।'

तेजपाल को एक झटका लगा। उन्हें कतई भूख नहीं थी लेकिन चुपचाप कुछ निवाले खा लिये।

उन्हें एक और वाक़या याद आता है। बचाव अभियान के पहले दिन, जब वो केबल कार नंबर 13 और केबल कार 14 के बीच झूल रहे थे (उन्होंने 14 नंबर को पहले क्लियर करने का फैसला लिया था), जब एक छोटे बच्चे ने खिड़की से हाथ निकालकर उनसे कहा, 'अंकल, पहले हमें निकालो।'

तेजपाल चाहते थे कि वो जितनी जल्दी हो सके, उस आवाज़ तक पहुंच जाएं और सबसे पहले उस बच्चे को बचा लें, लेकिन उन्हें मालूम था कि ऐसी परिस्थितियों में भावनाओं की कोई जगह नहीं होती। क्यूंकि उनसे न केवल मिशन ख़तरे में पड़ सकता है बल्कि कई जानें भी दांव पर लग जाती हैं।

अपनी उड़ानों के बीच मिलने वाले समय में, देवघर एरोडोम पर तेजपाल ने अपने फ़ोन पर एक नज़र डालनी चाही। उन्होंने पाया कि उनके पिता की 20 मिस्ड कॉल पड़ी हुई थीं। जब उन्होंने वापस फ़ोन किया तो पिता ने घबराहट भरे स्वर में पूछा, 'तुम कहां हो, बेटा?'

तेजपाल उन्हें परेशान नहीं करना चाहते थे। इसलिए, उन्होंने झूठ कहा, 'मैं अपने बेस पर हूं, पापा।'

उनके पिता ने जवाब दिया, 'नहीं, तुम झूठ बोल रहे हो... मैंने अभी तुम्हें टीवी पर देखा।'

तेजपाल ने फिर कोशिश की, 'वो कोई और होगा।' ऐसा कहकर उन्होंने तुरंत फ़ोन काट दिया।

इसके बाद वो ऐसी जगह पहुंचे जहां टीवी चल रहा था। उन्होंने देखा कि हर न्यूज़ चैनल पर देवघर केबल कार रेस्क्यू के दृश्य दिखाये जा रहे थे। उनका चेहरा भी हर ओर छाया हुआ था।

उन्होंने मुझसे कहा:

> ज़ूम कर-करके दिखा रहे थे। मेरे पास पापा को वापस कॉल करने के अलावा दूसरा कोई चारा नहीं था।

उन्होंने घर पर फ़ोन किया और मिशन में अपनी भूमिका के बारे में बताया। हालांकि वो उसे वास्तविकता से कहीं कम ख़तरनाक बता रहे थे। उनके पिता ने कहा, 'बेटा, गांव से बीस-पच्चीस लोग घर पर ही आ गए हैं और हम सब मिलकर तुम्हें टीवी पर देख रहे हैं। सबको बचाकर लाना, पर अपना भी ध्यान रखना।'

उनके गांव में ये बात घर-घर फैल गयी थी।

तेजपाल हंसते हुए इस बात का ज़िक्र करते हैं:

> 'मैंने उनसे कहा, आपने बहुत घी खिलाया है, आप टेंशन मत लो।'

मैं मुस्कुरायी। फ़र्क नहीं पड़ता है कि आप कौन हैं, आपने कितने अवॉर्ड जीते हैं, आपने कितने लोगों की जान बचायी है और आप कितने बहादुर सैनिक हैं। जब बात अपने पिता पर आ जाती है तो आप कुछ भी करके उनकी आंखों में ख़ुद को विजेता देखना चाहते हैं। उस दिन, तेजपाल के सौम्य और ज़मीन से जुड़े हुए पिता को ये समझ में आ गया था कि उनका बेटा वाक़ई में क्या था और वो उस पर गर्व कर रहे थे।

बचाव अभियान अगले दिन भी चलता रहा। भारतीय वायुसेना ने एमआई-17वी-5 के क्रू के लिए चीता और एएलएच हेलीकॉप्टर्स को भी तैनात कर दिया। 11 अप्रैल को, वी-5 के क्रू ने, सात केबल कारों से, कुल बाईस लोगों को सुरक्षित निकाला। हालांकि एएलएच के ऑपरेशन के दौरान एक अप्रिय दुर्घटना घटी और एक व्यक्ति की मौत हो गयी।

उस रात, सार्जेंट पंकज कुमार राणा ने तय किया कि वो आख़िरी बची ट्रॉलियों में से एक में रहेंगे। उसमें एक घायल बच्चा बचा हुआ था, जिसे उस दिन निकाला नहीं जा

सका था। कई जानें बचा चुकने वाले उस बहादुर गरुड़ के जवान ने, बचाए जाने की राह देख रहे लोगों की हिम्मत बढ़ाते हुए, उनके साथ बने रहने को अपना कर्तव्य माना।

ये एकदम दुरुस्त फैसला था, लेकिन इसके चलते फ़्लाइट लेफ़्टिनेंट तेजपाल रात भर सो नहीं सके। वो लगातार अपने उस जवान के बारे में सोच रहे थे, जो हवा में, इतनी ऊंचाई पर झूल रही एक केबल कार में बैठा हुआ था।

एक सैटेलाईट फ़ोन के ज़रिये, तेजपाल ने राणा से संपर्क स्थापित किया। सार्जेंट ने माहौल को हल्का करते हुए जवाब दिया, 'सर, यहां से शानदार नज़ारा दिख रहा है। मैं तो इस राइड के मज़े ले रहा हूं। एक काम करियेगा, एक टिकट ले लीजियेगा, क्यूंकि मैं बिना टिकट चढ़ गया हूं।' वो अपने सीओ की परेशानी कम करना चाहता था।

ये गरुड़ जवानों की बहादुरी और दिलदारी की एक झलक थी। वो कभी भी पीछे नहीं हटते!

हेलीकॉप्टर क्रू ने भी अलग दर्जे की बहादुरी दिखायी। वो हवा में लगातार मंडराते हुए, ख़ुद को ख़तरे में डाल रहे थे और एक के बाद एक, लोगों को निकाल रहे थे। हेलीकॉप्टर द्वारा बचाव अभियान अंजाम देने के मामले में बहुत बड़ी नज़ीर पेश की जा रही थी।

ग्रुप कैप्टन कांडलकर को 11 अप्रैल की रात की एक बात याद आती है। वो बे पर वापस आये और उन्होंने हेलीकॉप्टर्स की देखरेख करती अपनी टेक्निकल टीम से बात की। उन्होंने पूछा कि क्या सभी ने खाना खा लिया था और आराम किया था।

टीम के जवाब ने तेजपाल को चकित कर दिया: 'चिंता मत करिए सर। आप बस लोगों को बचाकर लाइए। हम बाद में खा लेंगे।'

उन्होंने इसे याद करते हुए कहा:

> कमांडिंग ऑफ़िसर होने के नाते, मैं उस यूनिट के लिए पिता जैसा था। ये मेरी ज़िम्मेदारी थी कि मैं उनकी बेहतरी का ध्यान रखूं। अगर वो वहां की परिस्थितियों के बारे में शिकायत करते तो मेरा ध्यान भटक सकता था। लेकिन उन्होंने इस काम के प्रति ऐसी निष्ठा दिखायी। मैं बड़ा नसीबवाला हूं, जो मुझे ऐसी टीम मिली।

त्रिकुट रोपवे
12 अप्रैल 2022

अगला दिन शुरू हुआ और भारतीय वायुसेना ने नए उत्साह के साथ बचाव अभियान फिर से शुरू किया। तीन केबल कारों में फंसे तेरह और लोगों को सकुशल निकाल लिया गया। लेकिन इस दौरान चुनौतियां कम नहीं हुईं। ट्रॉली में पेशाब और मानव मल की दुर्गन्ध भरी हुई थी। इससे फंसे हुए लोग और भी ज़्यादा परेशान हो रहे थे। बच्चों के लिए ख़ास बनी हार्नेस मौजूद नहीं थीं, जिससे उन्हें निकालने में समस्या हो रही थी। गरुड़ जवानों को बच्चों को टैक्टिकल बेल्ट में जकड़कर, अपनी बाहों में लेकर, ख़तरनाक तरीक़े से ऊपर लेकर आना पड़ रहा था।

ज़मीन पर, भीड़ को नियंत्रित करना भी एक कठिन काम साबित हो रहा था। गरुड़ जवान, बार-बार प्रशासन से गुज़ारिश कर रहे थे कि जहां ऑपरेशन हो रहा था, उसके नीचे की ज़मीन को खाली करवा दिया जाए। उन्हें डर था कि नीचे से देखने वालों के ऊपर उनके खंजर जैसे हथियार या समूची केबल कार ही न आ गिरे। कई ऐसे मौक़े भी आये, जब गरुड़ जवान, एक ट्रॉली से दूसरी पर कूदने के क्रम में, कुछ इंच की दूरी से नीचे गिरने से बच गए।

पायलटों के सामने अलग मुश्किलें थीं। उन्हें हर उड़ान के दौरान नयी चीज़ें सीखनी पड़ रही थीं क्यूंकि हर बार अनिश्चितता से भरी परिस्थितियां उनके सामने खड़ी होती थीं।

सभी की अथक मेहनत के बावजूद, दिन के अंत में एक दुर्घटना घट गयी, जब विंच केबल के रोपवे में फंस जाने से एक वृद्ध महिला की गिरकर मौत हो गयी। फ़्लाइट लेफ़्टिनेंट तेजपाल उस महिला की ट्रॉली में मौजूद थे और उन्होंने अपनी जान की परवाह किये बगैर, ट्रॉली के ऊपर चढ़कर केबल को ठीक करने की कोशिश की। वो महिला हवा में ज़ोर से इधर-उधर झूल रही थीं और तेजपाल या उनके साथी गनर उस तक पहुंच नहीं सकते थे। तमाम कोशिशों के बावजूद उन्हें बचाया नहीं जा सका और वो गिर गयीं।

उस घटना के बारे में याद करते हुए तेजपाल ने कहा:

> उसके बाद, हेलीकॉप्टर बचाए गए दो यात्रियों को लेकर मरम्मत और ईंधन भरवाने के लिए वापस लौट गया। मैं केबल कार पर कुछ देर के लिए परेशान

> बैठा रहा। मेरा मन नहीं मान रहा था कि मैं वापस उस केबल कार में जाऊं। उसमें उस महिला के पति बैठे हुए थे। वो आख़िरी यात्री थे, जिन्हें बचाकर निकाला जाना था। मैं थका हुआ था और मेरी ऊर्जा ख़त्म होती लग रही थी। लेकिन मुझे किसी भी हाल में मिशन को पूरा करना ही था।

जब तेजपाल उस केबल कार में दोबारा घुसे, महिला के शोक संतृप्त पति ने पूरा हादसा अपनी आंखों से देखा था। गुस्से और कष्ट से भरे उस आदमी ने तेजपाल पर लगभग आरोप लगाते हुए पूछा, 'गिरा दिया न?'

इन शब्दों ने तेजपाल की आत्मा को ज़ख़्मी कर दिया।

वो जानते थे कि उस शख़्स ने उन पर आरोप लगाकर कुछ ग़लत नहीं किया था। आख़िर उसने तेजपाल में अपना भरोसा जताया था। वो उस आदमी को तकनीकी चुनौतियों या ख़तरों के बारे में समझा नहीं सकते थे, लिहाज़ा उन्होंने उस आदमी से हार्नेस पहनने को कहा और उसकी हिम्मत बढ़ाने की कोशिश करने लगे। उन्होंने समझाया कि कैसे केबल कार के दोनों यात्रियों को बचा लिया गया था और होनी के आगे किसी की नहीं चल सकती। अंततोगत्वा, वो आदमी केबिन छोड़ने के लिए राज़ी हो गया और तेजपाल उसे सकुशल निकाल लाये।

घायल, डरे हुए और परेशान लोगों को बचाकर निकालने से जुड़ी भावनात्मक चुनौतियों को तेजपाल याद करते हैं। हर शख़्स अलग तरह से प्रतिक्रिया दे रहा था। कोई शांत था तो कोई डर से अकड़ा हुआ था। हर किसी को केबिन से बाहर निकलने के लिए राज़ी करना एक बहुत बड़ा काम था।

उन्होंने एक बीस साल के लड़के के बारे में बताया, जो डर के मारे ट्रॉली से बाहर निकलने के लिए मान ही नहीं रहा था। उसे हार्नेस से सुरक्षित करने के बावजूद, वो बार-बार दरवाज़े को ब्लॉक कर देता था, जिससे बचावकार्य में लगातार देरी होती जा रही थी। ऊपर हेलीकॉप्टर मंडरा रहा था और समय निकला जा रहा था। तेजपाल ने अपनी रणनीति में बड़ा बदलाव किया:

> मैंने उसे शांत भाव से कहा: 'हम अड़तालीस लोगों को बचाने के लिए अड़तालीस बार अपनी जान ख़तरे में डाल रहे हैं। हेलीकॉप्टर मैक्सिमम

केपेसिटी पर चल रहे हैं, जो अपने आप में बहुत ख़तरनाक है। तुम और समय बर्बाद करोगे तो मैं तुम्हें धक्का दे दूंगा और किसी को मालूम नहीं चलेगा कि यहां क्या हुआ। सोच लो, चुनाव तुम्हारा है।' पलभर में उसने हार्नेस पहनी और विंच केबल पर कूद गया। वो अविश्वास के भाव से मेरी ओर देख रहा था।

उस याद पर तेजपाल ज़ोर से हंसे।

अलग-अलग दिनों में कुल तीन मौतें हुईं। लेकिन इस मिशन को सफल माना जाता है क्यूंकि यहां ज़्यादातर यात्रियों को बचा लिया गया था। ये सबकुछ तमाम बलों के सामूहिक योगदान का नतीजा था।

अपनी अंतिम उड़ान ख़त्म करते हुए जब एयरक्रू लैंड हुआ, तो हवा में उत्साह, खुशियां और कृतज्ञता घुली हुई थी। कुछ लोगों ने उनके पैर छुए, बाकियों ने उनकी पीठ थपथपायी, मिठाई पेश की या फिर बस गले लगाकर रोने लगे।

ये सच्चे नायक थे। ये वो लोग थे, जिन्होंने अड़तालीस बार अपनी जान को ख़तरे में डाला था और अकल्पनीय परिस्थितियों से लोहा लिया था।

कई लोग इन सभी को सम्मानित करना चाहते थे या अपने घर बुलाना चाहते थे। लेकिन मिशन पूरा करने के कुछ ही घंटों के भीतर, हेलीकॉप्टर क्रू और गरुड़ के जवान चुपचाप वापस लौट गए थे। बहत्तर घंटों तक लगातार काम करने के बाद, अब उन्हें आराम की सख़्त ज़रूरत थी। उनके लिए, इतनी जानें बचाना, सबसे बड़ा सम्मान था।

12 अप्रैल को शाम 6 बजे तक फ़्लाइट लेफ़्टिनेंट तेजपाल यादव और उनकी टीम बेस पर वापस आ गयी थी, जहां कलाईकुंडा एयरफ़ोर्स के एओसी और दूसरे कई वरिष्ठ अधिकारियों ने उनसे मुलाक़ात की। ये सभी अधिकारी इन युवा जवानों का स्वागत करने के लिए रनवे पर इंतज़ार कर रहे थे। एओसी ने एक-एक सदस्य से हाथ मिलाया और मेस पार्टी में शामिल होने का न्योता दिया, जो शाम 7 बजे निर्धारित हुई थी। तेजपाल इस पार्टी में अपनी ग्रीस से सनी हुई यूनिफ़ॉर्म पहने हुए शामिल हुए और कुछ ही पल में पार्टी की शान बन गए। एओसी ने लगभग पंद्रह मिनट तक, ऑपरेशन के दौरान, 627 गरुड़ फ़्लाइट द्वारा दिखायी गयी बहादुरी के बारे में बात की।

इस कहानी के लिए मेरी रीसर्च के दौरान, मुझे तत्कालीन एनडीआरएफ़ डिप्टी इंस्पेक्टर जनरल मनोज यादव से बात करने का मौक़ा मिला, जो इस ऑपरेशन की देखरेख कर रहे थे। उन्होंने एयरक्रू की ख़ूब तारीफ़ की:

> लोगों को ऐसा लगता है कि ये ऑपरेशन हेलीकॉप्टर उड़ाकर लोगों को उठा लाने जितना आसान था। लेकिन ऐसे मिशन ख़ासे तकनीकी होते हैं और इसके लिए अव्वल दर्जे के कौशल और तैयारी की ज़रूरत होती है। हेलीकॉप्टर के चलते पैदा होने वाला हवा का बवंडर केबलों को हिला रहा था, मगर फिर भी पायलटों ने हेलीकॉप्टर को स्थिर रखा, सटीक जगह पर बने रहे और धैर्यपूर्वक काम को अंजाम दिया।
>
> एमआई-17वी-5 एक विशालकाय विमान है और इसके इंजन की कूलिंग लगातार उड़ते रहने पर निर्भर करती है। एक जगह पर लम्बे वक़्त तक मंडराते रहने से हेलीकॉप्टर और क्रू, दोनों पर ख़तरा बढ़ता जाता है। हर उड़ान को ज़रूरत होती है विस्तृत आकलन की, एक जगह पर मंडराते रहने की और कई बार छोटी सी सर्किट उड़ान की।
>
> हर ट्रॉली के लिए दो से तीन उड़ानें ज़रूरी थीं। गरुड़ के जवानों को ट्रॉली पर उतारना होता था और वो उसमें घुसकर, अपनी ज़िन्दगी को ख़तरे में डाल रहे थे। मैं भारतीय वायुसेना की पूरे दिल से सराहना करता हूं।

देवघर के तत्कालीन ज़िला अध्यक्ष मंजुनाथ भजंत्री, जो अब रांची के ज़िला मजिस्ट्रेट और डिप्टी कमिश्नर हैं, ने भी ऐसा ही कुछ कहा:

> एक सरकारी अधिकारी होने के नाते नहीं बल्कि एक नागरिक के तौर पर भी मैं भारतीय वायुसेना का आभारी रहूंगा। अंत में, सबकुछ उन्हीं के हाथ में आ गया था। यदि वो असफल हो जाते तो इसे देश के लिए शर्मिंदगी की बात होती, जो अंतर्राष्ट्रीय स्तर तक पहुंच सकती थी।

~

परिणाम

ये एक ऐसा मिशन था, जो बचावकर्मियों की नज़र से एकदम सफल रहा था। बचाव अभियान के कुछ ही देर बाद, फ़्लाइट लेफ़्टिनेंट तेजपाल यादव और एयरक्रू के तत्कालीन एसएएसओ ईस्टर्न एयर कमांड एयर मार्शल ए.पी. सिंह (अब वायुसेना

अध्यक्ष) की फ़ोन पर बात हुई। एयर मार्शल ए.पी. सिंह ने उनके काम की सराहना की और उन्हें ईस्टर्न कमांड आने का न्योता दिया। सर्वोच्च अधिकारियों में वो पहले थे, जिन्होंने इन बहादुर जवानों को शाबाशी दी थी।

बाद में, उन्हें ईस्टर्न एयर कमांड हेडक्वार्टर्स के एओसी-इन-सी[26] एयर मार्शल दिलीप कुमार पटनायक ने सम्मानित किया। 12 अप्रैल को प्रधानमंत्री नरेंद्र मोदी ने निजी तौर पर पूरी टीम से वीडियो कॉन्फ्रेंस के ज़रिये बात की और उनके बेजोड़ पेशेवराना रवैये की सराहना की। देश के सर्वोच्च पदों पर बैठी विभूतियों ने जिस तरह से इन बहादुर सैन्यकर्मियों की प्रशंसा की और उनका हौसला बढ़ाया, उससे मिशन में शामिल सभी सैन्यबल और नागरिक प्राधिकारी गर्व महसूस कर रहे थे। इसके बाद उनके नाम कई सम्मान और पुरस्कारों के लिए सुझाए गए।

इस मिशन के चलते, इसमें शामिल क्रू को रिकॉर्ड संख्या में अवॉर्ड और सराहना मिली। ग्रुप कैप्टन योगेश्वर कृष्णराव कांडलकर, फ़्लाइट लेफ़्टिनेंट तेजपाल यादव और लीडिंग एयरक्राफ़्टमैन (एलएसी) सुनील कुमार को शौर्य चक्र से सम्मानित किया गया।

स्क्वाड्रन लीडर के.के. सिंह, सार्जेंट पंकज कुमार राणा, एलएसी आर. सिंह, कॉर्पोरल[27] सत्येन्द्र कुमार और कॉर्पोरल ए.एम. ख़ान को वायुसेना मेडल (वीरता) से सम्मानित किया गया। वायुसेना अध्यक्ष और एओसी-इन-चीफ़, ईस्टर्न कमांड द्वारा मिशन में परोक्ष या अपरोक्ष रूप से शामिल तमाम लोगों को प्रशस्तिपत्र दिया गया।

सभी बहादुर लोगों के लिए, अपने घरवालों के साथ राष्ट्रपति भवन जाकर सम्मान पाना, हमेशा के लिए याद रखने वाला पल था। उन्हें भारतीय राष्ट्रपति, भारतीय प्रधानमंत्री, देश के रक्षामंत्री और दूसरी तमाम राष्ट्रीय हस्तियों से मिलने का मौक़ा मिला, जिन्होंने हर साहसी बचावकर्मी की पीठ थपथपायी।

समारोह के दौरान, प्रधानमंत्री मोदी फ़्लाइट लेफ़्टिनेंट तेजपाल यादव से बात करने के लिए रुके भी। उन्होंने कहा, 'आप रस्सी पर कैसे झूल रहे थे? वो बहुत ख़तरनाक था।' फिर उन्होंने ग्रुप कैप्टन कांडलकर से कहा, 'हमने तो आशा ही छोड़ दी थी कि हेलीकॉप्टर से नहीं होगा तो कैसे निकालेंगे लोगों को। पर आपने कर दिखाया।'

तेजपाल के लिए, सम्मान समारोह में एक निजी जीत भी छिपी हुई थी। वो उनके जीवन का एक बहुत बड़ा अवसर था, क्यूंकि वहीं पर उन्होंने अपने परिवार को अपनी गर्लफ्रेंड से मिलवाया था।

गांव की एक पारंपरिक पृष्ठभूमि से आने वाला उनका परिवार, इससे पहले अंतर्जातीय विवाह के ख़िलाफ़ था। बार-बार गुज़ारिश करने के बावजूद, उन्होंने अपने

बेटे की कॉलेज के दिनों की प्रेमिका से मिलने से मना कर दिया था। लेकिन, इस समारोह के दौरान, उन्होंने अपने मां-बाप और गर्लफ्रेंड को बुला लिया। सभी लोग कुछ दिन साथ में रहे और उन्होंने तेजपाल को राष्ट्रपति भवन में सम्मानित होते हुए देखा। साथ रहने के अनुभव ने बहुत कुछ बदला और तेजपाल का परिवार इस शादी के लिए राज़ी हो गया।

तेजपाल मुझसे कहते हैं:

> मैं अपनी गर्लफ्रेंड को अपने गांव कभी नहीं ले जा सकता था। वहां का समाज बहुत अलग है। लेकिन सम्मान समारोह के दौरान मुझे ऐसा मौक़ा मिला जहां मैं अपने मां-बाप को उनसे मिलवा सकता था। सभी ने एक-दूसरे को पसंद किया और अंत में मेरे घरवालों ने अपना आशीर्वाद दे दिया।

जिस वक़्त मैं ये लिख रही हूं, तेजपाल की शादी को डेढ़ महीने हो चुके हैं और वो अपनी नयी ज़िंदगी में बेहद ख़ुश हैं।

मैं इस कहानी का अंत प्रधानमंत्री मोदी की बात से करना चाहती हूं। उन्होंने कहा, 'देवघर केबल कार रेस्क्यू ने भविष्य में ऐसी स्थितियों में जान बचाने के लिए एक मिसाल कायम की।'

उनके शब्द एकदम सही हैं। इस ऑपरेशन में शामिल एक-एक शख़्स, चाहे उसे कोई सम्मान दिया गया हो या नहीं, सुपरहीरो था। ऐसा महज़ इसलिए नहीं था कि उसने कुछ जानें बचायीं, कुछ परिवारों को बिखरने से बचाया और उससे जुड़ी आशाओं और सपनों को टूटने से बचाया। बल्कि इसलिए भी कि आने वाले वक़्त में, ऐसी कोई अप्रिय घटना घटने पर, बचाव अभियान के लिए एक शानदार नज़ीर पेश की जा चुकी थी।

लेखिका की टिप्पणी

ये कहानी उन जांबाज़ अफ़सरों के इंटरव्यूज़ पर आधारित है जो बचाव अभियान के केंद्र में मौजूद थे – एमआई-17वी-5 हेलीकॉप्टर के कैप्टन, ग्रुप कैप्टन योगेश्वर कृष्णराव कांडलकर; तत्कालीन सीओ 627 गरुड़ .फ़्लाइट और गरुड़ डिटैचमेंट के टीम लीडर, .फ़्लाइट लेफ़्टिनेंट तेजपाल यादव; ग्राउंड ऑपरेशन की देखरेख कर रहे एनडीआरएफ़ के तत्कालीन डिप्टी इंस्पेक्टर जनरल, श्री मनोज यादव; और देवघर

के तत्कालीन ज़िलाध्यक्ष श्री मंजुनाथ भजंत्री। मैं उन सभी की तहेदिल से आभारी हूं कि इन्होंने मुझ पर भरोसा किया। हम कितनी बार देखते हैं कि बाढ़, आपदाओं और आपात स्थितियों में हेलीकॉप्टर आसमान में उड़ रहे होते हैं, लेकिन हम उनके पायलटों की उस ख़ामोश बहादुरी को नज़रअंदाज़ कर देते हैं, जिससे ये मिशन सफल होते हैं। इस कहानी के ज़रिए, मैंने न केवल भारतीय वायुसेना की हेलीकॉप्टर स्ट्रीम को सम्मान देने की कोशिश की है, बल्कि गरुड़ स्पेशल फ़ोर्सेज़ की दुर्लभ बहादुरी को भी सलाम किया है। उनके ऑपरेशन को अंजाम देने के तरीक़े के अलावा भारतीय वायु सेना, एनडीआरएफ़ और सिविल एडमिनिस्ट्रेशन के बीच बेहतरीन तालमेल, त्वरित फैसले, आपसी भरोसा और कुशलता मिलकर इस मिशन को अनोखा बनाता है। ये सभी अलग-अलग ईकाइयां एक होकर देश के लिए काम करती हैं। इसी तालमेल की बाद में प्रधानमंत्री नरेंद्र मोदी ने भी सराहना की।

गरुड़: भारतीय वायुसेना का सर्वोत्कृष्ट विशिष्ट बल

भारतीय वायुसेना की स्पेशल फ़ोर्स, गरुड़ का नाम हिंदू पौराणिक गाथाओं के उस पक्षी-सदृश पौराणिक प्राणी पर आधारित है, जिसे भगवान विष्णु का वाहन माना जाता है। इन पौराणिक कथाओं में गरुड़ को एक ऐसे सजग प्रहरी क़े रूप में दिखाया गया है, जिसकी गति बेहद तेज़ है और जो सांपों का दुश्मन है। ठीक इसी तरह गरुड़ स्पेशल फ़ोर्सेज़ भी समर्पण और अकल्पनीय बल का अवतार मानी जाती हैं।

इतिहास

इसका गठन सितम्बर 2003 में हो गया था, जबकि पहला बैच 2004 में पास-आउट हुआ था। इस लिहाज़ से, गरुड़ इस देश की सबसे नयी सेशल फ़ोर्स है। कारगिल युद्ध के बाद, ख़ासकर 2001 में जम्मू और कश्मीर के दो बड़े एयर बेस पर आतंकी हमलों की कोशिशों के बाद, वायुसेना के नेतृत्व ने ये समझा कि महत्वपूर्ण हवाई संपत्तियों की सुरक्षा और एयरफ़ील्ड्स पर होने वाले आतंकी ख़तरों का जवाब देने के लिए एक

विशेष बल की ज़रूरत थी। गरुड़ फ़ोर्स के गठन से पहले, भारतीय सेना के सैनिक, वायुसेना के लिए इन विशेष ज़िम्मेदारियों में से कुछ को संभालते थे।

पहले पहल इसका नाम 'टाइगर फ़ोर्स' रखा गया था, जिसे बाद में बदलकर गरुड़ फ़ोर्सेज़ कर दिया गया। 8 अक्टूबर 2004 को वायुसेना दिवस के समारोह के दौरान गरुड़ पहली बार सार्वजनिक रूप से सभी के सामने आये। 2016 में, पठानकोट एयरबेस पर हुए हमले के बाद बहुत कुछ बदला। न केवल गरुड़ फ़्लाइट्स की संख्या बढ़ायी गयी, बल्कि ये भी पाया गया कि देश के अंदर जवाबी कार्रवाई करने के लिए इन विशिष्ट बलों की सख़्त ज़रूरत थी।

भूमिका

गरुड़ किसी भी प्रकार से गुप्त बल नहीं है, बल्कि भारतीय वायुसेना का एक विशिष्ट अंग है, जिसे अलग-अलग माहौल में तमाम तरह के ऑपरेशन अंजाम देने के लिए अस्तित्व में लाया गया है। देश के बहुमूल्य हवाई संसाधनों की सुरक्षा और वायुसेना के ख़ास ऑपरेशनों को अंजाम देना, उनकी मुख्य ज़िम्मेदारी है। शांतिकाल में ये शाखा हवाई ऑपरेशन में सहयोग देती है और आतंकवाद से लड़ने और मानवीय सहायता और आपदा राहत के मिशनों में भी हिस्सा लेती है।

बेस ऑपरेशन की देखरेख करने वाली वायुसेना पुलिस और डिफ़ेंस सिक्योरिटी कोर से उलट, गरुड़ को बड़े ख़तरों के लिए ट्रेनिंग दी जाती है। बहुत से मायनों में ये थलसेना की पैरा स्पेशल फ़ोर्सेज़ या फिर नौसेना के मार्कोज़ जैसा होता है। गरुड़, दुश्मन के इलाक़े में जाकर उनसे लोहा लेने में भी सक्षम है, फिर वो चाहे ज़मीन पर हो, पानी में हो या हवा में। और इसीलिए, इसके जवानों को एक अलग तरह के ट्रेनिंग प्रोग्राम से गुज़रना पड़ता है, जो उन्हें किसी भी परिस्थिति में काम करने के लिए तैयार करता है।

ट्रेनिंग

गरुड़ प्रशिक्षु ग्यारह महीने के एक गहन ट्रेनिंग प्रोग्राम से गुज़रते हैं, जो भारत की किसी भी स्पेशल फ़ोर्स की सबसे लंबी ट्रेनिंग होती है। ये बेहद कठिन ट्रेनिंग उम्मीदवारों को उनकी शारीरिक, मानसिक और भावनात्मक सीमाओं तक ले जाती है, जो दुनिया के

सबसे चुनौतीपूर्ण प्रोग्राम्स में से एक है। इस ट्रेनिंग से ये सुनिश्चित हो पाता है कि सिर्फ़ सबसे मज़बूत लोग ही इस विशिष्ट बल का हिस्सा बनें।

वायुसेना की अलग-अलग शाखाओं से लोग अपना नाम आगे देते हैं और उन्हीं में से ऑफ़िसर और एयरमैन के उम्मीदवारों का चयन होता है। ऑफ़िसर और अन्य स्तर के कर्मियों को सात दिनों के पूर्व-मूल्यांकन और सिलेक्शन की प्रक्रिया से गुज़रना पड़ता है। इससे पार पाने के बाद उन्हें प्रोबेशन ट्रेनिंग के लिए बुलाया जाता है, जहां से गरुड़ स्पेशल फ़ोर्सेज़ की ट्रेनिंग की शुरुआत होती है। एयरमैन के लिए न्यूनतम योग्यता किसी भी ट्रेड्समैन की तरह बारहवीं पास होना है और उम्मीदवारों का मूल्यांकन उनकी शारीरिक क्षमता को ख़ास आधार बनाकर किया जाता है। सेलेक्ट होने वाले उम्मीदवार, उत्तर प्रदेश स्थित गरुड़ रेजिमेंटल ट्रेनिंग सेंटर (जीआरटीसी) में अपनी कड़ी ट्रेनिंग शुरू करते हैं। इसमें प्रोबेशन पीरियड, कमांडो ट्रेनिंग, पैरा जंपिंग, कौशल विशेषज्ञता और कोर कंपिटेंसी ओरिएंटेशन शामिल होता है। शुरुआती तीन महीने के प्रोबेशन के दौरान, गहन शारीरिक प्रशिक्षण मिलता है और यहां पर बहुत से उम्मीदवारों की छंटनी हो जाती है। इसे तीन महीनों का गरुड़ स्पेशल ऑप्स कोर्स कमांडो कहा जाता है। इसके बाद, अगले छह महीनों में एमटी ड्राइविंग, पैरा डीसेंट कोर्स, एडवांस स्पेशल फ़ोर्सेज़ स्किल कोर्स और एडवांस स्पेशल ऑप्स कोर्स होता है। इन फेजेस को पूरा करने के बाद उम्मीदवार को स्पेशलाइज्ड ट्रेनिंग मिलती है जिसमें मिलिट्री मार्शल आर्ट्स, कम उग्रता वाले ऑपरेशन, जंगलों और बर्फ़ में जिंदा रहने, ऊंचाई पर युद्ध लड़ने और बम निष्क्रिय करने के तरीक़े सिखाये जाते हैं।

गरुड़ उम्मीदवारों का चयन वायुसेना की अलग-अलग शाखाओं और ट्रेड्स से होता है, जिसके सदस्य अपना नाम आगे देते हैं। गरुड़ के जवान तमाम तरह के इन-सर्विस कोर्स भी करते हैं, जिसमें एडवांस कॉम्बैट ट्रेनिंग और संयुक्त अंतर्राष्ट्रीय ट्रेनिंग भी शामिल होती है। ये अक्सर अमेरिकी वायुसेना एसटीएस, ब्रिटिश एसएएस और इज़रायल की गरुड़ उम्मीदवारों का चयन वायुसेना की अलग-अलग शाखाओं जैसी दुनिया की जानी-मानी स्पेशल फ़ोर्सेज़ के साथ ट्रेनिंग करती हैं। ऐसी ट्रेनिंग से इनके कौशल में निखार आता है और उन्हें अंतर्राष्ट्रीय स्तर पर सर्वश्रेष्ठ मानी जाने वाली तरकीबें सीखने को मिलती हैं।

इनकी ट्रेनिंग में ख़ुद को तकनीकी रूप से बेहतर करना भी शामिल होता है। इन्हें मनावरहित हवाई वाहन उड़ाने, आधुनिक संचार माध्यमों और लेज़र डेज़िग्नेशन की ट्रेनिंग मिलती है, जो इन्हें आधुनिक युद्धप्रणाली में लाभ पहुंचाती है।

ज़िम्मेदारी

पहली बार 2005 में ऑपरेशन हरण को अंजाम देने के बाद से गरुड़ ने कई हाई-प्रोफ़ाइल ऑपरेशनों में हिस्सा लिया है। ऐसे ऑपरेशन भारत में ही नहीं, दूसरे देशों की ज़मीन पर भी हुए। 2019 में जम्मू और कश्मीर में आर्म्ड फ़ोर्सेज़ स्पेशल ऑपरेशन्स डिवीज़न की पहली तैनाती का ये हिस्सा थे। इस शाखा ने कई प्रमुख मानवतावादी ऑपरेशनों और बड़े स्तर के हवाई शो में हिस्सा लिया है।

शायद उनके काम का सबसे अहम पहलू ये है कि वो अपनी हवाई और ज़मीनी ताक़त का इस्तेमाल करते हुए युद्ध लड़ सकते हैं। ऐसे समय में, जब युद्ध की पारंपरिक रणनीतियों को हाइब्रिड में तब्दील किया जा रहा है, ये सेना को और मज़बूती देता है।

गरुड़ कई तरह की महत्वपूर्ण भूमिकाएं निभाते हैं। उनकी प्राथमिक ज़िम्मेदारियों में भारतीय वायुसेना की संवेदनशील और बहुमूल्य संपत्तियों को नुकसान और आतंकवादी हमलों से बचाना शामिल है। ये दुश्मन के इलाक़ों में गिरे पायलटों को वापस लाने और सैन्यकर्मियों की सुरक्षा के लिए कॉम्बैट सर्च एंड रेस्क्यू (सीएसएआर), आतंकवाद विरोधी ऑपरेशन और विशिष्ट टोही अभियानों को अंजाम देते हैं।

दुश्मन के हवाई संसाधनों को नष्ट करने के मिशन (डीईएए) में सीधे कार्रवाई करते हैं ताकि दुश्मन की क्षमता को निष्क्रिय किया जा सके, महत्वपूर्ण इंफ्रास्ट्रक्चर को निशाना बनाकर उनकी मदद और सपोर्ट सिस्टम को बाधित किया जा सके। गरुड़ की खासियत ये है कि वो एयर ऑपरेशन्स में साथ देकर रणनीतिक क्षमता बढ़ाते हैं। इसमें लेज़र डेज़िग्नेशन के ज़रिए सटीक स्ट्राइक कराना, आधुनिक तकनीक का इस्तेमाल, स्ट्राइक के बाद क्षति का आकलन करना और दुश्मन की संपत्तियों को नष्ट करना शामिल होता है।

टर्मिनल अटैक कंट्रोल (टीएसी) जैसी क्षमता उन्हें लड़ाकू विमानों को टार्गेटिंग ऑपरेशन्स के दौरान मार्गदर्शन करने में सक्षम बनाती है। कॉम्बैट कंट्रोल (सीसीटी) की अपनी भूमिका में वो दुश्मन के इलाक़े में एयरफ़ील्ड को कब्ज़े में लेकर सुरक्षित करते हैं। इन्हें अक्सर कॉम्बैट फ्री फ़ॉल (सीएफ़एफ़) के ज़रिए गुप्त तरीक़े से उतारा जाता है, जिसके बाद ये लैंडिंग स्ट्रिप तैयार करते हैं और बाधाओं व दुश्मन की तमाम गतिविधियों के बीच हवाईक्षेत्र को मैनेज करते हैं।

ऑपरेशन का अनुभव पाने और उस कौशल को बेहतर करने के लिए गरुड़ अक्सर जम्मू कश्मीर में राष्ट्रीय रायफ़ल्स के साथ काम करते हैं। कश्मीर में ये उग्रवाद के

ख़िलाफ़ चल रहे अभियानों में सक्रिय रहते हैं, जहां इन्होंने सीधे एनकाउंटर और जानकारी इकट्ठा करके लश्कर-ए-तैयबा जैसे संगठनों का सफ़ाया किया है।

हालांकि गरुड़ 2004 से सक्रिय रूप से तैनात रहे हैं, लेकिन भारतीय वायुसेना पर अब तक आयी किसी भी किताब में उन्हें उस शान और सम्मान के साथ जगह नहीं मिली, जिसके वो हक़दार हैं। इसलिए इस किताब के साथ, मैंने भारतीय सैन्य साहित्य में उस कमी को पूरा करने की कोशिश की है। ये बेहद गर्व की बात है कि शानदार गरुड़ जवानों की मदद से, युद्धक्षेत्र में वीरगति वाले सभी वीरों की गाथाओं को एक ही किताब में दर्ज कर पाने में सफल रही हूं, ताकि ये कभी भी लोगों की यादों से मिट न पाएं।

शौर्यगाथाओं की शुरुआत करते हैं!

3

कॉर्पोरल गुरसेवक सिंह, शौर्य चक्र (मरणोपरांत): पठानकोट हमले का अमर नायक

पठानकोट एयरफ़ोर्स बेस पर रात की ठंड बढ़ रही थी। रात के 2 बज चुके थे। हवा चल रही थी और वो ठंड की चुभन बढ़ा रही थी। ओस भी लगातार पड़ रही थी। बेस पर हर वक़्त कोई न कोई हलचल रहती थी लेकिन ये वो वक़्त था, जब आम दिनों में हर ओर शांति फैल जाया करती थी। लेकिन उस दिन, बेस के किसी एक सुनसान कोने में आतंकवादी छिपे हुए थे।

टार्गेट एरिया से सुरक्षित दूरी पर एक जिप्सी आकर रुकी। देखे जाने से बचने के लिए, आख़िरी हिस्से में गाड़ी की हेडलाइट को बंद कर दिया गया था। गाड़ी से छह लोग चुपचाप उतरे। उन्होंने भारतीय वायुसेना की डिजिटल प्रिंट वाली सर्दी की वर्दी और उस पर टैक्टिकल वेस्ट पहनी हुई थी। हर किसी के पास 5.56 एमएम कैलिबर की इज़रायली टेवर सीटीएआर असॉल्ट रायफ़ल थी, जो कम दूरी से युद्ध करने में काफ़ी असरदार साबित होती है। रायफ़लों में मल्टी-पर्पज़ रिफ़्लेक्स साइट और सिंगल लेज़र पॉइंटर लगे हुए थे।[1] सभी छह लोगों के चेहरे हेल्मेट और नाइट विज़न चश्मों के पीछे छिपे हुए थे।

ये गरुड़ स्पेशल फ़ोर्सेज़ के जवान थे, जिन्हें ऐसे गुप्त मिशनों के लिए ख़ास ट्रेनिंग मिली हुई थी। इस टीम का नेतृत्व कमांडिंग ऑफ़िसर स्क्वाड्रन लीडर भावेश कुमार दुबे[2] कर रहे थे, जो एक मंझे हुए योद्धा थे और उन्हें सालों का अनुभव था।

उनके साथ ही एक और गरुड़ जवान था। उसके गालों के पीछे की सधी हुई हड्डियां और तगड़ा जबड़ा उसे और भी रौबदार बना रहा था। उसकी गहरे रंग की आंखें सब कुछ जज़्ब कर लेना चाहती थीं और वो लगातार, हर पल स्थिति का जायज़ा ले रहा था और ख़तरा भांपने की कोशिश में लगा हुआ था। उसने भी वही वर्दी और वेस्ट पहनी हुई थी। उसके हेल्मेट पर संचार के लिए अत्याधुनिक उपकरण लगे हुए थे, जो युद्ध के लिए उसकी तैयारी को दर्शा रहे थे। शरीर पर इतना कुछ लदा होने के बावजूद उसकी हरक़तों में कोई समस्या नहीं हो रही थी, जो इस बात का सूचक था कि वो ख़ुद एक कुशल और शानदार ट्रेनिंग पाया हुआ जवान था।

ये जवान थे कॉर्पोरल गुरसेवक सिंह। वो नहीं जानते थे कि कुछ ही समय में उनका नाम इतिहास में दर्ज होने वाला था। वो देश के लिए सर्वोच्च बलिदान देने वाले पहले गरुड़ जवान बनने वाले थे।

बाकी के चार जवान अपने कमांडिंग ऑफ़िसर और गुरसेवक के पीछे-पीछे चल रहे थे। वो रणनीतिक रूप से दुरुस्त होकर, अपने शरीर की हर मांसपेशी को मिशन के लिए इस्तेमाल करते हुए, होश-हवास को तेज़ रखते हुए आगे बढ़ रहे थे। वो तयशुदा आकृति में इधर-उधर फैल गए। स्नाइपर की रायफ़ल हवा में उठी हुई थी और ज़रा से भी हरक़त को पकड़ने का इंतज़ार कर रही थी। बेहद सावधानी और नाज़ुक स्थिति को भांपते हुए वो आगे बढ़े जा रहे थे और उनके बूटों से ज़रा भी आवाज़ नहीं आ रही थी।

कुछ देर चलने पर उन्हें बाउंड्री पर लगा जाल एक जगह से कटा हुआ दिखायी दिया। उनकी शंका गहराती जा रही थी। हाथ के इशारों से, कमांडिंग ऑफ़िसर ने सभी से चौकन्ना रहने को कहा। बाड़ से कुछ आगे पहुंचने पर टीम को एक बड़ा गड्ढा दिखायी दिया, जिसके आस-पास झाड़-झंखाड़ उग आया था। बगैर एक भी शब्द कहे, वो सभी उस गड्ढे में उतर पड़े और गन्दी मिट्टी के दलदल से गुज़रने लगे। उस गंदगी भरे दलदल ने उन्हें छिपा तो दिया था लेकिन वहां ख़तरा भी काफ़ी था। उन्हें मालूम था कि छिपे हुए दुश्मनों की गोलियां किसी भी वक़्त उनकी दिशा में आ सकती थीं। मगर फिर भी, उस नाले से गुज़रना, उस इलाक़े से बाहर जाने का सबसे सुरक्षित रास्ता था।

नाले से बाहर आकर उन्हें एक और बाड़ मिली। इसके तार बड़ी सफ़ाई से काटे जा चुके थे। ये कोई इत्तेफाक नहीं था। सीओ और बाक़ी की टीम को मालूम था कि वो सही रास्ते पर जा रहे थे।

सीओ ने बाड़ के तार पकड़े हुए थे और पहला जवान उसके नीचे से रेंगता हुआ निकला। उसके बाद तार को एक और जवान ने पकड़ा और सीओ रेंगते हुए आगे बढ़ गये। अब तीसरा जवान उनके पीछे जाने लगा, लेकिन उसकी टैक्टिकल वेस्ट तार में फंस गयी। ये थे कॉर्पोरल शैलभ गौर। उन्होंने आगे देखा तो पाया कि सीओ और कॉर्पोरल गुरसेवक सिंह मिलिट्री ट्रांसपोर्ट (एमटी)[3] के पास तक पहुंच चुके थे। वहां मिलिट्री इंजीनियर सर्विसेज़ (एमईएस)[4] की पुरानी, ख़राब हो चुकी गाड़ियां पड़ी रहती थीं। वो लोग अब उनकी नज़रों से ओझल हो चुके थे और शैलभ को जल्द से जल्द जाकर उन्हें कवर करना था। वो अपनी वेस्ट को तार से छुड़ा रहे थे और अचानक पूरा माहौल बदल गया।

एकाएक उस रात के सन्नाटे को गोलियों की तड़तड़ाहट ने चीरकर रख दिया। अंधेरे में गोलीबारी की चिंगारियां दिखायी पड़ रही थीं। एक ग्रेनेड फेंका गया और वो पास ही आकर फट गया। बाड़ की ओर आ रहे बाक़ी गरुड़ के जवानों ने ओट लेने के लिए जगहें तलाशनी शुरू कर दी थीं। उनके इधर-उधर भागने से गीली मिट्टी और बाक़ी गंदगी छिटकने लगी।

शैलभ गौर लगातार सीओ और कॉर्पोरल गुरसेवक के बारे में ही सोच रहे थे। वो अभी भी नज़रों से ओझल थे और उन पर गोलियां चलायी जा रही थीं। लगातार हो रही गोलीबारी के बावजूद, इन कठिन परिस्थितियों में भी उनकी ट्रेनिंग, अनुशासन और बहादुरी की चमक साफ़ दिखायी पड़ रही थी। ये साफ़ था कि वो दोनों लोग दुश्मन को मुंहतोड़ जवाब दे रहे थे।

इधर से गौर ने आवाज़ लगायी, 'क्या हो रहा है?'

गुरसेवक ने जवाब दिया, 'इधर आ जाओ!'

गौर को गुरसेवक की आवाज़ से समझ में आ रहा था कि उन्हें तुरंत ही मदद की ज़रूरत थी। उन्होंने अपनी जैकेट उतार दी और एमटी यार्ड की ओर भागे, जहां सीओ और गुरसेवक दुश्मनों से मोर्चा ले रहे थे।

ये कोई आम मुठभेड़ नहीं थी। ये उन आतंकवादियों के ख़िलाफ़ युद्ध था, जो देश के बहुमूल्य संसाधनों पर हमला करने और उन्हें नुकसान पहुंचाने के लिए आये हुए

थे। उनके निशाने पर भारतीय वायुसेना का सम्मान था। करोड़ों-अरबों रुपये के फ़ाइटर जेट, रडार, मिसाइल और बेस के टेक्निकल एरिया[5] में रखे बहुत से संसाधन ख़तरे में थे। ये कोई ऐसे-वैसे आतंकी नहीं थे बल्कि जैश-ए-मोहम्मद की अफ़ज़ल गुरु स्क्वाड के फ़िदायीन[6] थे। इन्हें एक ख़ास मिशन पर भेजा गया था, जिसका उद्देश्य था कुछ ऐसा कर दिखाना, जो अब तक इस देश में होने वाले तमाम आतंकी हमलों के दौरान कभी हो न सका था। वो ऐसा शोर करना चाहते थे, जिसकी गूंज दुनियाभर में सुनायी दे।

ये अस्तित्व की लड़ाई थी। जंग शुरू हो चुकी थी!

आदमपुर एयरबेस
भारत-पाक बॉर्डर के 100 किलोमीटर के भीतर
जालंधर, पंजाब
1 जनवरी 2016

कॉर्पोरल गुरसेवक खुशनुमा मूड में थे। उनकी अभी-अभी अपनी नयी-नवेली पत्नी से बात हुई थी। उन्होंने अपनी पत्नी को नये साल की बधाई दी थी और ज़िंदगीभर साथ रहने की बात कही थी। हालांकि ड्यूटी पर वापस लौटने के चलते वो लम्बे समय तक फ़ोन पर नहीं बने रह पाए, लेकिन अभी भी शादी के दिन की यादें उनके दिमाग़ में घूम रही थीं।

आदमपुर फ़्लाइट[7] के उनके सैन्य साथी छुट्टी की कमियों के चलते उनकी शादी में शामिल नहीं हो सके थे। इसके सिवा बाक़ी सबकुछ बहुत अच्छा गुज़रा था।

जसप्रीत कौर ने मुझसे कहा:

> हमारी अरेंज मैरिज थी, जिसे हमारे दादाओं ने तय किया था। वो आपस में पुराने दोस्त थे। अगस्त 2012 में, हमारी सगाई के रोज़ हमने एक-दूसरे को पहली बार देखा था। मैंने उन्हें तुरंत ही पसंद कर लिया था। हमें मालूम था कि वो एयरफ़ोर्स में एक कमांडो[8] थे और मैं इसके बारे में सोच-सोचकर मन ही मन उनकी बड़ाई करते थक नहीं रही थी। मैं हमेशा यही सोचती थी कि

> अगर कुछ भी गड़बड़ होगा तो वो सबकुछ संभाल लेंगे। लेकिन मैंने ये कभी नहीं सोचा था कि ऐसा भी दिन आयेगा जब वो इतनी दूर चले जायेंगे। हमारी साढ़े-तीन साल की बातचीत के दौरान वो लगातार मुझे ये बताने की कोशिश करते रहे थे कि उनका काम बेहद ख़तरनाक था। लेकिन मैं उसको इस तरह से सीरियसली नहीं लेती थी। मैं सोचती थी, "ऐसा थोड़े न होता है"।

हालांकि ये दोनों तुरंत ही शादी करना चाहते थे, लेकिन गुरसेवक की श्रीनगर में पोस्टिंग और उनके परिवार के अंदरूनी मसलों के चलते, ये शादी उस मनहूस दिन से पैंतालीस दिन पहले, 18 नवम्बर 2015 तक टलती रही।[9]

कॉर्पोरल शैलभ गौर, गुरसेवक के सैनिक भाई, उनके हर कदम पर उनके साथ रहे। इन दोनों का साथ गरुड़ की बेहद कठिन ट्रेनिंग से लेकर साथ हुई पोस्टिंग तक रहा। पठानकोट हमले के दौरान उस ऑपरेशन में भी दोनों ने साथ काम किया, जहां दोनों को गोलियां लगीं। शैलभ वहां से जीवित लौट सके और वो गुरुसेवक जैसे बहादुर गरुड़ जवान के साथ ऑपरेशन में हिस्सा लेने के चलते सम्मानित महसूस करते हैं।

2008 में, अम्बाला में हुई वायुसेना की भर्ती रैली[10] में इन दोनों की पहली मुलाक़ात और इस यात्रा की शुरुआत हुई। गुरसेवक गरनाला नाम के गांव से आते थे जबकि शैलभ, पांच किलोमीटर दूर अम्बाला कैंट से आते हैं। रैली का नाम था 'इंडियन एयरफ़ोर्स सिक्योरिटी' और इसमें हज़ारों उम्मीदवारों ने हिस्सा लिया था, जिनमें से उपयुक्त लोगों को देश के सबसे कठिन ट्रेनिंग प्रोग्राम के लिए चुना जाना था।

शुरुआत से ही सभी को ये समझ में आने लगा था कि आने वाला वक़्त कितना मुश्किल होने वाला था। शैलभ को आज भी वो रस्सी याद है, जो एंट्री गेट पर टंगी हुई थी। जिसका भी सर उस रस्सी को छूता था, उसे ही लिखित परीक्षा के लिए अंदर जाने की अनुमति मिलती थी। ये लिखित परीक्षा, बाकी बलों की परीक्षा से कहीं ज़्यादा कठिन थी, जिसमें बेहद ऊंचे स्तर की बुद्धिमत्ता और योग्यता की मांग की जा रही थी। लिखित परीक्षा के बाद, उसी दिन, उम्मीदवारों को दस मिनट के भीतर 2.4 किलोमीटर दौड़ पूरी करनी थी। इसमें कई उम्मीदवार सफल हुए और कई को वापस लौटना पड़ा। मगर उस लम्बे, थका देने वाले दिन के बाद, गुरसेवक और शैलभ को अगले राउंड के लिए चुन लिया गया।

यही वो मौक़ा था, जब गौर और गुरसेवक की पहली मुलाक़ात हुई। शैलभ ने देखा कि गुरसेवक पैदल वापस जा रहे थे, जिसके चलते उन्हें लिफ़्ट ऑफ़र कर दी।

अगली सुबह, उन्हें फिर से वहीं रिपोर्ट करना था और पांच किलोमीटर की दौड़ पूरी करनी थी। इसके बाद उनका एक इंटरव्यू होना था, जिसमें उनके अंग्रेज़ी बोलने के कौशल की जांच होनी थी, जिसके बाद कुछ मेडिकल टेस्ट भी होने थे। अंत में, बड़े ही कम लोगों को अंतिम सेलेक्शन लिस्ट के लिए चुना गया। गुरसेवक और शैलभ इन चुने हुए लोगों में थे लेकिन विभागीय कारणों से इन्हें लगभग डेढ़ साल बाद एनरोलमेंट लेटर मिला।

शैलभ को 30 जून 2010 का दिन आज भी ठीक-ठीक याद है। इसी दिन उन्होंने कर्नाटका के बेलगाम (अब बेलगावी) स्थित एयरमेन ट्रेनिंग स्कूल[11] के लिए अपनी यात्रा शुरू की थी। यहां इन्होंने चार महीने ट्रेनिंग ली। हर चरण पर चुने हुए लोगों में से कुछ को बाहर कर दिया जाता था। लेकिन गरुड़ रेजिमेंटल रनिंग सेंटर (जीआरटीसी) पर आकर उन्हें एहसास हुआ कि उनकी असली ट्रेनिंग तो अब शुरू हुई थी।

जीआरटीसी में उनके दिन बेहद लम्बे और रातें अंतहीन लग रही थीं। भारतीय वायुसेना के विशिष्ट बल की ट्रेनिंग उनकी कठिन परीक्षा ले रही थी। उन्हें भारी लट्ठे उठाकर दौड़ना पड़ता था, नुकीले पत्थरों पर नंगे बदन और बंधे हुए हाथों के साथ रेंगना होता था और दिन में सैकड़ों पुश-अप्स लगाने होते थे। हर रोज़ उनके शरीर पर पत्थरों, झाड़ियों से छिलने-कटने के निशान बन रहे होते थे। उन्हें नाले पार करने होते थे, जिसकी ट्रेनिंग सेंधमारी में काम आती है। उन्हें ऐसे बजबजाते गड्ढों में घुसना होता था, जो गंदगी से भरे होते थे और भयानक बदबू मार रहे होते थे। लेकिन, हर कोई उसमें रेंगता था, गुलाटी मारता था, यहां तक कि उसी गंदे पानी में सर नीचे डालकर बैठा रहता था।

कितनी बार उन्हें बगैर खाने और पानी के ट्रेनिंग करनी होती थी और इस दौरान सोने का वक़्त ही नहीं मिलता था। उन्हें लगातार श्रम करने का आदेश दिया जा रहा था, लेकिन वो अपनी शारीरिक और मानसिक क्षमता की सीमाओं को और आगे धकेलने की कोशिश में लगे हुए थे। वो रस्सियों पर चढ़ रहे थे, रुकावटों से पार पा रहे थे, दौड़ रहे थे और गर्म, ऊबड़-खाबड़ ज़मीन पर रेंग रहे थे।

शैलभ ने बाद में याद करते हुए कहा, 'ये शारीरिक से ज़्यादा मानसिक परीक्षण था। वो हमारी सीमाओं का इम्तिहान ले रहे थे।'

कई चुने हुए लोगों ने ट्रेनिंग छोड़ दी। सैकड़ों लोगों में महज़ इक्कीस ही बचे। अंत में, सिर्फ़ चौदह लोग ही बचे, जिन्हें सुनहरा बैज धारण करने का सम्मान मिला और जो गरुड़ स्पेशल फ़ोर्सेज़ का हिस्सा बन पाए। गुरसेवक और शैलभ उनमें से थे।

शैलभ याद करते हैं कि कैसे गुरसेवक ट्रेनिंग के दौरान पूरी तरह से शांत रहा करते थे और मुश्किल वक़्त में वो दूसरों की हिम्मत बढ़ाते रहते थे। जब भी कोई उनसे कहता था, 'मैं ये अब और नहीं कर सकता,' तो गुरसेवक का जवाब आता, 'क्या तुम इसे छोड़ सकते हो? नहीं न? तुमको गरुड़ बनना है या नहीं? फिर लगे रहो। ज़्यादा मत सोचो। हम सब यहां साथ हैं।'

उनकी इस दृढ़ता की जड़ शायद उनके अध्यात्म में थी। शैलभ कहते हैं:

> मुझे याद है कि वो हर रोज़ गुरु ग्रंथ साहिब का पाठ करते थे, भले ही वो ऐसा पांच मिनट के लिए कर पाएं। खालसा लड़ाकों की कहानियों से वो बेहद प्रभावित थे। वो हमें बताते थे कि कैसे मौत सामने खड़ी पाकर भी उन्होंने कभी कदम पीछे नहीं खींचे। शायद इसी से प्रभावित होकर उन्होंने गरुड़ का जवान बनने की सोची थी। वो कहता था, "खालसा वॉरियर मर जाते हैं पर अपनी पगड़ी और अपनी जगह कभी नहीं छोड़ते"।

शैलभ को अपनी ट्रेनिंग शानदार ढंग से पास करने और मरून टोपी पाने का पल अच्छे से याद है। एक साल की बेहद मुश्किल ट्रेनिंग के बाद उस टोपी को पहनने का मतलब था कि वो विशिष्ट बल का हिस्सा बन चुके थे।

शैलभ और गुरसेवक की पोस्टिंग कश्मीर में श्रीनगर एयरफ़ोर्स स्टेशन[12] पर हुई। यहां की भौगोलिक स्थिति के चलते उन्हें ज़मीनी स्तर पर ऐसे अनुभव मिले, जिनका कोई मोल नहीं लगाया जा सकता था।

शुरुआती दिनों के बारे में याद करते हुए शैलभ ने कहा:

> श्रीनगर में पहली पोस्टिंग के दौरान हमें अलग ही तस्वीर देखने को मिली। ख़ासकर आर्टिकल 370 के हटने से पहले, सुरक्षाबल के सदस्य होने के नाते पेट्रोलिंग करना या सड़क पर चलना बेहद मुश्किलों से भरा हुआ करता था। कहीं से भी भीड़ आ सकती थी और हम पर पत्थरों की बरसात कर सकती थी। हम उन पर गोली नहीं चला सकते थे क्यूंकि वो आम नागरिक थे और उनके पास हथियार नहीं बस पत्थर ही होते थे। बाज़ार जाकर घर का सामान ख़रीदना भी ख़तरे को बुलावा देने जैसा हो सकता था। स्थानीय लोग प्रतिकूल हो जाते थे और हमें सेना का जवान समझ लेने के बाद अपनी भाषा में बात

> करने लगते थे, जिससे हमें अपनी सुरक्षा के बारे में शक़ होने लगता था। और हम इस सब का कुछ कर भी नहीं सकते थे क्यूंकि कोई भी बात मानवाधिकार और अनचाहे अंतर्राष्ट्रीय फ़ोकस से जुड़ सकती थी।

उन्होंने आगे कहा:

> स्थानीय लोग अपने घर की छतों पर ढेर सारा चारा और भूसा रखते थे जिससे स्नाइपर्स को अच्छा कवर मिल जाता था। आस-पास ढेरों खुली हुई खिड़कियां होती थीं, जहां स्नाइपर हमारा इंतज़ार कर सकता था, सुरक्षा जवानों को अपना निशाना बनाकर कुछ ही सेकंडों में, घरों के नीचे बनी सुरंगों के नेटवर्क की मदद से भाग सकता था। हर वक़्त चौकन्ना रहना हमारी दिनचर्या का हिस्सा बन चुका था।

दो साल श्रीनगर में साथ रहने के बाद, दोनों की पोस्टिंग पंजाब के आदमपुर एयरफ़ोर्स स्टेशन[13] में हो गयी। ऐसा लगा जैसे क़िस्मत ने दोनों का साथ में रहना लिख दिया था।

पुराने दिनों को याद करते हुए शैलभ ने कहा:

> ऐसा लगता है जैसे कहीं कोई है जो हमारे लिए सबकुछ प्लान कर रहा था। एक बहुत बड़ी योजना में हम बस कुछ-एक प्यादे हैं। उसे सबकुछ पता है कि क्या होगा, कैसे होगा और कब होगा। वो कुछ बड़ा ही करने के रास्ते में था और किसी मोड़ पर मैं उससे मिल गया। फिर सबसे बड़े बलिदान से पैंतालीस दिन पहले ही उसकी शादी हुई। इसका तो कोई मतलब ही नहीं बनता है। उनकी सगाई हो गयी थी, लेकिन लम्बे समय तक किसी न किसी वजह से शादी टलती जा रही थी।

गुरसेवक की जसप्रीत कौर से 2012 में सगाई हुई, जब उनकी पोस्टिंग श्रीनगर में थी और वो कुछ दिनों के लिए छुट्टी पर घर आये हुए थे। लेकिन 2015 में, जब उनकी आदमपुर में पोस्टिंग हुई, तब जाकर उनकी शादी हो सकी। उनकी शादी भव्य पंजाबी तरीक़े से हुई थी जहां ढेरों ख़ुशियां थीं और हर ओर जश्न का माहौल था। हालांकि गुरसेवक अपनी पत्नी के साथ ज़्यादा वक़्त तक नहीं रह पाये, वो आदमपुर एयरफ़ोर्स

स्टेशन पर एक घर की तलाश कर रहे थे, जहां वो जसप्रीत के साथ रह सकते। उन्हें अपना जीवन पूरा होता लगने लगा था। उनका हनीमून आगरा में बीता था। और चूंकि अम्बाला उनके बेस से नज़दीक था, वो जसप्रीत से हर कुछ समय पर मिलने जाने की पूरी कोशिश किया करते थे।

शैलभ (जो तब लीडिंग एयर क्राफ़्ट्समैन थे और अब सार्जेंट हो गए हैं), याद करते हुए बताते हैं:

> गुरसेवक बदल गया था। शादी की ख़ुशियां साफ़ दिखायी पड़ रही थीं। हम उसे बहुत चिढ़ाते थे लेकिन वो ख़ुश ही रहता था। जब वो शादी से वापस आया, उसने पूरी फ़्लाइट के लिए शानदार पार्टी रखी। हमने शराब पी और ख़ूब डांस किया। मुझे आज भी उसका उत्साह याद है, जब वो कह रहा था कि वो एक कार ख़रीदेगा और अपनी पत्नी को घुमाने ले जाया करेगा। वो कहता था, "गौर भाई, तुम्हारे पास एक बाइक है। मैं एक कार ख़रीद लूंगा। हमारे घर आस-पास ही हैं तो हम एक छुट्टी पर तुम्हारी बाइक इस्तेमाल कर लेंगे और अगली छुट्टी पर मेरी कार।"

जसप्रीत अपनी शादी से ठीक पहले के दिनों को बड़े चाव से याद करती हैं। उन्होंने मुझे बताया:

> हमारी सगाई के बाद हम फ़ोन पर घंटों बात करते थे। वो मुझे अपने पूरे दिन के बारे में बताते थे और मैं भी ऐसा ही करती थी। छुट्टी के दौरान वो जब भी गरनाला में अपने परिवार से मिलने आते, तो मुझसे ज़रूर मिलते थे। हम चंडीगढ़ जाकर सुखना झील या फिर रॉक गार्डन घूमते थे। वो दिन आज भी वैसे के वैसे याद हैं। मुझे कतई मालूम नहीं था कि क़िस्मत ने हमारे लिए क्या सोचकर रखा था या वो कितनी क्रूर हो सकती थी।

ये यादें, भले ही ख़ुशियों से भरी मालूम थीं, मगर ये मेरे दिल को भारी कर रही थीं। एक लेखक के तौर पर ऐसी कहानियां सुनने को मिलती हैं, जो ख़ुशहाली की सूचक लगती हैं लेकिन उनका बेहद त्रासद अंत होता है। ऐसे अनुभव बेहद दर्दनाक होते हैं। जसप्रीत और गुरसेवक की कहानी भी ऐसी ही कुछ थी।

जसप्रीत ने ये भी बताया कि गुरसेवक को यदा-कदा ही छुट्टी मिल पाती थी लेकिन वो किसी तरह क्रिसमस पर घर आ ही गया था। इसी मौक़े पर इस जोड़े को ये पता चला कि वो मां-बाप बनने वाले थे। गुरसेवक की ख़ुशियों का ठिकाना नहीं था। उन्होंने अगले पचास सालों की योजनाएं बनानी शुरू कर दी थीं। वो इस बारे में सोचते थे कि वो कैसे अपने बच्चे का साथ देंगे और उसके साथ खड़े रहेंगे।

वो आख़िरी ख़ुशहाल दिन थे, जिन्हें जसप्रीत हमेशा याद करती हैं और जिनकी यादों को वो सहेजकर अपने पास रखती हैं।

आदमपुर एयरबेस
1 जनवरी 2016
शाम के 4 बजे

कॉर्पोरल गुरसेवक अपने शाम के खेल की तैयारी कर रहे थे, जब उनके पास एक अर्जेंट मैसेज आया:

> *पूरे कॉम्बैट गियर के साथ तैयार हो जाएं, राशन, गोलियां और एक दिन के मिशन के लिए ज़रूरी सारा सामान ले लें और आर्मरी में तुरंत रिपोर्ट करें। एक ऑप इमरजेंसी डिक्लेयर की गई है।*

उन्होंने तुरंत ही अपनी टैक्टिकल वेस्ट पहनी, मैगज़ीन लोड कीं और डिजिटली पैटर्न्ड वायुसेना की यूनिफ़ॉर्म पहनकर मिशन के लिए ज़रूरी चश्मा पहन लिया। उन्होंने कुहनियों और घुटने पर पैड पहने, अपनी ग्लॉक पिस्टल को जांघ पर बांधा, देखने के लिए ज़रूरी सामान को अपने हेल्मेट पर लगाया और इज़रायली टेवर सीटीएआर असॉल्ट रायफ़ल थाम ली। इस आस में कि शायद उन्हें आम इलाक़े में टोही अभियान के लिए भी जाना पड़ जाए, उन्होंने अपने पिट्ठू बैग में सादे कपड़े भी रख लिए। हालांकि ऐसे अखिरी वक़्त पर मिशन का आना कोई अनोखी बात नहीं थी, मगर इस मिशन की बारीक जानकारियां अभी भी नहीं मिली थीं।

जब सभी गरुड़ जवान आर्मरी पर इकट्ठा हुए, उन्हें पठानकोट एयरबेस के बड़े ख़तरे में होने की जानकारी दी गयी। रिपोर्ट ये बता रही थीं कि 30-31 दिसंबर 2015 की दरम्यानी रात, चार आतंकवादी पाकिस्तान से अंतर्राष्ट्रीय बॉर्डर को पार करके, पंजाब के कठुआ-गुरदासपुर रूट का इस्तेमाल करते हुए वहां पहुंचे थे।[14] बताया जा रहा था कि जैश-ए-मोहम्मद से जुड़े इन आतंकवादियों ने सेना की वर्दियां पहनी हुई थीं और ऑटोमैटिक हथियारों से लैस थे।

31 दिसंबर 2015 की रात, उन्होंने पंजाब-पाकिस्तान बॉर्डर से सटे एक छोटे से गांव बग्वाल के पास एक टैक्सी को पकड़ा। ये टैक्सी पैंतीस वर्षीय इकागर सिंह चला रहे थे।[15] आगे जो हुआ, उसके बारे में अलग-अलग बातें कहती हुई रिपोर्टें मिलती हैं। कुछ का कहना है कि इकागर सिंह ने उन आतंकियों से लोहा लिया जबकि कुछ कहती हैं कि उन आतंकियों ने उसके साथ कुछ दूरी नापी और फिर टैक्सी का टायर फट गया। लेकिन ये पूरी तरह से सच है कि आतंकियों ने उनका गला रेत दिया और आगे बढ़ गए।

इसके बाद उन्होंने एक महिंद्रा एसयूवी को कब्जे में ले लिया, जिसपर नीली बत्ती भी लगी हुई थी। ये गाड़ी पंजाब पुलिस सुपरिनटेंडेंट (एसपी) सलविंदर सिंह की थी। वो अपने रसोइये मदन गोपाल और एक जौहरी मित्र राजेश वर्मा के साथ बॉर्डर के नज़दीक स्थित धार्मिक स्थान के लिए निकले हुए थे। आतंकियों ने सलविंदर सिंह और उनके रसोइये के हाथ-पैर और मुंह बांधकर पास के जंगल में छोड़ दिया। राजेश वर्मा का अपहरण कर लिया गया और बाद में उनका भी गला रेत दिया। हालांकि वो जीवित बच गए और जैसे-तैसे अस्पताल भी पहुंच गए।

सलविंदर सिंह भी ख़ुद को आज़ाद करने में सफल रहे और चलकर नज़दीकी गांव पहुंचे, जहां से उन्होंने अपने फ़ोन का इस्तेमाल करके वरिष्ठ अधिकारियों को इसकी सूचना दी। उन्होंने बताया कि आतंकी उनकी नीली बत्ती लगी गाड़ी और दो मोबाइल फ़ोन ले गये थे। न जाने कैसे, उन्हें तीसरा फ़ोन नहीं दिखा, जिसका इस्तेमाल करके सलविंदर ने ये पूरी जानकारी दी थी। उन्होंने ये भी बताया कि आतंकवादी हिंदी, उर्दू और पंजाबी भाषा बोल रहे थे और पाकिस्तान में अपने हैंडलरों से बात करते हुए उन्होंने 'पठानकोट' शब्द का इस्तेमाल किया था।[16]

एसपी सलविंदर सिंह के दागदार रिकॉर्ड को ध्यान में रखते हुए, पंजाब पुलिस ने इस अलर्ट को लूटमार की श्रेणी में डाल दिया, जिसके चलते इस मामले में केंद्रीय एजेंसियों के शामिल होने में बारह घंटे की बड़ी देरी हो गयी। नीली बत्ती लगी उस

गाड़ी ने, आतंकवादियों को पठानकोट में घुसने में ख़ासी मदद की। इस गाड़ी के चलते वो कई पुलिस चेकपॉइंट से गुज़र सके और एक-आध जगह तो पुलिसवालों ने उन्हें सलाम भी ठोका। 1 जनवरी को, यही गाड़ी पठानकोट एयरबेस से 1.5 किलोमीटर पहले खड़ी मिली। अब इस बात का अंदेशा था कि आतंकवादी या तो एयरबेस में घुस चुके थे, या फिर आस-पास ही कहीं छुपे बैठे थे।

इस दौरान, कई मीडिया रिपोर्टें सामने आयीं। सलविंदर सिंह के ड्रग्स स्मगलिंग रिकॉर्ड को देखते हुए, कुछ का कहना था कि सलविंदर ने आतंकवादियों को यहां लाने में मदद की थी।[17] रिपोर्टों में लिखा हुआ था कि सलविंदर, अपने रसोइये मदन गोपाल और जौहरी राजेश वर्मा के साथ, 31 दिसंबर को दो बार चोरी-छुपे तालूर गांव (नरोट जयमाल सिंह पुलिस थाने की सीमा में) स्थित पीर बाबा मज़ार गये थे।

कहा ये जा रहा था कि जितनी बार उस रास्ते से ड्रग्स आते थे, सलविंदर को डायमंड के रूप में उसकी पेमेंट होती थी। मज़ार और आतंकियों के घुसने की संभावित जगह के बीच इतनी नज़दीकी थी कि आशंका जतायी जा रही थी कि ड्रग्स लाने वाले भी यही रास्ता इस्तेमाल करते होंगे।[18] इन कही-सुनी बातों को और भी बल तब मिला, जब पाया गया कि सलविंदर के साथ उनका जौहरी मित्र भी था, जो शायद वहां हीरों की तस्दीक करने के लिए मौजूद था। ऐसी आशंका जतायी जा रही थी कि पाकिस्तान स्थित हैंडलरों ने इसी नेटवर्क का इस्तेमाल करते हुए आतंकवादियों को भारत में लाने की योजना बनायी थी।[19]

आगे, रिपोर्टें ये भी सवाल उठा रही थीं कि रात के उस वक़्त, अपनी सुरक्षा के बगैर, उसी सड़क पर, जहां आतंकवादी मौजूद थे, एसपी सलविंदर कर क्या रहे थे। आतंकवादियों ने ड्राइवर को मार दिया और राजेश वर्मा का गला रेता, मगर सलविंदर और मदन गोपाल को बांधकर क्यूं छोड़ दिया? कुछ का ये भी कहना था कि भारत-पाकिस्तान बॉर्डर के साथ लगे नालों के ज़रिये आतंकवादियों ने घुसपैट की थी। इन नालों पर इलेक्ट्रॉनिक सर्विलांस कुछ कमज़ोर रहती है। अच्छी तकनीक के साथ की जा रही देखरेख के बावजूद, इस लम्बे और सक्रिय बॉर्डर पर किसी भी वक़्त घुसपैठ हो सकती है।

दुनियाभर की ख़बरों में आतंकियों की आवाजाही की बात हो रही थी, जो 25 दिसंबर की नरेंद्र मोदी की ऐतिहासिक पाकिस्तान यात्रा के समानांतर चल रही थी। बारह सालों में ये पहली ऐसी यात्रा थी। दोनों देशों के बीच संबंधों को सुधारने के लिए

आयोजित हुई इस यात्रा में उन्होंने पाकिस्तानी प्रधानमंत्री नवाज़ शरीफ़ से भी मुलाक़ात की थी। लेकिन, ये अक्सर देखा ही गया है कि पाकिस्तान के भीतर मौजूद कई धड़े शांति का विरोध करते रहे हैं और जब भी किसी भारतीय प्रधानमंत्री ने पाकिस्तान की यात्रा की है तो इन कोशिशों पर पानी फेरने के उद्देश्य से भारतीय ज़मीन पर हमले करवाये गये हैं।

ज़मीन पर स्थिति तेज़ी से बदल रही थी। भारतीय एजेंसियों को हाईअलर्ट पर रख दिया गया था और नेशनल सिक्योरिटी गार्ड को पठानकोट के लिए रवाना किया जा चुका था।

1 जनवरी को दोपहर 3 बजे, पठानकोट में मौजूद गरुड़ फ़्लाइट के कमांडिंग ऑफ़िसर स्क्वाड्रन लीडर भावेश कुमार दुबे[20] से हेडक्वार्टर ने वहां मौजूद गरुड़ जवानों के बारे में जानकारी ली। उस दिन सीओ छुट्टी पर थे और उन्होंने बताया कि कुछ ही गरुड़ जवान बेस पर मौजूद थे क्यूंकि बाकी लोग दूसरे ज़रूरी मिशन पर पहले से भेज दिये गये थे।

उन्हें बताया गया कि वेस्टर्न एयर कमांड के एयर ऑफ़िसर कमांडिंग-इन-चीफ़,[21] एयर मार्शल एस.बी. देव, बड़े नेतृत्व के साथ मौजूदा स्थिति की देखरेख करने कल पठानकोट आ रहे थे। बेस को पुन: सशक्त करने के लिए उन्हें नज़दीकी वायुसेना स्टेशन से गरुड़ जवानों को बुलाना होगा।

इसके बाद आदमपुर से गरुड़ जवानों को बुलाया गया, जिसमें कॉर्पोरल गुरसेवक भी शामिल थे।

एक छोटी मीटिंग के बाद, दो विमानों के ज़रिये इन गरुड़ जवानों को लाया गया। एक विमान में एयर ऑफ़िसर कमांडिंग-इन-चीफ़ के साथ छह गरुड़ जवानों की टीम थी, जबकि दूसरे में गरुड़ जवानों की एक और टीम थी। पहली पतिक्रिया देने वाली ये दो टीमें थीं, जबकि देशभर से गरुड़ फ़्लाइट्स को ऑपरेशन की ज़रूरत के हिसाब से लाने की योजना तैयार थी।

पठानकोट में आने के बाद, दोनों अभी-अभी आयी गरुड़ टीमें पहले से मौजूद टीम के साथ जुड़ गईं। इसके बाद, पठानकोट की गरुड़ फ़्लाइट के सीओ ने इन सभी को पूरी जानकारी दी। अपने तगड़े अनुभव के चलते, अपने साथियों के बीच वो एक ऐसे खालिस पेशेवर लड़ाके के रूप में जाने जाते थे, जो बगैर हड़बड़ी के सटीक फैसले लेने की कुव्वत रखते थे। उन्हें अपना काम बखूबी मालूम था।

गरुड़ टीम को संबोधित करते हुए, सीओ ने कहा:

'जैसा कि आप सभी को मालूम है, आशंका है कि आतंकवादी बेस में घुस चुके हैं। हमें उन्हें ढूंढना है और ख़त्म करना है।'

1 जनवरी 2016 को रात 10 बजे तक एनएसजी काउंटर टेरर टास्क फ़ोर्स (सीटीटीएफ़-1) पहुंच चुकी थी और उन्होंने पठानकोट में सभी ज़िम्मेदार अधिकारियों से बातचीत कर ली थी। स्क्वाड्रन लीडर दुबे ने अपने जवानों को बैठक के उद्देश्यों का सारांश बताया।

बेहद विस्तृत पठानकोट एयरफ़ोर्स बेस कई किलोमीटरों में फैला हुआ था, जिसमें घना जंगली इलाक़ा और झाड़-झंखाड़ बहुतायत में था। यहां कई फ़ाइटर जेट्स और अटैक हेलीकॉप्टर थे, जिसके साथ मिसाइल सिस्टम, रडार और बाक़ी बेहद महत्वपूर्ण संसाधन मौजूद थे। कश्मीर को बाक़ी के हिंदुस्तान से जोड़ने वाले मुख्य हाइवे पर रणनीतिक रूप से मज़बूत जगह स्थित ये बेस, पाकिस्तान की सीमा से लगभग पैंतीस किलोमीटर दूर था। इस छोटे से शहर में फ़ैमिली क्वार्टर, स्कूल और दुकानें थीं, जो भारतीय वायुसेना के कर्मियों और उनके परिवार के लिए थीं।

सीओ ने ये मीटिंग इन शब्दों के साथ ख़त्म की: 'हवाई उपकरण अपने काम पर लगे हुए हैं। यूएवी और विमान, निगरानी रख रहे हैं। किसी भी शंका पैदा करने वाली हरकत के बारे में हमें तुरंत अवगत करवाया जाएगा। चौकन्ने रहें और तैयार रहें। किसी भी वक़्त एक्शन के लिए ख़ुद को तैयार रखें।'

इसके बाद उन्होंने आने वाली गरुड़ जवानों की खेप को अलग-अलग टीमों बांटा। उन्होंने आदमपुर से आये जवानों के साथ पठानकोट के जवानों को रखा जिससे हर टीम में कोई न कोई ऐसा जवान हो, जो वहां के बारे में पूरी जानकारी रखता हो। इनमें से एक टीम, सीधे उनकी कमांड थी, जिसमें कॉर्पोरल गुरसेवक भी थे। इसके साथ ही, एक और गरुड़ टीम थी, जो एओसी-इन-सी, वेस्टर्न कमांड के साथ रहने वाली थी और ये एयर ट्रैफ़िक कंट्रोल टॉवर में रहने वाले थे।

स्थिति की गंभीरता को देखते हुए, एरिया ऑफ़ रेस्पॉन्सिबिलिटी (एओआर) में जाने से पहले गुरसेवक ने जसप्रीत को एक मैसेज भेजा: 'तुम सो जाओ। यहां कुछ ज़रूरी काम आ गया है। मैं तुम्हें कॉल करूंगा।'

किसी को नहीं मालूम था कि ये उनकी आख़िरी बातचीत साबित होगी। जसप्रीत ने सादा सा जवाब दिया - 'ओके'।

पठानकोट एयरबेस
पंजाब
2 जनवरी 2016
रात के डेढ़ बजे

रात के सन्नाटे को काटते हुए, सीओ का फ़ोन बजा। दूसरे छोर पर एओसी थे, जो किसी भी एयरबेस पर मौजूद वरिष्ठतम अधिकारी होता है। बात अतिमहत्वपूर्ण थी। आरपीए[22] ने कुछ अप्रत्याशित हरकत पकड़ी थी। थर्मल तस्वीरें बता रही थीं कि एयरबेस की सीमा के पास एक घने पेड़-पौधों वाले इलाक़े में कुछ हलचल हो रही थी। ये जगह रिहायशी इलाक़े से भी नज़दीक थी। हालांकि यहां जंगली सूअर और नीलगाय आम थे, लेकिन आवाजाही में जिस तरह की सहजता दिख रही थी, वो जानवरों की नहीं लग दे रही थी, ख़ासकर इतनी रात में।

सीओ ने तुरंत ही अपनी टीम इकट्ठा की और सारी जानकारी दी।

इस ब्रीफ़िंग के बाद, टीम ने ख़ुद को तैयार किया और पूरी दृढ़ता के साथ अपना साज-ओ-सामान गाड़ी में रखना शुरू किया। वो जैसे-जैसे टार्गेट एरिया की ओर बढ़ रहे थे, सर्दी बढ़ती हुई लग रही थी और हवा में शंका की घुलन ज़्यादा होती जा रही थी। सीओ ने बाक़ी की दोनों टीमों को भी उस इलाक़े के नज़दीक आने के निर्देश दे दिये। वो ओस से लगातार गीली होती हुई, जनवरी की एक सर्द रात थी और उनके सामने लम्बे-चौड़े इलाक़े में संभावित आतंकवादियों को ढूंढने की चुनौती थी।

सीओ ने टार्गेट एरिया से कुछ दूरी पर ही अपनी जिप्सी रोकी और उसका इंजन रात की सर्दी में शांत हो गया। वो सभी चुपचाप नीचे उतरे, हथियार तैयार किये और रणनीतिक रूप से आगे बढ़ने लगे।

हर ओर सन्नाटा फैला हुआ था जो यदा-कदा पत्तों की सरसराहट और दूर किसी रात्रिचर जानवर की आवाज़ से टूट रहा था। टीम तेज़ी से आगे बढ़ रही थी। उनकी हलचल बेहद सावधानीपूर्ण थी, जिसका उन्हें ख़ासा अभ्यास था। एक लाइन बनाकर चल रहे गरुड़ के जवान, अपनी-अपनी भूमिका और ज़िम्मेदारी जानते थे। सीओ ने अपने हाथ से एक इशारा किया और पहला जवान, अपना हथियार तानकर, आगे बढ़ गया। उसने अंधेरे के बीच निहारने की कोशिश की, उसकी सारी मांसपेशियां जागृत थीं और वो घने पेड़-पौधों के बीच आगे बढ़ा जा रहा था। वो रुका, कुछ देर सुनता रहा और फिर सिर के एक इशारे से बताया कि इलाक़ा सुरक्षित था।

दूसरा जवान आगे आया और अनुशासित क़दमों के साथ बढ़ता चला गया। इसके बाद तीसरा और फिर चौथा। हर गरुड़ जवान पूरी सावधानी बरत रहा था।

ठंड में चुपचाप आगे बढ़ते हुए, गरुड़ जवानों को कई चुनौतियों का सामना करना पड़ रहा था। दिखायी कम दे रहा था, मौसम कड़ाके का था और बेरहम इलाक़ा उनके काम को और मुश्किल बना रहा था। घनी झाड़ियां और ऊंची घास इतनी ज़्यादा थीं कि सामने तक देखना मुश्किल हो जाता था। आस-पास रिहायशी इलाक़ा, मेस, स्कूल और दूसरी इमारतों की मौजूदगी ने मिशन को और जटिल बना दिया था। नीतिगत निगाह से देखें तो समझ में आता है कि ऐसी जगह आतंकवादियों के छुपने के लिए एकदम मुफ़ीद थी।

आरपीए ने जिस जगह के बारे में जानकारी दी थी, उस जगह पर सभी पहुंच चुके थे। यहीं पर हलचल देखी गयी थी। सीओ ने गुरसेवक और शैलभ को आगे बढ़ने के निर्देश दिये जिससे बाकियों के आगे जाने से पहले, ये दोनों इलाक़े की टोह ले लें। गुरसेवक ने कवर दे रखा था और शैलभ वहां इलाक़े को जांच रहे थे।

हालांकि वहां कुछ भी दिखायी नहीं दे रहा था लेकिन उनके भीतर से ये आवाज़ आ रही थी कि वहां कुछ तो ऐसा था, जो ठीक नहीं था। ऐसा लग रहा था कि वहां हाल ही में कोई मौजूद था।

वो सीओ के पास वापस आये और रिपोर्ट किया: 'वो जगह थोड़ी शक़ पैदा कर रही है। हमें उसे अच्छे से चेक करना चाहिए।'

आगे बढ़ते हुए, उन्होंने पाया कि वहां ऊंची घास के बीच एक छुपा हुआ रास्ता था, जो एक पुरानी, अरसे से खाली पड़ी दो कमरे की इमारत की ओर जा रहा था।

गुरसेवक ने सीओ से पूछा, 'सर, क्या हम उसे भी सर्च कर लें?'

सीओ ने जवाब दिया, 'हां। हमें पूरे इलाक़े को अच्छे से चेक करने की ज़रूरत है। कुछ भी छूटना नहीं चाहिए।'

उन्होंने सावधानी से अपना तलाशी अभियान शुरू कर दिया। वो घास के बीच, उस इमारत की ओर बढ़े जा रहे थे और किसी भी स्थिति के लिए तैयार थे। पैरों के नीचे घास की सरसराहट थी, मगर गरुड़ सधी हुई, सावधानी से भरी चाल के साथ आगे बढ़ रहे थे। जब वो किनारे के पास पहुंचे, सीओ ने हाथ से रुकने का इशारा किया।

बेहद कम रोशनी में, उन्होंने देखा कि बाउंड्री के पास लगी बाड़ के तार कटे हुए पड़े थे। तार तुड़े-मुड़े दिखायी पड़ रहे थे। ऐसा लग रहा था जैसे किसी ने ताक़त लगाकर अंदर घुसने की कोशिश की थी। हालांकि जंगली सुअरों द्वारा ऐसी बाड़ तोड़ा जाना कोई नयी बात नहीं थी, लेकिन फिलहाल जवान इसे शक़ भरी नज़रों से देख रहे थे।

सीओ ने टीम को बाड़ से होते हुए आगे बढ़ने का इशारा किया।

वो बगैर किसी आवाज़ के आगे बढ़ चले। सीओ आगे-आगे चल रहे थे, उनके पीछे गुरसेवक और फिर शैलभ गौर थे और फिर बाक़ी के जवान। सीओ इस इलाक़े को अच्छे से जानते थे। वो अपने सामने की जगह को आराम से और नपे-तुले क़दमों के साथ क्लियर करते जा रहे थे। गुरसेवक पीछे चल रहे थे और उनकी रायफ़ल बाएं से दाएं, किसी भी अनचाही हरक़त के लिए गश्त लगा रही थी। तीसरे और चौथे गरुड़ जवान बाक़ी दिशाओं को कवर कर रहे थे, उनकी नज़रें चौकन्नी और उंगलियां ट्रिगर पर तैयार थीं।

जब उन्होंने बाड़ को पार किया, हवा में सर्दी बढ़ती मालूम दे रही थी, सन्नाटा और भी गहराता जा रहा था। उनके आसपास घुप्प अंधेरा था और घनी झाड़ियों के चलते कुछ फ़ीट से आगे देखना लगभग असंभव था। फिर भी, गरुड़ आगे बढ़ते गए। वो पूरी तरह चौकस थे और उनका संकल्प अटूट था।

वो कीचड़ से भरे एक छोटे से नाले के सहारे आगे बढ़ने लगे, जिससे बेस से बारिश का पानी निकाला जाता था। उसकी गहराई और दलदल के चलते, वो एक सुरक्षित रास्ता बन चुका था और उन्हें संभावित स्नाइपर की गोलियों से बचा सकता था। जब वो इससे गुज़र रहे थे, उन्हें एक और बाड़ मिली जिसके भी तार बेतरतीबी से काटे गये थे। उस भयानक अंधेरे में, उनका संदेह और भी गहरा और ठोस होता जा रहा था। बाड़ के दूसरी ओर, एमईएस का मिलिट्री ट्रांसपोर्ट यार्ड था।

जिस अस्थायी रास्ते पर वो चल रहे थे, वहां ख़त्म हो रहा था।

सीओ ने इशारे से सभी को बाड़ के पार जाने को कहा। उन्होंने तार पकड़े और गुरसेवक आगे बढ़ गए। इसके बाद शैलभ ने तार पकड़े और सीओ आगे बढ़े। चौथे गरुड़ ने शैलभ के लिए तार पकड़े, लेकिन वो जब बाड़ पार कर रहे थे, उनकी जैकेट का एक हिस्सा तार में फंस गया। उधर, गुरसेवक और सीओ एमटी यार्ड में काफ़ी आगे पहुंच चुके थे जहां पुराने, छोड़ दी गयी एमईएस की गाड़ियां पड़ी हुई थीं।

घड़ी में कुछ ही मिनट पहले रात के दो बजे थे।

शैलभ ने आगे देखा लेकिन अंधेरे में उन्हें अपने साथी दिखायी नहीं दे रहे थे। वो शायद बाड़ और यार्ड के बीच की छोटी सी दीवार को पार कर गये थे। वो अपनी जैकेट छुड़ाने की कोशिश कर ही रहे थे कि गोलियां चलने की आवाज़ आने लगी।

वो अपनी जगह जम गये।

पहले उन्हें लगा कि ये शायद कोई ग़लतफ़हमी होगी या किसी डिफ़ेंस सिक्योरिटी कोर (डीएससी)[23] सदस्य द्वारा अपने ही पक्ष पर चलायी गयी गोली होगी। लेकिन फिर एक ग्रेनेड ब्लास्ट ने ये पुष्ट कर दिया कि हमला करने वाले आतंकवादी थे। डीएससी के जवान बचाव में ग्रेनेड का इस्तेमाल नहीं करते।

'आतंकवादी', शैलभ को जैसे ही ये अहसास हुआ, उन्होंने अपनी जैकेट उतारनी शुरू कर दी।

बाकी के तीन गरुड़ जवान रक्षात्मक तरीक़े से, किसी भी ख़तरे का सामना करने के लिए तैयार हो गए। आख़िरी के दो गरुड़, जो जोड़े में काम कर रहे थे, पीछे से कवर दे रहे थे जबकि तीसरा जवान शैलभ को कवर कर रहा था।

यार्ड के अंदर, सीओ और गुरसेवक ने पाया कि वहां कंटीले तार लगे हुए थे। वहां दो गैराज भी थे, जिनके बड़े-बड़े खम्बे एक-दूसरे के सामने खड़े थे। यार्ड में पुरानी गाड़ियां थीं और बीच की जगह में जेसीबी और ट्रक जैसी बड़ी गाड़ियां खड़ी रहती थीं। उन्होंने कंटीले तार पार किये और सीओ ने नाइट विज़न उपकरणों का इस्तेमाल करते हुए इलाक़े की पड़ताल की। उन्हें कोई हलचल दिखायी नहीं दी।

इस वक़्त तक, गुरसेवक सीओ से आगे बढ़ गये थे, जो उनकी रणनीति का हिस्सा था। अचानक एके-47 रायफ़ल से गोलियां बरसने लगीं और ये सभी गुरसेवक की दिशा में थीं। क़रीब अठारह से उन्नीस गोलियां चली थीं। अंधेरे में चिंगारियां तैरती हुई दिखायी पड़ रही थीं। उन्हें मालूम ही नहीं था कि पुरानी गाड़ियों और खम्बों के पीछे पहले से फ़िदायीन पोज़ीशन लेकर बैठे हुए थे और अपने नाइट विज़न उपकरणों से इन जवानों को आते हुए देख रहे थे। गुरसेवक को कई गोलियां लगीं। लेकिन जब वो नीचे गिर रहे थे, उनकी ट्रेनिंग ने असर दिखाना शुरू कर दिया और उन्होंने एक जेसीबी की ओट लेते हुए जवाबी फ़ायरिंग शुरू कर दी।

सीओ उनसे महज़ दस मीटर पीछे थे और उन्होंने एक खम्बे की आड़ लेकर वापस फ़ायरिंग शुरू कर दी। जेसीबी गुरसेवक की कुछ मदद तो कर रही थी, लेकिन फिर भी उन्हें कुछ गोलियां लग गयीं। मेटाडोर के पीछे छुपा बैठा एक आतंकी लगातार गुरसेवक को देख सकता था।

एक दूसरी दिशा से आती गोलियों ने सीओ को निशाना बनाया। एक गोली उनकी दाहिनी जांघ को छूते हुए निकल गयी।

बुरी तरह ज़ख़्मी होने के बावजूद, कॉर्पोरल गुरसेवक ने जवाबी गोलीबारी जारी रखी, जिससे हमलावर अपनी जगह पर ही रुके रहे और सीओ को पीछे हटने का मौक़ा मिला। इस तरह से, सीओ ने अपने संचार के उपकरणों का इस्तेमाल करते हुए बाक़ी लोगों को सतर्क कर दिया।

दोनों ओर से लगातार गोलीबारी चल रही थी।

इस वक़्त तक, शैलभ ने सफलतापूर्वक अपनी जैकेट छुड़ा ली थी। इस पूरी आपाधापी के बीच, गुरसेवक ने सपोर्ट को बुला लिया था। शैलभ गोलियों और ग्रेनेड की मार से बचते हुए आगे बढ़ रहे थे। जब वो दीवार को पार करके यार्ड में घुसे, उन्होंने देखा कि सीओ और गुरसेवक बुरी तरह से फंसे हुए थे। उन पर एके-47 की गोलियां बरस रही थीं। दोनों ने ख़ुद को सुरक्षित रखने की पोज़ीशन ले रखी थी। सीओ एक खम्बे के पीछे थे और गुरसेवक जेसीबी के बड़े टायर के पीछे। इसी जगह से गुरसेवक का मृत शरीर मिला था।

अपनी चोटों के बावजूद, गुरसेवक ने पीछे हटने की बजाय मुंहतोड़ जवाब देना जारी रखा। अपनी जगह से, शैलभ को आतंकियों की पोज़ीशन साफ़ दिखायी दे रही थी। उन्होंने गुरसेवक को कवर करने के लिए गोलियां चला दीं। लेकिन, गुरसेवक पूरी तरह से खुले में थे। आतंकियों को उनकी पोज़ीशन मालूम थी और शैलभ इतनी दूर थे कि उनकी मदद बहुत काम नहीं आ रही थी।

इसी बीच, गुरसेवक ने एक चाल चली। उन्होंने चिल्लाकर कहा, 'अरे, वो रॉकेट लॉन्चर लेकर आ!'

सीओ ने भी ऐसा किया। उन्होंने ज़ोर से चिल्लाकर मदद और हथियार लाने को कहा। इस तरह से चिल्लाकर वो आतंकवादियों के मन में शक़ पैदा करना चाहते थे और ये काम कर गया।

आतंकवादियों को लगा कि अब बड़ी संख्या में सुरक्षाबल आ रहा था, जिससे वो घबरा गये। उन्हें लगा कि गुरसेवक और सीओ ने आते वक़्त उन्हें देख लिया था। जबकि असलियत ये थी कि ये दोनों तो यहां बस जांच पड़ताल करते हुए पहुंचे थे और जब तक आतंकवादियों ने गोलियां नहीं चलायी थीं, उनकी स्थिति का उन्हें कोई अंदाज़ा भी नहीं था।

अगर गरुड़ जवानों से ये मुठभेड़ नहीं हुई होती तो शायद आतंकवादी अपने निशाने तक बगैर रुकावट के पहुंच जाते।

ये लोगों को मारना नहीं चाहते थे बल्कि भारत के बहुमूल्य रक्षा संसाधनों को नुकसान पहुंचाकर अंतर्राष्ट्रीय सुर्खियां बनाना चाहते थे।

ऐसा कोई काम, भारतीय सम्मान और सैन्य क्षमता को कटघरे में ला खड़ा कर देता। ऐसी स्थिति में वैश्विक स्तर पर भारत की सामरिक और रणनीतिक कमजोरियां उजागर हो जातीं। भारत में घुसपैठ करते ही, फ़िदायीनों का उद्देश्य साफ़ था: उन्हें पठानकोट एयरबेस के टेक्निकल एरिया को बर्बाद करना था। वो एक आत्मघाती मिशन पर आये हुए थे। हालांकि उनकी मौजूदगी की ख़बर मीडिया में आ चुकी थी, लेकिन आतंकियों ने अपने उद्देश्य को ध्यान में रखते हुए मिशन को चालू रखा। वो अपनी या पाकिस्तान में अपने परिवार की सुरक्षा को लेकर कतई चिंतित नहीं थे। लेकिन गरुड़ से हुई मुठभेड़ ने उनकी कार्रवाई में बाधा डाल दी।

गुरसेवक ने लगातार गोलीबारी जारी रखी जिससे झुंझलाए आतंकवादी अब यार्ड से भागने की फ़िराक़ में थे। असल में, वो मुठभेड़ नहीं करना चाहते थे बल्कि विमानों को नुकसान पहुंचाना चाहते थे। गरुड़ ने जो उनकी राह में अवरोध उत्पन्न किया था, उसने उनके मिशन को बड़ा झटका दिया था। वो अब आगे नहीं बढ़ सकते थे। स्थिति अचानक ही ख़तरनाक हो चली। अब एनएसजी और दूसरे गरुड़ जवानों ने उनके पीछे पोज़ीशन लेनी शुरू कर दी। वो इलाक़े को घेर रहे थे और आतंकवादियों के भागने के रास्ते बंद होते जा रहे थे।

ये जानकार कि वो फंस चुके थे, आतंकवादियों ने अपनी रणनीति को संभालना शुरू किया। एक गोली चलाता, तो दूसरा भागने के फेर में अपनी पोज़ीशन बदल लेता। जैसा कि बाद में मालूम चला, ये कोई आम आतंकवादी नहीं थे। ये जैश-ए-मोहम्मद की अफ़ज़ल गुरु स्क्वाड के फ़िदायीन थे। इन्होंने बेहद कठिन ट्रेनिंग ली हुई थी और इनके पास इतना गोला-बारूद था कि ये ज़्यादा से ज़्यादा नुकसान करते हुए कई दिन निकाल सकते थे।

गरुड़ टीमों, नेशनल सिक्योरिटी गार्ड और भारतीय सेना ने अगले हिस्से की मुठभेड़ शुरू की और इसी बदौलत ही ये संभव हुआ कि आतंकी अपने मक़सद में क़ामयाब नहीं हो सके।

कॉर्पोरल गुरसेवक सिंह अपनी पूरी जान लगाकर आतंकवादियों पर गोलियां बरसाने की कोशिश कर रहे थे। शैलभ ने उनके नज़दीक जाने की कोशिश की। वो जोड़ा बनाकर मज़बूत स्थिति में पहुंचने की कोशिश कर रहे थे।

लेकिन, इतनी ही देर में आतंकवादियों ने उन्हें ही निशाना बनाना शुरू कर दिया और उनके पेट में कई गोलियां आकर धंस गयीं। कई सैनिकों ने बताया है कि ऐसे मौक़ों पर एड्रेनैलिन इस कदर हावी हो जाता है कि ऐसी चोटों का दर्द पता भी नहीं चलता है। ठीक ऐसा ही शैलभ के साथ हुआ। उन्हें समझ में ही नहीं आया कि उन्हें गोलियां लग चुकी थीं और उन्होंने लड़ना जारी रखा।

इधर, सीओ भी पूरी ताक़त झोंककर गोलियां चला रहे थे। एक मौक़े पर एक आतंकवादी ने उनकी दिशा में एक ग्रेनेड फेंक दिया। इसके चलते सीओ और शैलभ को पीछे हटकर कवर लेना पड़ा।

सीओ ने शैलभ को पकड़ा और समझाया कि दूसरे जवान आ चुके थे और उन्होंने उस इलाक़े को घेर लिया था। इसलिए, ये बेहद ज़रूरी हो गया था कि वो उन्हें अपनी सही लोकेशन बता दें और अपने ही पक्ष को कोई गोली न मार दे। उनकी टीम के बाक़ी तीन गरुड़ के जवान पहले ही सही जगह पर स्थित थे और वो पलक झपकते ही हमला करने के लिए तैयार थे। उन्हें इस वक़्त तक गोलियां ही सुनायी या दिखायी पड़ रही थीं और वो अपनी जगह पर रहने के लिए मजबूर थे। उन्हें डर था कि उस अंधेरे में वो अपने ही साथियों को निशाना न बना दें।

तमाम कोशिशों के बावजूद, सीओ और शैलभ किसी भी तरह से गुरसेवक के नज़दीक पहुंचकर उन्हें ठीक से कवर नहीं दे पा रहे थे। वो जिस जगह पर थे, खुले में थे और उन पर हर ओर से गोलियां बरस रही थीं। लेकिन, वो लगातार लड़ते रहे। गोलियों की बरसात से घायल गुरसेवक के दम तोड़ने के बाद ही आतंकवादी उस इलाक़े से निकल सके।

गुरसेवक की बहादुरी ने सुरक्षाबलों को बेहद ज़रूरी समय दे दिया था, वरना आतंकी आसानी से टेक्निकल एरिया तक पहुंच जाते और अपने मक़सद में क़ामयाब हो जाते। गरुड़ के जवान सीना तानकर खड़े थे। वो हर मुसीबत से लड़ने को तैयार थे, भले ही उन्हें जान की बाज़ी क्यूं न लगानी पड़े।

भागते हुए आतंकवादी उस रिहायशी इलाक़े की ओर भागे, जिधर ठीक-ठाक रोशनी थी। वो किसी भी हाल में टेक्निकल एरिया तक पहुंचना चाहते थे और ऐसा करने के लिए वो किसी भी हद तक जा सकते थे।

ध्यान भटकाने के लिए, उन्होंने एक खाली पड़े घर में आग लगा दी। सुरक्षाबलों का ध्यान भटकाने के लिए ये एक जाना-माना तरीक़ा होता है। जिस वक़्त वो इमारत जल रही थी और आसपास के इलाक़े में धुआं और राख फैल रही थी, आतंकियों ने

बाइक्स को भी आग के हवाले करना शुरू कर दिया। फ़िदायीन डीएससी मेस तक पहुंच गए और वहां ताबड़तोड़ गोलियां बरसाने लगे। हड़बड़ाहट में उन्होंने हर उस चीज़ पर गोली चलायी, जो उनके सामने आ रही थी। वो जान गये थे कि उनका समय ख़त्म होने ही वाला था।

यही वो जगह थी, जहां डिफ़ेंस सिक्योरिटी कोर के सिपाही जगदीश चंद को आतंकवादियों ने मार डाला। जगदीश चंद 2 जनवरी की सुबह, मेस में काम कर रहे थे। हमला अचानक हुआ था, लेकिन उन्होंने हिम्मत दिखाते हुए लड़ाई लड़ी और जाने देने से पहले एक आतंकवादी का हथियार छीनकर उसे गोली मार दी। इस दौरान कायर आतंकवादियों ने उनकी पीठ पर वार करते हुए उन पर गोलियां बरसा दीं, जिससे वो वीरगति को प्राप्त हुए। अनुभव के धनी जगदीश चंद ने इन आतंकवादियों से बगैर किसी हथियार के लोहा लिया था और अगर उन पर पीछे से हमला न हुआ होता तो वो शायद उन्हें और भी नुकसान पहुंचाते।

उन्हें उनकी बहादुरी के लिए कीर्ति चक्र से सम्मानित किया गया। वो डोगरा रेजिमेंट के थे और 2009 में रिटायर हो चुके थे। उनकी डीएससी में दोबारा नियुक्ति हो गयी थी, जो सैन्य प्रतिष्ठानों की सुरक्षा की ज़िम्मेदारी लेती है। हाल ही में उनका लेह से पठानकोट ट्रांसफ़र हुआ था और इस घटना से दो दिन पहले ही वो दस दिनों की छुट्टी बिताकर आये थे। शायद उन्होंने जन्म लेने से पहले ही एक सैनिक की मृत्यु चुन ली थी। किसने सोचा था कि वो रिटायरमेंट के बाद भी दुश्मन की गोली से मरेंगे?

इक्यावन वर्षीय सूबेदार फ़तेह सिंह, उन पांच डीएससी कर्मियों में एक थे, जो उस दिन शहीद हुए थे। बड़े बोर के जाने-माने शूटर फ़तेह सिंह ने देश का कॉमनवेल्थ गेम्स में प्रतिनिधित्व किया था और कई मेडल जीते थे। डीएससी को ज़्यादा नुकसान हुआ था क्यूंकि उनके कर्मियों पर अचानक हमला हुआ था और इतनी सुबह वो अपने हथियारों से दूर, अपने काम में लगे हुए थे।

आतंकवादियों को अपने अंत से मिलने में बहुत ज़्यादा वक़्त नहीं लगा। उन्हें दूसरे देश की ज़मीन पर एक गुमनाम मौत मिली। गरुड़ से मुठभेड़ शुरू होने के घंटे भर के भीतर, देश के आतंकवाद विरोधी बल नेशनल सिक्योरिटी गार्ड्स ने मामला अपने हाथ में लिया और एक-एक करके आतंकवादियों का ख़ात्मा कर दिया।

आतंकियों की मौत बेहद तुच्छ तरह से हुई और उन्हें ज़मीन में यूं ही गाड़ दिया गया। जिन्होंने देश के लिए जान दी, उन्हें सबसे बड़े सम्मान से नवाज़ा गया और करोड़ों

की आबादी वाले इस देश ने उनके लिए आंसू बहाए। उन्हें तिरंगे में लपेटा गया और पूरे सम्मान के साथ उनकी अंतिम यात्रा निकाली गयी।

जिस वक़्त आप ये पढ़ रहे हैं, मैं चाहती हूं कि आप इस विरोधाभास के बारे में ज़रूर सोचें कि क्या होता है, जब आप भारत देश के लिए जान देते हैं और जब इसके ख़िलाफ़ जान देते हैं।

अंतिम और भीषण मुठभेड़ के दौरान, आतंकवादियों को घेरा जा चुका था। एनएसजी की काउंटर टेररिज़्म टास्क फ़ोर्स 1 ने अपने अत्याधुनिक हथियारों और उपकरणों की मदद से आतंकवादियों को खुले मैदान में लाकर धराशायी कर दिया। इस ऑपरेशन में भारतीय सेना ने भी उनका साथ दिया। इस वक़्त तक, रणनैतिक रूप से भारतीय सुरक्षाबलों का पलड़ा भारी हो चुका था। स्नाइपर अपनी पोज़ीशन पर थे, लाइट मशीन गन लायी जा चुकी थीं, सर के ऊपर ड्रोन्स उड़ रहे थे और वायुसेना के हेलीकॉप्टर मिसाइल लॉन्च कर रहे थे। अंत में, सभी आतंकवादी ख़त्म किये जा चुके थे।

इस पूरी घटना में कितने आतंकवादी शामिल थे, इस आंकड़े पर ख़ासा मतभेद है। राष्ट्रीय सुरक्षा एजेंसी (एनआईए) का कहना है कि एयरबेस में चार आतंकवादी घुसे थे, जबकि नेशनल सिक्योरिटी गार्ड्स का कहना है कि आतंकवादियों की संख्या छह थी। इस घटना को नौ साल हो चुके हैं और अभी भी सही संख्या मालूम नहीं चल सकी है।

मेरी रीसर्च के दौरान, मुझे ऐसी रिपोर्ट भी दिखीं, जो बताती हैं कि पठानकोट हमले के मास्टरमाइंड शाहिद लतीफ़ को 11 अक्टूबर 2023 को पाकिस्तान के सियालकोट में अनजान बंदूकधारियों ने गोली मार दी।[24] कुछ लोगों का कहना है कि उसे भारतीय सुरक्षाबलों ने मारा। सच क्या है, ये शायद कभी मालूम न चल सके। शायद यही बेहतर है कि हममें से जो लोग आरामदायक और आम ज़िंदगी जीते हैं, वो इस बात से अनजान ही रहें कि देश की रक्षा करने के लिए वास्तव में क्या कुछ करना पड़ता है।

2 जनवरी को, स्थिति के काबू में आते ही कॉर्पोरल गुरसेवक के मृत शरीर को वहां से निकाल लिया गया। ऐसे ऑपरेशनों में सैनिकों और आतंकवादियों के मृत शरीरों के साथ कैसा बर्ताव करना है, इसके लिए सख़्त नियम बने हुए हैं। आतंकवादी अक्सर लाशों में विस्फ़ोटक छुपा देते हैं जिससे वो धोखे से लोगों की जान ले सकें। इसी तरह से उन्होंने एनएसजी के बम निरोधी दस्ते के बहादुर ऑफ़िसर कर्नल निरंजन ई.के. की जान ले ली। उन्हें मरणोपरांत शौर्य चक्र से सम्मानित किया गया।

15 अगस्त 2016 को, कॉर्पोरल गुरसेवक सिंह को भी मरणोपरांत शौर्य चक्र से सम्मानित किया गया। शैलभ गौर को मेंशन-इन-डिस्पैचेज़, जबकि स्क्वाड्रन लीडर भावेश कुमार दुबे को वायु सेना मेडल (शौर्य) से सम्मानित किया गया।

7 जनवरी 2016 तक, गहन तलाशी अभियान के बाद, पठानकोट एयरबेस को सुरक्षित घोषित कर दिया गया।[25] यहां से भारी मात्रा में गोलाबारूद और अत्याधुनिक हथियार मिले, जिसमें अंडर बैरेल ग्रेनेड लॉन्चर, मोडिफ़ाई की हुई एके-47, चीनी ग्रेनेड और एमपी4/5 सबमशीन गन्स शामिल थीं। इसके साथ, इंडियन करेंसी, नक़्शे, सूखे मेवे, दवाइयां और नशीले पदार्थ भी बरामद हुए थे।

आतंकवादी अपने मिशन की शुरुआत में सात लोगों की जान लेने में सफल हो गए थे। ऐसा इसलिए ही संभव हो सका क्यूंकि उन्होंने बेफ़िक्री से अपना काम कर रहे डीएससी के जवानों पर अल-सुबह हमला कर दिया था। बाद में, उन्हें तुरंत ही धराशायी कर दिया गया और पाकिस्तान में बैठे उनके हैंडलर मुंबई हमले जैसा कारनामा दोहरा नहीं सके।

दुनियाभर में जितने भी एयरबेस पर हमले हुए हैं, कोई न कोई विमान क्षतिग्रस्त ज़रूर हुआ है। पाकिस्तानी वायुसेना के बेहद सुरक्षित माने जाने वाले मियांवली ट्रेनिंग एयरबेस पर 4 नवम्बर 2023 की सुबह 4 बजे हुए हमले में भी ऐसा ही कुछ हुआ था।[26] उस मौक़े पर, आतंकवादियों ने दीवार फांदकर एयरबेस में प्रवेश किया था और पठानकोट में भी ठीक ऐसा ही हुआ था। लेकिन, मियांवली में तीन विमान और एक फ़्यूल टैंक क्षतिग्रस्त हुआ था। हालांकि कई रिपोर्ट ये भी कहती हैं कि पाकिस्तान अपने यहां हुए नुकसान का पूरा ब्योरा सार्वजनिक नहीं कर रहा है। पठानकोट एयरबेस पर हुए हमले में, न ही किसी विमान को नुकसान पहुंचा और न ही एयरबेस के अंदर किसी आम या विदेशी नागरिक को हानि पहुंची।

पहली गरुड़ टीम ने जो कार्रवाई की, मेरी नज़र में वो शौर्य और पराक्रम की मिसाल थी।

जब कॉर्पोरल गुरसेवक के सर्वोच्च बलिदान की ख़बर उनके गांव गरनाला पहुंची, वहां अफरातफरी का माहौल पैदा हो गया। जसप्रीत, जो उस वक़्त गर्भवती थीं और अपने माता-पिता के घर पर रह रही थीं, और पूरे दिन अपने पति से संपर्क करने की कोशिश करती रही थीं। उन्हें बार-बार गुरसेवक का फ़ोन कवरेज क्षेत्र से बाहर मिल रहा था। इस दुखद ख़बर को सुनने के बाद जसप्रीत कौर कुछ वक़्त के लिए बेसुध

हो गयीं और आगे क्या हुआ, उन्हें कुछ याद नहीं। गुरसेवक की मां, अमरीक कौर भी अपने बेटे के बारे में सुनकर बेहोश हो गयीं।

इस अंतहीन दुख के बावजूद, गुरसेवक की विरासत भरपूर चमक बिखेर रही थी।

उनका अंतिम संस्कार उनकी बहादुरी का एक सशक्त प्रमाण था। भारतीय वायुसेना, थलसेना, पुलिस और नागरिक प्रशासन के कई वरिष्ठ अधिकारियों समेत हज़ारों लोग उनकी अंतिम यात्रा में शामिल हुए। हरियाणा के तत्कालीन मुख्यमंत्री मनोहर लाल खट्टर भी शोक प्रकट करने आये। पूरे सैन्य सम्मान के साथ उनका अंतिम संस्कार किया गया और उनके बलिदान को उस गरिमा और सम्मान के साथ याद किया गया, जिसके वो वाक़ई हक़दार थे।[27]

इससे पहले कि मैं देश के इस बहादुर बेटे की कहानी को विराम दूं, मैं गरूड़ कमांडो से जुड़ा एक मार्मिक संस्मरण बताना चाहती हूं, जिन्होंने कॉर्पोरल गुरसेवक के पार्थिव शरीर को निकालने में मदद की थी और जो अपना नाम गोपनीय रखना चाहते हैं। उन्होंने मुझसे कहा:

> उनकी आंखें खुली हुई थीं और उनकी उंगलियों ने अपनी टेवर को कसके पकड़ा हुआ था। हमें बहुत सावधानी के साथ उनके हथियार को उनसे अलग करना पड़ा। ऐसा लग रहा था जैसे वो मौत के बाद भी, उसे ख़ुद से अलग करना ही नहीं चाहते थे। उनकी नज़रें एक जगह जमी हुई थीं और ढेरों कोशिशों के बावजूद हम उनकी आंखें नहीं बंद कर सके थे। उन्होंने अपनी पूरी मैगज़ीन ख़ाली कर दी थी। हर गोली दुश्मनों पर ख़र्च की थी। लेकिन उन्होंने शानदार तरह से मौत को गले लगाया, जिसे भारतीय इतिहास में हमेशा याद रखा जाएगा।

वो एक पल के लिए रुके, फिर बोले:

> हां, हमारा भाई हमारे साथ अब नहीं है लेकिन उसका बलिदान व्यर्थ नहीं गया। उन्हीं की वजह से सेना को आतंकवादियों की सही लोकेशन मालूम चल सकी थी। हमें यही सोचकर संतोष होता है कि उनके बलिदान ने मुंबई जैसी बड़ी घटना होने से बचा ली। उनके बलिदान ने देश की बहुत सेवा की।

उनके साथी उन्हें बहुत सम्मान की निगाह से देखते हैं। उन्होंने सुनिश्चित किया है कि उनकी शौर्यगाथा कभी भुलायी न जाए और हमेशा फ़्लाइट के इतिहास में दर्ज रहे।

अपनी रीसर्च के दौरान, मुझे आदमपुर एयरबेस पर कॉर्पोरल गुरसेवक सिंह की प्रतिष्ठित फ़्लाइट का दौरा करने का मौक़ा मिला। बिल्डिंग के अंदर, प्रवेश द्वार के पास, उनकी याद में एक छोटी सी जगह निर्धारित की गयी है। मुझे वहां सबकुछ दिखाते हुए, परंपरा निभाते हुए, सीओ ने अंदर जाने से पहले अपने जूते उतारे। मैंने भी ऐसा ही किया।

अंदर, कॉर्पोरल गुरसेवक सिंह, शौर्य चक्र (मरणोपरांत), की प्रतिमा लगी हुई थी, जिसे देखकर मैं बेहद प्रभावित हुई। वो अपनी भारतीय वायुसेना की नीली वर्दी में दिख रहे थे। दीवार पर उनकी तस्वीरें लगी हुई थीं, जिनमें से हर एक उनकी विरासत का प्रमाण है। मैं वहां लंबे समय तक रुकी रही और मैं ख़ुद को लगातार एक गहरे उद्देश्य की भावना में डूबती हुई पा रही थी। ऐसा लग रहा था जैसे वो मुझे अपनी कहानी अमर करने के काम की शुरुआत के लिए आशीर्वाद दे रहे थे।

गरुड़ जवान ने बताया कि वो सभी हर दिन की शुरुआत उन्हें सलाम करके करते हैं। युवा वायु सैनिक उन्हें बेहद सम्मान से देखते हैं। उन्हें पूरी तरह से समझ में आता है कि वो कितने बड़े पदचिन्हों पर चल रहे हैं और उन सभी को किस विरासत को आगे बढ़ाना है।

बाद में

जसप्रीत ने 13 अगस्त 2016 को एक स्वस्थ बच्ची को जन्म दिया। गर्भावस्था कुछ मुश्किल थी, जिसके दौरान उन्हें अपने पति की मौत की ख़बर मिली थी। लम्बे वक़्त तक उन्होंने ख़ुद को सभी से दूर, गुरसेवक के कमरे में बंद करके रखा हुआ था। उनके लिए वक़्त रुक गया था और भावनात्मक रूप से वो टूट गयी थीं।

उन्होंने अपनी बेटी का नाम गुररीत कौर रखा, जो उनके और गुरसेवक के नाम का मिश्रण है। गुररीत के जन्म के बाद उन्हें जीने की एक नयी वजह मिली। उन्होंने मुझे बताया कि कैसे मां बनने के बाद उनकी ज़िंदगी ने करवट ली।

आज वो पंचकुला में डीसी ऑफ़िस में काम करती हैं। जब मैं उनसे मिलने पहुंची, मैंने पाया कि वो ढेर सारी फ़ाइलों में गुम थीं। जसप्रीत ने भारतीय वायुसेना की ढेर

तारीफ़ करते हुए बताया कि कैसे सेना ने उनके सबसे मुश्किल वक़्त में उनका हर कदम पर साथ दिया। सीओ और उनकी पत्नी, आज भी उनसे संपर्क में रहते हैं और वायुसेना ने कभी भी कॉर्पोरल गुरसेवक के परिवार को नज़रंदाज़ नहीं किया। वो परिवार के रोज़मर्रा के जीवन की सभी मुश्किलों में मदद करते हैं और हर मौक़े पर जसप्रीत को अपना महसूस कराते हैं।

कॉर्पोरल शैलभ गौर (अब सार्जेंट) भी गोलीबारी के दौरान गंभीर रूप से घायल हो गए थे। जब आतंकी भाग खड़े हुए और उन्हें एनएसजी की टीम ने घेरा हुआ था, उस वक़्त उन्हें उनके साथियों ने बचाकर निकाला था। तभी उनके पेट में दो गोलियां लगी हुई दिखीं। मालूम पड़ा कि उनकी आंत फट गयी थी। उन्हें बचाकर अस्पताल लाया गया, जहां से इक्कीस दिनों बाद वो डिस्चार्ज हो सके। अब, शैलभ भारतीय वायुसेना को अपनी सेवाएं देते हैं, जहां वो गरुड़ की अगली खेपों को प्रशिक्षण देते हैं।

लेखिका की टिप्पणी

ये कहानी उन लोगों के साथ किए गए इंटरव्यूज़ पर आधारित है जिन्होंने उस तूफ़ान को खुद झेला था—ऑपरेशन का नेतृत्व करने वाली गरुड़ फ़्लाइट के तत्कालीन कमांडिंग ऑफ़िसर, विंग कमांडर भावेश कुमार दुबे और शैलभ गौर। दोनों ने कॉर्पोरल गुरसेवक के साथ कंधे से कंधा मिलाकर फ़िदायीनों से लड़ाई लड़ी और ये एक चमत्कार ही है कि उन्हें बचाया जा सका और उन्होंने ये कहानी सुनायी, जिसे हमें कभी भी नहीं भूलना चाहिए। और फिर थीं कॉर्पोरल गुरसेवक की पत्नी, जसप्रीत कौर, जिन्होंने बेहद बहादुरी के साथ अपने दिल के दरवाज़े खोले। उनसे मिलना मेरे लिए एक खट्टा-मीठा अनुभव रहा। वो जीवनभर की खुशियों की हक़दार थीं, न कि अपने पति की ग़ैर-मौजूदगी के दुख की।

इस कहानी को लिखना एक दिल को छू लेने वाला सफ़र रहा। ऐसा महज़ असहनीय क्षति के कारण ही नहीं हुआ, बल्कि इस दिल दहला देने वाले एहसास की वजह से भी हुआ कि फ़िदायीन अपने मिशन के सफल होने के कितने क़रीब आ गए थे। और उनकी असफलता सिर्फ़ और सिर्फ़ इन बहादुर जवानों के कारण संभव हुई, जिन्होंने अपनी जान दांव पर लगा दी।

4

सार्जेंट मिलिंद किशोर खैरनार, शौर्य चक्र (मरणोपरांत), और कॉर्पोरल नीलेश कुमार नयन, शौर्य चक्र (मरणोपरांत): शौर्य भरा सर्वोच्च बलिदान

ऑपरेशन राख हाजिन
राख हाजिन, सोनावारी तहसील
बांदिपोर ज़िला
कश्मीर, भारत
11 अक्टूबर 2017
रात 2 बजकर 30 मिनट

राख हाजिन की भयानक अंधेरी रात में ऑपरेशन चल रहा था और इसका तनाव हवा में महसूस किया जा सकता था। सेना ने लम्बे समय से पत्थर से बने एक घर पर नज़र बनायी हुई थी, जिसकी छत ढलान वाली थी और दीवारें मोटे पत्थरों की

बनी हुई थीं। इस घर को ग़ैर-क़ानूनी हरकतों के अड्डे और अक्सर स्थानीय-विदेशी आतंकियों के ठिकाने के रूप में जाना जाता था। इस रात के पूरे घटनाक्रम का केंद्र यही घर था।

रात के तीन बजे तक, घेराबंदी हो चुकी थी। अब, अंधेरे की चादर के तले, जब घड़ी सुबह के 4 बजाने को थी, अंतिम कार्रवाई का वक़्त आता लग रहा था। लेकिन, अपनी अतिगंभीर स्थिति को देखते हुए, आतंकियों ने घेरा तोड़ने की एक आख़िरी कोशिश की।

गरुड़ जवानों की बडी जोड़ी, सार्जेंट मिलिंद किशोर खैरनार और कॉर्पोरल नीलेश कुमार नयन, एक बड़े लकड़ी के लठ्ठे के पीछे लेटे हुए थे और निशाने से मात्र अट्ठाईस मीटर दूर थे। ये दूरी इतनी छोटी थी कि घर की पूरी काया, नाइट विज़न चश्मों के ज़रिये, साफ़-साफ़ दिखायी पड़ रही थी।

एकाएक, अफ़रातफ़री मच गयी। आतंकवादियों ने आज़ादी पाने के चक्कर में दो ग्रेनेड फेंक दिये। पहले धमाके ने सैन्यकर्मियों को चौंका दिया। लेकिन दूसरा ग्रेनेड मिलिंद और नीलेश के बेहद नज़दीक गिरा, जिसके बेहद ख़तरनाक स्प्लिंटर उनकी ओर उड़ते हुए पहुंचे।

मिलिंद को अपने चेहरे को भेदते धातु के टुकड़ों का नुकीला दर्द महसूस हुआ लेकिन उन्होंने उसे नज़रंदाज़ कर दिया। उनकी ट्रेनिंग और सहज ज्ञान सक्रिय हो चुका था।

उन्होंने चिल्लाकर कहा, 'इनकमिंग!' इसके बाद उन्होंने जवाब में गोलियां चलानी शुरू कर दीं।

उनके हेलमेट पर लगे नाइट-विज़न चश्मों ने घोर अंधेरे को एक हरे रंग की चमक वाले युद्धक्षेत्र में बदल दिया था।

चारों ओर इतना गहरा अंधेरा था कि कुछ भी दिखायी नहीं दे रहा था। लेकिन वहां क़रीब छह से आठ आतंकवादी रहे होंगे, जिनके हथियार लगातार शोर कर रहे थे। हवा में गोलियों की आवाज़ गूंज रही थी। चोट लगने के बावजूद, मिलिंद और नीलेश ने और भी ज़्यादा उग्रता से जवाब दिया। मिलिंद हथियारों के विशेषज्ञ थे और उनकी फ़ायरआर्म्स पर अद्भुत पकड़ थी। उन्होंने बिल्कुल सटीक निशानों की बौछार के साथ एक मैगज़ीन खाली कर दी। तेज़ी और फुर्ती के साथ काम करते हुए, उन्होंने दोबारा मैगज़ीन भरी। ऐसा लग रहा था जैसे उनके हाथ बिना रुके, याददाश्त से चल रहे हों।

नीलेश नेविगेशन में विशेषज्ञ थे। उन्होंने भी बहादुरी दिखाते हुए मिलिंद के साथ गोलीबारी जारी रखी। उनकी हर गोली अपने निशाने पर लग रही थी। ये दोनों घायल जवान, बगैर डगमगाए, एक ऐसी हथियारबंद दीवार बन चुके थे, जिसे आतंकवादी भेद ही नहीं पा रहे थे।

मिलिंद ने चिल्लाकर कहा, 'फ़ायरिंग करते रहो! इन्हें आगे नहीं बढ़ने देना है!' उनकी आवाज़ में आदेश और दृढ़ता घुली हुई थी।

नीलेश ने दांत भींचकर जवाब दिया, 'जब तक ज़िंदा हूं, इन्हें नहीं जाने दूंगा!' उनके चेहरे पर लगे छर्रों के दर्द के बावजूद, उनका ध्यान बिल्कुल अडिग था।

आतंकवादियों के पास भी नाइट-विज़न चश्मे थे। इसलिए वो इन जवानों की हरकतें देख पा रहे थे। लेकिन मिलिंद और नीलेश की बेहतरीन ट्रेनिंग और तालमेल ने उन्हें लगातार बढ़त दी हुई थी। हर दिशा में गोलियां चल रही थीं, लेकिन दोनों अपनी जगह पर डटे हुए थे। मुठभेड़ की उस गर्मागर्मी में, उनकी सोच और हरकतें बिल्कुल एक जैसी, लयबद्ध होकर चल रही थीं।

ऐसा लग रहा था, जैसे मिलिंद की रायफ़ल उनके हाथ का हिस्सा बन चुकी थी। ट्रिगर पर पड़ता हर दबाव उनकी क्षमता और अनुभव का सबूत दे रहा था। उन्हें अपने भीतर ऊर्जा का उफ़ान महसूस हो रहा था, मानो थॉर अपना हथौड़ा चला रहा हो। नीलेश भी उतनी ही दृढ़तापूर्वक डटे हुए थे। वो एक पुराने योद्धा की सटीकता से आगे बढ़ते रहे। वो हर गोली सोच-समझकर चला रहे थे और सभी गोलियां बेहद घातक साबित हुईं। दोनों चोटिल हो चुके थे, लेकिन उन्होंने हौसला बनाये रखा। उन्होंने दो आतंकवादियों को ढेर कर दिया था।

जब धुआं छंटा और गोलियों की आवाज़ थमी, 617 गरुड़ फ़्लाइट के सार्जेंट खैरनार मिलिंद किशोर और कॉर्पोरल नीलेश कुमार नयन, सर्वोच्च बलिदान दे चुके थे। उनके शरीर वहीं शांत पड़े थे, लेकिन उस रात, उनके कारनामों की गूंज दूर-दूर तक फैल गयी थी।

उनकी बहादुरी की गाथा, उन्हें जानने वालों के दिलों में आज भी वैसी की वैसी गूंज रही है। वो सिर्फ़ सैनिक नहीं थे। वो ऐसे वीर पुरुष थे, जिनके नाम हमेशा सम्मान और श्रद्धा के साथ याद किये जाते रहेंगे।

सेब का बाग़
बून मोहल्ला
राख हाजिन
9 अक्टूबर 2017

अलसुबह की धुंध हाजिन पर काबिज़ थी। ये एक शांत, ख़ूबसूरत जगह थी, जो अब संघर्ष की परछाइयों से दाग़दार हो चुकी थी। नयी गठित 617 गरुड़ फ़्लाइट के इकत्तीस वर्षीय कमांडिंग ऑफ़िसर, स्क्वाड्रन लीडर राजीव चौहान[1], अस्थायी कमांड पोस्ट के भीतर टहल रहे थे। उनकी तेज़ नज़रें, दृढ़ संकल्प और कर्तव्यनिष्ठा से भरी हुई थीं और वो मेज़ पर फैले नक्शे को ध्यान से देख और जज़्ब कर रही थीं। मानसबल स्थित बटालियन मुख्यालय से आया कॉल संक्षिप्त था, लेकिन बेहद ज़रूरी था।

रेडियो पर 13 राष्ट्रीय रायफ़ल (कुमाऊं) के सीओ की आवाज़ आ रही थी, 'पक्की जानकारी है। जल्दी से जल्दी बटालियन हेडक्वार्टर में रिपोर्ट करो।'

स्क्वाड्रन लीडर राजीव चौहान ने जवाब दिया, 'हम तुरंत यहां से निकलेंगे, सर।' थलसेना में ये रैंक मेजर के बराबर होती है।

ब्रीफ़िंग रूम में तनाव महसूस किया जा सकता था। ऊर्जा से भरे और प्रभावशाली स्क्वाड्रन लीडर चौहान, ठीक उन्हीं मूल्यों के प्रतीक थे, जिनका प्रतिनिधित्व उनकी ये एलीट फ़ोर्स करती थी।

वो 12 विंग, वायुसेना स्टेशन, चंडीगढ़ में 27 फ़रवरी 2017 को गठित, नयी-नवेली 617 गरुड़ फ़्लाइट के पहले कमांडिंग ऑफ़िसर थे। जब वो अपने साथियों को निर्देश दे रहे थे, उन्हें कतई अंदाज़ा नहीं था कि ये नयी गरुड़ फ़्लाइट जल्द ही भारतीय वायुसेना और देश, दोनों के इतिहास में अपना नाम हमेशा के लिए दर्ज करवाने वाली थी।

2017 में, गरुड़ फ़्लाइट्स से कश्मीर घाटी में तैनाती के लिए कहा गया था। इसके साथ ही, एक रोटेशन पॉलिसी भी लागू की गयी थी, जिससे हर फ़्लाइट कुछ साल घाटी में काम कर सके। पठानकोट एयरबेस पर हुए हमले ने बहुत कुछ बदल दिया था। ये समझा जा चुका था कि गरुड़ को आतंकवाद और उग्रवाद-रोधी ऑपरेशन में और भी अनुभव की ज़रूरत थी। साथ ही, और भी फ़्लाइट्स बढ़ाने की ज़रूरत थी।

स्क्वाड्रन लीडर राजीव चौहान और उनकी नवगठित 617 गरुड़ फ़्लाइट, उन शुरुआती लोगों में थे, जिनकी कश्मीर में तैनाती हुई थी। वो हाजिन में मौजूद थे, जो झेलम के किनारे, श्रीनगर से कुछ 40 किलोमीटर की दूरी पर है।

उस समय, हाजिन, लश्कर-ए-तैयबा और जैश-ए-मोहम्मद जैसे विदेशी आतंकी संगठनों के लिए आने-जाने के रास्ते और बेस कैंप के तौर पर बहुत इस्तेमाल होता था। ये इलाक़ा सुरक्षाबलों के प्रति गहरी दुश्मनी और लगातार पत्थरबाज़ी की घटनाओं के लिए बदनाम था। कई घरों में स्थानीय और विदेशी, दोनों तरह के आतंकवादियों को पनाह और सुविधाएं मिलती थीं।[2]

पहले की तैनातियों के उलट, जहां गरुड़ पैरा (स्पेशल फ़ोर्सेज़) यूनिट्स के साथ तैनात किये जाते थे, 2017 से उन्हें राष्ट्रीय रायफ़ल्स की यूनिट्स के साथ अटैच किया जाने लगा। 617 गरुड़ फ़्लाइट को 13 राष्ट्रीय रायफ़ल्स (कुमाऊं)[3] के साथ अटैच किया गया था, जिसका बटालियन मुख्यालय मानसबल में था और जिसका नेतृत्व आर्मी के एक कर्नल कर रहे थे। गरुड़ फ़्लाइट झेलम नदी के किनारे स्थित 13 राष्ट्रीय रायफ़ल्स की एक कंपनी के साथ मिलकर काम कर रही थी।

2017 में, 617 गरुड़ फ़्लाइट और राष्ट्रीय रायफ़ल्स बटालियन ने हाजिन में बढ़ती आतंकी गतिविधियों के जवाब में कई कॉर्डन एंड सर्च ऑपरेशन (सीएएसओ) चलाये।

14 फ़रवरी 2017 को, 617 गरुड़ फ़्लाइट की तैनाती से ठीक पहले, बांदीपोरा में एक सर्च ऑपरेशन के दौरान आतंकवादियों ने भारतीय सेना के जवानों पर हमला कर दिया। 45 बटालियन के सीआरपीएफ़ कमांडेंट चेतन कुमार चीता[4] ने हमलावरों का सामना किया और मुठभेड़ में उन्हें नौ गोलियां लगीं। इस एक घटना ने उस इलाक़े में आतंकवादियों की पकड़ और बेरोक आवाजाही की ओर सभी का ध्यान खींचा और ये महसूस किया गया कि यहां सुरक्षाबलों को तगड़ा जवाब देने की ज़रूरत थी।

आतंकवादियों का सफ़ाया करने का संकल्प ले चुकी सेना ने वहां बड़े पैमाने पर ऑपरेशन शुरू किये।

इन अभियानों में गरुड़ भी हिस्सा लेने वाले थे। अक्सर घर-घर तलाशी वाले इन आक्रामक धावों में बेहद अहम ख़ुफ़िया जानकारियां मिलीं। कई मौक़ों पर, छापा मारने के दौरान गरुड़ जवानों को छुपने की ख़ुफ़िया जगहें मिलीं। ये जगहें कहीं अलमारी में तो कहीं-कहीं कमोड के नीचे भी मिलीं। ऊपर-ऊपर से देखने पर ये कमोड काम करते हुए लगते थे, मगर इनके नीचे दो लोगों के छुपने भर की जगह हुआ करती थी, जो

एक हैंडल को दबाने पर सामने आती थी। इन छापों के दौरान भयानक पत्थरबाज़ी का सामना करते हुए, गरुड़ जवानों ने विदेशी पासपोर्ट, बड़ी संख्या में कैश और मोबाइल फ़ोन बरामद किये।

इस इलाक़े में काम करने वाले एक गरुड़ जवान ने नाम न बताने की शर्त पर मुझे बताया:

> हमारे पहुंचने के बाद, भीड़ न जाने कहां से सामने आ जाती थी और तुरंत ही हम पर पत्थर बरसाने लगती थी। हममें से कई को चोटें आती थीं लेकिन हम उनपर गोली नहीं चला सकते थे क्यूंकि उनके हाथ में हथियार नहीं होते थे। आर्टिकल 370 के हटने के बाद ही वहां पर स्थिति क़ाबू में आ सकी है। पत्थरबाज़ी करने के लिए जो पैसा आता था, उसमें भी अब काफ़ी कमी आयी है।

स्थानीय पुलिस और सैन्यबल ने कई घर और मोबाइल फ़ोन सर्विलांस पर रखे हुए थे और इसके लिए उन्होंने ह्यूमेन इंटेलिजेंस नेटवर्क, ड्रोन्स और दूसरी अत्याधुनिक तकनीक का भरपूर सहारा लिया था। कई बार, गरुड़ जवान स्थानीय या बाहर से आये पर्यटक के भेस में आस-पास की जगहों की टोह लेने जाते थे। उन्होंने स्थानीय लोगों के जीवन, उनके ज़िंदगी जीने के तौर-तरीक़ों को अच्छे से देखा-भाला हुआ था। स्थानीय लोग रोज़मर्रा में आने-जाने के लिए किन गाड़ियों या साधनों का इस्तेमाल करते थे, इस पर ख़ास नज़र रखी जाती थी। ऐसे गुप्त ऑपरेशन के चलते लाइव ऑपरेशनों में ख़ासी मदद मिली।

सेना ने जिस तेज़ी से छापे मारने शुरू किये थे, आतंकवादियों में खलबली मच चुकी थी और वो हाजिन को रात का मुसाफ़िर-खाना बनाने से बचने लगे। आतंकी अब बाहरी इलाक़े में जा रहे थे। अब उनका अड्डा था राख हाजिन, जो बांदीपुरा ज़िले की सोनावारी तहसील में, पास ही का एक गांव था।

वो सुबह हाजिन आते थे और अपने ग़ैर-क़ानूनी कामों को अंजाम देते थे। एक बड़े परिवर्तन के बावजूद, गरुड़ और राष्ट्रीय सुरक्षा की बटालियन अभी भी कई महीनों से सर्विलांस में चल रहे आतंकवादियों का सफ़ाया करने या उन्हें धर दबोचने में क़ामयाब नहीं हो पा रहे थे।

लेकिन ये बहुत जल्दी बदलने वाला था।

स्क्वाड्रन लीडर चौहान हाल ही में राख हाजिम से एक सीएएसओ से वापस आये थे, जहां उन्हें 13 राष्ट्रीय रायफ़ल्स (कुमाऊं) के कमांडिंग ऑफ़िसर से तुरंत ही मानसबल बटालियन हेडक्वार्टर पहुंचने की कॉल आयी थी। 9 अक्टूबर की रात गरुड़ जवानों को जानकारी मिली कि राख हाजिम के उत्तर में मौजूद एक सेब के बाग़ में कुछ आतंकवादी मौजूद थे। ये बाग़ हाजिन और राख हाजिन के बीच पड़ता था।

गरुड़ कमांडिंग ऑफ़िसर ने अपने सेकंड-इन-कमांड, जेडब्लूओ संदीप कुमार (अब रिटायर्ड) को रात में घात लगाने के लिए एक टीम तैयार करने को कहा। साथ ही, उन्होंने सार्जेंट मिलिंद किशोर खैरनार, अपने नंबर तीन, को निर्देश दिए कि वो जाकर ऑपरेशन से पहले सभी हथियार अच्छे से चेक कर लें। हथियार एक सैनिक की जीवनरेखा होते हैं और उनका सही से काम करना जीवन और मरण के बीच का अंतर बन जाता है।

गरुड़ के पहले बैच से आये सार्जेंट मिलिंद को ये पुष्ट करने की ज़िम्मेदारी मिली थी कि सभी हथियार एकदम दुरुस्त थे और अपनी ज़िम्मेदारी निभाने के लिए पूरी तरह तैयार थे।

मिलिंद तेज़-तर्रार, बुद्धिमान और तकनीकी रूप से बेहद सक्षम थे। वो ऐसे सैनिक थे जो बेहद कठोर थे। मिलिंद एक अच्छी पृष्ठभूमि से आते थे और बेहद कठिन एयरमेन सेलेक्शन को पार करके, वो 16 दिसंबर 2002 को एयरफ़ोर्स में शामिल होने के लिए लाइन में लग गये। उनकी शुरुआती ट्रेनिंग बेलगाम (अब बेलगावी, कर्नाटका) स्थित एयरमेन ट्रेनिंग स्कूल (एटीएस) में हुई, जहां उनके साथ 3,500 दूसरे प्रशिक्षु थे, जो भारतीय वायुसेना में शामिल होना चाहते थे।

ये ट्रेनिंग उन्हें भारतीय वायुसेना में भविष्य के एयरमेन के तौर पर तैयार करने के लिए हो रही थी। लेकिन, जब नयी दिल्ली के हेडक्वार्टर से वायुसेना अधिकारियों की एक टीम, एक मसौदा लेकर एटीएस कैम्पस आयी, मिलिंद के जीवन में एक बहुत बड़ा मोड़ आ गया। दिल्ली से आये अफ़सर ऐसे जवान ढूंढ रहे थे, जो 'टाइगर फ़ोर्स' नाम की कमांडो फ़ोर्स में शामिल होने के इच्छुक थे। अफ़सरों ने सभी प्रशिक्षुओं को अपनी योजना के बारे में बताया, जिसके तहत उन्हें बेहद कठोर, दृढ़ और नतीजे लाकर देने में इच्छुक जवानों की ज़रूरत थी।

टाइगर फ़ोर्स के लिए कुल सात सौ लोगों ने अपना नाम दिया लेकिन भयानक मानसिक और शारीरिक पैमाने पर परखे जाने के बाद, महज़ सौ को चुना गया।

मिलिंद उन चुनिंदा लोगों में थे, जिन्होंने ये ख़ास ट्रेनिंग शुरू की। बाद में उन्हें बताया गया कि इस सुरक्षाबल का नाम होगा गरुड़ स्पेशल फ़ोर्सेज़। और इस तरह, मिलिंद गरुड़ के पहले बैच का हिस्सा बनने की यात्रा शुरू कर चुके थे।

जून 2023 में, मिलिंद, एटीएस से बतौर एयरमैन पास हुए और उन्होंने गुड़गांव ज़िले में स्थित मोहम्मदपुर[5] एयरफ़ोर्स स्टेशन में रिपोर्ट किया। यहां उन्हें साथी प्रशिक्षुओं के साथ गरुड़ की ट्रेनिंग लेनी थी। गरुड़ की दुनिया के ये 'ओरिजिनल गैंगस्टर' बनने जा रहे थे। इन्होंने आने वाली पीढ़ियों के लिए नींव रखी।

पहले बैच के कई जवान, आज अपने शुरुआती दिनों को याद करते हुए ख़ूब हंसते हैं। जेडब्लूओ संदीप कुमार (रिटायर्ड), मुझसे कहते हैं:

> मिलिंद और मैं गरुड़ के पहले बैच में थे। जब मैं नयी पीढ़ी को ये कहते हुए सुनता हूं कि उनकी ट्रेनिंग बहुत मुश्किल होती है, मैं उन्हें बताता हूं कि हमने जो झेला था, उसका आधा भी उन्हें नहीं मिलता। हमारे समय में, कोर्स का ढर्रा तय नहीं था और लक्ष्य भी बहुत साफ़ नहीं था। हमें बस इतना मालूम था कि हमें भारतीय वायुसेना की एक स्पेशल फ़ोर्स के रूप में तैयार किया जा रहा था। मगर हमारी भूमिकाएं और कौशल का पैमाना अभी तक परिभाषित नहीं किया गया था। इसलिए, उन्होंने हमें देश के हर सुरक्षाबल के साथ ट्रेनिंग दी। हमने तमाम क्षेत्रों में बारह से तेरह कोर्स पूरे किये। आज इन कोर्स की संख्या चार से पांच होती है क्यूंकि अब बहुत कुछ तय हो चुका है। हमने आईटीबीपी, एनएसजी और न जाने किस-किस के साथ ट्रेनिंग की। जब पीछे देखते हैं तो समझ में ही नहीं आता है कि ये सब हम कैसे झेल ले गये।

वो कुछ पल के लिए रुके, फिर अपने साथी मिलिंद के लिए बोले:

> लेकिन मिलिंद हममें सबसे कठोर था। जैसे-जैसे गरुड़ का कोर्स आगे बढ़ रहा था, कई लोग छोड़ते गए या चोटिल हो गये। लेकिन मिलिंद ने कभी कोई शिकायत नहीं की। बल्कि वो हर दिन, अगले दिन का इंतज़ार करता था और दूसरों को भी हिम्मत देता था। वो बहुत कठोर था और उसे तोड़ पाना बहुत मुश्किल था।

मैंने उनसे पूछा कि शुरुआती बैच को देश के सभी प्रमुख कमांडो संस्थानों के साथ ट्रेनिंग करने का मौक़ा मिला था, उसमें उन्हें कौन सा कोर्स सबसे मुश्किल लगा। इसके जवाब में उन्होंने कहा:

> मैं इसमें आईटीबीपी का नाम लूंगा। वो लोग बहुत कठोर होते हैं। मुझे याद है कि जब सर्दियां अपने चरम पर होती थीं, वो लोग हमें खुले में, बगैर कपड़ों के छोड़ देते थे। फिर वो हमारे शरीर को गर्म होने देते थे और दोबारा सर्दी में खुला छोड़ देते थे। वहां धरमपाल नाम के एक इंस्ट्रक्टर थे जिन्हें मिलिंद प्यार से 'डंडा उस्ताद' कहता था। वो हमें सबसे कठिन पनिशमेंट देने के लिए जाने जाते थे। ट्रेनिंग भयानक होती थी और सो पाना सबसे बड़ी सुविधा मानी जाती थी। हम गुलाटियां मारते थे, रेंगते थे, न जाने क्या-क्या करते थे।
>
> मुझे एक थ्योरी क्लास याद है, जिसमें मिलिंद बैठे-बैठे सो गया था। डंडा उस्ताद ने उसे देखा और ज़ोर का थप्पड़ जड़ दिया। मिलिंद ने बड़े आराम से जवाब दिया, 'उस्ताद मैं सो नहीं रहा था। मैं तो देखना चाहता था कि आप कितनी ज़ोर से थप्पड़ मार सकते हो।' ये था मिलिंद। हमेशा शांत रहने वाला।

एक साल की कड़ी ट्रेनिंग के बाद, शुरुआती सौ लोगों में मात्र बासठ लोग पास हो सके और इस तरह से पहली गरुड़ स्पेशल फ़ोर्स का गठन हुआ। मिलिंद इसमें शामिल था। कुछ सफल प्रशिक्षुओं को भारतीय वायुसेना की इंडियन एयरफ़ील्ड सर्विस यूनिट के साथ कांगो में तैनात किया गया, जबकि बचे हुए जवानों को मिलाकर पहली 601 गरुड़ फ़्लाइट का गठन हुआ।

मिलिंद को कांगो भेजा गया था, जहां उसने शानदार तरीक़े से अपनी ड्यूटी निभायी। उन्हें नज़दीकी किंडू एयरपोर्ट की सुरक्षा करने की ज़िम्मेदारी दी गयी थी। कांगो में एक साल सेवाएं देने के बाद मिलिंद की वापसी हुई और उन्हें गरुड़ रेजिमेंटल ट्रेनिंग सेंटर (जीआरटीसी) में तैनात किया गया, जहां उन्होंने तमाम भूमिकाओं में काम करते हुए पांच से छह साल गुज़ारे।

यहां मैं अपनी कहानी के दूसरे नायक कॉर्पोरल नीलेश कुमार नयन के बारे में भी बात करना चाहूंगी, जिन्होंने मिलिंद के साथ अपने प्राण न्योछावर कर दिए थे। जब मिलिंद कांगो में तैनात थे, नीलेश जीआरटीसी में गरुड़ बनने की ट्रेनिंग ले रहे थे। मिलिंद उनसे लगभग दो साल सीनियर थे। किसी को नहीं मालूम था कि आगे चलकर

जाफ़ना यूनिवर्सिटी हेलीड्रॉप-आईपीकेएफ़ मिशन, 1987 की एआई से बनाई गई तस्वीर।

भारतीय वायुसेना का अपाचे पायलट, इंटिग्रेटेड हेल्मेट एंड डिस्प्ले साइटिंग सिस्टम (आईएचएडीएसएस) के साथ।

लेखिका, एयर कमोडोर विश्वनाथ प्रकाश, वीर चक्र (रिटायर्ड), के साथ, जो जाफ़ना हेलीड्रॉप के वक़्त एमआई-8 हेलीकॉप्टरों के पायलट में एक थे।

लेखिका, एयर मार्शल अवधेश कुमार भारती, सर्वोत्तम युद्ध सेवा मेडल, अतिविशिष्ट सेवा मेडल, वायुसेना मेडल, के साथ, जो ऑपरेशन सिंदूर के समय डीजी एयर ऑपरेशन थे।

लेखिका, वायुसेना अध्यक्ष एयर चीफ़ मार्शल अमर प्रीत सिंह, परम विशिष्ट सेवा मेडल, अतिविशिष्ट सेवा मेडल, जिनके नेतृत्व में भारतीय वायुसेना ने मई 2025 में ऑपरेशन सिंदूर को अंजाम दिया।

लेखिका, 2023 में ऑपरेशन कावेरी के दौरान, नंबर 81 स्क्वाड्रन के कमांडिंग ऑफ़िसर ग्रुप कैप्टन समीप निझावन के साथ।

लेखिका, विंग कमांडर रजनीश चन्द्र उनियाल के साथ, जो वादी सैदिना बचाव अभियान के दौरान सी-13जे सुपर हरक्युलिस के को-पायलट थे।

लेखिका, एयर चीफ़ मार्शल विवेक राम चौधरी, परम विशिष्ट सेवा मेडल, अतिविशिष्ट सेवा मेडल, वायुसेना मेडल, एड-ड-कैम्प, तत्कालीन वायुसेना अध्यक्ष (जून 2024)।

लेखिका, विंग कमांडर व्योमिका सिंह के साथ, जो ऑपरेशन सिंदूर के दौरान भारतीय वायुसेना की प्रवक्ता थीं। मई 2025

लेखिका, 617 गरुड़ फ़्लाइट के बहादुर योद्धाओं को समर्पित स्थान में, उनके प्रति सम्मान प्रकट हुए।

कॉर्पोरल गुरसेवक सिंह, शौर्य चक्र (मरणोपरांत), जिन्होंने जनवरी 2016 में हुए पठानकोट हमले के दौरान सर्वोच्च बलिदान दिया।

भारतीय वायुसेना के तीसरे अशोक चक्र से सम्मानित जवान, कॉर्पोरल ज्योति प्रकाश निराला, जिन्होंने 2017 में ऑपरेशन चंद्रगीर के दौरान सर्वोच्च बलिदान दिया।

कॉर्पोरल गुरसेवक सिंह, शादी के दौरान, अपनी पत्नी जसप्रीत कौर के साथ।

फ़्लाइट लेफ़्टिनेंट के. नचिकेता, कारगिल युद्ध के दौरान, तत्कालीन भारतीय प्रधानमंत्री, स्वर्गीय श्री अटल बिहारी वाजपेयी के साथ।

गरुड़ स्पेशल फ़ोर्सेज़ कॉर्पोरल नीलेश कुमार नयन, शौर्य चक्र (मरणोपरांत), जिन्होंने अक्टूबर 2017 में ऑपरेशन राख हाजिन के दौरान अपने प्राण न्योछावर कर दिये।

ग्रुप कैप्टन रवि नन्दा, जो वादी सैदिना के साहस भरे बचाव अभियान के दौरान सी-130जे सुपर हरक्युलिस के कैप्टन थे।

एचएएल के एलसीए तेजस में उड़ान भरने वाले पहले भारतीय रक्षा मंत्री राजनाथ सिंह, एयर वाइस मार्शल नर्मदेश्वर तिवारी के साथ, जो नेशनल टेस्ट फ़्लाइट सेंटर, एडीए बेंगलुरु के तत्कालीन प्रोजेक्ट डायरेक्टर थे। सितम्बर 2019

ग्रुप कैप्टन योगेश्वर कृष्णराव कांडलकर, देवघर केबल कार रेस्क्यू के लिए भारत की राष्ट्रपति से सम्मानित होते हुए। मई 2023

गरुड़ स्पेशल फ़ोर्सेज़ फ़्लाइट लेफ़्टिनेंट तेजपाल यादव, देवघर केबल कार रेस्क्यू के दौरान विंचिंग ऑपरेशन में। अप्रैल 2022

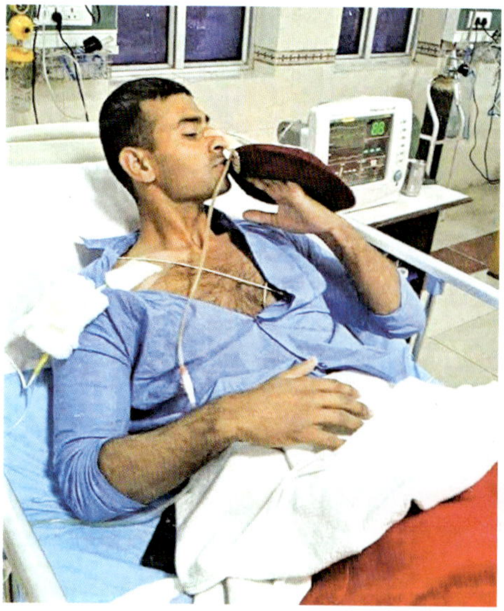

गरुड़ स्पेशल फ़ोर्सेज़ कॉर्पोरल शैलभ गौर, जनवरी 2016 में, पठानकोट आतंकी हमले में घायल होने के बाद अस्पताल में इलाज करवाते हुए।

सिपाही गोरा सिंह, 1987 में जाफ़ना हेली ड्रॉप आईपीकेएफ़ में शामिल 13 सिख एलआई के एकमात्र बच सकने वाले सिपाही।

भारत के प्रधानमंत्री श्री नरेंद्र मोदी, ऑपरेशन सिंदूर के बाद आदमपुर वायुसेना स्टेशन पर, मई 2025 में।

सार्जेंट मिलिंद किशोर खैरनार, अक्टूबर 2017 में ऑपरेशन राख हजिन के दौरान शहीद हुए

सार्जेंट मिलिंद किशोर खैरनार, अपनी पत्नी हर्षदा और बच्चों, वेदिका और गगन के साथ, खुशहाल वक़्त में।

लेखिका, पठानकोट हमले के दौरान सर्वोच्च बलिदान देने वाले कॉर्पोरल गुरसेवक सिंह की पत्नी श्रीमती जसप्रीत कौर के साथ।

विंग कमांडर राजीव चौहान, वो गरुड़ कमांडिंग ऑफ़िसर, जिन्होंने 2017 ऑपरेशन चंद्रगीर और ऑपरेशन राख हाजिन का नेतृत्व किया।

स्क्वाड्रन लीडर प्रीतम सिंह जैतावत: वो गरुड़ सीओ, जिन्होंने सूडान में ख़तरों से भरे वादी सैदिना मिशन के दौरान गरुड़ टीम का नेतृत्व किया।

दोनों के रास्ते जहां मिलेंगे, वहां ये दोनों एक-दूसरे की जान बचाने के क्रम में अपनी-अपनी जान दे देंगे।

नीलेश का ज़िक्र उनकी निजी ज़िंदगी की जानकारी के बगैर अधूरा रहेगा। नीलेश ने सभी परिस्थितियों के ख़िलाफ़ जाते हुए लव मैरिज की थी। मिन्शा बस्तर, छत्तीसगढ़ से आती थीं और ईसाई धर्म की थीं। मिन्शा ने हाल ही में बारहवीं पास की थी और जब वो नीलेश से मिली थीं, वो फ्रैंकफ़िन इंस्टिट्यूट में एयर होस्टेस बनने की ट्रेनिंग ले रही थीं।

नीलेश ने हाल ही में अपनी गरुड़ की ट्रेनिंग पूरी की थी और छत्तीसगढ़ में उनकी पोस्टिंग हुई थी। गरुड़ जवानों को नक्सल प्रभावित इलाक़े में हवाई अड्डों को सुरक्षित रखने की ज़िम्मेदारी मिली थी।

2008 में, रायपुर हवाई अड्डे पर मुलाक़ात के बाद नीलेश और मिन्शा के बीच प्यार फलने-फूलने लगा। एक दोस्त ने इन दोनों को मिलवाया और फिर फ़ोन पर लगातार होती बातों ने लॉन्ग डिस्टेंस रिलेशनशिप का रूप ले लिया, जो सात सालों तक चला। 2015 में दोनों की शादी हुई।

नीलेश ने मिन्शा को शादी के लिए 2010 में कहा था। उस वक़्त तक इनका रिश्ता दो साल पूरे कर चुका था। दोनों के परिवार अंतरधार्मिक विवाह के लिए राज़ी नहीं थे। मगर 2011 में मिन्शा के पिता का देहांत हो गया और होते-करते दोनों के परिवार इस शादी के लिए तैयार हो गये।

मगर, नीलेश का परिवार शादी में शामिल नहीं हुआ। उनकी ओर से उनका गरुड़ का परिवार आया हुआ था। फिर, 2016 में इस जोड़े के घर बेटी ने जन्म लिया जिसका नाम हिमांशी नयन रखा गया। हिमांशी के आने से उनका जीवन फूलों के बगीचे सा बन गया। दोनों के परिवारवाले घर के नए सदस्य के आने पर साथ आ गये और ये नीलेश-मिन्शा के लिए एक निजी जीत थी। नीलेश के घरवालों ने न केवल मिन्शा को अपनाया बल्कि उसे अपने गांव भी बुलाया, जहां उन्होंने अपनी पोती के लिए, परम्परानुसार, सारा पूजा-पाठ किया।

मिन्शा ने मुझसे कहा:

> नीलेश के जाने के बाद, आज मेरी सास मेरा सबसे बड़ा सहारा हैं। हम बातचीत करते रहते हैं और अक्सर मिलते रहते हैं। उन्हें हिमांशी में अपना बेटा नज़र आता है।

नीलेश और मिन्शा ने अपनी दुनिया बनाने में पूरी जान लगा दी थी और इसमें वो पूरी तरह सफल हुए थे। लेकिन हम इंसान ये कभी भी नहीं जान सकते कि किस्मत ने अपनी किताब में हमारे लिए क्या लिख रखा है। दोनों में किसी को नहीं मालूम था कि भविष्य में उनके साथ क्या होने वाला था।

मिलिंद और नयन उस गरुड़ टीम का हिस्सा थे, जो सेब के बाग़ में जा रही थी, जहां आतंकवादियों के होने की जानकारी स्थानीय पुलिस ने दी थी। पुलिस ने उस बाग़ के 100 से 200 मीटर की दूरी में कुछ संदिग्ध बातचीत पकड़ी थी, जिसके बाद रात में धावा बोलने की योजना बनायी गयी थी। उद्देश्य साफ़ था: अलग-अलग जगहों पर घेराबंदी की जाये, रातभर निगरानी रखी जाए और कुछ भी संदिग्ध होने पर कार्रवाई की जाये।

स्क्वाड्रन लीडर राजीव चौहान को शुरुआती गरुड़ टीम में जवानों की संख्या नाकाफ़ी मालूम दे रही थी। लिहाज़ा, उन्होंने पास में तैनात गरुड़ फ़्लाइट को भी बुला लिया, ताकि पूरे बाग़ को कवर किया जा सके। गरुड़ के जवान अब जोड़ों में काम कर रहे थे और पूरे बाग़ में फैल चुके थे। दूसरे सुरक्षाबल आस-पास के इलाक़े में सर्च ऑपरेशन को अंजाम दे रहे थे।

रात बीत रही थी और बाग़ में सन्नाटा पसरा हुआ था। गरुड़ जवानों ने वहां अपनी मौजूदगी का अहसास नहीं होने दिया और वो बाग़ में होने वाली हर हरकत पर नज़र रखे हुए थे। मिलिंद और नयन ने साथ-साथ पोज़ीशन ली हुई थी। ये उनका पहला मिशन नहीं था और चंडीगढ़ से आने के बाद वो कई कॉम्बिंग एंड सर्च ऑपरेशन में हिस्सा ले चुके थे।

मिलिंद ने जब अपनी पत्नी को बताया कि उन्होंने कश्मीर की घाटी में तैनाती के लिए अपना नाम आगे दिया था, तो वो बहुत ख़ुश नहीं हुई थी। चंडीगढ़ में उनका जीवन बहुत आराम से चल रहा था और उनके बच्चों वेदिका और गगन को अपने पिता के साथ समय बिताने को मिल रहा था। मिलिंद की पत्नी ने पूछा कि आख़िर क्यूं वो इतनी कठिन पोस्टिंग के लिए बाहर जा रहे थे। मिलिंद ने कहा कि उन्हें अपने कमांडिंग ऑफ़िसर की मदद करने के लिए जाना ही होगा।

मिलिंद की पत्नी हर्षदा ने मुझे बताया:

> जब वो घाटी में पोस्टिंग के लिए चले गए, उनके साथ छोटी-मोटी बातचीत भी मुश्किल हो गयी थी। कई बार उनका फ़ोन कई दिनों तक के लिए बंद हो

जाता था। बाक़ी समय पर, सिग्नल कमज़ोर होते थे। कई बार वो मिशन पर जाते थे और मुझसे कहते थे कि मैं उन्हें कॉल या मैसेज न करूं क्यूंकि उससे उनकी लोकेशन के बारे में जानकारी निकल सकती थी और मिशन ख़तरे में पड़ सकता था। उनके साथ कब बात होगी, कुछ पता नहीं होता था।

उधर, सेब के बाग़ में रात बगैर किसी हरकत के गुज़र रही थी। सुबह होने को थी और गरुड़ के जवान ख़ुश थे कि उनका काम एकदम सही तरीक़े से आगे बढ़ रहा था। रात के बिल्कुल अंतिम पहर में, गरुड़ स्पेशल फ़ोर्सेज़ ने अपना सामान इकट्ठा करना शुरू किया और वापसी की तैयारी करनी चालू कर दी। सीओ ने उन्हें निर्देश दिया कि सुबह होने से पहले एक आख़िरी बार वो उस जगह की तलाशी ले लें। गरुड़ ने एक बार फिर इधर-उधर देखा और उन्हें कुछ भी संदिग्ध नहीं मिला।

इलाक़े को पूरी तरह से सुरक्षित पाने के बाद, उन्होंने अपना सामान समेटा और ट्रांसपोर्ट का इंतज़ार करने लगे। सीओ ने सेना को कॉल कर वाहनों की व्यवस्था करने को कहा। ये वाहन नियमित रूप से सैनिकों को छोड़ते और वापस ले जाते थे, लेकिन ऑपरेशन के दौरान उनके साथ नहीं रुकते थे। जिस जगह से उन्हें उठाया जाना था, वो सेब के बाग़ से कुछ मीटर आगे थी। जैसे ही गरुड़ के जवान वहां पहुंचे, उन्हें सेना से कॉल आया कि भारी पत्थरबाज़ी के कारण पिक-अप में देरी होगी। लोगों ने रास्ते में टायर जला दिये थे और भारत-विरोधी नारे लग रहे थे।

ये बेहद आम बात थी। कोई इससे हैरान नहीं हुआ।

सीओ ने आसपास का मुआयना किया। वो बून मोहल्ले में खड़े थे, जो राख़ हाजिन गांव की सीमा पर स्थित था। पास में तीन पक्के मकान और एक के बाद एक, कुछ झोपड़ियां थीं। एक तरफ़ सेब का बाग़ था जो इलाके को आंशिक रूप से ढंक रहा था, जबकि बाकी दो दिशाओं में खेती की ज़मीन फैली थी। पास ही एक मस्जिद भी थी, जो सुबह की ख़ामोशी को और गहरा बना रही थी।

एक घर पर सीओ की नज़र ठहर गयी। वो हाजिन की मुख्य सड़क के बिल्कुल पास था, और उसके पीछे एक बड़ा सूखा नाला मौजूद था।

उस घर के बाहर, सूखने के लिए पुरुषों के ढेरों कपड़े टंगे थे। सीओ ने वहीं एक मोबाइल व्हीकल चेकपोस्ट (एमवीएसी) स्थापित करने और सड़क खोलने वाली पार्टी (आरओपी) लगाने का फ़ैसला किया, ताकि आने-जाने वालों की गतिविधियों पर नज़र

रखी जा सके। उन्होंने अपने कुछ गरुड़ जवानों को निर्देश दिया कि ट्रांसपोर्ट आने तक उस घर के पीछे बने नाले में पोज़ीशन ले लें।

गरुड़ पूरी रात जागते रहे थे, फिर भी उनकी सतर्कता काबिल-ए-तारीफ़ थी। रात-भर के बेहद मुश्किल ट्रेनिंग सेशन उन्हें ऐसी परिस्थितियों के लिए तैयार करते थे। जैसे ही उन्होंने अपनी पोज़ीशन ली, सुबह का सूरज क्षितिज पर उभरने लगा और शांत गांव पर लम्बी परछाइयां पड़ने लगीं। अभी तक ऑपरेशन सुचारू रूप से चला था, लेकिन इस अस्थिर इलाक़े में किसी भी पल, कुछ भी हो सकता था। उन्होंने अपनी सतर्कता बनाये रखी। कुछ देर में सेना के वाहन भी वहां पहुंच गये।

उन्हें पता नहीं था कि बाहर सूख रहे उन कपड़ों वाले घर में आठ से दस आतंकवादी छिपे हुए थे। बाद में, एक आतंकवादी से बरामद मोबाइल से मालूम चला कि उन्होंने गरुड़ के एमवीसी चेक्स को चुपचाप रिकॉर्ड किया था। उनके पास गोली चलाने का मौका था, लेकिन उन्होंने ऐसा नहीं किया। गरुड़ जवानों की बड़ी संख्या, उनका बिखराव या फिर घर की सुरक्षा पर आतंकवादियों का अत्यधिक भरोसा, इसकी वजह हो सकता था। वो ये उजागर नहीं करना चाहते होंगे कि वो वहां मौजूद थे। ये आतंकवादी बेहद प्रशिक्षित थे और पिछले कई महीनों से इलाक़े में बढ़े छापों के बावजूद पकड़े जाने से बचते रहे थे।

जैसे ही काफ़िला हाजिन पहुंचा, 617 गरुड़ फ़्लाइट के सीओ को मानसबल स्थित बटालियन मुख्यालय में तुरंत रिपोर्ट करने का कॉल मिला। इसलिए उसी समय, 10 अक्टूबर को दोपहर 2 बजे, फ़्लाइट ने मानसबल के लिए कूच कर दिया।

मानसबल
गांदरबल ज़िला
जम्मू-कश्मीर
10 अक्टूबर 2017

13 राष्ट्रीय रायफ़ल्स (कुमाऊं) मुख्यालय में माहौल अत्यंत गंभीर और उद्देश्यपूर्ण दिख रहा था। ये कमरा, बेहद अहम सुरक्षा अधिकारियों की एकाग्रता से भरा हुआ था। हाई-टेक सर्विलांस उपकरणों की गुनगुनाहट और नक़्शों व दस्तावेज़ों की सरसराहट

के बीच चर्चा चल रही थी। गरुड़ फ़्लाइट के सीओ, पैरा (स्पेशल फ़ोर्सेज) के सीओ, पुलिस अधीक्षक, डीएसपी (ऑपरेशंस) और अन्य महत्वपूर्ण अधिकारी इस बेहद ज़रूरी ब्रीफ़िंग के लिए साथ बैठे हुए थे।

ये बैठक हालिया ख़ुफ़िया कामयाबियों पर चर्चा के लिए बुलायी गयी थी। पुलिस, अपनी अत्याधुनिक सर्विलांस क्षमताओं और मज़बूत ह्यूमन इंटेलिजेंस नेटवर्क के साथ, कई संदिग्ध संकेतों को पकड़ने करने में सफल हुई थी।

उनका ध्यान एक ओवर ग्राउंड वर्कर (ओजीडब्लू)[6] पर था, जिसने एक पाकिस्तानी आतंकी के लिए सिम कार्ड की व्यवस्था की थी। पकड़ी गयी बातचीत से पता चला कि वो आतंकी अपनी स्थानीय प्रेमिका से नियमित संपर्क में था और उसने बहस के दौरान अपने छिपने के ठिकाने का ज़िक्र कर दिया था।

ये बेहद विस्फ़ोटक और बड़ी जानकारी थी।

डेटा का विश्लेषण करने पर ये साफ़ हो गया कि ठिकाना उन्हीं तीन घरों में से एक में था, जिनके पास पिछली रात गरुड़ टीम ने एमवीसी लगाये थे। ये चौंकाने वाली बात थी। आतंकी ठीक उसी जगह छिपे थे जहां गरुड़ के जवान कुछ घंटे पहले मौजूद थे।

गरुड़ सीओ को पिछली रात के ऑपरेशन से इलाके की गहरी समझ हो गयी थी। उन्होंने ऑपरेशन की योजना पर विस्तृत जानकारी दी। उनकी जानकारियां रणनीतिक रूप से बेहद अहम साबित हुईं। ऐसा माना जा रहा था कि ये आतंकवादी हाई-प्रोफ़ाइल कमांडर थे, इसलिए निर्णायक कार्रवाई बेहद ज़रूरी थी। पूरा अभियान बड़े पैमाने पर और समन्वित तरीके से चलाया जाना था, जिसमें हर यूनिट की स्पष्ट भूमिका तय कर दी गगी थी।

मानसबल मुख्यालय की दीवार पर लगी घड़ी शाम 5 बजे के ठीक बाद का वक़्त दिखा रही थी। उच्च-स्तरीय योजना अंतिम चरण में पहुंच चुकी थी। पुलिस के लौट जाने के बाद गरुड़ टीम और सेना की यूनिटें वहीं रुक गयीं, ताकि ऑपरेशन यहीं से शुरू किया जा सके। माहौल में तनाव बढ़ रहा था। हर सदस्य अपनी भूमिका की बारीकियों को दोहरा रहा था। एजेंसियों के बीच तालमेल और सहयोग उनकी साझा प्रतिबद्धता को दिखा रहा था।

गरुड़ जवानों को सबसे अहम ज़िम्मेदारी दी गयी थी। उन्हें उस घर के बिल्कुल नज़दीक की घेराबंदी करनी थी। यही वो घेरा होने वाला था, जो आतंकियों को फ़रार होने से रोकने वाला था और किसी भी बड़ी कार्रवाई से पहले पूरी जगह को सुरक्षित करने वाला था।

गरुड़ सीओ ने निर्णय लिया कि उनकी टीम हाजिन लौटने की जगह मानसबल मुख्यालय में ही रहेगी, ताकि स्थानीय लोग उनकी गतिविधियों का अंदाज़ा न लगा सकें। योजना ये थी कि सभी टुकड़ियां मानसबल से ही निकलें और स्थानीय लकड़ी ढोने वाली गाड़ियों का इस्तेमाल किया जाये, जिससे किसी का उनपर ध्यान न जाये।

पिछली रात से गरुड़ जवानों को एक पल की नींद भी नसीब नहीं हुई थी। फिर भी, वो सभी पूरी तैयारी से डटे थे। मिलिंद को उनकी लगन और हथियारों की विशेषज्ञता के लिए जाना जाता था। वो हर हथियार को कई-कई बार जांच रहे थे। वो सभी बारीकियों को जानते-समझते थे।

विंग कमांडर चौहान (उस वक़्त स्क्वाड्रन लीडर) ने मुझे कहा:

> मिलिंद शांत दिख रहे थे, लेकिन भीतर से बेहद प्रोफ़ेशनल थे। हथियार उनकी जान थे। दो बच्चे होने के बावजूद उन्होंने स्वेच्छा से इस मिशन के लिए अपना नाम आगे बढ़ाया था। वो हमेशा एक्शन के लिए तैयार रहते थे और अपने हथियारों की देखभाल में गर्व महसूस करते थे। मैं उन पर पूरी तरह भरोसा करता था। वो मेरी टीम में नंबर तीन थे और उनकी कमी आज भी खलती है।

सीओ ने एक अजीब पल को भी याद किया:

> उस रात, ऑपरेशन शुरू होने से ठीक पहले मैंने देखा कि मिलिंद ऑनलाइन थे, जबकि उन्हें आराम करने को कहा गया था। मैंने मैसेज किया कि आख़िर वो अभी तक क्यूं जाग रहे थे। इस पर उन्होंने जवाब दिया, 'बस स्विच ऑफ़ मोड में जा रहा हूं।' आज तक सोचता हूं कि उन्होंने ऐसा क्यूं कहा।

नीलेश भी उस दिन असामान्य रूप से व्यवहार कर रहे थे। जेडब्लूओ संदीप कुमार बताते हैं कि नीलेश ने मिशन से पहले एक अतिरिक्त पिस्तौल मांगी थी।

बाद में उन्होंने मुझे बताया:

> नीलेश ने मुझसे एक और पर्सनल वेपन मांगा। मैंने उससे कहा, 'अबे तू दो-दो पर्सनल वेपन क्या करेगा? है तो टेवर, ग्लॉक... और कितने चाहिये? उसने

कुछ भी नहीं कहा। बस बोला कि उसे कुछ फ़ीलिंग आ रही है और ज़्यादा कुछ नहीं बताया।

सीओ ने ये भी बताया कि उस रात मिशन पर जाने के लिए पहले नीलेश का नाम नहीं तय हुआ था। एक गरुड़ जवान पेट ख़राब होने के चलते बीमार पड़ गया था और ऐन मौक़े पर नीलेश को उसकी जगह पर लाया गया था।

फिर सीओ ने नीलेश को मूवमेंट की योजना बनाने और उन्हें तुरंत ब्रीफ़ करने के लिए कहा। नेविगेटर के रूप में काम कर रहे नीलेश ने पूरे रास्ते की बारीक़ी से योजना बनायी। उन्हें अलग-अलग वाहनों की मूवमेंट को मैनेज करना था। साथ ही, ये भी तय करना था कि किस वाहन में कितने लोग बैठेंगे और वो कहां रुकेंगे। सीओ ने नीलेश की विस्तृत योजना को देखा और मंज़ूरी दी। उन्होंने सुनिश्चित किया कि ऑपरेशन के लिए सबकुछ तैयार था।

अंतिम तैयारिया पूरी होते ही टीम ने ऑपरेशन शुरू कर दिया। गाड़ियां अलग-अलग अंतराल पर निकल रही थीं ताकि किसी को भनक न लगे। गरुड़, जिन्होंने पिछली रात ही ऐम्बुश लगाया था, ऑपरेशन की अगुवाई कर रहे थे और उनके पीछे पैरा (स्पेशल फ़ोर्सेज़) और राष्ट्रीय रायफ़ल्स की टीमें थीं। हर वाहन को इस हिसाब से चुना गया था कि वो स्थानीय ट्रैफ़िक में घुल-मिल सके। सभी गाड़ियां टारगेट लोकेशन की ओर बढ़ रही थीं, जो उनकी बारीकी से की गयी योजना और अटूट संकल्प का प्रमाण था।

राख हाजिन
11 अक्टूबर 2017
रात के ढाई बजे

रात की हवा में तनाव घुआ हुआ था और हाजिन की घने अंधेरे वाली रात में एक अजीब सी ख़ामोशी छायी हुई थी। गाड़ियों का एक काफ़िला गांव से ठीक बाहर आकर रुका। उनकी हेडलाइट्स धुंध को चीरते हुए चाकुओं जैसी लग रही थीं। स्क्वाड्रन लीडर राजीव चौहान की अगुवाई में काम कर रही जॉइंट टीम गाड़ी से उतर पड़ी। जवान तेज़ी और ख़ामोशी के साथ बढ़ रहे थे। 617 गरुड़ फ़्लाइट, 13 राष्ट्रीय रायफ़ल्स (कुमाऊं),

भारतीय सेना की पैरा स्पेशल फ़ोर्सेज़ और 31 राष्ट्रीय रायफ़ल्स के कमांडो, सभी रात में ऐसे घुल गये मानो उसके ही हिस्से हों। जवान अपनी तय पोज़िशन्स की ओर बढ़ रहे थे और सिर्फ़ जूतों की हल्की आवाज़ और सामान की सरसराहट सुनायी दे रही थी।

स्क्वाड्रन लीडर राजीव चौहान ने अपने जवानों को ख़ामोशी से, हाथ के इशारों से निर्देश दिये और हर इशारा ठीक उसी तरह समझा और निभाया गया। लक्ष्य साफ़ था: टारगेट वाले घर के चारों ओर घेराबंदी करनी थी, ताकि अंदर मौजूद आतंकियों के लिए भाग निकलने का कोई रास्ता न बचे। जैसे ही कमांडो फैलने लगे, रात जैसे अपनी सांस रोककर खड़ी हो गयी और हर गुज़रते सेकंड के साथ तनाव घना होता गया।

अंधेरे की आड़ में गरुड़ टीम ने स्थिति के बारे में जागरूकता की असाधारण मिसाल पेश की और कुशलतापूर्वक सुबह चार बजकर चालीस मिनट तक, कसी हुई घेराबंदी कर दी। पैरा (स्पेशल फ़ोर्सेज़) टीम ने घर के सामने की दिशा को सुरक्षित कर लिया था और राष्ट्रीय रायफ़ल्स की बटालियनों ने बाईं ओर मोर्चा संभाल लिया था। मिलिंद और नीलेश एक बडी पेयर में थे और घर से सिर्फ़ अट्ठाईस मीटर की दूरी पर ऐम्बुश लगाकर बैठे थे। वहां किसी तरह का कवर नहीं था, इसलिए मिलिंद ने नीलेश से कहा कि वो उनके सामने एक लकड़ी का लठ्ठा ले आएं ताकि उसे ढाल की तरह इस्तेमाल किया जा सके।

मिलिंद और नयन को 13 राष्ट्रीय रायफ़ल्स की पार्टियों के बीच, और दाईं ओर एक अन्य गरुड़ बडी पेयर के बीच में तैनात किया गया था। ये सभी एक सोची-समझी दूरी पर तैनात थे। रात बिल्कुल काली थी और मिलिंद और नीलेश तथा अगली जोड़ी के बीच सिर्फ़ एक अल्युमिनियम का शेड था। सीओ ने हर बडी पेयर की पोज़िशन को खुद जाकर जांचा। वो एक से दूसरे की ओर बेहद सतर्कता के साथ जा रहे थे, ताकि उन्हें अपने लोगों की सही पोज़िशन की जानकारी रहे। अंतिम बडी पेयर, मिलिंद और नयन, को पॉज़िशन में देखकर वो अपनी जगह पर लौट आये और अपने बडी के साथ घात लगाकर बैठ गये।

जब बाकी टुकड़ियों ने अपने घेरे की पुष्टि कर दी, तब सीओ गरुड़ ने सीओबी[7] से संपर्क किया और बाकी टीम को घर के अंदर तलाशी शुरू करने के लिए कहा।

योजना ये थी कि पहले कुछ जवानों के साथ एक अभेद्य घेरा डाल दिया जाये, ताकि कोई भाग न सके। फिर बाकी जवान, जो स्टैंडबाय पर थे, उस घर की ओर बढ़कर सर्च ऑपरेशन करेंगे। टारगेट वाली जगह पर पक्के घरों का एक समूह था, जिसके एक तरफ़ सेब का बाग़ था और बाकी दो तरफ़ खेती की ज़मीन।

हालांकि सभी ने पूरी ख़ामोशी से घेरा लगाया था, वो नहीं जानते थे कि आतंकी उन्हें अत्याधुनिक नाइट विज़न चश्मे से देख रहे थे। ये बात बाद में ऑपरेशन के बाद पकड़े गये ओवर ग्राउंड वर्कर्स ने बतायी। आतंकियों ने समझ लिया था कि वो घेरे जा चुके थे, इसलिए उन्होंने भागने की ऐसी योजना बनायी थी कि अगर कुछ मारे भी जाएं, तो बाकी अंधेरे की आड़ में निकल सकेंगे। उन्होंने घेरे में एक कमज़ोरी को ताड़ लिया था और मिलिंद-नीलेश की पोज़िशन पर हमला करके उसी दिशा से भागने का फैसला किया।

जब सुरक्षाबल घात लगा रहे थे, आतंकी अपने हथियारों और ग्रेनेड के साथ भागने की तैयारी कर रहे थे।

मिलिंद के पास राष्ट्रीय रायफ़ल्स की टीम से जुड़ा एक मोटरोला रेडियो था, जबकि नीलेश का मोटरोला गरुड़ की फ्रीक्वेंसी पर सेट था। राष्ट्रीय रायफ़ल्स से मिली कोई भी जानकारी मिलिंद को मिलती, जो वो नीलेश को देते। नीलेश उस जानकारी को सीओ तक पहुंचाते।

नीलेश उस घर को अपने टेलीस्कोप से देख रहे थे। घर के ठीक सामने, उनकी पोज़िशन ऐसी थी कि वो किसी भी हरक़त को पकड़कर उसकी जानकारी गरुड़ तक पहुंचा सकते थे और मिलिंद वही जानकारी सेना को दे रहे थे।

दूसरे गरुड़ जवानों की तरह हेलमेट पर लगी नाइट विज़न डिवाइस की बजाय नीलेश के पास अपनी बंदूक पर लगा एक आधुनिक, लॉन्ग-रेंज टेलीस्कोपिक डिवाइस थी, जिससे वो अंधेरे में भी देख सकते थे।

सुबह के लगभग 5 बजे, सीओबी से बाकी सुरक्षाबल भी उस इलाक़े में पहुंच गये। जैसे ही उनकी गाड़ी रुकी, घर के अंदर से एक ग्रेनेड फेंका गया। कुछ ही पलों में छह या सात आतंकी, तेज़ी से, घर से बाहर निकल आये। उनकी तेज़ी के चलते, उनकी सही संख्या नहीं मालूम चल सकी। वो लाइन बनाकर चल रहे थे और अंडर-बैरल ग्रेनेड लॉन्चर चला रहे थे, हथगोले फेंक रहे थे और अंधाधुंध फ़ायर कर रहे थे। एक ग्रेनेड मिलिंद और नयन के बिलकुल सामने फटा, जिनके पास सिर्फ़ एक छोटा लकड़ी का लठ्ठा ही कवर था। उसके छर्रों से उनके चेहरे ज़ख्मी हो गए और गंभीर चोटें आयीं।

अपनी चोटों के बावजूद, सार्जेंट मिलिंद किशोर खैरनार ने असाधारण गोलीबारी का कौशल दिखाया। उनकी सटीक फ़ायरिंग ने आतंकियों को वहीं रोके रखा, जिससे कुछ पल के लिए स्थिति बराबर की हो गयी।

लेकिन जल्द ही आतंकियों की ऑटोमैटिक हथियारों और ग्रेनेड की तेज़ और लगातार फ़ायरिंग भारी पड़ने लगी। और वो गोलियों और छर्रों की बौछार से बुरी तरह घायल हो गये।

अपने साथी को ख़तरे में देखकर, नीलेश ने फ़ायरिंग और तेज़ कर दी, ताकि मिलिंद को कवर दिया जा सके और उनकी रक्षा हो सके। अब आतंकियों ने ये समझ लिया था कि नीलेश उनके लिए गंभीर खतरा थे, इसलिए उन्होंने अपनी पूरी फ़ायरिंग का केंद्र उनको ही बनाना शुरू कर दिया। नीलेश भी गोलियों की बौछार से घायल हुए, लेकिन उनका हौसला नहीं टूटा।

गंभीर रूप से घायल होने के बावजूद, मिलिंद ने अद्भुत मानसिक और शारीरिक चुस्ती दिखायी। उन्होंने आतंकियों पर एक पूरी मैगज़ीन खाली कर दी। फिर झटपट रीलोड किया और दोबारा गोलीबारी शुरू कर दी। अंतिम क्षणों में, उन्होंने एक आतंकी को मार गिराया। कई चोटों के चलते, पहले ही कमजोर हो चुके मिलिंद ने बस एक पल के लिए अपनी पोज़िशन बदली और उसी क्षण एक गोली उनके सिर में आ लगी। वो शहीद हो चुके थे।

नीलेश ने भी अद्वितीय साहस दिखाया। एक पल के लिए भी अपनी पोज़िशन नहीं छोड़ी। अपनी चोटों के चलते प्राण गंवाने से पहले उन्होंने भी एक आतंकी को मार गिराया। अंतिम क्षणों में, मिलिंद और नीलेश ने न सिर्फ़ एक-एक आतंकी को ढेर किया, बल्कि कई अन्य को गंभीर रूप से घायल भी कर दिया। उन्होंने अडिग बहादुरी और बलिदान की मिसाल पेश की।

गोलियां अभी भी चल रही थीं, लेकिन अलग-अलग यूनिट्स के जवान, अलग-अलग हथियारों और अलग-अलग तौर-तरीकों के साथ, बेहद सावधानी से फ़ायर कर रहे थे ताकि किसी और की जान न जाए और अपने ही पक्ष पर गोलियां न चलने लगें। जवान कहते हैं कि फ्रेंडली फ़ायर में भी लोग हताहत हो जाते हैं। इस सावधानी का फ़ायदा उठाकर कुछ आतंकी भागने में सफल हो गये। हवा में बारूद की तेज़ गंध भरी थी और फ़ायरिंग रुकते ही एक भूतिया सन्नाटा छा गया।

अपनी पोज़िशन से ही गरुड़ के सीओ ने चिल्लाकर पूछा, 'सभी लोग ठीक हैं?' उस वक़्त तनाव महसूस किया जा सकता था। इसी बीच जेडब्लूओ संदीप ने गरुड़ के बडी पेयर्स से रेडियो संपर्क करना शुरू किया। मिलिंद और नीलेश के रेडियो सेट से कोई जवाब नहीं आ रहा था। सभी की चिंताएं बढ़ रही थीं। तभी 13 राष्ट्रीय रायफ़ल्स

की टीम ने सीओ को कॉल करके बताया कि वो नाइट विज़न चश्मों से चार शव देख पा रहे थे।

सीओ का दिल बैठ गया।

वो जानते थे कि अपनी पोज़िशन छोड़ना जोखिम भरा था, क्योंकि आस-पास कहीं भी बचे हुए आतंकी छिपे हो सकते थे। मगर वो स्थिति की पुष्टि करने को भी बेचैन थे। वो रुक नहीं सके। भारी मन से, धीरे-धीरे रेंगते हुए, वो उन शवों की ओर बढ़ रहे थे। दो शवों पर लगी चमकती बुलेटप्रूफ़ प्लेटों ने उनकी आशंका को सच में तब्दील कर दिया। ये प्लेट सिर्फ़ गरुड़ पहनते थे। वो समझ चुके थे कि वो शव गरुड़ जवानों के थे।

अंततः मृत शरीरों को निकालकर 92 बेस हॉस्पिटल, श्रीनगर भेजा गया।

इस मुठभेड़ के बाद, जब धूल बैठी, तब स्थिति की पूरी गंभीरता सभी के सामने आयी।

मारे गये आतंकियों में एक लोकल एरिया कमांडर था। वो पूरे आतंकी नेटवर्क की रीढ़ था, जिसे बचाने के लिए बाकी आतंकी हर हाल में भागना चाहते थे।

उसके पास एक झोला मिला जिसमें भारतीय नोटों की बड़ी गड्डियां, दो एके-47 रायफ़लें, बारह मैगज़ीन, हैंड ग्रेनेड, सिगरेट, ड्रग्स, टूथपेस्ट और यहां तक कि परफ़्यूम भी थे। इससे साफ़ था कि आतंकी उसे ज़िंदा निकालने के लिए ख़ास कोशिश कर रहे थे और उसे अतिरिक्त सामान भी दिया गया था। ये भी साफ़ दिखायी पड़ रहा था कि वही लोकल एरिया कमांडर[6] ग्रुप की भागने की योजना और सामान लाने-दिलाने का ज़िम्मेदार भी था। हाजिन में पैदा हुआ और पला-बढ़ा वो आतंकी, इलाक़े की हर गली और ठिकाने को जानता था। वो रणनीतिक मास्टरमाइंड, को-ऑर्डिनेशन का केंद्र और संगठन की आंखें और कान था। उसकी मौत आतंकी नेटवर्क के लिए बहुत बड़ा झटका थी। दूसरा मारा गया आतंकी हथियारबंद तो था, लेकिन उसके पास सिर्फ़ एक बंदूक और कुछ मैगज़ीन थीं।

लोकल एरिया कमांडर की मौत से आतंकी गुट बुरी तरह टूट गया। उसे ऐसी स्थिति में रखा गया था कि बाकी सब मारे जाएं, तो भी वो बच निकल सके। वो आतंकियों का नेता था, उन्हें दिशा दिखाता था।

उधर सूरज की रोशनी ज़मीन पर गिरी और इधर, गरुड़ जवान अपने शहीद साथियों के पास खड़े हुए थे। ये 617 गरुड़ फ़्लाइट को लगी पहली बड़ी चोट थी। ये पहला

नुकसान था और उनका दुख काफ़ी गहरा था। भले ही कुछ आतंकी भाग गए हों, लेकिन अब ये लड़ाई गरुड़ के लिए बेहद निजी हो चुकी थी। पूरी दृढ़ता और मज़बूत इरादों के साथ, उन्होंने अपने शहीद साथियों का बदला लेने की कसम खायी।

एयरफ़ोर्स स्टेशन, चंडीगढ़
12 अक्टूबर 2017

भारतीय वायुसेना का ख़ास विमान लैंड कर चुका था। सार्जेंट खैरनार मिलिंद किशोर और कॉर्पोरल नीलेश कुमार नयन के शव आ चुके थे। हवा में दुख फैला हुआ था पूरी सैन्य परम्परा के साथ उन्हें गार्ड ऑफ़ ऑनर दिया जा रहा था। इन बहादुर सैनिकों ने जो बलिदान दिया था, ये दृश्य उसके साथ पूरा न्याय करने की कोशिश कर रहा था।

नीलेश की पत्नी मिन्शा स्तब्ध थीं।

उस बुरी ख़बर के बाद आनेवाले दिनों को याद करते हुए उनकी आवाज़ लड़खड़ाने लगती है:

> मुझे याद है कि मेरी मां मेरे पास आयीं और मुझसे कहा कि मैं अपनी बेटी को खाना खिला दूं। मुझे याद ही नहीं है कि मैंने खाना खिलाया या नहीं। मैं बुहत लम्बे वक़्त तक शॉक में थी। मेरी सास कई बार बेहोश हो जाती थीं। वो पूरा वक़्त धुंधला सा है।

वो आगे बोलती गयीं और उनकी आंखों में आंसू उमड़ते रहे:

> वायुसेना ने मुझसे पूछा कि क्या मैं अंत्येष्टि चाहती थी। मैंने उनसे कहा कि वो नीलेश को (उसके गांव) बिहार के भागलपुर में उधाडीह ले जाएं। उनका जन्म वहीं हुआ था। उन्हें वहीं रहना चाहिए।

मिलिंद की पत्नी हर्षदा ने अपना अनुभव साझा किया। उनकी आवाज़ दुख के वजन से भारी हो चुकी थी:

> वो बेहद मुश्किल भरा समय था। वेदिका मात्र साढ़े छह साल की थी और गगन ढाई का। मुझे समझ में ही नहीं आ रहा था कि मैं क्या करूं। वेदिका अपने पिता से बहुत जुड़ी हुई थी और उनकी ग़ैर-मौजूदगी के साथ सहज होने में उसे बहुत वक़्त लग गया। वो आज भी उनके बर्थडे पर बर्थडे कार्ड बनाती है।

अपने बलिदानों के बारे में बात करते हुए हर्षदा की आवाज़ टूटने लग पड़ती है।

> मैंने नौकरी ढूंढने की कोशिश की लेकिन मेरे बच्चों की देखभाल के लिए कोई था ही नहीं, इसलिए मुझे इसे छोड़ना पड़ा। हमारे सबसे कठिन समय में वायुसेना ने हमारा पूरा साथ दिया। सीओ और उनकी पत्नी अभी भी हमारे संपर्क में हैं और उन्होंने हमें बहुत सहारा दिया।

चंडीगढ़ में 617 गरुड़ फ़्लाइट से मिलना अभूतपूर्व अनुभव था। यूनिट ने सार्जेंट खैरनार मिलिंद किशोर और कॉर्पोरल नीलेश नयन की मूर्तियां बनायी हुई हैं। दोनों ने मरून टोपी और नीली वर्दी पहनी हुई है। मूर्तियों पर ताज़े गेंदे के फूलों की माला है जो उनके शौर्य का पूरा सम्मान रख रही है। मूर्तियों के बगल में वायुसेना के झंडे लहरा रहे हैं। मूर्तियों के सामने ताम्बे का दीया रखा है जिससे गर्म, सुनहरी रोशनी झर रही है। मिलिंद और नीलेश की तस्वीरें, उनकी अंतिम यूनिफ़ॉर्म, गोलियां और हेल्मेट, आस-पास की दीवारों पर सुसज्जित हैं। मूर्तियों के पीछे उस टीम का पोस्टर लगा है, जिसने उनकी मौत का बदला लिया। इस टीम में कॉर्पोरल ज्योति प्रकाश निराला भी थे, जिनकी मूर्ति अपने इन भाइयों के बगल में रखी हुई है।

जब मैं इन प्रतिमाओं को देख रही थी, मन में गहरी श्रद्धा उमड़ रही थी। मैं जानती थी कि उनके बलिदान की विरासत उन्हें जानने वालों के दिलों में हमेशा के लिए दर्ज रहेगी। लेकिन देश के बाक़ी हिस्से को भी ये जानकारी होनी बेहद ज़रूरी है कि ये शौर्यवान लोग कौन थे और उन्होंने अपने देश और उसकी संप्रभुता के लिए क्या किया था।

लेखिका की टिप्पणी

ये कहानी 617 गरुड़ फ़्लाइट के तत्कालीन कमांडिंग ऑफ़िसर, विंग कमांडर राजीव चौहान, जिन्होंने घाटी में यूनिट के दो सबसे महत्वपूर्ण मिशनों में नेतृत्व किया और

उनके सबसे वरिष्ठ वारंट ऑफ़िसर, जेडब्लूओ संदीप कुमार, जो अब रिटायर हो चुके हैं और कॉर्पोरेट में काम करते हैं, के इंटरव्यू पर आधारित है। शहीदों की पत्नियों हर्षदा और मिन्शा से बात करना, भावनात्मक रूप से चुनौतीपूर्ण था, मगर बेहद ज़रूरी भी था। पन्नों की सीमाओं के बावजूद, जहां मैं चाहती तो ऑपरेशन राख हाजिन और ऑपरेशन चंद्रगीर को आसानी से एक साथ लिख सकती थी, मैंने जानबूझकर सार्जेंट खैरनार मिलिंद किशोर और कॉर्पोरल नीलेश कुमार नयन के शौर्य को अलग से उजागर करना चुना, ताकि उनके बलिदान का पूरा भार महसूस कराया जा सके। उनकी कहानी भारतीय वायुसेना के तीसरे अशोक चक्र पुरस्कार से सम्मानित कॉर्पोरल ज्योति प्रकाश निराला की तुलना में कम जानी जाती है, जिन्होंने मिलिंद और नयन की शहादत के कुछ ही दिनों बाद सर्वोच्च बलिदान दिया था। अंत में, हमें ये कभी नहीं भूलना चाहिए कि सम्मान मिले या न मिले, कोई भी बलिदान न बड़ा होता है न छोटा। देश के लिए बही ख़ून की हर बूंद बेहद पवित्र होती है।

5

कॉर्पोरल ज्योति प्रकाश निराला, अशोक चक्र (मरणोपरांत): अशोक चक्र से सम्मानित वीर योद्धा

ऑपरेशन चंद्रगीर
चंद्रगीर गांव
हाजिन पंचायत समिति
बांदीपुरा
जम्मू-कश्मीर
18 नवम्बर 2017

नवंबर के बेरंग मौसम में, कश्मीर की घाटी पर बेरहम ठंड का साया पड़ चुका था। भयानक सर्दियों की शुरुआत हो चुकी थी, जो उतनी ही कटीली होने वाली थी, जितना यहां चल रहा संघर्ष। पहाड़ों के बीच से हवा चीखती हुई चल रही थी और ठंड हड्डियों तक में उतर रही थी। इन हवाओं के रास्ते में आने वाली हर चीज़ जम रही थी। दोपहर के तीन बजे के आस-पास का वक़्त था। आस-पास की चीज़ें दिखायी

नहीं दे रहीं थी और लगातार पड़ती फुहारों ने पूरे इलाके पर धुंधले, धूसर कोहरे की चादर डाल रखी थी। सैनिकों के बूट जिस ज़मीन पर पड़ रहे थे, वहां कीचड़ और गीले पत्तों का खतरनाक मिश्रण था और ऐसा लग रहा था मानो उन्हें हर कदम पर युद्ध लड़ना पड़ रहा था।

इसी बेरहम मौसम को चीरते हुए, गरुड़ स्पेशल फ़ोर्सेज़ की एक टीम ख़ामोशी के साथ आगे बढ़ रही थी। ये टीम वहां के भूगोल का हिस्सा बन चुकी थी। उनकी सांसें धुंध में मिलती जा रही थीं और उनका हर कदम सावधानी से भरा और नपा-तुला था। भारी बादलों के चलते दिन का उजाला दब चुका था, जो हर ओर एक अजीब सी उदासी फैला रहा था। वहां जो एकमात्र आवाज़ आ रही थी, वो जवानों के बूटों के गीली ज़मीन पर पड़ने की थी।

ये टीम एक ऐसे मिशन पर थी, जिसमें ज़रा सी भी चूक की गुंजाइश नहीं थी। ठंड असहनीय थी, लेकिन सैनिक डटे हुए थे। वो अपने लक्ष्य पर पूरी तरह केंद्रित थे। ख़राब मौसम उनकी मदद भी कर रहा था और उनके रास्ते में रुकावट भी डाल रहा था। मौसम के चलते वो छिपे हुए थे, लेकिन उनका देखना, चलना और सांस लेना मुश्किल हो रहा था।

फिर भी, हर जवान ने अपनी पोज़ीशन पूरे अनुभव और सहजता के साथ ली हुई थी। टीम का हर सदस्य ऐसे चल रहा था जैसे अच्छी तरह अभ्यास किया हुआ नृत्य चल रहा हो। कोई भी परछाईं, कोना या कोई दूसरी चीज़, अगर कवर दे रही थी तो उसको इस्तेमाल में लाया जा रहा था। गरुड़ जवान, जोड़ी बनाकर, टार्गेट घर के चारों तरफ़ फैल गए थे और उसके बेहद नज़दीक एक मज़बूत घेरा बना लिया था।

घर के पीछे एक कच्चा नाला था, जो अब कीचड़ और गंदे मलबे से अटा हुआ था। ये छोटा सा, अस्थायी गड्ढा ही वो जगह थी, जहां ज़्यादातर गरुड़ स्पेशल फ़ोर्सेज़ के जवानों ने अपनी पोज़ीशन ले रखी थी। हालांकि ये सुरक्षित कवर था, लेकिन घात लगाने के लिए ये बेहद अप्रिय और ख़तरनाक जगह थी। जवान अनुभवी और प्रशिक्षित थे, लिहाज़ा वो इन कठिन परिस्थितियों को झेल रहे थे। उन्हें मालूम था कि मिशन की सफलता के लिए, उनकी ये पोज़ीशन बेहद अहम थी।

इन सभी में एक मज़बूत और साहसी जवान था, जो गरुड़ फ़्लाइट में लाइट मशीनगन (एलएमजी) का विशेषज्ञ था। उनके पास जो सामान था, उससे उनकी भूमिका स्पष्ट हो रही थी। उनके पास भारी-भरकम साज-ओ-सामान था, जिसे तगड़े युद्ध को ध्यान में रखते हुए साथ लाया गया था। भारतीय वायुसेना की कॉम्बैट यूनिफ़ॉर्म पर,

उन्होंने बुलेटप्रूफ़ जैकेट पहनी हुई थी। जैकेट में कई जेबें थीं जिसमें ज़रूरी सामान रखा हुआ था। इस सामान में संचार से जुड़े उपकरण और गोलाबारूद था। पीठ पर काबिज़ बैग में और भी ज़रूरी सामान था, जो उसे दूसरे जवानों के बैग की तुलना में और भारी बना रहा था। अपने सर की रक्षा के लिए उन्होंने एक हेल्मेट लगाया हुआ था, जबकि उनकी जांघ के पास एक दूसरी बंदूक लगी हुई थी। उनका गठीला बदन और घनी दाढ़ी, उन्हें ख़तरनाक और लगभग डरावना रूप दे रही थी।

दस्ताने पहने हुए हाथों ने आईडब्लूआई नेगेव नाम की इज़रायली लाइट मशीनगन पकड़ रखी थी, जो सटीक निशाने लगाने में पूरी तरह सक्षम थी। 150 राउंड के ड्रम वाली ये बंदूक, किसी भी जवान के लिए हथियार भी थी और उनका अपना हिस्सा भी। इसके साथ, उनके पास कड़ी ट्रेनिंग और कई ऑपरेशनों का अनुभव भी था।

ये थे कॉर्पोरल ज्योति प्रकाश निराला।

बारिश की फुहारें तेज़ हो चली थीं लेकिन गरुड़ फ़्लाइट ने अपनी पोज़ीशन पकड़ी हुई थी। हर जवान दोपहर के सन्नाटे का हिस्सा बन चुका था। आस-पास दिखायी बहुत कम दे रहा था लेकिन उनके पास और कोई रास्ता भी नहीं था। आतंकवादी घर के अंदर छिपे हुए थे और गरुड़ के पास हमला बोलने का यही एक मौक़ा था।

नाले के किनारे पर कॉर्पोरल निराला मौजूद थे और उनकी पोज़ीशन सबसे ख़तरनाक थी। ज़मीन गीली थी और फिसलन से भरी थी। भारी सामान के चलते उन्हें हिलने-डुलने में भी ढेरों मुश्किलों का सामना करना पड़ रहा था। लेकिन वो पूरी तरह से दृढ़ता से भरे थे। अपने शहीद हुए साथियों की याद उनके दिल-ओ-दिमाग़ पर हावी थी, जिन्हें इन्हीं आतंकियों ने मारा था। आज उनका बदला लेने का दिन था। एलएमजी की ठंडी धातु उनके दस्तानों को चीरते हुए उनकी चमड़ी को काट रही थी और उनका भारी सामान उन्हें नीचे खींच रहा था। लेकिन वो ये सबकुछ यूं संभाल रहे थे, जैसे उन्होंने ये काम सैकड़ों बार किया हो।

ख़ुद को संभालते हुए, उन्होंने अपनी नेगेव रायफ़ल को ठीक किया। हथियार तैयार था। वो भी तैयार थे।

जैसे सोचा गया था, ठीक उसी तरह से मिशन को अंजाम दिया गया और सारा क्रियाकलाप कुछ ही वक़्त में ख़त्म हो गया। मिशन का टार्गेट कोई आम गुट नहीं था। ये लश्कर-ए-तैयबा का उत्तर कश्मीरी नेतृत्व था, जो विदेशी आतंकवादियों का एक नेटवर्क था, जिनका नाम कई बड़े हमलों के साथ जुड़ा हुआ था। इनमें 26/11 मुंबई हमलों के मास्टरमाइंड, ज़की-उर-रहमान लखवी का भतीजा भी शामिल था। इनका

ख़ात्मा न केवल रणनीतिक रूप से बड़ी जीत थी, बल्कि उस वक़्त काम कर रहे बेहद ख़तरनाक आतंकी नेटवर्क ग्रुप को मिलने वाला एक बड़ा झटका भी था।

गरुड़ सफल हुए थे लेकिन इसके एवज में उन्हें एक भारी कीमत चुकानी पड़ी थी।

कॉर्पोरल ज्योति प्रकाश निराला, जिन्होंने ये सुनिश्चित किया था कि कोई भी आतंकवादी भाग नहीं सकेगा, शहीद हो गये। ये एक ऐसा ऑपरेशन रहा, जिसमें कोई ग़लती नहीं हुई, मगर ये एक बहुत बड़ा नुकसान हो गया। भारतीय सैन्य इतिहास में उनका बलिदान अमर रहेगा। वो भारतीय वायुसेना के तीसरे अशोक चक्र विजेता और देश का सर्वोच्च शांतिकाल पुरस्कार पाने वाले एकमात्र एयरमैन हैं। उनकी विरासत गरुड़ स्पेशल फ़ोर्सेज़ की हिम्मत और काबिलियत का सबूत है और मुश्किल परिस्थितियों में साहस और बलिदान का सुनहरा उदाहरण भी।

गरुड़ रेजिमेंटल ट्रेनिंग सेंटर
उत्तर प्रदेश
अप्रैल 2006

गरुड़ कमांडो ट्रेनिंग सेंटर के ऊपर, भीषण गर्मी के दिन में, सूरज आग उगल रहा था। हवा भारी थी और लू के थपेड़े चोट कर रहे थे। ट्रेनिंग का मैदान पूरी तरह से ज़िंदा नज़र आ रहा था और वहां युवा लड़के, पूरी दृढ़ता और निष्ठा के साथ अपनी क्षमताओं की सीमा को लांघने की हरसंभव कोशिश कर रहे थे। हर शख़्स गरुड़ का बैज हासिल करना चाहता था।

इन हवाई सैनिकों में एक शख़्स अलग ही नज़र आ रहा था। उसकी नज़रें, उसके सामने लटक रही रस्सी पर अटकी हुई थीं। वो रस्सी जैसे आसमान तक खिंचती चली जाती हो, मगर उसने कंधे पीछे किए, पकड़ को मज़बूत किया और एक तेज़ सांस छोड़कर खुद को ऊपर उछाल दिया। हाथ पर हाथ चढ़ाते हुए, मांसपेशियों पर ज़ोर डालते हुए, वो धीरे-धीरे ऊपर की ओर बढ़ता गया। उसने सिर्फ़ अपने ऊपरी शरीर का इस्तेमाल किया। उसकी टांगें पूरी तरह से स्थिर थीं और हवा में लटकी हुई थीं। उसने रस्सी पर पूरी चढ़ाई अपनी बाज़ुओं के दम पर ही की। ये दैहिक क्षमता और अटूट जज़्बे का खुला प्रदर्शन था। उसके शरीर का एक-एक रेशा कराह रहा था लेकिन वो

रुका नहीं। उसका दिमाग सिर्फ़ एक ही बात अटका हुआ था कि उसे हर हाल में ऊपर तक पहुंचना था। जैसे ही उसका हाथ रस्सी की चोटी से टकराया, उसने खुद को बस एक पल की तसल्ली दी और फिर तेज़ी से नीचे उतरने लगा। ऐसा लग रहा था, जैसे ज़मीन उसकी ओर दौड़ी चली आ रही हो।

आराम के लिए वक़्त ही कहां था। अगली चुनौती सामने थी। क्षैतिज बंधी रस्सी। ज़मीन से काफ़ी ऊंचाई पर तनी हुई वो रस्सी हल्की हवा में झूल रही थी। ऐसा लग रहा था जैसे वो जवानों को ललकार रही हो। कमांडो ने रस्सी पकड़ी, उसका शरीर ज़मीन से बिल्कुल समानांतर था और उसने धीमी, थकाऊ यात्रा शुरू की। उसके हाथ-पांव एक ताल में चल रहे थे। हर हरक़त के साथ मांसपेशियों में जलन उठ रही थी। रस्सी हथेलियों को काट रही थी, लेकिन उसने दर्द को किनारे कर दिया और आगे बढ़ता रहा। दूसरी ओर पहुंचने के बाद ही उसने दम लिया। उसकी सांसें तेज़ और टूटी-टूटी सी थीं।

जैसे ही वो ज़मीन पर उतरा, सीटी बजी। ये टास्क पूरा होने का संकेत था। अपनी सख़्ती के लिए मशहूर उस्ताद, को किसी ने मुस्कुराते कम ही देखा था। उनके चेहरे पर भी एक टेढ़ी मुस्कान दिखायी पड़ रही थी। उन्होंने मन ही मन सोचा कि *ये लड़का अच्छा है।* फिर तुरंत बाकी लोगों पर, गालियों की बौछार के साथ चिल्लाने लगे। उस्ताद दूसरे लड़कों को चिढ़ा रहे थे कि निराला सिर्फ़ ऊपरी शरीर के दम पर रस्सी पार कर गया और वो सब टांगों की मदद से भी समय पर टास्क ख़त्म नहीं कर पा रहे थे।

गरुड़ रेजिमेंटल ट्रेनिंग सेंटर में ये एक आम दिन की तरह ही था। ये कोई साधारण सैन्य प्रशिक्षण संस्थान नहीं था। यहां जवान तपाये जाते हैं, जो एलीट गरुड़ स्पेशल फ़ोर्सेज़ के रूप में निकलते हैं।

और निराला ने ठान लिया था कि वो पहले से भी ज़्यादा मज़बूत बनकर उभरेगा।

असल में, वो पहला बैच मिस कर चुके थे। एक फ्रैक्चर ने उन्हें कई महीनों के लिए बिस्तर पर डाल दिया था। एटीएस बेलगाम में एयरमैन की बुनियादी ट्रेनिंग पूरी कर वो अपने एक साल की गरुड़ ट्रेनिंग के अगले चरण के लिए जीआरटीसी पहुंचे थे। लेकिन पहले महीने में ही, एक छोटी-सी असावधानी के कारण उनकी टांग टूट गयी थी। हार मानना उनके स्वभाव में कभी था ही नहीं। बचपन से ही ज़िद्दी और किसी भी वादे को पूरा करने वाले निराला ने तय किया कि वो इंतज़ार करेंगे। अधिकारियों ने उन्हें अगले बैच में शामिल होने की अनुमति दे दी, जो अप्रैल 2006 में शुरू हुआ। उनका मूल बैच अगले चरण में आगे बढ़ चुका था। निराला पक्के इरादे के साथ वापस आये और जून 2007 में इस चरण को शानदार तरीके से पास किया। ऐसा करना कतई आसान नहीं था।

कुछ दिन वो रस्सियों से लटकते हुए ट्रेनिंग करते और कुछ दिन वो अपने बाक़ी साथियों के साथ, बीस किलो का पिट्‌ठू उठाये और पीठ पर रायफ़ल टांगे, बेरहम धूप में बीस किलोमीटर का स्पीड मार्च करते। धीरे-धीरे ये मार्च उनकी दिनचर्या का हिस्सा बन गया था। पिट्‌ठू का वज़न कंधों को काटता हुआ, हर बढ़ते कदम के साथ पैरों को मज़बूत और इरादों को और सख़्त कर रहा था।

कभी उन्हें चौड़े गड्ढों के ऊपर से छलांग लगानी होती, कभी गहरी दरारों को पार करना होता। कई बार उन्हें घने जंगलों के बीच उतार दिया जाता था, जहां उनके पास सिर्फ़ एक नक़्शा और एक दिशासूचक यंत्र होता था। उन्हें इन्हीं दो चीज़ों के दम पर वापस लौटना होता था और इसी तरह वो दिशा पहचानने और नेविगेशन की अहम कला सीखते थे।

इसके बाद हथियार चलाने की ड्रिल शुरू होती थी। गोलियों की तेज़ गूंज पूरे इलाके में तैर जाती और हर प्रशिक्षु अपनी निशानेबाज़ी निखारने में जुट जाता। प्राथमिक उपचार की ट्रेनिंग भी दी जाती थी, जो ज़मीन पर किसी भी ऑपरेशन के लिए बेहद ज़रूरी होती है। कम से कम सामान के साथ, चोट का इलाज कैसे करें, खून बहना कैसे रोकें, फ्रैक्चर की स्थिति में क्या करें। उन्हें सबकुछ सीखना होता था। नकली घाव को पट्‌टी करते वक़्त निराला के हाथ बेहद सहजता से चलते थे, उनका दिमाग पूरी तरह शांत और केंद्रित रहता था।

लेकिन जो ट्रेनिंग उसे सबसे ज़्यादा पसंद थी, वो थी संचार की ट्रेनिंग। उन्होंने अलग-अलग तरह के संचार उपकरण चलाना सीखे। जैसे ही रेडियो में खरखराहट की आवाज़ आती, निराला बेहद शांत और आत्मविश्वास भरी आवाज़ में जवाब देते। ऐसा लगता था जैसे उन्हें हर मौक़े पर ठीक-ठीक मालूम होता था कि अगला कदम क्या होना चाहिए।

ट्रेड ट्रेनिंग पूरी करने के बाद, गरुड़ प्रशिक्षुओं को कमांडो ट्रेनिंग के लिए गृह मंत्रालय के अधीन संचालित, सरसावा स्थित एक सैन्य सुविधा में भेजा जाता है। वहां उनका लक्ष्य था अपने हुनर में और निखार लाना और ऑपरेशन से जुड़ी ट्रेनिंग हासिल करना। उन्हें ऐसे एलीट 'स्पेशल ग्रुप्स' के साथ ट्रेनिंग दी जाती थी, जो गुप्त मिशनों पर काम करते हैं और जिनकी हर तैनाती एक रहस्य हुआ करती थी। ये ट्रेनिंग बेहद कठिन होती है, ताकि वो दुश्मन के इलाके में घुसपैठ कर सकें, घात लगा सकें और किसी भी ख़तरनाक माहौल में ज़िंदा रह सकें।

शारीरिक ट्रेनिंग तो बिल्कुल नहीं रुकती थी। फुल-किट में दौड़ लगाना रोज़ का संघर्ष था, जिसमें हर ट्रेनी अपने पूरे साज-ओ-सामान का वज़न उठाकर, शरीर की हर

सीमा को धकेलते हुए दौड़ लगाता था। ट्रेनिंग एरिया के हर पॉइंट पर एक-एक प्रशिक्षक मौजूद होते थे जो ख़ुद एक अनुभवी कमांडो होते थे। ये कमांडो अपनी वर्षों से कमाई हुई ऑपरेशनल समझ को इन जवानों के ज़हन में उतार रहे होते थे।

कैडेट कमरे में घुसने और वहां काम को अंजाम देने की कला सीखते थे। उन्हें दरवाज़े तोड़ना, कमरों को सुरक्षित करना, छिपे हुए दुश्मनों को ढूंढकर सटीक तरीके से निष्क्रिय करना सिखाया जाता था और ये सब इतनी बार दोहराया जाता कि हर हरकत उनकी आदत बन जाए। इम्प्रोवाइज़्ड एक्सप्लोज़िव डिवाइस (आईईडी) को निष्क्रिय करने की ट्रेनिंग भी उतनी ही अहम थी।

हथियारों की आधुनिक ट्रेनिंग ने उनकी क्षमताओं को और पैना कर दिया था। निराला ने तरह-तरह के हथियारों में महारत हासिल की, उन्हें उस कौशल और सटीकता से चलाना सीखा, जो किसी एलीट सैनिक से अपेक्षित होती है।

गरुड़ जवान ज्योति प्रकाश निराला ने सितंबर 2007 में अपनी पासिंग आउट परेड में हिस्सा लिया और प्रोफ़िशिएंसी बैज हासिल किया। इसके बाद, उन्होंने कई दूसरे कोर्स भी पूरे किये, जिसमें तैराकी भी शामिल थी। इस तैराकी में उन्हें वर्दी और पूरे सामान के साथ तैरना और दूसरों की जान बचाने के तरीक़े सीखने पड़ते थे। साथ ही, मैकेनिकल ट्रांसपोर्ट ट्रेनिंग से उनके गाड़ी चलाने के कौशल में भी ढेर सारा निखार आया। उन्होंने पीटीएस आगरा में बुनियादी पैरा जंप कोर्स पूराकर पैराट्रूपर बैज भी हासिल किया।[1]

भारत के प्रमुख कॉम्बैट ट्रेनिंग संस्थानों में सारे ज़रूरी कोर्स पूरे करने के बाद, निराला को अंतिम अट्ठाईस दिनों के कोर्स के लिए कॉर्प्स बैटल स्कूल (सीबीएस), खरू, श्रीनगर भेजा गया।[2] ये स्कूल जम्मू-कश्मीर की चुनौतियों को ध्यान में रखते हुए, देशभर के सैनिकों को उग्रवाद-विरोधी और आतंकवाद-विरोधी ऑपरेशन की ट्रेनिंग देने के लिए जाना जाता है। निराला वहां अलग-अलग सेवाओं के जवानों के साथ बेहद सख़्त ट्रेनिंग से गुज़रे, ताकि इस इलाक़े में काम करने के लिए ज़रूरी शारीरिक और मानसिक मज़बूती विकसित हो सके।

सार्जेंट सतीश कुमार (रिटायर्ड) ने कॉर्पोरल ज्योति प्रकाश निराला के साथ ट्रेनिंग ली थी। वो याद करते हुए बताते हैं:

> वो बेहद मज़बूत इरादों वाले और जिज्ञासु थे। वो शारीरिक रूप से तो फ़िट थे ही, मगर उनके हाथ ख़ासतौर पर बेहद मज़बूत थे, जिसकी वजह से बाद में वो स्वाभाविक रूप से एलएमजी स्पेशलिस्ट बन गये।

सीबीएस का कोर्स आंखें खोल देने वाला था। इसकी एक ख़ास बात थी कि वहां सरेंडर कर चुके उग्रवादियों को इंस्ट्रक्टर के रूप में शामिल किया गया था। इसके चलते एक आतंकी के दिमाग़ के भीतर झांकने का अनमोल मौका मिलता था। समझ में आ सकता था कि वो कैसे सोचते हैं, किस बात से भड़कते हैं, फ़ोर्सेज़ पर धावा कैसे बोलते हैं। इससे हमें दुश्मन को गहराई से समझने में मदद मिलती थी।

भारतीय वायुसेना रेगिस्तान से लेकर घाटियों, पहाड़ों से लेकर बर्फ़ से ढकी चोटियों और घने जंगलों तक, हर तरह के इलाक़े में काम करती है। गरुड़ स्पेशल फ़ोर्सेज़ को देश की सबसे अहम परिसंपत्तियों की सुरक्षा की ज़िम्मेदारी दी जाती है। साथ ही, उग्रवाद विरोधी ऑपरेशनों में भी उन्हें तैनात किया जाता है।

कोर्स ख़त्म होने तक, निराला देश की सेवा करने के लिए पूरी तरह तैयार थे। दूसरे गरुड़ साथियों के साथ, उनकी तैनाती कश्मीर घाटी में 2 पैरा (स्पेशल फ़ोर्सेज़) के साथ हो गयी थी। स्पेशल फ़ोर्सेज़ के अनुभवी जवान, नये प्रशिक्षित गरुड़ जवानों का सहयोग करते थे और उन्हें असल जीवन में ऑपरेशन अंजाम देने के अनुभव दिये, जिससे उन्हें चुनौतियों की जानकारी मिलती रही।

अपनी तैनाती के बाद, निराला को जम्मू एयरफ़ोर्स स्टेशन पर पहली आधिकारिक पोस्टिंग मिली।

यहां रहने के दौरान, उन्होंने असम के सिलचर स्थित काउंटर-इंमरजेंसी एंड जंगल वॉरफ़ेयर स्कूल (सीआईजेडब्लूएस)[3] में कोर्स पूरा किया और वो जंगल में युद्ध के भी विशेषज्ञ बन गये। पूर्वोत्तर के घने जंगलों में लगातार बरसात होती रहती थी और उस जैसा अनुभव कश्मीर की वादियों में नसीब नहीं होता है।

बेहद कम संसाधनों के साथ ट्रेनिंग करते हुए, उन्होंने मुश्किल भौगोलिक परिस्थितियों में आना-जाना, पहाड़ों पर रस्सियों या बांस के सहारे चढ़ना और जंगल में जो भी मिले, उसे खाकर ज़िंदा रहना सीखा, जिसमें सांप खाना भी शामिल था। इस ट्रेनिंग में उनके साथ असम रायफ़ल्स के जवान और मित्र देशों के कुछ सैनिक भी शामिल थे। इस दौरान उन्हें नज़र आया कि असम रायफ़ल्स के जवान किस कद्र हिम्मती और मज़बूत थे, जिसका उन्होंने हमेशा सम्मान किया। इस कोर्स ने उन्हें बेहद विनम्र बनाया।

जंगल ने उन्हें विस्मित किया हुआ था और पहाड़ों को देखकर वो ख़ुद को बेहद छोटा महसूस करते थे। इस वक़्त तक उनकी शादी हो चुकी थी और वो अपनी पत्नी को बहुत मिस करते थे।

~

राजौरी गार्डन
नयी दिल्ली
2005

सुषमा नंद बेहद नर्म अंदाज़ में अपने प्रिय शख़्स को याद करते हुए बात कर रही थीं। उनकी आवाज़ में एक नरमी थी, जैसे वो अपनी सबसे कीमती यादों को सहेजकर बांट रही हों। ये दुखद है कि इस कदर का गहरा प्यार भी कई बार अधूरा रह जाता है।

पिता, पति और बेटे इसलिए बलिदान देते हैं ताकि दूसरे लोग सुकून से जी सकें। सुषमा की कहानी उन अनगिनत सैन्य पत्नियों की कहानी से मेल खाती है, जिनके पति सर्वोच्च बलिदान दे चुके हैं।

सुषमा को याद है कि कैसे सादगी और ईमानदारी भरी आंखों वाले निराला, एकाएक उनकी ज़िंदगी में आये। वो अपनी मुश्किल गरुड़ ट्रेनिंग शुरू करने वाले थे और सारी औपचारिकताएं निपटाने में मदद करने के लिए उनके पिता, श्री तेज नारायण सिंह, उन्हें दिल्ली लेकर आये थे। ये दोनों एक हफ़्ते के लिए सुषमा के घर रुके और इसी दौरान सुषमा को उनसे एक अजीब सा जुड़ाव महसूस हुआ। दोनों के परिवार बिहार के रोहतास ज़िले से थे और उनके गांव भी एक-दूसरे से ज़्यादा दूर नहीं थे, मगर ये इन दोनों की पहली मुलाक़ात थी।

सुषमा के पिता भारतीय सेना की इलेक्ट्रॉनिक्स एंड मैकेनिकल इंजीनियर्स (ईएमई) शाखा में कार्यरत थे। एक ऐसी शाखा जो अपनी तकनीकी महारत और प्रतिस्पर्धी क्षमता के लिए जानी जाती है।

जब दोनों की मुलाक़ात हुई, उस वक़्त निराला भारतीय वायुसेना में शामिल होने ही वाले थे। उनकी ईएमई वाली पृष्ठभूमि का आधुनिक, प्रगतिशील नज़रिया भारतीय वायुसेना की शान और अंदाज़ के साथ बिल्कुल मेल खाता था।

सुषमा की मां ने बहुत जल्दी इस रिश्ते की संभावना को भांप लिया था। समान सैन्य पृष्ठभूमि, एक-सा सामाजिक ढांचा और गांव के रिश्ते, ऐसा लग रहा था जैसे सबकुछ इस रिश्ते की बुनियाद रखने को तैयार था।

मगर सुषमा कुछ हिचक रही थीं। वो अपनी पढ़ाई में पूरी तरह डूबी हुई थीं। सुषमा उस वक़्त एनआईआईटी से सॉफ़्टवेयर इंजीनियरिंग का डिप्लोमा कर रही थीं और नहीं जानती थीं कि उस वक़्त शादी करना सही कदम होगा या नहीं। लेकिन निराला उन्हें देखते ही प्रभावित हो गये थे। और फिर जैसे-जैसे बातचीत आगे बढ़ी, रिश्ता भी गहराता गया। ये वो वक़्त था जब मोबाइल फ़ोन बहुत आम नहीं थे। ऐसे में सुषमा सिक्के जमा करके, एसटीडी बूथ से उन्हें कॉल किया करती थीं। निराला भी अपनी ट्रेनिंग की व्यस्त दिनचर्या से समय निकालकर कभी-कभी उन्हें कॉल कर लिया करते थे।

उनके प्यार के आगे कई चुनौतियां आ खड़ी हुईं। कई रिश्तेदारों के मन में ये शंका थी कि उनकी इकलौती बेटी सुषमा, निराला के इतने बड़े संयुक्त परिवार में कैसे घुल-मिल पायेगी। निराला चार छोटी बहनों के साथ घर के इकलौते और सबसे बड़े बेटे थे, लिहाज़ा उनपर ज़िम्मेदारियां बहुत थीं। इन चिंताओं की वजह से निराला के पिता ने रिश्ता आगे बढ़ाने से इंकार भी कर दिया था। लेकिन तबतक दोनों के बीच की डोर इतनी मज़बूत हो चुकी थी कि उसे तोड़ना आसान नहीं था। शादी से पहले उनका रिश्ता चार-पांच बरस तक चलता रहा। सुषमा बताती हैं कि वो लोग कुल बारह वर्षों तक साथ रहे, जिनमें से आठ साल शादीशुदा बीते। उन्होंने कभी नहीं सोचा था कि उन्हें इतना गहरा दुख झेलना पड़ेगा।

धीरे से, लगभग फुसफुसाते हुए और आंखों में नमी के साथ, सुषमा ने कहा:

> 'मैं उनसे कहती थी कि मैं उनके बिना नहीं रह सकती। अगर उनसे शादी नहीं हुई, तो मैं किसी और से शादी नहीं कर पाऊंगी। उस वक़्त परिवार का बहुत दबाव था। वो लोग मेरे लिए लड़के देखने लगे थे और मैं हर किसी को किसी न किसी बहाने ठुकरा देती थी। ये बात उन्हें भी पता थी।'

उनकी आवाज़ टूट रही थी। अपने आंसुओं के बीच, एक मुस्कान के साथ उन्होंने कहा:

> 'वो भी भावुक हो जाते थे और मुझे समझाते हुए कहते थे, "ये किसने कहा कि मैं तुम्हारे बिना रह सकता हूं? मैं भी तुम्हारे बिना नहीं रह सकता।"'

इकलौते बेटे की ज़िम्मेदारियों के बोझ के बावजूद, निराला अपने जीवन की कल्पना सुषमा के बिना कर ही नहीं सकते थे। 2009 में उन्होंने एक बड़ा फैसला लिया और ये समझते हुए कि उनका प्रेम किसी भी अड़चन को पार कर सकता था, उन्होंने जाकर मंदिर में शादी कर ली।

ये फैसला लेना आसान कतई नहीं था, लेकिन इसमें दोनों बराबरी से शामिल थे।

आख़िरकार उनके परिवारवालों ने भी इस रिश्ते को स्वीकार कर लिया। 6 मार्च 2011 को, पूरे वैदिक रीति-रिवाज़ों के साथ उनकी शादी हुई, जो उनके अटूट प्रेम का एक सुन्दर प्रमाण है। उनकी ज़िंदगी में खुशियां ही खुशियां थीं और 3 फ़रवरी 2014 को उनकी बेटी जिज्ञासा ने जन्म लिया।

सुषमा बताती हैं कि कैसे शादी के बाद निराला के परिवार ने उन्हें अपना बनाया। सभी प्यार से सुषमा को 'बेबी' कहते थे, जो उनके प्रेम का सूचक था। चार ननदों के रूप में सुषमा को वो बहनें मिलीं, जो अबतक उनसे दूर थीं। वो घंटों-घंटों के लिए साथ बैठतीं, खाना खातीं और बातें करती रहतीं। ऐसा लगता ही नहीं था कि इनके बीच कभी कोई अनबन हो सकेगी। जिज्ञासा के आगमन के बाद, जीवन पूरा होता हुआ दिखने लगा था और वो सभी के दुलार का केंद्र बन चुकी थी।

2013 में, डायबिटीज़ से उपजी समस्याओं के चलते, सुषमा की मां चल बसीं। सुषमा बेहद दुखी थीं और उन्हें निराला और उनके परिवार ने सहारा दिया। इस बुरे वक़्त में निराला हमेशा उनके साथ रहे और उनकी इस मौजूदगी ने सुषमा को इस दुख से उभरने में बहुत मदद की।

निराला एक समर्पित पिता थे। सुषमा आंखों में चमक के साथ याद करती हैं:

> निराला, जिया पर जान छिड़कते थे। जब भी वो घर आते, उसे उठा लेते, बाहर ले जाते और उसके लिए कई चीज़ें खरीदते। मुझे याद है कि जब हमने जिया का एडमिशन चंडीगढ़ में प्लेस्कूल में करवाया था, तब जिया के टीचर ने क्या कहा था। निराला पहले दिन वहीं थे और कई बार जिया को देखने पहुंचे, जबकि टीचर बार-बार कह रहे थे कि वो कुछ घंटे बाद वापस आयें। टीचर हंसते हुए कह रही थीं कि उन्होंने कई पिता देखे लेकिन निराला जैसा नहीं देखा।

निराला उतने ही समर्पित पुत्र भी थे और बहनों की देखभाल करने वाले बड़े भाई भी। उनका सपना था कि उनकी छोटी बहनों की शादी हो और वो ख़ुशहाल रहें।

उनके जाने के बाद, गरुड़ के साथियों ने आग बढ़कर उनका ये सपना पूरा किया। उनके साथियों ने परिवार का हर कदम पर साथ दिया। उन्होंने दूसरे मौक़ों पर भी परिवार को अकेला नहीं छोड़ा। निराला के गांव में एक परम्परा है, जिसके अनुसार, विदाई के दौरान, दुल्हन के पैर ज़मीन पर नहीं लगने चाहिएं। निराला के सेना के साथियों ने सुनिश्चित किया कि उनकी बहन शशिकला की शादी में इस परम्परा को ससम्मान निभाया जाए। निराला की बहन उनके हाथों पर चलकर आयीं।[4] शादी का वीडियो सोशल मीडिया पर वायरल हो गया और सेना के साथियों के बीच कैसा याराना होता है, सभी को ये समझ में आया। गरुड़ जवानों ने दूसरी बहन सुनीता की शादी के दौरान भी यही किया।[5]

~

बांदीपुरा

उत्तरी कश्मीर

11 अक्टूबर 2017

निराला की क़िस्मत का रास्ता जहां से शुरू हुआ, उस दिन के साथ शौर्य और अत्यंत दुख जुड़ा हुआ है। उनकी यात्रा, जिसके दौरान हम उन्हें ख़तरनाक आतंकवादियों से लोहा लेते हुए और इतिहास में अपना नाम दर्ज करते हुए देखेंगे, की शुरुआत एक बड़े नुकसान के साथ हुई। ऑपरेशन राख हाजिन के दौरान, उनके साथी सार्जेंट मिलिंद किशोर खैरनार और कॉर्पोरल नीलेश कुमार नयन ने सर्वोच्च बलिदान देने से पहले दो आतंकवादियों को मार गिराया था। हालांकि बाक़ी क़ातिल भाग खड़े हुए थे।

एक-दूसरे का साथ देना, भारतीय सेना की मूल भावना में अंतर्निहित है, मगर गरुड़ जैसे छोटे बल के लिए ये भावना और भी मज़बूत होती है। उनकी नसों में दौड़ता खून एक-दूसरे के लिए बहता है। आप एक गरुड़ के जवान को चोट पहुंचाएं तो ये कतई न सोचें कि बाक़ी के जवान मूक खड़े रहेंगे। वो एक हैं और एक होकर सभी काम करने को तैयार रहते हैं। मिलिंद और नयन के गुज़रने को पूरी फ़्लाइट ने निजी हमले के तौर पर लिया। निराला ख़ुद बेहद दुखी थे।

सुषमा याद करती हैं:

> निराला दीवाली पर घर आ गये और हमें चौंका दिया। जब वो छह महीने के लिए अपनी टीडी[6] के लिए चंडीगढ़ से कश्मीर गये थे, उन्होंने बोला था कि उन्हें छुट्टी नहीं मिल सकेगी और वो तभी आ सकेंगे, जब टीडी ख़त्म हो जायेगी। उन्होंने मज़ाक में ये भी कहा था कि अब मुझे उनसे परेशानी नहीं होगी। मैं दुखी थी और सोच रही थी कि हम आख़िर कैसे उनके बिना इतना वक़्त निकाल पायेंगे। लेकिन निराला हमेशा अपने फ़र्ज़ को प्राथमिकता देते थे।

सुषमा ने आगे कहा:

> उस वक़्त पर, निराला अपनी बहन शशिकला की शादी तय करना चाहते थे लेकिन कर नहीं पा रहे थे। दीवाली 2017 के दौरान, वो एकाएक घर आ गये। वो बहुत अलग दिख भी रहे थे। उनकी दाढ़ी बढ़ी हुई थी उससे जिज्ञासा को डर लग रहा था। वो आते ही नहाये और दाढ़ी बनायी। वो कह रहे थे कि वो जिज्ञासा को डराना नहीं चाहते थे। इसके बाद वो जिज्ञासा को बाहर ले गए और उसके लिए खिलौने और चॉकलेट खरीदीं।
>
> मुझे कतई नहीं मालूम था कि ये आख़िरी बार था, जब मैं और जिया उन्हें देख रहे थे।

उनके अच्छे दोस्त, सार्जेंट सतीश कुमार की पोस्टिंग श्रीनगर में थी। उसी वक़्त निराला बांदीपुरा पहुंचे थे। सतीश ने शहादत से कुछ दिन पहले ही निराला से मुलाक़ात की थी। निराला चंडीगढ़ से फ़्लाइट लेकर श्रीनगर पहुंचे थे और सतीश के घर पर रात गुज़ारने के बाद, अगले दिन बांदीपुरा के लिए निकल पड़े थे। सतीश याद करके बताते हैं कि वो सुबह 3 बजे निकल गए थे और उन्हें लगातार खांसी आ रही थी। निराला ने एक कफ़ सिरप भेजने को कहा, जो सतीश ने भिजवा दी थी। उन्हें नहीं मालूम था कि ये उनके बीच आख़िरी संवाद होने वाला था।

इधर, आतंकियों को घेरने और उनका काम तमाम करने की तैयारियां ज़ोरों पर चल रही थीं।

ऑपरेशन राख हाजिन के बाद भारी मात्रा में गोलाबारूद, हथियार, ड्रग्स और मोबाइल फ़ोन पकड़े जा चुके थे। हर फ़ोन नंबर, आतंक के जाल में एक संभावित कड़ी था। इन नंबरों को ट्रेस करने के लिए अत्याधुनिक तकनीक का इस्तेमाल किया जा रहा था। कई नंबरों को सर्विलांस पर लगाया गया, जिससे ढेरों कनेक्शन खुलकर सामने आये।

जल्द ही, एक नंबर एक्टिव हो गया, जिससे निगरानी कर रही टीम को एक निशाना मिला। ये एक विदेशी आतंकवादी था, जिसने अपनी स्थानीय गर्लफ्रेंड से बात करने के लिए अपना फ़ोन ऑन किया था। ये ऑपरेशन जम्मू-कश्मीर पुलिस और भारतीय सेना का मिला-जुला प्रयास था और दोनों पक्ष एक-दूसरे के साथ जानकारियों का लेन-देन कर रहे थे।

एक बेहद स्पष्ट पैटर्न नज़र आ रहा था। हर रात, एक तय समय पर ये नंबर चालू होता था। आतंकी इधर-उधर घूम रहा होता था, इसलिए 7 से 8 किलोमीटर के इलाक़े में, उसकी लोकेशन हर पल बदल रही होती थी। वो पूरी सावधानी बरतता था और अपनी लोकेशन का ज़िक्र करता ही नहीं था। इंटेलिजेंस टीम ग़ौर से एक-एक बात सुन रही थी। उन्हें एक निर्माणाधीन लैट्रीन, पास ही कोई मस्ज़िद और कुछ दूसरी महीन बातों के बारे में मालूम चला।

सर्विलांस का ये दौर कई दिनों तक चला, जिससे समझ में आ रहा था कि आतंकवादी अनिश्चित रूप से इधर-उधर आ-जा रहा था और वो किस हद तक सावधानियां बरत रहा था। ये शख़्स पकड़ से बाहर ही घूम रहा था और लगभग हर मौक़े पर एक कदम आगे दिखायी पड़ रहा था। मगर फिर भी, शिकंजा कसने लगा था।

जो ख़ुफ़िया जानकारी इकट्ठा हुई थी, उसे गरुड़ फ़्लाइट के सीओ तक पहुंचाया गया, जिन्होंने ऑपरेशन को तेज़ी दी। चूहे और बिल्ली के इस खेल में, सटीक जानकारी एक बहुत बड़ा हथियार साबित हो सकती थी। वो ख़ुद, अपने साथ 13 राष्ट्रीय रायफ़ल्स (कुमाऊं) के एक जवान को लेकर अंडरकवर गये, ताकि आतंकवादी की सही लोकेशन पता कर सकें। विदेशी आतंकवादी का भेस धरे इन जवानों ने स्थानीय लोगों से ख़ूब जानकरी इकट्ठा की।

ड्रोन और मानवरहित विमान इस इलाक़े पर नज़र रखने के लिए धड़ल्ले से इस्तेमाल किये जाते थे। वो घरों में झांककर जानकारी इकट्ठा कर सकते थे। चंद्रगीर के ऊपर

मानवरहित विमान उड़ा करते थे, जिनके सेंसर इतने शक्तिशाली थे कि घने अंधेरे के बावजूद वो किसी भी छोटी से छोटी हरक़त को पकड़ सकते थे। सीओ हर संसाधन को उसकी सीमा पर ले जाकर इस्तेमाल कर रहे थे और अत्याधुनिक तकनीक और ह्यूमन इंटेलिजेंस के मिश्रण का पूरा इस्तेमाल कर रहे थे।

गरुड़ फ़्लाइट के सीओ, मिलिंद और नयन की शहादत से व्यथित थे और यही उन्हें आगे बढ़ने के लिए प्रेरित भी कर रहा था। उनकी दृढ़ता सभी को प्रभावित कर रही थी। बड़े स्तर के सर्विलांस के बाद आतंकवादी की लोकेशन की पुष्टि की जा सकी। सभी सबूत चंद्रगीर गांव के एक ख़ास हिस्से में बने घरों की ओर इशारा कर रहे थे।

इधर, एक नयी रुकावट आ गयी थी। चंद्रगीर का इलाक़ा गरुड़ फ़्लाइट के कार्यक्षेत्र से बाहर था। स्क्वाड्रन लीडर किसी भी हाल में इस रुकावट से विचलित होने वाले नहीं थे। उन्होंने बटालियन सीओ से इस ऑपरेशन को अंजाम देने की अनुमति मांगी। शुरुआती दौर में अनुमति नहीं मिली, लेकिन न्याय के लिए गरुड़ जिस तरह से प्रतिबद्ध थे, उसे नज़र में रखते हुए उन्हें इस ऑपरेशन के लिए अनुमति दे दी गयी।

इस मिशन को भी अव्वल दर्जे के मानकों के साथ अंजाम दिया गया।

आतंकी की लोकेशन पुष्ट होने और ऑपरेशन की अनुमति मिलने के बाद, स्क्वाड्रन लीडर चौहान हरक़त में आ गये। उन्होंने इस ऑपरेशन की छोटी से छोटी चीज़ पर गौर करते हुए योजना बनायी। इसमें उनके साथ वरिष्ठतम वारंट ऑफ़िसर, जेडब्लूओ संदीप कुमार, हथियार विशेषज्ञ निराला और बाक़ी की गरुड़ फ़्लाइट शामिल थी।

विंग कमांडर राजीव चौहान (तत्कालीन स्क्वाड्रन लीडर) ने बाद में याद किया:

> हम ऑपरेशन के लिए निकलने से पहले अच्छे से योजना बनाते हैं। हमने नक़्शे बनाये, अंदर जाने और बाहर निकलने के पॉइंट निर्धारित किये और फ़रार होने के संदिग्ध पॉइंट भी चिह्नित कर लिए। हर संभावित कोने को कवर करने के लिए सभी गरुड़ जवानों को उनकी ज़िम्मेदारियों से अवगत करवा दिया गया था। हमने घेरेबंदी की योजना भी बना ली थी और संभावित ख़तरों के बारे में भी बात कर ली। पुलिस और दूसरे सुरक्षाबलों के साथ भी हमारी बातचीत चल रही थी और लगभग हर परिस्थिति के लिए हमने योजना बना ली थीं।
>
> इस ऑपरेशन में हमने जो एक नयी चीज़ जोड़ी थी, वो थी बड़ी-बड़ी बुलेटप्रूफ़ शील्ड। हमने इससे पहले युद्ध में कुछ लोगों को खोया था,

इसलिए हम और नुकसान नहीं चाहते थे। ये शील्ड हमारे जवानों को गोलियों की बौछार से बचा सकती थीं।

वो कुछ देर के लिए रुके, फिर अपने फैसलों और उनके तरीक़ों को लेकर बोले:

इस बात पर काफ़ी बहस हुई कि हमें ऑपरेशन दिन में करना चाहिए या रात में। जो घर निशाने पर था, वो एक मस्जिद के नज़दीक था, जहां नमाज़ के वक़्त लगभग पूरा गांव इकट्ठा होता था। हमारे पिछले ऑपरेशन में, हम हमेशा रात के अंधेरे को अपनी ढाल बनाकर आगे बढ़ते थे। लेकिन इस बार हमने दिन का समय चुना। हमने तय किया कि हम शाम की नमाज़ के बाद जायेंगे, जब वो जगह खाली हो चुकी होगी।

हमने तय किया था कि हम सादे कपड़ों में ये ऑपरेशन करेंगे और इसके लिए हम सादे पिक-अप ट्रक्स का इस्तेमाल करेंगे। हम जैसे ही अपनी पोज़ीशन लेंगे, पीछे से और लोगों को बुला लेंगे, जो हमारे साथ जुड़ जायेंगे।

विंग कमांडर चौहान ने आतंकवादी की चुप्पी से पैदा हुए दबाव का भी ज़िक्र किया। बीते कुछ दिनों में उसने अपनी गर्लफ्रेंड से बात करनी कम कर दी थी, जिसके चलते ये डर पैदा हो गया था कि कहीं वो वहां से निकलने की फ़िराक़ में तो नहीं था। इसलिए, जैसे ही इंटेलिजेंस ने बताया कि उसका फ़ोन फिर से चालू हुआ था, उन्होंने तुरंत ही आगे बढ़ने का फैसला लिया। यहां तक कि वो रात का भी इंतज़ार नहीं करना चाहते थे।

तय कर लिया गया कि 18 नवम्बर को ऑपरेशन को अंजाम दिया जायेगा।

जो घर निशाने पर था, उसमें मौजूद आतंकवादियों की संख्या ठीक से नहीं मालूम थी। लेकिन इंटेलिजेंस का कहना था कि वहां कम से कम दो आतंकवादी तो थे ही। हालांकि ये संख्या ज़्यादा भी हो सकती थी। इस बात को ध्यान में रखते हुए, राष्ट्रीय रायफ़ल्स की बटालियन को भी इस योजना की पूरी जानकारी दी गयी थी। जॉइंट ऑपरेशन शुरू हो चुका था, जिसमें राष्ट्रीय रायफ़ल्स की एक बटालियन को घेराबंदी करने और दूसरी को पीछे से मदद करने की ज़िम्मेदारी दी गयी थी। पुलिस को तभी बुलाया जाने वाला था, जब ऑपरेशन ख़त्म हो जाता, जिससे वहां माहौल को संभाला जा सके और ख़तरनाक इलाक़े से सभी जवान सकुशल वापस लौट सकें।

वरिष्ठतम वारंट ऑफ़िसर, गरुड़ फ़्लाइट के जेडब्लूओ संदीप कुमार (वेटरन) ने निराला के बारे में एक कहानी सुनायी:

> निराला पूरी तरह से निडर था। वो सच्चा ख़तरों का खिलाड़ी था। मुझे एक पेट्रोलिंग मिशन याद है, जहां उसने अपनी बुलेटप्रूफ जैकेट निकाल दी थी। मिशन के बाद जब सीओ को ये बात मालूम चली तो उसको तलब किया गया। उसे बताया गया कि ये जैकेट किसी भी हाल में निकाली नहीं जानी थी। निराला इस बात को सुनता रहा, लेकिन जैसे ही सीओ गये, वो छाती फुलाकर सभी से कहने लगा, 'मैं किसी से भी नहीं डरता। जिस दिन समय आया, अपनी जान देने से नहीं कतराऊंगा, चाहे जैकेट हो या न हो।'

उन्हें नहीं मालूम था कि निराला के ये शब्द कितने सही साबित होने वाले थे।

ऑपरेशन चंद्रगीर
चंद्रगीर
हाजिन ब्लॉक
बांदीपुरा
श्रीनगर से 34 किलोमीटर दूर
18 नवम्बर 2017

चंद्रगीर गांव को ठंड ने जकड़ा हुआ था और यहां शांति पसरी हुई थी। 18 नवम्बर 2017 को मौसम ने अपना प्रकोप जारी रखा हुआ था। घने बादलों ने सूरज को ढंका हुआ था और हर जगह उदास बदली छायी हुई थी। पहाड़ियों और घने जंगलों से घिरे हुए चंद्रगीर का नाम 'चंद्र' और 'राहगीर' के मिलन से आया है, जिसका अर्थ है 'चांद की रोशनी में चलने वाले लोग'। ये जगह लम्बाई में फैली हुई थी। दोनों ओर फैले बाग़ और दूर तक पसरे खेत इसे जितना खूबसूरत बनाते थे, उतना ही रणनीतिक रूप से कमज़ोर भी। गांव में आने-जाने वाली अकेली सड़क ठंडे इलाक़े को चीरती हुई गुज़रती

थी। उसकी संकरी चौड़ाई और नुकीले यू-टर्न, किसी के लिए भी सहज घेराबंदी कर देते थे और उसका आना-जाना बंद हो जाता था।

इस गांव के बीच में ही वो घर था, जो इस मिशन का केंद्र था। चार लकड़ी की खिड़कियां दिखायी पड़ रही थीं जो ऐसे घर की थीं, जिसकी सालों से नज़रअंदाज़ी की जा रही थी। उसका दरवाज़ा पत्थर की बनी सीढ़ियों पर खुलता था। ये घर एक मस्जिद के पास था और इसके इर्द-गिर्द सेब के बाग़ थे। इसके आस-पास तीन ऐसे ही दिखने वाले घर और भी थे, फिर मुख्य सड़क आ जाती थी। ये आतंकवादियों के लिए एकदम मुफ़ीद स्थिति थी। ये जगह इतनी अलग थी कि उन्हें पहचाने जाने का ख़तरा कम हो जाता था, मगर गांव के इतनी पास तो थी ही कि वो जाकर वहां छुप सकते थे या फिर बाग़ के रास्ते भाग सकते थे।

मिशल की सफलता सभी की टाइमिंग और सबकुछ सटीक तरह से करने पर निर्भर करती थी। समस्या यही थी कि आतंकवादी उस गांव से अच्छी तरह वाक़िफ़ थे, लिहाज़ा आसानी से भागकर जंगलों से भरी पहाड़ियों में छिप सकते थे।

इधर, मानसबल हेडक्वार्टर में गरुड़ टीम पूरे जोश के साथ इकट्ठा हो चुकी थी। वो सभी अपने शहीद साथियों का बदला लेने के लिए व्याकुल थे। सभी आपस में मज़ाक कर रहे थे और एक-दूसरे के साथ तस्वीरें ले रहे थे। उनका हंसी-मज़ाक इस परिस्थिति के पूरी तरह प्रतिकूल लग रहा था। इस दोस्ताना माहौल में, किसी ने कहा, 'एक तस्वीर ले लेते हैं। क्या पता हममें से कोई एक लौटकर न आये?' किसी ने सोचा भी नहीं था कि ये शब्द सच साबित हो सकते हैं। ये तस्वीर 617 गरुड़ फ़्लाइट के प्रांगण के उस पवित्र स्थान पर लैमिनेट करके लगवायी गयी है, जो शहीद साथियों की याद में बनाया गया है।

जेडब्लूओ संदीप बताते हैं कि कैसे निराला अपनी नेगेव एलएमजी के साथ पूरी तैयारी का जीता-जागता उदाहरण थे। नेगेव कोई आम मशीनगन नहीं थी। ये ग़ज़ब की मारक क्षमता वाली बंदूक थी जिसका निशाना एकदम सटीक था। इसकी भारी, मज़बूत बैरल, लंबे समय तक, लगातार फ़ायरिंग का ताप झेल सकती थी। इस एलएमजी की तेज़ी और अलग-अलग तरह से फ़ायर करने की क्षमता, इसे एक ऐसा हथियार बना देती थी, जिसे केवल सबसे दक्ष जवान ही पूरी क्षमता से चला सकते थे।

निराला का दूसरा हथियार, एक ग्लॉक पिस्तौल, उनकी दाहिनी जांघ पर कसकर बंधी रहती थी और क़रीबी मुकाबले के लिए उनकी भरोसेमंद साथी थी।

बुलेटप्रूफ़ जैकेट के ऊपर उन्होंने एक टैक्टिकल वेस्ट पहनी होती थी, जिसमें अतिरिक्त गोलाबारूद और एक सर्वाइवल किट भरी रहती थी। एलएमजी और बाक़ी के सामान का वज़न काफ़ी था, लेकिन निराला की फुर्ती में कभी कमी नहीं आती थी। उनके मज़बूत, तपे हुए हाथ, हर उपकरण की जांच, सहजता और निपुणता से करते थे।

जेडब्लूओ संदीप याद करते हैं:

> निराला उस एलएमजी के साथ ऐसे चलता और दौड़ता था, जैसे वो उसके शरीर का ही हिस्सा हो। युद्ध के सबसे मुश्किल हालत में भी, वो मुश्किल पोज़िशन से बेहद सटीक फ़ायर कर लेता था। एलएमजी संभालने के लिए सिर्फ़ ताकत ही नहीं, बल्कि ज़िम्मेदारी की समझ और विशुद्ध रणनीतिक समझ भी चाहिए होती है।

विंग कमांडर राजीव चौहान (तब स्क्वाड्रन लीडर) ने भी कहा:

> निराला बस एक जवान नहीं था। वो एक स्पेशल फ़ोर्सेज़ का एक जुनूनी कमांडो था, जो हर मिशन के सबसे कठिन हिस्से में आगे रहकर काम करना पसंद करता था। एलएमजी ऐसे ही किसी को भी नहीं दे दी जाती। ये पूरी टीम की फ़ायरपॉवर की रीढ़ होती है। निराला ने वो भरोसा अपनी मेहनत और क्षमता से कमाया था। वो इसे संभाल सकता था और उसने हर बार अपनी क़ाबिलियत साबित की।

ऑपरेशन चंद्रगीर पर निकलते समय गरुड़ टुकड़ी की तैयारी देखने योग्य थी। अपने टैक्टिकल यूनिफ़ॉर्म के ऊपर उन्होंने पारंपरिक कश्मीरी फ़िरन पहन रखे थे, जिससे वो आसपास के माहौल में पूरी तरह घुल-मिल सकते थे। फ़िरन का ढीला लहराता कपड़ा और उस पर बने बारीक पैटर्न उन्हें शानदार कवर दे रहा था।

गांव की बसावट की बारीक़ पड़ताल की गयी और समझ में आया कि एक संकरी सड़क के रूप में, भीतर आने का सिर्फ़ एक ही रास्ता था। इस सड़क पर एक शार्प मोड़ भी था, जिसके चलते किसी भी गाड़ी को मजबूरन धीमा होना पड़ता था। पिकअप ट्रकों का काफिला सोच-समझकर, पूरी योजना के साथ, आगे बढ़ रहा था।

पहली गाड़ी, जिसमें गरुड़ के सीओ चौहान बैठे हुए थे, घुमावदार रास्तों से आगे बढ़ रही थी। सामने की सीट पर बैठकर सीओ ऑपरेशन के मुख्य बिंदुओं को एक आख़िरी बार फिर से देख रहे थे। उनका पूरा ध्यान आने वाले मिशन पर केंद्रित था।

अचानक, एक तेज़ मोड़ पर गाड़ी को ज़ोर का झटका लगा और वो रास्ते से बाहर की ओर फिसल गयी।

गरुड़ सीओ की आंखें सिकुड़ गयीं। इस टक्कर के चलते, उनकी चोरी-छिपे पहुंचने की चाल नाकाम पड़ सकती थी। इतनी ज़ोर की आवाज़ हुई थी कि आस-पास के ग्रामीणों का ध्यान भी उनकी ओर जा सकता था। इतनी मेहनत से बनायी गयी योजना पर पानी फिरने का ख़तरा आ खड़ा हुआ था। एक बड़ा जोखिम ये भी था कि काफ़िले में आ रही दूसरी गाड़ियों के साथ तालमेल भी बिगड़ सकता था।

लेकिन ड्राइवर ने ज़रा भी आपा नहीं खोया। पूरी फुर्ती और संतुलन के साथ उसने गाड़ी को रिवर्स किया और कुशलता से वापस सड़क पर चढ़ा दिया। उसने इस काम को इतनी सहजता से अंजाम दिया कि न कहीं किसी ने कुछ देखा, न सुना। इंजन की घरघराहट गांव के रोज़मर्रा के शोर में घुल गई।

चंद्रगीर पहुंचते ही ऑपरेशन का सबसे अहम चरण शुरू हुआ।

गाड़ियों का काफ़िला रुकते ही गरुड़ जवान हरक़त में आ गये। वो गाड़ियों से कूदे और कुछ ही सेकंडों में, टार्गेट वाले घर के चारों ओर अपनी पोज़िशन ले ली। हवा में तनाव साफ़ महसूस किया जा सकता था। लेकिन गरुड़ जवानों का एक-एक क़दम बेहद नपे-तुले आत्मविश्वास के साथ रखा जा रहा था। पूरी टीम हमला करने के लिए तैयार खड़ी थी। आसमान घने, उदास बादलों से ढका था, जिन्होंने सूरज की एक-एक किरण को पूरी तरह से रोककर रखा हुआ था। सूखे पत्तों और मुरझाई झाड़ियों पर कदम पड़ते ही खड़खड़ाहट होती थी। इस दौरान बारिश की हल्की फुहारों से देखने की क्षमता और भी कम हो गयी थी।

13 राष्ट्रीय रायफ़ल्स (कुमाऊं) के सैनिक घर के सामने, एक मज़बूत घेराबंदी करके तैनात हो गये, ताकि सामने से न कोई बाहर निकले और न ही कोई हस्तक्षेप कर सके। दूसरी राष्ट्रीय रायफ़ल्स बटालियन ने आसपास की सड़कों को सुरक्षित कर लिया, जिससे ये सुनिश्चित हो सका कि कोई भी संभावित रास्ता खुला न रहे। गरुड़ जवान, घर के पीछे की ओर, अंदरूनी घेरा बनाकर खड़े थे।

गरुड़ की टुकड़ी और 13 राष्ट्रीय रायफ़ल्स (कुमाऊं) के जवानों ने जैसे ही अपनी-अपनी पोज़ीशन लीं, चंद्रगीर का माहौल अप्रत्याशित तनाव से भर उठा। गांव की सामान्य लय जैसे थम-सी गयी थी।

पास ही के खेतों में काम कर रही कुछ महिलाएं सैनिकों को देखकर घबरा उठीं और चीखने लगीं, उनकी आवाज़ सुबह की ख़ामोशी को चीरती हुई गांव में फैल गयी। 'फौज आ गयी! फौज आ गयी!' उनके चिल्लाने से पूरे गांव में भगदड़ का माहौल बन गया। महिलाएं अपना काम छोड़कर भागने लगीं और उनकी घबराहट भरी चीखें बाकी ग्रामीणों को भी सचेत कर गयीं।

उसी वक्त, जिस घर को निशाना बनाया जाना था, उससे कुछ लोग बाहर निकल आये। उन्हें इस शोर-शराबे की वजह नहीं मालूम थी और वो बस यूं ही बाहर निकल आये थे। गरुड़ जवानों ने तुरंत, संयम के साथ उन्हें रोका। पूछताछ पर उन ग्रामीणों ने कहा कि वे तो बस शौच के लिए बाहर निकले थे।

लेकिन, जवान कोई भी कसर नहीं छोड़ना चाहते थे।

सीओ चौहान की आवाज़ गरजी, 'वहीं रुको। हम चाहते हैं कि तुम लोग तबतक वहीं रुको, जबतक हम तुम्हें वहां से हटने को नहीं कहें।'

उन्होंने सोचा कि *ओवर द ग्राउंड वर्कर भी हो सकते थे। क्यूंकि असली आतंकवादी तो अपने हथियारों के बगैर बाहर आयेंगे नहीं।*

उन गांववालों को कुछ समझ में नहीं आ रहा था और वो भी डरे हुए थे। उन्होंने बगैर किसी विरोध के सीओ की बातें मान लीं। जवानों ने उस घर के इर्द-गिर्द मज़बूत पोज़ीशन ले ली। वो किसी भी बुरी स्थिति के लिए ख़ुद को तैयार कर चुके थे।

तनाव साफ़ दिखायी पड़ रहा था। एकाएक जो हल्ला उठा था और आस-पास की हरक़तों में जो तेज़ी आयी थी, उससे एक ही बात समझ में आ रही थी कि शायद आतंकवादियों को भनक लग चुकी थी। मिशन से पहले जो इंटेलिजेंस इकट्ठा की गयी थी, वो एकदम दुरुस्त थी लेकिन अब आतंकियों को चौंकाने का मौक़ा जा चुका था। अब काम को बेहद तेज़ी से अंजाम देना था।

गरुड़ के जवान इंतज़ार में बैठे हुए थे। उनकी सांसें नपी-तुली थीं और किसी भी हरक़त का जवाब देने के लिए बेक़रार थे।

अचानक, छह आतंकवादी घर से बाहर भागते हुए आये। वो दनादन गोलियां दाग रहे थे और घर के पीछे पोज़ीशन लेकर बैठे हुए जवानों पर ग्रेनेड फेंकने लगे। अफरातफरी का माहौल सोच-समझकर बनाया गया था। आतंकवादी एक सीधी लाइन में, एक के पीछे एक होकर भाग रहे थे। उन्होंने घेरे को देख लिया था और एक बडी-पेयर को निशाना बनाकर वहां से भागने की फ़िराक़ में थे।

ये तरीक़ा वो पहले भी आजमा चुके थे। राख हाजिन में भी उन्होंने ऐसे ही काम किया था, जहां मिलिंद और नयन शहीद हो गये थे। वो वहां अफ़रातफरी मचाकर घेराबंदी तोड़ते हुए भाग जाना चाहते थे।

लेकिन गरुड़ जवानों ने अपनी पिछली ग़लतियों से सबक ले रखा था।

सुरक्षाबल ऐसी किसी भी परिस्थिति के लिए तैयार थे। जैसे ही आतंकवादी आगे बढ़े, उनपर गोलियों की बौछार कर दी गयी। कॉर्पोरल निराला ने सबकुछ संभाला हुआ था। अपनी एलएमजी के साथ, वो कच्चे नाले के पीछे मौजूद थे। वो एक कच्चे, कीचड़ भरे गड्ढे के पास थे, जिससे बेहद कम कवर मिल रहा था और वो बहुत स्थिर भी नहीं रह पा रहे थे। वहां की भौगोलिक परिस्थितियां परेशान करने वाली थीं। आस-पास कीचड़ और गंदगी थी, जो हाल ही में हुई बर्फ़बारी के चलते जम गई थी। आस-पास कुछ दिखायी नहीं पड़ रहा था और वहां की परिस्थितियां ऐसी थीं कि ठीक से क़दम रखना भी मुश्किल था। इसपर निराला ने जो भारी-भरकम किट संभाली हुई थी, वो मुश्किलों को और बढ़ा रही थी।

इस परेशानी और ख़तरे को नज़रंदाज़ करते हुए, उन्होंने ख़ुद को स्थिर किया और अपने काम पर ध्यान केंद्रित कर दिया। ये युद्ध जीवित रहने के लिए था और उन्हें अपनी जान ख़तरे में डालकर कार्रवाई करनी ही थी। आतंकवादी बाहर की ओर निकल रहे थे और निराला की एलएमजी गोलियों की बरसात कर रही थी। सबसे पहले लश्कर-ए-तैयबा के उत्तरी कश्मीर के एरिया कमांडर की लाश गिरी, जिसे सेना की घेराबंदी तोड़ने में विशेषज्ञ माना जाता था। निराला ने जो ज़ोर लागाया, उसने उसे मौक़ा ही नहीं दिया।

उस दिन, कॉर्पोरल निराला अपना सर्वश्रेष्ठ काम कर रहे थे।

वो ख़तरनाक, सटीक निशानों से लगातार वार कर रहे थे। अगली लाश गिरी 26/11 हमलों के मास्टरमाइंड ज़क़ी-उर-लखवी, जो लश्कर के कश्मीर में चल रहे ऑपरेशनों का 'सुप्रीम कमांडर' कहा जाता था, के भतीजे की। इस भतीजे पर, लखवी को ढेर सारा भरोसा था। वो राष्ट्रीय सुरक्षा एजेंसी की लिस्ट में टॉप के आतंकवादी हाफ़िज़ मोहम्मद सईद के सिपहसालार का बेटा भी था। निराला की धधकती एलएमजी ने ए+++ केटेगरी के आतंकवादी[7] को आधे रास्ते में ही ढेर कर दिया।[8]

लेकिन लड़ाई अभी ख़त्म नहीं हुई थी। पिछली लड़ाई में, जिसमें सार्जेंट मिलिंद किशोर खैरनार और कॉर्पोरल नीलेश कुमार नयन की शहादत हुई थी, कुछ आतंकवादी

भाग निकले थे। निराला ने तय किया था कि इस बार ऐसा नहीं कुछ नहीं होगा। वो शानदार युद्ध कौशल का प्रदर्शन कर रहे थे।

अगले कुछ ही पलों में निराला ने दो और आतंकवादियों को घायल कर दिया। मगर युद्ध ने अपना पंजा मार दिया था। इस वक़्त तक निराला को कई गोलियां लग चुकी थीं लेकिन वो रुकने का नाम नहीं ले रहे थे। उनके शरीर में जितनी ताक़त थी, उसका इस्तेमाल करते हुए निराला लगातार गोलियां चला रहे थे। फिर, उन्हें सर पर गोली लगी और उसके झटके के साथ वो गंदगी से भरे कच्चे नाले में जा गिरे।

जिस कुशल तरीक़े से घेराबंदी की गयी थी और जिस शौर्य का परिचय निराला ने दिया था, उसके चलते गरुड़ स्पेशल फ़ोर्सेज़ और 13 राष्ट्रीय रायफ़ल्स की टीम ने मिलकर बचे हुए चार आतंकियों को मार गिराया। मीडिया ने बताया कि इस ऑपरेशन के चलते लश्कर-ए-तैयबा को बहुत बड़ा झटका लगा था क्यूंकि उनका उत्तरी कश्मीर का पूरा नेतृत्व एक ही झटके में साफ़ हो गया था।

ये लड़ाई तो जीत ली गयी थी लेकिन इसके बदले में बहुत भारी कीमत चुकानी पड़ी थी। कॉर्पोरल ज्योति प्रकाश निराला ने अतुलनीय बहादुरी दिखाते हुए, मिशन को सफल बनाने के क्रम में सर्वोच्च बलिदान दिया था।

इधर, गोलीबारी की आख़िरी धमक सुनायी दे रही थी और फिर सन्नाटा पसर गया।

कॉर्पोरल निराला ज़मीन पर बगैर किसी हरक़त के पड़े हुए थे। उनकी वर्दी खून और कीचड़ में सनी हुई थी। मिशन सफल रहा लेकिन जश्न का माहौल नहीं लग रहा था। सीओ और जेडब्लूओ संदीप और एक और गरुड़ का जवान भागकर निराला के पास पहुंचे। उनके चेहरे पर उदासी छायी हुई थी। उन्होंने सावधानीपूर्वक उन्हें उठाया। तीनों लोग मिलकर उन्हें नहीं उठा पा रहे थे। उनकी भारी किट और उस मौक़े की नज़ाक़त ने उन्हें बहुत भारी कर दिया था। कच्चे नाले में वो बेहद सावधानी के साथ आगे बढ़ रहे थे। गीली मिट्टी में वो फिसल रहे थे, गिर रहे थे। इक्का-दुक्का चलती गोलियों की आवाज़ उन्हें सचेत रहने को भी कह रही थी।

एम्बुलेंस वहां से मात्र सत्तर या अस्सी मीटर दूर ही थी, लेकिन लग रहा था जैसे वहां पहुंचने में जीवन निकल जायेगा। बारिश हो रही थी, जिससे रास्ता कीचड़ से भरा जा रहा था। हर मीटर के साथ निराला का वज़न बढ़ता हुआ लग रहा था। अंत में, जब वो एम्बुलेंस तक पहुंच गये, निराला को वहां इंतज़ार कर रहे डॉक्टरों के हवाले कर दिया गया। सभी के दिल दुख में डूबे हुए थे।

अब अंधेरे के आने की बारी थी। जैसे-जैसे घड़ी आगे बढ़ रही थी, मौसम ख़राब होता जा रहा था। सभी आतंकवादी मारे जा चुके थे लेकिन ऑपरेशन अभी भी ख़त्म नहीं हुआ था। प्रोटोकॉल तो ये कहता था कि हर शव को हटाने से पहले उसकी ढंग से तलाशी ली जाये। शवों में छिपे हुए विस्फोटकों को देखने के लिए दो गरुड़ जवानों को ज़िम्मेदारी सौंपी गयी। अक्सर छुपे हुए बम, आईईडी या ग्रेनेड ज़िंदा रहते हैं और उससे बड़ा नुकसान हो जाता है। बाक़ी जवान अपनी पोस्ट पर ही थे और इंतज़ार कर रहे थे।

जल्दी ही, बम निरोधक दस्ता और बाक़ी सुरक्षाबल आये। पूरी प्रक्रिया में दो से तीन घंटों का समय लग गया, जिसके दौरान सभी की सांसें अटकी हुई थीं।

जहां लड़ाई लड़ी गयी, वो जगह तो साफ़ हो गयी थी और आतंकवादियों के शवों को गाड़ी में लाद दिया गया था। बैक-अप और स्थानीय पुलिस वहां आ गयी थी, मगर स्थिति नियंत्रण में कतई नहीं थी। स्थानीय लोग इकट्ठे हो गये थे। गलियों में नारेबाज़ी हो रही थी और अचानक सुरक्षाकर्मियों पर पत्थरों की बरसात होने लगी। ये एक जाना-पहचाना दृश्य था। ये सब कुछ जम्मू-कश्मीर में होने वाले ऑपरेशनों का एक हिस्सा बन चुका था और ये एक बहुत बड़ी चुनौती थी।

पुलिस लगातार अपना काम करने की कोशिश कर रही थी और इस भड़भड़ में प्रशासन व्यवस्था दुरुस्त रखने की कोशिश में लगी हुई थी। उन्होंने बैरीकेडिंग कर दी और स्थिति को काबू करने में जुट गये। तमाम प्रयासों के बावजूद, भीड़ का गुस्सा क़ाबू में नहीं आ रहा था। गरुड़ की टीम, जो निराला को निकालने में लगी हुई थी, अब फंस चुकी थी। वो न ही आगे जा सकते थे, न पीछे हट पा रहे थे। स्थिति चिंताजनक हो गयी थी और उन्हें रास्ता बनाना था।

पुलिस और पीछे से आये सुरक्षाबलों ने साथ काम करना शुरू किया। उन्होंने भीड़ को हटाने के लिए आंसू गैस के गोले और मिर्ची के बम मारे। इसके बाद गाड़ियों को निकालने के लिए एक रास्ता बनाया जा सका। इस तरह से निराला की देह को पास ही इंतज़ार कर रहे हेलीकॉप्टर तक ले जाया जा सका। हेलीकॉप्टर श्रीनगर बेस से आया था और उसका जल्द से जल्द वहां से निकलना बेहद अहम था।

निराला का शरीर सुरक्षित करते ही हेलीकॉप्टर 92 बेस हॉस्पिटल के लिए उड़ गया। ज़मीनी हालात अभी भी काबू में नहीं थे। बाक़ी की सेना को पुलिस का काफ़िला सुरक्षा दे रहा था। वो भी कुछ देर में वापस आ गये।

उस जगह को जब सुरक्षित रूप से खाली किया जा रहा था, तब वो दृश्य किसी फ़िल्म का सीन लग रहा था। सड़क पर चलती गाड़ियों के पीछे जवान लटके हुए थे।

उन्होंने एक हाथ से गाड़ी और दूसरी से अपनी बंदूक पकड़ रखी थी। भीड़ को बंदूक का डर दिखाकर वो रास्ता बनाने की कोशिश कर रहे थे। पुलिस भी स्थिति को काबू में करने की हरसंभव कोशिश कर रही थी।

गरुड़ की सेना चुपचाप अपने बेस पर लौट आयी। कुछ लोग ऑपरेशन के बाद की कार्रवाई में जुट गये तो कुछ दिन के घटनाक्रम को ज़हन में दोहराने लगे। मिशन की सफलता के बावजूद उन पर उदासी का साया छाया हुआ था। निराला तीसरे साथी, जो उनसे दूर हो गये थे। हर नुकसान उनके दिलों पर पत्थर की तरह बैठ हुआ था।

हर साथी का होना बेहद ज़रूरी था।

चंडीगढ़
18 नवम्बर 2017

उसी दिन, चंडीगढ़ में सुषमा की बेचैनी बढ़ती जा रही थी। वो लगातार अपने पति, ज्योति प्रकाश निराला से बात करने की कोशिश कर रही थीं। 17 नवम्बर को उन्होंने वीडियो कॉल पर उनसे और बेटी से वादा किया था कि वो जल्दी ही लौट आयेंगे। किसी को भी नहीं मालूम था कि ये उनकी आख़िरी बातचीत होने वाली थी।

उधर टीवी पर बांदीपुरा में एनकाउंटर की ख़बरें दिखायी जा रही थीं और इधर उनकी सांसें ऊपर-नीचे हो रही थीं। उन्हें मालूम था कि निराला इसी इलाक़े में थे मगर उन्होंने आस नहीं छोड़ी। फिर कुछ वायुसेनाकर्मी उनके घर आये।

उन्हें देखते ही सुषमा को समझ में आ गया। उनकी प्यारी दुनिया बिखर चुकी थी।

बिहार के रोहतास ज़िले में स्थित बदलाडीह गांव में उनका अंतिम संस्कार हुआ जहां हर कोई गर्व, सम्मान और शोक से भरा हुआ था। हर वर्ग के लोग, जिसमें राजनेता, अफ़सर और सैन्यकर्मी एकत्रित हुए और अपने नायक को श्रद्धांजलि अर्पित की।

बिहटा एयरफ़ोर्स स्टेशन ने अंतिम यात्रा का भव्य इंतज़ाम किया। शोक शस्त्र की कार्रवाई हुई और कॉर्पोरल ज्योति प्रकाश निराला को भारतीय वायुसेना की सर्वोच्च परंपराओं के अनुरूप अंतिम विदाई दी गयी, जो बिहार के सपूत और भारतीय वायुसेना के गौरव के लिए एक उचित श्रद्धांजलि थी।

निराला की अनुपस्थिति में भी गरुड़ ने उनके परिवार का साथ कभी नहीं छोड़ा। कमांडिंग ऑफ़िसर और उनकी पत्नी, परिवार के साथ लगातार संपर्क में रहे और हर कदम पर उचित सहायता की। निराला अपनी बहनों की शादी का इंतज़ार कर रहे थे। जब उनकी बहनों की शादियों का वक़्त आया तो उनके गरुड़ के साथियों ने आगे बढ़कर वो सब और उससे भी कहीं ज़्यादा किया, जो एक सगा भाई करता है।

मुझे उनकी यूनिट के भीतर बने एक छोटे लेकिन बेहद पवित्र स्थान को देखने का सौभाग्य मिला। ये 617 गरुड़ फ़्लाइट के बहादुर योद्धाओं को समर्पित एक स्मारक था। इसके भीतर, सार्जेंट मिलिंद, कॉर्पोरल नीलेश नयन और कॉर्पोरल ज्योति प्रकाश निराला की प्रतिमाएं शान से खड़ी थीं।

जब मैं वहां पहुंची, गरुड़ जवानों की ट्रेनिंग चल रही थी। हवा में 'भारत माता की जय', '617 गरुड़ फ़्लाइट की जय' के बुलंद नारे गूंज रहे थे। उनकी यारी, उनका गर्व, उनकी ऊर्जा, सब कुछ यहां की हवा में महसूस किया जा सकता था। मैं उन युवा गरुड़ जवानों को रोज़ के अभ्यास में डूबा देख रही थी और उनकी आवाज़ में उस विरासत के लिए अटूट सम्मान था, जिसका भार उनके कंधों पर था।

कॉर्पोरल ज्योति प्रकाश निराला न केवल बहादुरी, साहसिक कार्रवाई और सर्वोच्च बलिदान के लिए भारत का सबसे बड़ा शांतिकालीन सैन्य सम्मान, अशोक चक्र पाने वाले पहले एयरमैन हैं, बल्कि वो उन तीन वायुसेनाकर्मियों में से एक हैं जिन्हें ये सम्मान प्राप्त हुआ है। फ़्लाइट लेफ़्टिनेंट सुहास बिस्वास और स्क्वाड्रन लीडर राकेश शर्मा अन्य दो सम्मानित अधिकारी हैं।

बिहार के एक छोटे से गांव से आने वाले इस सपूत ने गरीबी का दर्द भी झेला था और ज़िम्मेदारियों का बोझ भी। उन्हें अपनी चार बहनों और अपने पूरे परिवार की चिंता रहती थी। लेकिन जब बात देश की सेवा की आयी, तो इस धरती के बेटे ने ज़रा भी हिचक नहीं दिखायी। युवा एयरमैन निराला ने अपना सबकुछ न्योछावर कर दिया और भारतीय वायुसेना के महानतम दिग्गज़ों और अंतरिक्ष यात्रा के नायक के साथ अपना नाम हमेशा के लिए दर्ज करा लिया।

लेखिका की टिप्पणी

ये कहानी कॉर्पोरल ज्योति प्रकाश निराला के साथ काम करने वाले लोगों से बातचीत पर आधारित है। मेरी बात उनके तत्कालीन कमांडिंग ऑफ़िसर, विंग कमांडर राजीव

चौहान; उनके कोर्स के साथी, सार्जेंट सतीश कुमार (वेटरन); और मिशन के दौरान वरिष्ठतम वारंट ऑफ़िसर, जूनियर वारंट ऑफ़िसर संदीप कुमार (वेटरन) के साथ हुई। उनकी पत्नी श्रीमती सुषमा नंद से बात करना बेहद मुश्किल रहा। अमर बलिदानियों के परिवारवालों से बात करना हमेशा मुश्किल भरा काम रहता है, लेकिन यह भी ज़रूरी है कि इन महिलाओं को भी एक आवाज़ मिले, जो अपने पतियों की विरासत को अकेले अपने बच्चों को पालकर आगे बढ़ा रही हैं।

ऑपरेशन सफ़ेद सागर: सैन्य उड़ान में मील का पत्थर

मई-जुलाई 1999

1999 के बसंत में, दुनिया ने पाकिस्तान की करगिल-द्रास क्षेत्र में की गयी घुसपैठ पर ध्यान देना शुरू किया, जो आगे चलकर करगिल युद्ध का कारण बनी। ये संघर्ष भारत और पाकिस्तान के बीच संबंधों के मामले में एक बड़ा मोड़ साबित हुआ। 8 मई 1999 को, द्रास सेक्टर में तोलोलिंग चोटी के पास उड़ रहे चीता हेलीकॉप्टरों के भारतीय पायलटों ने कुछ संदिग्ध हरक़त देखी। मालूम चला कि घुसपैठिए भारतीय भू-भाग में दाखिल हो चुके थे। अगले कुछ दिनों में भारतीय पेट्रोलिंग पार्टियों पर हमले हुए, जिनमें कई जानें गयीं।

1971 के भारत-पाक युद्ध के बाद से, दोनों देशों के बीच सीधी सैन्य मुठभेड़ कम देखने को मिली थीं। लेकिन, 1990 के दशक में, कश्मीर में अलगाववादी गतिविधियों और 1998 में दोनों देशों द्वारा किये गये परमाणु परीक्षणों ने, तनाव को बहुत ज़्यादा बढ़ा दिया। तनाव कम करने की कोशिश में, फ़रवरी 1999 में भारत और पाकिस्तान ने लाहौर घोषणापत्र पर हस्ताक्षर किये और तमाम मसलों का शांतिपूर्ण समाधान

खोजने पर सहमति जतायी। इसके बावजूद, 1998-1999 की सर्दियों में पाकिस्तानी सेना, मुजाहिदीन लड़ाकों के भेस में, भारतीय क्षेत्र में गुपचुप तरीक़े से घुस आयी। इस अभियान को उन्होंने 'ऑपरेशन बद्र' का नाम दिया, जिसका उद्‌देश्य कश्मीर और लद्‌दाख के बीच कनेक्शन तोड़ना, भारत को सियाचीन ग्लेशियर से पीछे हटने पर मजबूर करना और कश्मीर में उग्रवाद को बढ़ावा देना था।

इस ऑपरेशन की योजना पाकिस्तान के तत्कालीन सेना प्रमुख जनरल परवेज़ मुशर्रफ़ ने बनायी थी और उनके विश्वस्त जनरलों, लेफ़्टिनेंट जनरल मुहम्मद अज़ीज़ ख़ान और लेफ़्टिनेंट जनरल महमूद अहमद, ने इसमें अहम भूमिका निभायी थी। मेजर जनरल जावेद हसन को इस ऑपरेशन को अमल में लाने की ज़िम्मेदारी दी गयी थी, जबकि ब्रिगेडियर नुसरत सियाल, 62 ब्रिगेड के कमांडर थे, जो बाद में इसी लड़ाई में मारे गये। पाकिस्तान के प्रधानमंत्री नवाज़ शरीफ़ ने युद्ध के बाद ये दावा किया कि मुशर्रफ़ ने उन्हें अपनी योजना की जानकारी नहीं दी थी।

कारगिल संघर्ष के पूरे पच्चीस साल बाद, पाकिस्तानी सेना ने आधिकारिक रूप से ये स्वीकार किया कि उनके नियमित सैनिकों ने इस युद्ध में हिस्सा लिया था। 6 सितंबर 2024 को, रक्षा दिवस के मौके पर दिये एक भाषण में पाकिस्तान सेना प्रमुख जनरल आसिम मुनीर ने कहा, 'चाहे 1948 हो, 1965, 1971 या 1999 का कारगिल युद्ध, हज़ारों सैनिकों ने देश और इस्लाम के लिए अपनी जान कुर्बान की।'

हालांकि पाकिस्तान की इस घुसपैठ ने भारत के राजनीतिक और सैन्य नेतृत्व को चौंका दिया था, लेकिन भारतीय सेना के अधिकारियों के नेतृत्व में किये गये ज़बरदस्त इन्फ़ेंट्री हमलों, जूनियर स्तर के असाधारण नेतृत्व, तोपों की भीषण मारक क्षमता और भारतीय वायुसेना की बार-बार की गयी सटीक स्ट्राइक्स निर्याणक साबित हुईं। इन सभी ने मिलकर पाकिस्तान की नॉर्दर्न लाइट इन्फ़ेंट्री की मारक क्षमता को धीरे-धीरे ठंडा कर दिया।

कारगिल युद्ध इसलिए भी ख़ास रहा क्यूंकि इसमें भारत ने अपनी थलसेना को बड़े स्तर पर तैनात किया और वायुशक्ति का रणनीतिक इस्तेमाल किया, जिससे ये साबित हुआ कि ऊंचे, पहाड़ी इलाकों की बेहद मुश्किल परिस्थितियों में भी हवाई शक्ति निर्णायक साबित हो सकती है।

11 मई 1999 को, भारतीय सेना ने इन ऊंची पोज़ीशंस को वापस कब्जे में लेने के लिए ऑपरेशन विजय की शुरुआत की, जिन पर दुश्मन जा बैठा था। 13 मई तक वेस्टर्न एयर कमांड हाई अलर्ट पर था। जगुआर विमान लंबी दूरी से तस्वीरें लेने के

मिशन में जुट गये और इंटेलिजेंस के लिए मोबाइल ऑब्ज़र्वेशन पोस्ट्स (एमओपी) स्थापित कर दी गयीं।

लेह और कारगिल हेलीपैड के बीच संचार हाई-फ्रीक्वेंसी रेडियो के ज़रिए स्थापित कर दिया गया। 14 मई को एक एमआई-17 हेलीकॉप्टर ने टोही अभियान चलाया, जिसके बाद सेना के एक और हेलीकॉप्टर ने इस जगह का वीडियो सर्वे किया। 15 मई को काकसार क्षेत्र में वायुसेना के एक हेलीकॉप्टर को निशाना बनाया गया, जिससे उसका रोटर क्षतिग्रस्त हो गया। ऊंचाई पर मौजूद दुश्मन, जिस स्थिति में था, वो हमारे लिए ख़तरनाक होता जा रहा था।

18 मई को एयर हेडक्वार्टर में एक महत्वपूर्ण बैठक हुई, लेकिन हवाई हमलों की अनुमति अभी तक नहीं मिली थी। 25 मई को कैबिनेट कमेटी ऑन सिक्योरिटी (सीसीएस) ने अंततः, भारतीय वायुसेना को घुसपैठियों पर प्रहार करने की मंज़ूरी दे दी। इस मंज़ूरी के साथ ये शर्त भी रखी गयी कि किस भी हाल में, कोई भी भारतीय विमान लाइन ऑफ़ कंट्रोल (एलओसी) को पार नहीं करेगा। तत्कालीन एयर चीफ़ मार्शल ए.वाई. टिपनिस ने भी श्रीनगर और अवंतीपुरा का गुप्त दौरा किया और हालात का जायज़ा लिया। उन्होंने वहां 15 कॉर्प्स को भरोसा दिलाया कि वायुसेना उनकी मदद ज़रूर करेगी। इसी के साथ कारगिल युद्ध के हवाई अभियान की औपचारिक शुरुआत हुई, जिसे नाम मिला ऑपरेशन सफ़ेद सागर।

इससे पहले, 21 मई को, नंबर 106 स्क्वाड्रन के एक वायुसेना कैनबरा विमान ने मश्कोह घाटी और बटालिक के ऊपर तस्वीरें लेकर टोह लेने का मिशन शुरू किया। स्क्वाड्रन लीडर ए. पेरुमल और स्क्वाड्रन लीडर यू.के. झा इस विमान को उड़ा रहे थे, जिसे स्टिंगर मिसाइल ने हिट किया, लेकिन इसे सुरक्षित उतार लिया गया। बाद में स्क्वाड्रन लीडर पेरुमल ने कहा, 'कारगिल पर उड़ान भरने वाला वो पहला मिशन था। मेरे उड़ते ही एयर वॉर शुरू हो गया।'

इससे साफ़ हुआ कि घुसपैठिए ऊंची चोटियों पर मज़बूती से जमे हुए थे और बड़े हथियारों से लैस थे, जो विमान गिराने में सक्षम थे।

अगले दिन, 26 मई को, भारतीय वायुसेना ने पहला कॉम्बैट मिशन शुरू किया। मिग-21, मिग-23 और मिग-27 जैसे लड़ाकू विमानों ने द्रास, कारगिल और बटालिक में दुश्मन की पोज़ीशन, सप्लाई लाइनों और कैंपों पर हमला किया। मिग-29 ने ऊपर से सुरक्षा दी, जबकि लगातार चल रहे टोही मिशनों से, दुश्मन की लोकेशनों की जानकारी जुटायी जा रही थी। मिसाइल और एंटी-एयरक्राफ़्ट फ़ायर लगातार बढ़ते जा रहे थे,

मगर वायुसेना के शुरुआती हमले काफ़ी प्रभावी रहे। दुश्मन की सप्लाई लाइनों को नुकसान हुआ और उन पोज़ीशनों को निशाना बनाया गया, जहां से महत्वपूर्ण ज़ोजिला-कारगिल-लेह हाईवे पर नज़र रखी जा रही थी।

27 मई को ऑपरेशन सफ़ेद सागर का दूसरा दिन था। ये दिन भारतीय वायुसेना के लिए त्रासदियों से भरा रहा। मिग-27 उड़ा रहे फ़्लाइट लेफ़्टिनेंट के. नचिकेता का इंजन, एक स्ट्राइक मिशन के दौरान फ़ेल हो गया। वो हवा में ही विमान से बाहर निकले लेकिन उन्हें बंदी बना लिया गया। वो कारगिल युद्ध के दौरान वायुसेना के पहले और एकमात्र युद्धबंदी बने। उसी दिन, स्क्वाड्रन लीडर अजय आहूजा का मिग-21एम भी एक स्टिंगर मिसाइल का निशाना बन गया। सफलतापूर्वक इजेक्ट होने के बावजूद, वो दुश्मन के हाथों में पड़ गये और मारे गये। उनका शव 28 मई को भारत लाया गया। इसके अलावा, एक एमआई-17 हेलीकॉप्टर भी गिरा दिया गया था, जिसमें वायुसेना के चार जवान शहीद हुए: फ़्लाइट लेफ़्टिनेंट सुब्रमण्यम मुहिलान, स्क्वाड्रन लीडर राजीव पुंडीर, फ़्लाइट सार्जेंट पी.वी.एन.आर. प्रसाद और सार्जेंट राज किशोर साहू।

इन नुकसानों के चलते, वायुसेना को रणनीति बदलने पर मजबूर होना पड़ा। हेलीकॉप्टरों को स्ट्राइक मिशन से हटा लिया गया और फ़ाइटर जेट्स ने अपनी उड़ान भरने की प्रोफ़ाइल बदलकर मिसाइल रेंज से बचना शुरू कर दिया। इस बड़े बदलाव के बावजूद, भारतीय वायुसेना ने सटीक हमले और टोही अभियान जारी रखे, जिनसे पूरे क्षेत्र में दुश्मन की ताक़त लगातार कमजोर होती गयी।

इस पूरे संघर्ष के दौरान, वायुसेना ने ख़ुद को तेज़ी से माहौल के अनुसार बदलना जारी रखा। श्रीनगर और अवंतीपुरा में अतिरिक्त स्क्वाड्रन भेजे गए, जिनमें मिग-21 बाइसन, मिग-27एमएल, मिग-21एम और मिग-23बीएन शामिल थे। मिग-29 ने सुनिश्चित किया कि हवाई हमलों में हमें कोई जवाब भी नहीं दे सकेगा, जबकि मिराज 2000 की टुकड़ी पंजाब में तैनात की गयी और जगुआर स्क्वाड्रन को तैयार रहने के लिए कहा गया। एमआई-17 हेलीकॉप्टरों ने ऊंचाइयों पर बेहद जोखिम भरे मिशन अंजाम दिए। उन्होंने कभी हमले किये तो कभी सामान लाने-ले जाने का काम किया।

26 मई 1999 से 12 जुलाई 1999 तक, हवाई ऑपरेशन सात हफ़्ते चले। फिर इन्हें रोककर पाकिस्तानी सेना को वापस जाने का मौक़ा दिया गया। इन दिनों में, भारतीय वायुसेना ने 1,700 बार उड़ान भरी, जिसमें टोही अभियान, हमले और कॉम्बैट एयर पेट्रोल मिशन शामिल थे। भारतीय वायुसेना ने सामान की आवाजाही और बचाव अभियानों के लिए हेलीकॉप्टरों की 2,185 उड़ानें भरीं। जुलाई के मध्य तक,

भारतीय थलसेना ने एक कोर की संख्या जितने बल के साथ लगभग हर उस पोज़ीशन पर कब्जा कर लिया था, जहां दुश्मन जा बैठा था।

हवाई ऑपरेशन का सारा कोऑर्डिनेशन एयर मार्शल विनोद पांडे के अधीन वेस्टर्न एयर कमांड से चल रहा था, जिसमें एयर मार्शल माइकल मैकमोहन और एयर कमांडर ए.के. सिंह का भी बड़ा योगदान था। तत्कालीन एओसी-इन-सी, एयर मार्शल विनोद पाटनी ने कहा, '12 जून 1999 को, जब पाकिस्तान के तत्कालीन विदेश मंत्री सरताज अज़ीज़ ने कहा कि हवाई हमले तुरंत बंद होने चाहिएं, हमें आत्मविश्वास मिला। हवाई शक्ति आपको नतीजे तो देती है।'

जब तक 16 जुलाई 1999 को ये संघर्ष आधिकारिक रूप से ख़त्म हुआ, भारतीय वायुसेना ग़ज़ब का कौशल और शौर्य का प्रदर्शन कर चुकी थी। हालांकि उसे कुछ बड़े नुकसान भी हुए थे। कारगिल युद्ध के दौरान, भारतीय वायुसेना ने सैन्य उड़ान के इतिहास में बहुत कुछ हासिल किया। ये पहली बार था, जब ऊंचे, दुर्गम और पहाड़ी इलाकों में, इस स्तर पर वायुशक्ति का इस्तेमाल किया गया था। इन परिस्थितियों ने ऐसी चुनौतियां पैदा कीं, जिनसे निपटने के लिए बिल्कुल नये तौर-तरीक़ों और रणनीतियों की जरूरत पड़ी।

भारतीय वायुसेना का कोई भी ज़िक्र, तबतक पूरा नहीं हो सकता, जबतक कारगिल की ऊंचाइयों पर लड़े गये हवाई युद्ध की बात न कर दी गयी हो। हालांकी यहां जीत की अनगिनत कहानियां हैं, जिनमें हर एक पायलट की साहसिक उपलब्धियां दर्ज हैं, लेकिन फ़्लाइट लेफ़्टिनेंट नचिकेता की कहानी सबसे अलग खड़ी दिखायी पड़ती है। उनकी दृढ़ता, उस साहस और संकल्प का प्रतीक है, जो एक सामान्य भारतीय वायुसैनिक में पाया जाता है और जो क़ैद में होते हुए भी, हार मानने से साफ़ इंकार कर देता है।

6

फ़्लाइट लेफ़्टिनेंट के. नचिकेता: कारगिल का युद्धबंदी, जिसने तीन बार मौत को चकमा दिया

मुन्थो ढालो, बटालिक
कारगिल सेक्टर का पूर्वी हिस्सा
लाइन ऑफ़ कंट्रोल का भारतीय हिस्सा
27 मई 1999

बटालिक सेक्टर के ऊपर नीला आकाश एक अनंत नीली चादर की तरह पसरा था, जिसे वो ऊंचे, बर्फ़ से ढके पहाड़ काट रहे थे, जिनपर करगिल का असल संघर्ष चल रहा था। इन्हीं विशाल चोटियों के बीच मुन्थो ढालो बसा था, जो पाकिस्तानी सेना का एक अहम रसद केंद्र था। नीचे मौजूद किसी भी शख़्स को ये अंदाजा ही नहीं था कि भारतीय वायुसेना उनपर हमला करने वाली थी।

ऊपर, चार मिग-27 फ़ाइटर जेट पहाड़ी हवा को चीरते हुए व्यवस्थित रूप से उड़ रहे थे। ये 9 स्क्वाड्रन के विमान थे, जिन्हें 'वुल्फ़ पैक' (भेड़ियों का झुंड) कहा जाता

है और जिनके पायलटों का मूलमंत्र था: 'द वुल्फ इज फॉर द पैक, एंड द पैक इस फॉर द वुल्फ। (वुल्फ़ झुंड के लिए है और झुंड वुलूफ के लिए।)'

सबसे आगे था बॉक्सर-1, जिसे फ़्लाइट लेफ़्टिनेंट अनुपम बनर्जी उड़ा रहे थे। वो लक्ष्य की ओर एकदम सही तरीक़े से आगे बढ़ रहे थे। उनकी सांसें स्थिर थीं और नज़रें नीचे फैले सप्लाई डिपो और गोला-बारूद के बड़े अड्डों पर टिकी थीं। सही वक़्त आते ही बॉक्सर-1 ने अपना पेलोड गिरा दिया। कुछ ही सेकंड बाद, बम हवा को चीरते हुए धरती की ओर भाग चले और ज़ोर से फट पड़े। एक झटके में, पूरा इलाक़ा आग की ज़द में आ गया और आसमान की ओर काला धुआं उठने लगा। नीचे रखे हुए विस्फ़ोटकों में एक के बाद एक, आग लगती जा रही थी और वहां अफ़रातफ़री मच गयी।

फिर आया बॉक्सर-2, जिसे फ़्लाइट लेफ़्टिनेंट भूपेंद्र खताना उड़ा रहे थे। हमले से एक पल पहले, विमान हल्का सा झुक गया। टार्गेट ज़ोन में आग फैल रही थी और वहां दुश्मन इधर से उधर भाग रहा था। जैसे ही बॉक्सर-2 ने पेलोड गिराया, दुश्मन के पैरों तले की ज़मीन झनझना उठी। और भी विसूफोट हुए, जिनसे पैदा हुए आग के विशाल गोले हवा में उठ गये। रसद केंद्र को और भी क्षति पहुंच चुकी थी और उसके हिस्से अब टूटकर गिरने लगे थे। आग अब और भी ज़ोर से फैल रही थी और रास्ते में आने वाली हर चीज़ को निगलती जा रही थी।

मुन्थो ढालो का आसमान अब धुएं से भर चुका था। बमों से उठने वाल काला गुबार इतना घना था कि पूरी जगह ढंक गयी थी।

अब, पूर्वनियोजित प्रक्रिया के अनुसार, हाइना-1 और हाइना-2 को रॉकेट दागने थे।

लेकिन बॉक्सर विमानों की बमबारी ने उस जगह को जो क्षति पहुंचा दी थी, उससे धुआं इस कदर उठ रहा था कि स्क्वाड्रन लीडर अश्विनी कुमार मंडोखोट, अपने हाइना-1 से नीचे कुछ देख ही नहीं पा रहे थे। उन्हें मिशन को बीच में ही छोड़ना पड़ा। वो बगैर रॉकेट फ़ायर किये ही वहां से लौट आये।

अब आया हाइना-2, जिसे फ़्लाइट लेफ़्टिनेंट के. नचिकेता उड़ा रहे थे। जैसे ही वो आगे बढ़े, धुआं थोड़ा छंट गया। उन्हें टार्गेट का एक हिस्सा दिखायी दे रहा था। मौक़ा पाते ही, नचिकेता ने नीचे गोता लगा दिया और रसद केंद्र के बचे हुए हिस्से पर निशाना साध दिया। सटीक निशाना लगाकर, उन्होंने अपने 80-एमएम कैलिबर के

रॉकेट दाग दिये। ये रॉकेट पंखों के नीचे लगे हार्डपॉइंट पर फ़िट किये गये लॉन्चरों में तैनात थे। रॉकेट सीधे जाकर लक्ष्य पर लगे। इस धमाके से आग और मलबे की एक और लहर उठी। उस जगह से निकलते हुए नचिकेता के चेहरे पर मुस्कान दिखायी दे रही थी। उन्होंने नीचे जो तबाही मचायी थी, उससे वो बेहद ख़ुश थे।

तभी अचानक कॉकपिट में अलार्म बज उठा। नचिकेता के विमान का इंजन बंद हो चुका था।

उन्होंने रेडियो पर संदेश भेजा, *'मैंडो, नच्ची, इंजन फ़्लेमआउट! रीलाइटिंग!'* उनकी आवाज़ में तत्परता थी, मगर घबराहट नहीं। उनका इंजन बंद पड़ गया था और वो उसे फिर से स्टार्ट करने की कोशिश कर रहे थे।

अगर वो मैदानी इलाक़े में होते, तो कुछ ऊंचाई हासिल करके उन्हें अतिरिक्त समय मिल सकता था, लेकिन इन पहाड़ों के बीच, उनके पास समय न के बराबर था। वो पहाड़ों के बेहद नज़दीक उड़ रहे थे और ऐसे में, हर पल महत्वपूर्ण था। उन्होंने इंजन दोबारा चालू करने की कोशिश जारी रखी, लेकिन प्रक्रिया बेहद धीमी थी। कुछ ही सेकंड में साफ हो गया था कि उनका विमान समय पर चालू नहीं हो सकेगा। सामने, पहाड़ तेज़ी से नज़दीक आ रहे थे। दूसरा कोई चारा न देख, नचिकेता ने इजेक्ट करने का फैसला लिया।

उन्होंने हाइना-1 को दूसरी कॉल दी: *'मैंडो, नची इजेक्टिंग!'*

उन्होंने इजेक्शन हैंडल को मज़बूती से पकड़ा और एक झटके के साथ खींचा। कॉकपिट की कैनोपी धमाके से बाहर उड़ी और उसी पल सीट विमान से बाहर निकल गयी। गुरुत्व बल ने उन्हें धकेला और वो सीट में धंस गये। नचिकेता के लिए दुनिया धुंधली हो गयी और वो कुछ क्षणों के लिए लगभग बेहोश हो गये। ऊपर उठती हुई सीट से एक छोटा ड्रोग शूट खुला जिसने उन्हें स्थिर किया। कुछ ही पलों में मुख्य पैराशूट खुल गया और वो धीरे-धीरे नीचे उतरने लगे। हवा की तेज़ रफ़्तार अब शांत हो चुकी थी। उसी धुंधलेपन में उन्होंने एक कान-फाड़ने वाला धमाका सुना। ये उनके मिग-27 के पहाड़ों से टकराकर फटने की आवाज़ थी। ये आवाज़ उन्हें ये समझाने के लिए काफ़ी थी कि मौत उनसे कुछ ही सेकंड दूर थी। अब वो एक अलग सफ़र में थे। वो नीचे उतर रहे थे। इस जगह से वो पूरी तरह अनजान थे।

नीचे का इलाक़ा सफ़ेद चादर की तरह फैला था। जहां तक दिखायी पड़ रहा था, बर्फ़ ही बर्फ़ नज़र आ रही थी। बर्फ़ से ढकी चोटियां थीं और वीरान, पथरीले पहाड़।

एक पल को माहौल बिल्कुल शांत था। ऐसा लग रहा था जैसे युद्ध कहीं पीछे छूट गया था। लेकिन नचिकेता को नहीं पता था कि वो जिस जगह पर उतरे थे, वो दुश्मन के कब्जे में थी। ये जगह थी मुन्थो ढालो।

कुछ ही मिनटों में नची ज़मीन पर उतरने वाले थे। और जल्द ही, वो एक युद्धबंदी बनने वाले थे।

~

आदमपुर बेस
जालंधर शहर से 25 किलोमीटर दूर
अंतर्राष्ट्रीय बॉर्डर से 400 किलोमीटर दूर
पंजाब
अप्रैल 1999

फ़्लाइट लेफ़्टिनेंट के. नचिकेता 1999 में आदमपुर एयरफ़ोर्स स्टेशन पर तैनात थे और 9 स्क्वाड्रन, वुल्फ पैक के साथ अपनी सेवाएं दे रहे थे। जोधपुर की 10 स्क्वाड्रन, द डैगर्स, में तीन साल बिताने के बाद उनका ये नया ठिकाना था। जालंधर के पास स्थित आदमपुर भले ही एक बिल्कुल अलग माहौल देता था, लेकिन नचिकेता तब तक एक अनुभवी मिग-27 पायलट बन चुके थे। अगस्त 1998 तक वो बम गिराने, रॉकेट लॉन्च करने, गन-फ़ायर सिस्टम और हवाई युद्ध में महारत हासिल कर चुके थे। जोधपुर के रेगिस्तानी आसमान ने उन्हें तराश दिया था, जहां लगातार स्ट्राइक के लिए भरी गयीं उड़ान और डॉगफ़ाइट्स ने उनके हमले करने के कौशल और निचले स्तर पर विमान उड़ाने की सटीकता को निखार दिया था।

आदमपुर ने उनके सामने नई दिशाएं खोल दी थीं। यहां से होने वाले ट्रेनिंग मिशनों के चलते वो अवंतीपुरा और श्रीनगर तक जा चुके थे, जहां मॉक ड्रिल उनके रूटीन का हिस्सा बन चुकी थीं। इन ड्रिल्स में भारतीय लड़ाकू विमान, पहाड़ी इलाकों में दुश्मन के नकली ठिकानों पर हमला करने का अभ्यास करते थे और उग्र, जोखिम भरे माहौल में दुश्मन विमानों से लड़ने का अभ्यास करते थे। हर चाल, हर रणनीति उनकी सहज प्रवृत्तियों को और तेज़ करती जाती थी और इससे उनकी स्क्वाड्रन भी एक घातक टीम में बदलती जा रही थी।

ड्यूटी से परे, आदमपुर के जीवन में भाईचारा और मज़ाक-मस्ती घुली हुई थी। वहां ये यारी-दोस्ती महसूस की जा सकती थी। जिन अधिकारियों की शादी नहीं हुई थी, वो अक्सर अपने शादीशुदा साथियों के घर पहुंच जाते और उनकी पत्नियों द्वारा प्यार से परोसा गया खाना, सभी को और क़रीब ले आता। फ़ाइटर पायलट की ज़िन्दगी में केवल विमान उड़ाना ही नहीं था। सभी एक परिवार की तरह रहते थे, जिसमें हवा और ज़मीन, दोनों पर, विश्वास, सम्मान और साझा अनुभवों के लिए जगह ही जगह थी।

भारतीय वायुसेना के सभी लड़ाकू पायलटों की तरह नचिकेता बेहद केंद्रित, प्रेरित और उस आत्मविश्वास से भरे थे, जो अपने हुनर को समझने से आता है। नचिकेता फ़िलहाल अविवाहित थे और उन्होंने ख़ुद को पूरी तरह अपने कॉकपिट को समर्पित कर दिया था। तेज़ रफ़्तार जेट उड़ाते वक़्त होने वाले एड्रेनलिन के रिसाव का मुक़ाबला, केवल इस संतुष्टि से हो सकता था कि वो स्वयं से बड़ी किसी चीज़ का हिस्सा थे। वो अब वुल्फ़ पैक का हिस्सा थे, जिसका ध्येयवाक्य था 'वुल्फ़ झुंड के लिए है और झुंड वुल्फ के लिए।' आसमान हो या धरती, ये उनकी एकता का प्रतीक था।

लेकिन, उन्हें कतई अंदाज़ा नहीं था कि जल्द ही कारगिल का आसमान उनकी अलग ही परीक्षा लेगा। ये एक ऐसी परीक्षा होने वाली थी, जो उनकी हिम्मत, सहनशक्ति और आत्मबल को उसकी सीमाओं के अंतिम छोर तक धकेल देगी। उनकी ज़िन्दगी का अगला अध्याय शुरू होने को था और ये कैसा होने वाला था, इसकी कल्पना न उन्होंने की थी, न उनके साथी पायलटों ने।

अप्रैल 1999 तक भारतीय टीवी चैनलों पर पाकिस्तानी घुसपैठ की खबरें दिखने लगी थीं। मई के मध्य तक 9 स्क्वाड्रन को महसूस हो गया था कि जल्द ही उन्हें फ़ॉरवर्ड लोकेशन पर तैनाती का आदेश मिल सकता है। उनका ऑपरेशनल बेस श्रीनगर था और 17-18 मई तक स्क्वाड्रन का एक हिस्सा आदमपुर से श्रीनगर पहुंच चुका था। ड्यूटी पर मौजूद पायलट, विमानों को उड़ाकर कश्मीर घाटी में ले आये थे और जो अधिकारी छुट्टी पर गये थे, उन्हें तुरंत वापस बुला लिया गया था। सिर्फ़ 9 स्क्वाड्रन ही नहीं, तमाम स्क्वाड्रन श्रीनगर एयरबेस पर इकट्ठे हो रहे थे। जल्द ही मिग-21 बाइसन[1] विमानों के साथ मिग-27एमएल, मिग-21एम और मिग-23बीएन विमान जुड़ गये। अवंतीपुरा में अन्य स्क्वाड्रन मिग-21एम और मिग-29 लेकर पहुंच रही थीं। एमआई-17 हेलीकॉप्टरों से लैस एक यूनिट को नज़दीक़ में ही बंकर ध्वस्त करने के ऑपरेशनों के लिए तैनात किया गया था। इस बीच, पंजाब स्थित बेस पर मिराज-2000 की टुकड़ियां आ चुकी थीं और जगुआर विमानों को तैयार रहने को कह दिया गया था।[2]

ऑपरेशन में हर विमान की अपनी भूमिका थी। एमआई-17 हेलीकॉप्टर रॉकेट पॉड्स के साथ बंकर ध्वस्त करने के लिए तैयार थे, मिग-21/23/27 और जगुआर विमान पहाड़ी इलाक़ों में ज़मीन पर हमले करने वाले थे। मिग-29[3] और 21बाइसन को हवाई-डिफ़ेंस का दायित्व दिया गया था, जिसे मिराज-2000 का साथ मिल रहा था, जो इलेक्ट्रॉनिक और सिग्नल जाम करने के मिशन को भी संभाल रहा था। टोह लेने के लिए और निगरानी के लिए, जगुआर और मिग-21 टाइप 77 के साथ केनबेरा और मिग-25 को नियुक्त किया गया था।

मिराज और जगुआर विमानों ने सटीक हमलों पर ध्यान केंद्रित किया, जिससे दुश्मन के संसाधनों और ठिकानों को निर्णायक नुकसान पहुंचा। वहीं ट्रांसपोर्ट और हेलीकॉप्टर के बेड़े ने बड़े पैमाने पर सामान पहुंचाने और मेंटेनेंस के सपोर्ट की ज़िम्मेदारी संभाली।

उन दिनों को याद करते हुए ग्रुप कैप्टन के. नचिकेता (वेटरन) ने बताया:

> हवा में जोश और उत्साह भरा हुआ था। सारे युवा पायलट लड़ाई में ख़ुद को साबित करना चाहते थे। आख़िरकार 1971 की जंग के लगभग अट्ठाईस साल बाद एयरफ़ोर्स को विशुद्ध रूप से चल रहे युद्ध में अपनी क़ाबिलियत दिखाने का मौक़ा मिल रहा था। हम अंदर ही अंदर गुस्से से भी भरे हुए थे क्यूंकि सेना के हमारे कई भाइयों के पार्थिव शरीर ताबूतों में घर भेजे जा रहे थे और बहुत से साथी घायल होकर लौट रहे थे। हम अपने भाइयों का बदला लेना चाहते थे।

श्रीनगर पहुंचने के बाद पायलटों ने तगड़ी ट्रेनिंग शुरू की। अगले पांच से छह दिनों तक नचिकेता और उनके साथियों ने इलाक़े से वाक़िफ होने के लिए उड़ान भरीं। वो चाहते थे कि अगर आदेश मिले तो वो इलाक़े से पूरी तरह परिचित हों। उनका पूरा ध्यान ऊंचाई पर होने वाले युद्ध पर केन्द्रित था। ये ऐसी परिस्थितियां थीं, जिनमें इससे पहले किसी भी वायुसेना ने कोई युद्ध नहीं लड़ा था।

ये इलाक़ा विशालकाय के-2 और नंगा पर्वत सरीखी ऊंची चोटियों से भरा हुआ था। लगभग 5,200 मीटर तक की ये ऊंचाइयां, अपने साथ अलग ही तरह की चुनौतियां लेकर आती थीं।

यहां की ज़मीन बेहद कठोर थी। भारतीय इलाक़े में खड़ी चट्टानें थीं, जबकि पाकिस्तान की ओर ढलानें धीरे-धीरे उतरती थीं। यहां का ज़्यादातर इलाक़ा पूरे साल बर्फ़ से ढका रहता था, जिससे यहां रहना लगभग असंभव था। रणनीतिक रूप से ये इलाका

बड़े हमलों की शुरुआत करने के लिए ठीक नहीं था, लेकिन ये महत्वपूर्ण इसलिए था क्यूंकि अगर श्रीनगर से लेह जाने वाली एकमात्र सड़क पर तोपों से फ़ायरिंग करनी थी, तो यहां से सब कुछ साफ़-सा दिखता था। ये साफ़ था कि पाकिस्तानी घुसपैठियों को बाहर निकालना आसान नहीं होगा और इसमें समय भी लगेगा और कड़ी मेहनत भी।

बेंजामिन एस. लेम्बेथ की किताब *एयरपॉवर ऐट 18,000: द इंडियन एयर फ़ोर्स इन द कारगिल वॉर* में, पूरे हवाई अभियानों की निगरानी कर रहे पश्चिमी एयर कमान के तत्कालीन एओसी-इन-सी, एयर मार्शल विनोद पाटनी ने लिखा:

> 26 मई तक एक पूर्ण पैमाने की जंग के लिए हम पूरी तरह से तैयार थे। क़िस्मत से, कुछ ही महीने पहले हमने एक अभ्यास किया था, लेकिन हमने इस तरह की जंग की योजना नहीं बनायी थी। हमें युद्धक्षेत्र में हवाई हमलों के और रोकथाम मिशन करने पड़े थे, जिनमें बेहद ज़्यादा मेहनत के बावजूद सीमित नतीजे मिलते हैं। हमारी ट्रेनिंग कुछ अलग तरह की थी और इस इलाक़े का हमें बहुत ज़्यादा अनुभव भी नहीं था। हमें सब कुछ बहुत तेज़ी से सीखना पड़ा और कई मामलों में इस अभियान की बारीकियां समझने में तीन दिन तक लग गये। दुश्मन की आवाजाही रोकना और फिर उन्हें पीछे धकेलना हमारी प्राथमिकता थी। साथ ही, हमें उनकी क्षमताओं, संसाधनों और तैनाती का आकलन भी करना था।

इतनी ऊंचाई पर उड़ान भरना अपने आप में बड़ी चुनौती थी। हवा का घनत्व कम था, जिससे इंजनों के प्रदर्शन पर असर पड़ता था। फ़ाइटर जेट्स उतनी तेज़ी से ऊंचाई पर नहीं जा पाते थे। उनकी परफ़ॉर्मेंस सुस्त हो जाती थी और अचानक मुड़ना मुश्किल हो जाता था। टैक्टिकल फ़ॉर्मेशन बनाए रखना भी एक बड़ी चुनौती थी। ऊंचाई या तापमान में हल्का सा बदलाव भी विमान को संभालना मुश्किल कर देता था। इतनी ऊंचाई पर विमान उड़ाने के लिए सर्वोच्च स्तर की दक्षता और एकाग्रता चाहिए होती है। लेकिन पायलटों का हौसला कम नहीं हुआ। वो दिन-रात ट्रेनिंग करते रहे और आने वाली चुनौती के लिए ख़ुद को तैयार करते रहे।

नचिकेता ने याद करते हुए बताया:

> हमने बेहद कड़ी ट्रेनिंग की। हम चौबीसों घंटे उड़ान भरते थे और फिर लौटकर रूट मैप्स और रणनीति बनाने के दस्तावेजों की समीक्षा करते थे। ब्रीफ़िंग्स

में शामिल होते थे, योजनाओं पर चर्चा करते थे और बहुत ऊंचाई पर विमान उड़ाने पर पूरा ध्यान देते थे। हमने रेंज में जाकर हथियारों की फ़ायरिंग का अभ्यास किया और वहां के माहौल से ख़ुद को पूरी तरह परिचित किया। हमें ऊंचाई पर उड़ान भरने में सहज होना था और समझना था कि उन हालात में विमान को कैसे अपने मुताबिक़ चलाया जाये। घाटी में उड़ान भरना बेहद अहम था। एक पायलट को रास्तों को लेकर पूरी स्पष्टता होनी चाहिए, क्यूंकि ग़लत घाटी में घुस जाने से बहुत बड़ी मुश्किल सामने आ सकती थी। ऊंचाई पर हथियार चलाते समय हमें अतिरिक्त सतर्कता बरतनी पड़ती थी, क्यूंकि उन परिस्थितियों में विमान को संभालने के लिए अव्वल दर्जे के नियंत्रण की ज़रूरत होती है।

25 मई को हुई कैबिनेट कमेटी ऑन सिक्योरिटी की एक अहम बैठक में, एयर चीफ़ मार्शल ए.वाई. टिपनिस ने तात्कालिकता के साथ प्रधानमंत्री अटल बिहारी वाजपेयी से कहा, 'सेना को वायुसेना के सपोर्ट की ज़रूरत है। वायुसेना बारह घंटे में ऑपरेशन शुरू कर सकती है और अगर बेहद ज़रूरी हुआ तो छह घंटे में भी तैयार हो सकती है।'

सारी निगाहें प्रधानमंत्री पर टिक गयीं। उन्होंने बेहद शांत लेकिन स्पष्ट लहजे में जवाब दिया, 'ठीक है, कल सुबह से शुरू करो।'

एयर चीफ़ मार्शल टिपनिस एक पल के लिए रुके। फिर उन्होंने पूछा, 'सर, क्या हमें हमला करते समय एलओसी पार करने की अनुमति मिलेगी?'

प्रधानमंत्री वाजपेयी अपनी कुर्सी पर सीधे हो गये। उनकी आवाज़ में कोई झिझक-संकोच नहीं था। 'प्लीज़ एलओसी पार मत करियेगा। नहीं, एलओसी पार नहीं होगी।'

एयर चीफ़ मार्शल टिपनिस ने आदेश स्वीकार करते हुए कहा, 'सर!'[4]

और इसके साथ, ऑपरेशन सफ़ेद सागर आधिकारिक रूप से शुरू हो गया था। तय किया गया कि पहला हवाई हमला 26 मई 1999 को शुरू किया जाएगा।

25 मई की शाम को साफ़ निर्देश दिए जा रहे थे। अगली सुबह 6 बजे ऑपरेशन शुरू होना था। उद्देश्य था घुसपैठियों को खदेड़ने में भारतीय सेना की मदद करना। 9 स्क्वाड्रन के कमांडिंग ऑफ़िसर ग्रुप कैप्टन अवतार सिंह ने अपने पायलटों को ब्रीफ़ किया, 'एयर हेडक्वार्टर से आदेश आ गया है। 26 मई से ऑपरेशन शुरू होगा।'

ये ख़बर आग की तेज़ी के साथ, लड़ाकू पायलटों तक पहुंच गयी। नचिकेता और उनके साथी उस समय मेस में थे। तयशुदा ट्रेनिंग तुरंत पीछे छूट गयी और सारा ध्यान

आने वाले हवाई हमलों की तैयारी पर केंद्रित हो गया। 1971 के बाद पहली बार, भारतीय वायुशक्ति किसी बड़ी लड़ाई का हिस्सा बनने जा रही थी। हर ओर उत्साह चरम पर था।

ब्रीफ़िंग शुरू होते ही माहौल उम्मीद और तनाव से भर गया। सेना के अधिकारी खुफ़िया जानकारियों के अपडेट लेकर पहुंचे।

नचिकेता याद करते हुए कहते हैं:

> लगातार ब्रीफ़िंग हो रही थी। वायुसेना की, थलसेना की, हर तरह की ब्रीफ़िंग हो रही थी। हमें बताया गया कि हमारे अपने सैनिक कहां हैं, दुश्मन कहां है, हम कौन-से हथियार लेकर जाएंगे और कौन-से रूट अपनाएंगे। हर चीज़ बहुत बारीकी से तय की जा रही थी।

9 स्क्वाड्रन के एक युवा पायलट के रूप में फ़्लाइट लेफ़्टिनेंट के. नचिकेता पूरी तरह तैयारियों में डूबे हुए थे। माहौल में जल्दबाज़ी और आक्रोश, दोनों थे। बीता हफ़्ता बेहद परेशान करने वाला निकला था। घायल भारतीय सैनिक, तिरंगे में लिपटे ताबूत ही देखे जा रहे थे। हर किसी को अब साफ़ हो चुका था कि कार्रवाई का वक़्त आ गया था।

नचिकेता बताते हैं:

> जोश बहुत ज़्यादा था। इसी दिन के लिए तो हम ट्रेनिंग करते हैं। आक्रामकता और उत्साह हवा में महसूस हो रहा था। हम हथियार चलाने और फ़र्क पैदा करने के लिए तैयार थे।

बाक़ी तमाम सैनिकों की तरह नचिकेता ने भी इसी दौरान घर पर फ़ोन किया। पास के एसटीडी बूथ पर लंबी कतारें थीं। बात करना आसान नहीं था। मगर वो अपने परिवार को तसल्ली देना चाहते थे। उस दौर में, जब मोबाइल फ़ोन नहीं होते थे, प्रियजनों के लिए एक कॉल ही बहुत मायने रखती थी।

नचिकेता एक मज़बूत संस्कारों वाले, साधारण मध्यमवर्गीय परिवार से आते थे। वो तीन भाई-बहनों में बीच के लड़के थे। उनकी बड़ी बहन का नाम वैली माया और छोटी बहन का त्रिसंध्या था। तीनों के बीच गहरा लगाव था और दोनों बहनें अपने भाई पर जान छिड़कती थीं। उनके पिता के.आर.के. शास्त्री, जल संसाधन

मंत्रालय में काम करते थे। तबादले वाली नौकरी के बावजूद वो अपने परिवार के प्रति बेहद समर्पित थे।

उनकी बड़ी बहन वैली माया ने बताया:

> हमारे संसाधन सीमित थे, लेकिन हमारे पिता बहुत विद्वान थे। उन्होंने हमें मज़बूत संस्कार दिये। मुझे याद है, वो हमें भारतीय दूतावास के कार्यक्रमों में ले जाया करते थे और हमारी जिज्ञासा को बढ़ावा देते थे। नन्ना ने कभी हमारी पढ़ाई से समझौता नहीं किया।

उन्होंने नचिकेता के शुरुआती जुनून के बारे में भी बताया:

> नची बहुत तेज़ दिमाग़ का था और उसे गाड़ियों और विमानों में गहरी दिलचस्पी थी। उड़ान उसे हमेशा आकर्षित करती थी। जब उसने एनडीए की परीक्षा पास की और वायुसेना चुनी, तो परिवार हैरान रह गया। तब लोग आर्म्ड फ़ोर्सेज़ के बारे में ज़्यादा नहीं जानते थे और इसे कोई आकर्षक करियर नहीं माना जाता था। हमारी मां के.एस.एम. लक्ष्मी, खासतौर पर परेशान थीं, क्योंकि नची उनका इकलौता बेटा था। लेकिन वो अपने फैसले पर अडिग था। नन्ना ने पूरे दिल से उसका साथ दिया, भले ही अम्मा दुखी थीं।

नचिकेता 1990 में प्रतिष्ठित नेशनल डिफ़ेन्स एकेडमी में शामिल हुए। वो उत्साहित भी थे और थोड़े घबराए हुए भी। इन्हीं भावों के साथ वो पुणे के खड़कवासला परिसर में 84वें कोर्स की गोल्फ़ स्क्वाड्रन का हिस्सा बने। अगले तीन साल शारीरिक और मानसिक रूप से बेहद कठिन रहे, लेकिन जून 1993 तक उन्होंने ये चरण पार कर लिया। अब अगला कदम था डुंडीगल स्थित भारतीय वायुसेना एकेडमी में ट्रेनिंग।

एकेडमी में दबाव और बढ़ गया। बैच के कई लोग बीच में ही बाहर हो गये, कई को निकाल दिया गया और इनकी उड़ान का सपना अधूरा रह गया। लेकिन नचिकेता ऐसा होने देने वाले नहीं थे। उनका ध्यान पूरी तरह से केंद्रित थ। उन्होंने जमकर पढ़ाई की, उससे भी ज़्यादा मेहनत से ट्रेनिंग की और हर परीक्षा पास की।

इंस्ट्रक्टर अक्सर हल्के-फुल्के अंदाज़ में सलाह देते थे, 'बस ऐसे उड़ाओ, जैसे बाइक चला रहे हो।' लेकिन नचिकेता के लिए यही मुश्किल थी।

एक दिन उन्होंने साफ़-साफ़ कह दिया, 'सर, मुझे बाइक चलानी नहीं आती।'

इंस्ट्रक्टर हक्के-बक्के रह गये। उन्होंने पूछा, 'तुम्हें बाइक चलानी नहीं आती और तुम जेट उड़ाना चाहते हो?'

लेकिन नचिकेता ने ख़ुद को साबित किया। उन्होंने सोलो फ़्लाइट टेस्ट पास कर लिया। ये किसी भी पायलट बनने की चाह रखने वाले के लिए सपना सच होने जैसा था।

ट्रेनिंग के दौरान, केडेट्स एचएएल एचजेटी-16 किरण,[5] उड़ाते हैं, जो एक भारतीय जेट होता है, जिसे 'रे ऑफ़ लाइट' कहा जाता है। ये अनुभव बेहद अहम था, जो हर केडेट को उनकी सीमाओं तक ले जाता है। नचिकेता के ग्रुप में दस कैडेट थे, लेकिन उनमें से सिर्फ़ छह ही अगले चरण में पहुंचे। बाकी चार को ग्राउंड कर दिया गया था, जिनके उड़ान भरने के सपने वहीं ख़त्म हो गये। हालांकि, उन्हें भारतीय वायुसेना की दूसरी शाखाओं, जैसे लॉजिस्टिक्स या नेविगेशन में जाने का विकल्प दिया गया।

एयरफ़ोर्स एकेडमी से ट्रेनिंग सफलतापूर्वक पूरा करने के बाद, नचिकेता को बीदर[6] एयरफ़ोर्स स्टेशन भेजा गया। ये भारतीय वायुसेना के प्रमुख प्रशिक्षण केंद्रों में से एक है। अगले छह महीने बेहद कठिन थे। यहां सिर्फ़ उड़ान भरना ही नहीं, हथियार चलाना, रणनीतिक युद्धाभ्यास करना और जटिल परिस्थितियों में विमान के ज़रिये नेविगेशन करना भी सिखाया जाता था। ट्रेनिंग के इस लेवल पर भी ग्राउंड हो जाने का ख़तरा बना रहता था। हर कोई ये लेवल पार नहीं कर पाता था।

लेकिन 18 जून 1994 को नचिकेता ने ये भी कर दिखाया। उन्हें आधिकारिक तौर पर भारतीय वायुसेना की फ़्लाइंग ब्रांच में कमीशन कर दिया गया। फ़ाइटर पायलट बनने का उनका सपना अब हक़ीक़त के बेहद क़रीब था। वायुसेना में पायलटों के लिए तीन धाराएं होती हैं: फ़ाइटर, हेलीकॉप्टर और ट्रांसपोर्ट एयरक्राफ़्ट। जुनून और ज्ञान के मेल के दम पर, नचिकेता का चयन फ़ाइटर स्ट्रीम के लिए हुआ।

उन्होंने कहा:

> मैं हमेशा से फ़ाइटर पायलट बनना चाहता था। तेज़ रफ़्तार के साथ उड़ना, हवा में दुश्मन से भिड़ना, हथियार चलाना और युद्ध के बीच देश की सेवा करना, यही मेरा सपना था। इसमें एक्शन था, अड्रेनलिन था और मक़सद था।

1994 में वायुसेना मुख्य रूप से मिग-21, मिग-23, मिग-27, जगुआर और मिराज लड़ाकू विमानों का इस्तेमाल कर रही थी। चयन के बाद, नचिकेता और अन्य पायलटों

को दो फ़ाइटर ट्रेनिंग यूनिट्स में से एक-एक में जगह मिली। एक यूनिट पश्चिम बंगाल के कलाईकुंडा में थी, जहां पुराने ब्रिटिश हंटर जेट्स पर प्रशिक्षण दिया जाता था। दूसरी बागडोगरा या तेज़पुर में थी, जहां मिग-21 पर ट्रेनिंग होती थी। नचिकेता को कलाईकुंडा भेजा गया, जहां उन्होंने 20 स्क्वाड्रन की हंटर ऑपरेशनल फ़ाइटर ट्रेनिंग यूनिट (HOFTU) में जॉइन किया।[7]

हालांकि हंटर विमान बीते ज़माने की मशीनें थीं, लेकिन नये पायलटों को प्रशिक्षित करने के लिए वो अब भी भरोसेमंद थीं। अगले एक साल में नचिकेता और उनके बैचमेट्स ने रॉकेट, बंदूक और बम चलाना सीखा। उन्होंने युद्ध के दौरान रणनीतियों की प्रैक्टिस की और टैक्टिकल फ़्लाइंग में महारत हासिल की। ट्रेनिंग बेहद कठिन थी, लेकिन उसका फल भी मिला। अप्रैल 1995 तक उन्होंने हंटर ट्रेनिंग पूरी कर ली और अपनी पहली ऑपरेशनल पोस्टिंग के लिए तैयार थे।

ये पोस्टिंग थी जोधपुर, जो मिग-27 का गढ़ माना जाता था।[8] रूस द्वारा निर्मित मिग-27 ऐसा विमान था जिसके पंख मिशन के हिसाब से अपना कोण बदल सकते थे। ये एक बेहद ताक़तवर मशीन थी, जो हवा में लड़ाई और बमबारी, दोनों के लिए मुफ़ीद थी। नचिकेता के कई दोस्त दूसरी मिग स्क्वाड्रनों या जगुआर में गये, लेकिन उन्हें उस ग्रुप का हिस्सा बनने की ख़ुशी थी, जिसे मज़ाक में 'स्विंगर्स क्लब' भी कहा जाता था।

वो गर्व के साथ आकाश को छूने के लिए तैयार थे। अपने देश की रक्षा करने और उस सपने को जीने के लिए तैयार थे, जिसने उन्हें शुरू से प्रेरित किया था।

उन्हें तब कोई अंदाज़ा भी नहीं था कि वो भारतीय वायुसेना के इतिहास में एक अनोखा अध्याय लिखने वाले थे। वो भारत के उन गिने-चुने युद्धबंदियों में से एक होने वाले थे, जो ज़िंदा अपने देश लौटे।

उनकी बहन वैली माया ने याद किया कि उनके पकड़े जाने की ख़बर ने पूरे परिवार को तोड़कर रख दिया था। जानकारी जुटाने की कोशिशों के बीच, उन्हें ये समझ में आ गया था कि नचिकेता के लौटने की उम्मीद बहुत कम थी। 1965 और 1971 के युद्ध में पकड़े गये ज़्यादातर भारतीय युद्धबंदी कभी वापस नहीं आये थे।

जब मैं उनसे बातचीत कर रही थी, ग्रुप कैप्टन के. नचिकेता (वेटरन) ने बताया कि वो तीन बार मौत को चकमा दे चुके थे। उन्हें ज़िंदा नहीं होना चाहिए था, लेकिन वो अपनी कहानी सुनाने के लिए ज़िंदा थे।

26 मई 1999 को सुबह 6 बजकर 30 मिनट पर, भारतीय वायुसेना ने कारगिल के ऊपर हवाई हमलों का पहला दौर शुरू किया।

सुबह की हल्की रोशनी अभी बर्फ़ से ढकी ऊबड़-खाबड़ चोटियों को छू ही पायी थी कि मिग-21, मिग-23 और मिग-27 की गड़गड़ाहट घाटी में गूंज उठी। उनका मिशन स्पष्ट था। उन्हें दुश्मन की पोज़ीशन, कैंप, सप्लाई लाइन और गोला-बारूद के ठिकानों को तबाह करना था।

मिग-29 ऊपर से एयर कवर दे रहे थे, जबकि 108 स्क्वाड्रन[9] के मिग-21एम नीचे उतरकर 57-एमएम रॉकेट्स और तोपों से पाकिस्तानी सैनिकों, मुजाहिदीन और भाड़े के लड़ाकों पर हमला कर रहे थे, जो ज़ोजिला-कारगिल-लेह हाईवे पर नज़र रखने वाली ऊंचाइयों पर फैले हुए थे।

दोपहर 2 बजकर 30 मिनट पर, दूसरा हमला शुरू हुआ। ऊंचाई पर उड़ने वाले कैनबरा और नीचे उड़ने वाले मिग-21एम की टोही उड़ानों ने ये पुष्ट किया कि भारी नुक़सान पहुंचाया जा चुका है। पायलटों को ज़बरदस्त एंटी-एयरक्राफ़्ट फायर का सामना करना पड़ा, लेकिन वो उससे बचते हुए, सुरक्षित बेस लौट आये।[10]

26 मई को पहली सफल हवाई कार्रवाई के बाद सभी का जोश अपने चरम पर था। श्रीनगर बेस पर नचिकेता और दूसरे पायलट अगली बमबारी मिशन की योजना बनाने के लिए जुटे। ब्रीफ़िंग बेहद विस्तृत थी। सेना, सरकार और टोही एजेंसियों से लगातार ख़ुफ़िया जानकारी आ रही थी। ये एक बात बार-बार दोहरायी जा रही थी कि किसी भी हाल में एलओसी को पार नहीं करना था। नेविगेशन, रणनीति और एयर डिफ़ेंस के बीच तालमेल को लेकर भी बारीक़ी से योजना बनाई गयी। स्ट्राइक से लेकर बैटल डैमेज असेसमेंट और सर्विलांस तक, हर पायलट को अपनी भूमिका मालूम थी। हवा में वो सिर्फ़ पायलट नहीं थे, वो एक-दूसरे के भाई थे।

27 मई को फ़्लाइट लेफ़्टिनेंट के. नचिकेता और तीन दूसरे पायलटों को सुबह-सुबह हवाई हमले की ज़िम्मेदारी सौंपी गयी। ये ऑपरेशन बेहद सटीक योजना के साथ तैयार किया गया था। इसमें चार स्ट्राइक विमान, दो एयर डिफ़ेंस विमान और दो बीडीए विमान शामिल थे।

नचिकेता, जिनका कॉल साइन हायना-2 था, इस बमबारी फ़ॉर्मेशन का हिस्सा थे। टीम में फ़्लाइट लेफ़्टिनेंट अनुपम बनर्जी बॉक्सर-1 के रूप में, फ़्लाइट लेफ़्टिनेंट बीएस खटाना बॉक्सर-2 के रूप में और स्क्वाड्रन लीडर अश्विनी मंडोखोट हायना-1 के रूप में शामिल थे। इन्हें मुन्थो ढालो पर हमला करना था।

बॉक्सर-1 और बॉक्सर-2 बम गिराने वाले थे, जिसके बाद हायना-1 और हायना-2 रॉकेट दागकर अधिकतम नुकसान पहुंचाने वाले थे। ये एक सुनियोजित हमला था। स्ट्राइक के बाद नुकसान का आकलन करने के लिए स्क्वाड्रन लीडर अजय आहूजा और फ़्लाइट लेफ़्टिनेंट पीजी रेड्डी, मिग-21 में सवार होकर हाई-रिज़ॉल्यूशन ऑनबोर्ड कैमरों से नुकसान का आकलन करने वाले थे।

बम गिराने वाले विमानों में मिग-17 विमान थे, जो हवा से ज़मीन पर वार करने के लिए उचित बमों से लैस थे। चूंकि वो बम गिराने के लिए ही इस्तेमाल होने वाले थे, हवाई युद्ध के लिए नहीं, दो मिग-29 विमानों को हवाई सुरक्षा के लिए तैनात किया गया था। ये दोनों विमान, किसी दुश्मन विमान के आते ही उस पर हमला बोलने के लिए सक्षम और तैयार थे।

मुन्थो ढालो, बटालिक सेक्टर के पूर्वोत्तर हिस्से में था, जो दुश्मन की रसद का प्रमुख केंद्र था। इसको ख़त्म करने का मतलब था दुश्मन की सप्लाई चेन ख़त्म करना। उनका ईंधन, राशन, दूसरे ज़रूरी सामान आना बंद हो जाते, जिससे उनके ऑपरेशन पर बहुत बुरा असर पड़ा।

उस रात, अड्रेनलिन के जोश में, छब्बीस साल के फ़्लाइट लेफ़्टिनेंट के. नचिकेता, मिशन के लिए तैयार हो रहे थे और उन्हें इसके बारे में सोच-सोचकर झुरझुरी हो रही थी।

~

मुन्थो ढालो
बटालिक के पूर्वोत्तर हिस्से में
27 मई 1999

अगली सुबह, हमले से पहले की ब्रीफ़िंग में एक अलग ही उत्साह और बेचैनी थी। ये तय था कि उनका लक्ष्य मुन्थो ढालो होने वाला था। बाल्टी भाषा में 'मुंथो' का मतलब कमल जैसा एक छोटा लाल फूल है और 'ढालो' का अर्थ पठार होता है। 14,500 फ़ीट की ऊंचाई पर स्थित ये कटोरे के आकार का पठार, उत्तर में लद्दाख रेंज, पश्चिम में कुकर्थांग और जुबर की चोटियों और पूर्व में खलुबर रिज के बीच बसा हुआ था। यही इलाक़ा पाकिस्तान की नॉर्दर्न लाइट इन्फ़ैंट्री (एनएलआई) की कंपनी का मुख्य

लॉजिस्टिक और स्टेजिंग बेस था, जिसमें कारगिल संघर्ष में शामिल तीसरी, चौथी और पांचवीं एनएलआई बटालियनें भी थीं।

ब्रीफ़िंग के बाद, फ़्लाइट लेफ़्टिनेंट नचिकेता ने 17 स्क्वाड्रन 'गोल्डन एरोज़' के स्क्वाड्रन लीडर अजय आहूजा से कहा कि मिशन से पहले नाश्ता कर लिया जाए।

आहूजा मुस्कराए और बोले, 'चलो, चालीस मिनट में मिशन पूरा करके फिर ढंग से खाना खाएंगे।'

नचिकेता ने इससे पहले कभी आहूजा के साथ उड़ान नहीं भरी थी। स्क्वाड्रन लीडर आहूजा पंजाब के बठिंडा के पास स्थित भिसियाना एयरबेस से कारगिल में चल रही कार्रवाई में सहायता के लिए आए थे। राजस्थान के कोटा से ताल्लुक रखने वाले आहूजा ने नेशनल डिफ़ेंस एकेडमी से पढ़ाई की थी और 14 जून 1985 को भारतीय वायुसेना में फ़ाइटर पायलट के रूप में कमीशन हुए थे। चौदह साल के करियर में उन्होंने मिग-23 और मिग-21 फ़ाइटर-बॉम्बर्स उड़ाये थे और एक प्रशिक्षक के रूप में, एक हज़ार घंटे से अधिक की उड़ान पूरी की थी। अपने धैर्य और सकारात्मक स्वभाव के लिए पहचाने जाने वाले आहूजा एक सम्मानित ए2 इंस्ट्रक्टर[11] थे और वायुसेना की फ़ोटो से टोह लेने वाली स्क्वाड्रन के फ़्लाइट कमांडर भी थे।[12]

हालांकि ये दोनों एक हफ़्ते से एक ही बेस पर तैनात थे, नचिकेता की उनसे बातचीत बहुत सीमित ही रही थी। आहूजा ऑपरेशन की प्लानिंग, ब्रीफ़िंग्स, निर्देशिकाओं, टारगेट फ़ोल्डर्स और मौसम के विश्लेषण में इतने व्यस्त रहते थे कि अनौपचारिक बातचीत का समय ही नहीं मिल पाता था।

ऑपरेशन सफ़ेद सागर के दूसरे दिन, नचिकेता की फॉर्मेशन को हवाई हमला करना था और स्क्वाड्रन लीडर अजय आहूजा को इन हमलों से हुए नुकसान का आकलन करने की ज़िम्मेदारी दी गयी थी। ये उन सबकी पहली साझा उड़ान होने वाली थी। किसी को भी अंदाज़ा नहीं था कि वो फिर कभी नहीं मिल पाएंगे।

बाद में, भारी दुख के साथ ग्रुप कैप्टन नचिकेता (तब फ़्लाइट लेफ़्टिनेंट) ने याद करते हुए कहा:

> किस्मत ने कुछ और ही तय कर रखा था। मैं बिना पासपोर्ट और वीज़ा के सरहद पार कर गया और युद्धबंदी बन गया, जबकि आहूजा सर वापस कभी नहीं लौटे। वो कार्रवाई में शहीद हो गये। नाश्ते की मेज़ पर मिलने का मौका कभी नहीं आया।

ब्रीफिंग खत्म होते ही सभी मिशन की तैयारियों में जुट गये। नचिकेता ने स्क्वाड्रन के ड्रेसिंग रूम में अपने नीले ओवरऑल्स के ऊपर हरा जी-सूट पहना और सलीक़े से अपना सारा सामान ठीक किया। उनकी हरी जैकेट ठंड से बचाव कर रही थी। उन्होंने अपनी सर्विस पिस्टल जांची और उसे सुरक्षित तरीक़े से होल्स्टर में लगाया। उनके जी-सूट की जेबों में ज़रूरी निर्देश, हवाई रास्ते के नक़्शे और संचार की फ्रीक्वेंसी रखी हुई थीं।

मिशन ब्रीफ़िंग बेहद विस्तार से की गयी थी। हर पायलट को अपनी भूमिका, हमले की दिशा, ऊंचाई और शुरुआती बिंदुओं की पूरी जानकारी थी। दुश्मन को उनकी भनक न लगे, इसके लिए संचार सीमित रखने के निर्देश थे। क्रम बिल्कुल तय था: फ़्लाइट लेफ़्टिनेंट अनुपम बनर्जी का बॉक्सर-1 और फ़्लाइट लेफ़्टिनेंट भूपेंद्र खटाना का बॉक्सर-2 पहले बम गिराने वाले थे, उसके बाद स्क्वाड्रन लीडर अश्विनी मडोखोट का हाइना-1 और फ़्लाइट लेफ़्टिनेंट के. नचिकेता का हाइना-2 रॉकेट दागने वाले थे। रॉकेट सटीक लक्ष्यों के लिए थे, जबकि बम बड़े पैमाने पर नुकसान पहुंचाने के लिए।

विमानों को सुरक्षा के लिए ब्लास्ट पेन में खड़ा किया गया था। नचिकेता सीढ़ी चढ़कर अपने मिग-27 के कॉकपिट में पहुंचे। उनका ध्यान पूरी तरह केन्द्रित था और वो उत्साह से भरे हुए थे। उन्होंने सीट की पेटी बांधी और अपने जी-सूट की पाइप को कॉकपिट पोर्ट से जोड़ दिया। तकनीकी मदद करने वाले साथी ने सीढ़ी हटायी और नचिकेता ने कॉकपिट कैनोपी बंद कर ली। सिस्टम्स की त्वरित जांच के बाद, उन्होंने हेलमेट का वाइज़र नीचे किया और तैयार होने का का संकेत दिया।

इंजन दहाड़ रहा था और पायलट ब्लास्ट पेन से टैक्सी करते हुए रनवे की ओर बढ़े। सभी विमान एक सधे हुए समूह की तरह टेकऑफ़ के लिए आगे बढ़े। सबसे आख़िर में नचिकेता ने उड़ान भरी। इसी के साथ ऑपरेशन सफ़ेद सागर के दूसरे दिन की शुरुआत हो चुकी थी।

आसमान बिल्कुल साफ़ था। दुश्मन के राडार से बचते हुए विमान पहाड़ियों के बीच से तय संरचना में उड़ते रहे। करीब 26,000 फ़ीट की ऊंचाई पर और लगभग 1,000 किलोमीटर प्रति घंटे की रफ़्तार से उड़ते हुए, फ़ाइटर जेट्स शुरुआती बिंदु की ओर बढ़े। नीचे का दृश्य धीरे-धीरे पहाड़ों से बदलकर टार्गेट वाले इलाक़े में तब्दील होने लगा।

बॉक्सर-1 ने शुरुआत की और अपने बम गिराये, उसके बाद बॉक्सर-2 ने भी बम गिरा दिये। इन धमाकों से घने धुएं का गुबार उठ गया, जिससे हाइना-1 को ठीक से टार्गेट दिखायी नहीं दे रहा था। टार्गेट ठीक से न दिखने के कारण हाइना-1 ने अपने रॉकेट नहीं छोड़े।

जब नचिकेता, हाइना-2, आगे बढ़े तो धुआं धीरे-धीरे छंटने लग गया था। उन्होंने अपनी डाइव पूरी की और बेहद सटीकता से अपने रॉकेट दागे। इसके बाद, उन्होंने विमान में लगी गन से गोलियां दागीं। लेकिन जैसे ही वो विमान को ऊपर खींचने लगे, तभी अनहोनी हो गयी। उनके विमान का इंजन खड़खड़ाने लगा और फिर पूरी तरह बंद हो गया। तापमान और आरपीएम[13] तेज़ी से गिरने लगे और एयरस्पीड भी कम हो गयी। नचिकेता समझ गये कि उन्हें तुरंत फैसला लेना होगा। उन्होंने ड्रैग कम करने के लिए ड्रॉप टैंक गिरा दिया, ताकि कुछ कीमती सेकंड मिल सकें।

उन्होंने तुरंत रेडियो पर हाइना-1 को सूचना दी।

'मांडो, नची इंजन फ़्लेम आउट। रीलाइटिंग।' और उन्होंने इंजन दोबारा स्टार्ट करने की प्रक्रिया शुरू की।

इंजन कुछ हद तक फिर से चालू हुआ, लेकिन पहाड़ तेज़ी से पास आ रहे थे और सिर्फ़ तीस से चालीस सेकंड का समय बचा था। नचिकेता समझ गये कि अब उनके पास इजेक्ट करने के अलावा कोई विकल्प नहीं था।

उन्होंने अपने विंगमैन को बताया, 'मांडो, नची इजेक्टिंग।' ये कहकर उन्होंने इजेक्शन हैंडल खींच लिया।

इजेक्शन सिस्टम ने तुरंत काम किया। कॉकपिट की कैनोपी उड़ गयी और हाई-स्पीड कार्ट्रिज के ज़रिये सीट कॉकपिट से बाहर निकल गयी। सबसे पहले एक छोटा ड्रोग पैराशूट खुला, जिसने सीट को स्थिर किया और उसके बाद मुख्य पैराशूट खुल गया। इतना सब, बस चंद सेकंड में ही हो गया।

इजेक्शन के दौरान उन पर बेहद ज़्यादा जी-फ़ोर्स[14] पड़ा, जिससे उन्हें कुछ चक्कर आया, नज़र धुंधली पड़ने लगी और चेतना कमज़ोर होने लगी। जी-सूट ने कुछ मदद ज़रूर की, लेकिन विमान के बाहर उसका असर कम था। वो तेज़ी से नीचे उतर रहे थे और बर्फ़ से ढकी, जमी हुई ज़मीन पर आकर गिर पड़े।

ज़मीन पर उतरते ही उन्होंने पास में अपने विमान का मलबा देखा।

लैंडिंग के ज़ोरदार झटके से उनकी रीढ़ में भयानक दर्द हो रहा था, लेकिन उनमें आत्मरक्षा का सहज बोध हावी हो गया। दुश्मन के हाथ लगने से बचाने के लिए,

उन्होंने गोपनीय दस्तावेज़ बर्फ़ में दबा दिए और पास की चट्टानों के बीच पनाह लेने के लिए दौड़ पड़े।

अचानक पास की एक नदी की दिशा से पांच लोग निकलकर आये। उनके हाथों में एके-47 थीं और वो नचिकेता पर गोली चलाते हुए आगे बढ़े। नचिकेता ने अपनी पिस्तौल से जवाबी फ़ायर किया, लेकिन ये कोशिश बेकार सी लग रही थी।

ग्रुप कैप्टन नचिकेता (वेटरन) उस मौक़े को याद करते हुए हल्के से हंसे:

> आप जानते हैं, हवा में फ़ाइटर पायलट ख़ुद को अजेय समझते हैं। बीस हज़ार किलो का विमान बिजली की रफ़्तार से उड़ाते हुए आप चंद सेकंड में धरती के एक कोने से दूसरे कोने तक पहुंच सकते हैं। हम आसमान के योद्धा होते हैं। अछूते और बेहद ताक़तवर। लेकिन ज़रा सोचिए, जब अचानक आप उस आरामदायक दुनिया से बाहर आ जाते हैं और ख़ुद को पूरी तरह असहाय महसूस करते हैं। ऊपर मैं आसमान का राजा था, लेकिन ज़मीन पर मैं बस एक साधारण इंसान था। हर चीज़ बहुत बड़ी और डरावनी लग रही थी। ख़राब लैंडिंग से पीठ में जो तेज़ दर्द था, वो मुझे नाज़ुक परिस्थितयों की याद दिला रहा था। गोलियों की आवाज़ ने मुझे तुरंत हरक़त में ला दिया। मैं किसी तरह पास की एक चट्टान के पीछे पहुंचा, अपनी छोटी सी पिस्तौल निकाली, मैगज़ीन डाली और बेताबी में फ़ायर करने लगा।

जब उनकी पहली मैगज़ीन खाली हो गयी, तो उन्होंने दूसरी मैगज़ीन निकालने की कोशिश की, लेकिन उससे पहले ही दुश्मन उनके पास पहुंच चुका था। उन लोगों ने बेरहमी से उनकी पिटाई शुरू कर दी। नचिकेता बर्फ़ से ढकी ज़मीन पर पड़े थे, तभी हालात उस वक़्त चरम पर पहुंच गये जब एक सैनिक ने एके-47 की ठंडी नली उनके मुंह में डाल दी और उंगली ट्रिगर पर रख दी।

ठीक उसी पल, जब लग रहा था कि अब सब खत्म हो जायेगा, एक पाकिस्तानी अधिकारी वहां पहुंचा और उसने हस्तक्षेप किया।

सैनिक ग़ुस्से में थे। एक ने चिल्लाकर कहा, 'हम इसे छोड़ने वाले नहीं हैं। ये ऊपर से हम पर बम गिरा रहा था और नीचे से गोलियां चला रहा था।'

शांत लेकिन सख़्त आवाज़ में अधिकारी ने कहा, 'ठीक है। वो अपना फ़र्ज़ निभा रहा था। मगर अब ये हमारा क़ैदी है।'

नचिकेता ने याद करते हुए बताया:

> उस दिन दो बार, मौत मेरे बेहद क़रीब आ गयी थी। पहली बार तब, जब मेरा विमान गिरा और मुझे इजेक्ट करना पड़ा। दूसरी बार तब, जब सैनिक मुझे गोली मारने ही वाले थे, मगर वो अधिकारी ठीक समय पर वहां पहुंच गया। अगर वो ज़रा भी देर से आता या मार देने का आदेश दे देता, तो मैं ज़िंदा नहीं होता। उस अधिकारी के प्रति मेरे भीतर गहरा सम्मान है। वो पांचवीं नॉर्दर्न लाइट इन्फ़ैंट्री के कैप्टन क़मर थे।

नचिकेता अब बुरी तरह घायल हो चुके थे और उनकी आंखों पर पट्टी बांध दी गयी थी। इस हालत में, वो अधिकारी और पांच सैनिक, उन्हें नीचे की ओर ले गये। उतरते समय एक सैनिक ने पूछा कि क्या उनके साथ कोई और पायलट भी था। वो शायद ड्रोग पैराशूट को किसी दूसरे व्यक्ति का समझ बैठा था। नचिकेता ने इस मौक़े का फ़ायदा उठाया और उन्हें गुमराह करते हुए कहा, 'हां, एक और पायलट था।'

विमान के सिस्टम से अनजान और कथित दूसरे पायलट को ढूंढने में लगे सैनिकों ने उनसे और कुछ नहीं पूछा।

जैसे-जैसे नचिकेता और उन्हें बंधक बनाने वाले लोग लोग उस ऊबड़-खाबड़ इलाके से नीचे उतरते गये, उनकी पीठ का दर्द हर क़दम को असहनीय बनाता गया। करीब पैंतालीस मिनट बाद, वो एक अस्थायी कैंप में पहुंचे, जो बर्फ़ीले माहौल में बसा हुआ था। जब सैनिकों ने नचिकेता की आंखों से पट्टी हटायी, तो उन्होंने चालीस से पचास हथियारबंद पाकिस्तानी सैनिकों को देखा। उन्हें समझ में आ चुका था कि भागने की कोई गुंजाइश नहीं थी और उन्होंने बच निकलने की हर उम्मीद छोड़ दी।

ये एक साधारण सा कैंप था। यहां कुछ टेंट थे और इधर-उधर सैन्य सामान बिखरा हुआ था। नचिकेता को बैठने के लिए एक जगह ले जाया गया। जूतों के भीतर घुसी बर्फ़ से उनके पैर लाल हो चुके थे और उनमें जलन हो रही थी, जिससे फ्रॉस्टबाइट का ख़तरा लग रहा था। एक सैनिक ने तुरंत उनके जूते उतारे और दर्द कम करने के लिए सूप दिया। दूसरे ने मॉर्फ़ीन का इंजेक्शन लगाया, जिससे उन्हें काफ़ी राहत मिली।[15]

कुछ देर बाद एक सैनिक वॉकी-टॉकी लेकर आया और नचिकेता को थमा दिया। दूसरी तरफ़ से एक वरिष्ठ पाकिस्तानी अधिकारी की आवाज़ आयी।

अधिकारी ने कहा, 'वेलकम टू पाकिस्तान।'
नचिकेता ने जवाब दिया, 'नेगेटिव, सर। आप भारतीय इलाक़े में हैं। हम भारत में बैठे हैं। आप सीमा पार करके आए हैं।'
वरिष्ठ अधिकारी हंस पड़ा। 'अच्छा? ग़ज़ब का दावा है आपका।'
'जी हां, सर। मुझे पूरा यक़ीन है। हम अपनी सीमा के भीतर हैं।'
अधिकारी ने हंसते हुए कहा, 'ठीक है। देखते हैं।

इस बातचीत को याद करते हुए नचिकेता मुस्कुरा रहे थे:

'उस वक़्त तो वो हंस रहा था। लेकिन बाद में, जब हमारी सेना ने उस इलाक़े पर क़ब्ज़ा कर लिया, तो काश मुझे उससे दोबारा मिलने का मौक़ा मिलता, ताकि हम ये तय कर पाते कि सही कौन था।'

जब उन्हें किसी दूसरी जगह ले जाने वाले विमान का इंतज़ार हो रहा था, कैप्टन क़मर उनके पास आये। ये वही अधिकारी थे, जिन्होंने नाराज़ सैनिकों से नचिकेता की जान बचायी थी। चारों ओर पहाड़ थे और दूर कहीं गोलीबारी की आवाज़ें आ रही थीं, लेकिन माहौल शांत था। दोनों के बीच एक आत्मीय बातचीत हुई। क़मर की हाल ही में शादी हुई थी। उन्होंने कठिन हालात में तैनाती, अकेलेपन और अपने परिवार से संपर्क न हो पाने की बात कही।

ये एक छोटा-सा विराम था, जिसमें युद्ध की मुश्किल सच्चाइयों को कुछ पल के लिए अलग रख दिया गया और दो सैनिक एक-दूसरे से साथी योद्धाओं की तरह जुड़कर बातचीत कर रहे थे।

जब मैंने स्क्वाड्रन लीडर नचिकेता से पूछा कि क्या उन्हें कभी उस अधिकारी को धन्यवाद देने का मौका मिला, तो उन्होंने अफ़सोस के साथ बताया कि ऐसा कभी नहीं हो पाया। कैप्टन क़मर कार्रवाई के दौरान मारे गये थे।

इस्लामाबाद
पाकिस्तान
28 मई 1999

नचिकेता के लिए समय थम सा गया था, जबकि उन्हें पाकिस्तानी कैंप लाए हुए मुश्किल से एक-दो घंटे ही हुए थे। तभी हेलीकॉप्टर के पंखों के शोर ने ख़ामोशी तोड़ दी। पाकिस्तानी सेना का हेलीकॉप्टर आ चुका था। नचिकेता की आंखों पर फिर से पट्टी बांधी गयी और खींचकर हेलीकॉप्टर के भीतर ले जाया गया। जब हेलीकॉप्टर ने उड़ान भरी, इंजन की गूंज उनकी हड्डियों तक में महसूस हो रही थी। जिस यात्रा पर वो थे, वो ख़त्म होती हुई मालूम ही नहीं दे रही थी। उन्हें पाकिस्तान-प्रशासित गिलगित-बाल्टिस्तान के एक शहर स्कर्दू ले जाया गया।

उस रात, नचिकेता को एक सेफ़ हाउस के कमरे में बंद कर दिया गया। भूख से उनके पेट में मरोड़ें उठ रही थीं। उन्होंने बताया कि वो शाकाहारी थे, लेकिन ये बात वहां के लोगों को समझ ही नहीं आ रही थीं। एक अधिकारी ने उलझन में पूछा, 'वेजिटेरियन? ये क्या होता है?' नचिकेता ने समझाया कि वो मांस नहीं खाते। थोड़ी देर बाद, सब्ज़ी, दाल और रोटी की एक प्लेट आयी। उन्होंने कृतज्ञता के साथ खाना खाया, लेकिन उन्हें पता था कि ये सब अभी खत्म नहीं हुआ था।

इसके बाद, दो पाकिस्तानी सैनिक उनके कमरे के अंदर तैनात कर दिए गये। इन सैनिकों को सख्त आदेश था कि नचिकेता को सोने नहीं देना था। ये उनकी रणनीति का हिस्सा था। उन्हें जानबूझकर थकाने का प्रयास किया जा रहा था, जिससे उनकी इच्छाशक्ति टूट सके और पूछताछ के दौरान वो कमज़ोर हो जाएं। पूरी रात, अनिश्चितता के भंवर में फंसा उनका दिमाग़ दौड़ता रहा। वो लगातार यही सोच रहे थे कि उन्हें कहां ले जाया जाएगा, उनके साथ क्या किया जाएगा, क्या वो भाग सकते थे। उन्होंने दिमाग़ में कई योजनाएं बनाईं, लेकिन कोई भी व्यवहारिक नहीं लगी।

उन्हें हक़ीक़त का सामना करना था। अब वो युद्धबंदी थे।

1971 के युद्ध की यादें उनके मन में उमड़ने लगी थीं। कई युद्धबंदी कभी वापस नहीं लौटे थे। क्या उनका भी वही हश्र होगा?

स्थिति किस क़दर गंभीर थी, इसका बोध उनके भीतर गहरे तक उतर गया। भागना असंभव लग रहा था। ज़िंदा रहना एक दूर का सपना महसूस हो रहा था। उन्हें सोने नहीं दिया जा रहा था। जैसे ही आंख लगती, कोई उन्हें झकझोरकर जगा देता।

सुबह की रोशनी में स्कर्दू का ख़ूबसूरत नज़ारा सामने था। तभी पास के एक पाकिस्तानी सैन्य अड्डे के अस्थायी रनवे पर एक सी-130जे हरक्युलिस उतरा। पाकिस्तान ने ये विमान 1963 में अमेरिका की सैन्य सहायता के तहत हासिल किये थे। बाद के वर्षों में अमेरिका और कुछ यूरोपीय देशों के साथ हथियार सौदों के ज़रिये पाकिस्तान की वायु शक्ति को और मज़बूती मिली थी।

आंखों पर पट्टी होने के बावजूद नचिकेता की पायलट वाली प्रवृत्ति सतर्क थी। उन्होंने अनुमान लगाया कि विमान लाहौर पहुंचा होगा। अगर वो वहां से भाग पाते, तो शायद अमृतसर पहुंचकर अटारी से भारत लौट सकते थे। ये सोच उन्हें थोड़ी उम्मीद दे रही थी।

लेकिन उनका अनुमान ग़लत निकला। विमान लाहौर नहीं, इस्लामाबाद में उतरा। उनका दिल बैठ गया। पहाड़ियों से घिरा इस्लामाबाद कहीं ज़्यादा दुर्गम था। वो कहां जाएंगे? रास्ता कैसे ढूंढेंगे? वो तनाव में आ गये। लेकिन उन्होंने संयम बनाये रखा और वही गढ़ी हुई कहानी दोहराई जो उन्होंने पहले मुन्थो ढालो में कही थी, कि वो निगरानी मिशन पर थे। इस बार पूछताछ अलग थी। पूछताछ करने वाले पाकिस्तानी वायुसेना के लोग आम कपड़ों में थे। इस वजह से, उनकी रैंक का अंदाज़ा लगाना मुश्किल था। वो तेज़ थे और उनकी कहानी पर यक़ीन नहीं कर रहे थे।

उनमें से एक ने कहानी की ख़ामी की ओर इशारा किया:

> 'सर्विलांस मिशन ट्रेनर होता है, जिसमें दो सीटें होती हैं। जो विमान हमें मिला है, उसमें एक ही सीट थी।'

नचिकेता का दिल बैठ गया।

उन्होंने आगे कहा, 'आपके तो दोनों ट्रेनर ख़राब हैं और आदमपुर में हैं।'

तभी उन्हें एहसास हुआ कि ये लोग उनकी सोच से कहीं ज़्यादा जानते थे।

कुछ घंटों बाद उन्हें सड़क मार्ग से रावलपिंडी के एक सेफ़ हाउस ले जाया गया। ये सफ़र लगभग एक घंटे का था। यहां मनोवैज्ञानिक दबाव और तेज़ हो गया।

> वो दबाव बना रहे थे, 'बेहतर होगा कि आप हमारा साथ दें। आपके देश ने आपको छोड़ दिया है। अब आप वापस नहीं जाने वाले।'

उन्होंने और दबाव डाला। पाकिस्तानी अख़बारों की कतरनें दिखायीं, जिनमें झूठी ख़बर छपी थी कि एक भारतीय पायलट मारा गया था। अख़बार की ये सुर्ख़ियां उनके डर को और गहरा कर रही थीं।

नचिकेता अब बाहरी दुनिया से पूरी तरह कट चुके थे। उन्हें पता नहीं था कि वो जिस क़ैद में थे, उसकी दीवारों के बाहर क्या घट रहा था। उन्हें बंधक बनाने वाले लगातार दबाव बनाते रहे, लेकिन उन्होंने अपने सीरियल नंबर जैसी आम जानकारियां ही ज़ाहिर कीं, जैसा कि उन्हें ट्रेनिंग मिली थी। फिर भी, मन में संदेह बना रहा। अगर वो सच कह रहे थे तो? 1971 के युद्ध के कई युद्धबंदियों की तरह, अगर वो भी कभी घर न लौट पाए, तो?

नचिकेता को ये पता नहीं था कि उनके बंदी बनाये जाने के बाद के घंटों में भारी भ्रम फैल गया था। पाकिस्तानी मीडिया ने ग़लती से ये रिपोर्ट कर दिया था कि नचिकेता को मार दिया गया था। ये गलती स्क्वाड्रन लीडर अजय आहूजा की दुखद मृत्यु के कारण हुई थी, जो नचिकेता की उड़ान के थोड़ी देर बाद बैटल डैमेज असेसमेंट मिशन पर गये थे।

आहूजा के विमान को स्टिंगर मिसाइल ने निशाना बनाया था। हालांकि वो इजेक्ट करने में सफल रहे थे, लेकिन उन्हें जिन लोगों ने पकड़ा, उन्होंने गोली मार दी। कुछ मीडिया संस्थानों ने आहूजा की नियति को नचिकेता से जोड़ दिया और ये ख़बर चला दी कि नचिकेता मारे गये थे। लेकिन दूसरे दिन तक सच्चाई सामने आ गयी कि नचिकेता जीवित थे और स्क्वाड्रन लीडर अजय आहूजा ने सर्वोच्च बलिदान दिया था। स्कर्दू में तैनात बीबीसी के पत्रकारों ने ट्रांसफ़र के दौरान नचिकेता को देखा भी था और उनकी रिपोर्ट अंतर्राष्ट्रीय ख़बरों का हिस्सा बनी।

लेकिन सेफ़ हाउस के भीतर नचिकेता अंधेरे में ही रहे। वो एक युद्धबंदी होने की भयावह सच्चाई से जूझ रहे थे।

उन्हें क़ैद में रखने वालों ने लगातार जानकारी निकालने की कोशिश चालू रखी। वो भारतीय सेना की तैनाती, विमानों की जानकारियां और गोला-बारूद के प्रकारों के बारे में जानना चाहते थे। नचिकेता ने ज़रा भी सहयोग नहीं किया। वो सवालों से बचते रहे और उन्हें ऐसा कुछ भी नहीं बताया, जो अहम जानकारी हो सकती थी। उस समय तक उन्हें शारीरिक नुकसान नहीं पहुंचाया गया था। इसकी जगह, कभी नरमी तो कभी सख़्ती का रवैया अपनाया गया। उन्हें धमकाया गया और यहां तक कि एक मौलवी

साहब को भी भेजा गया, ताकि उनका ब्रेनवॉश किया जा सके और भारत तथा हिंदू धर्म में उनके विश्वास को तोड़ा जा सके।

नचिकेता याद करते हुए बताते हैं:

> हम सभी, किसी न किसी मान्यता के साथ जीते हैं। और वो उन्हीं मान्यताओं को तोड़ने की कोशिश करते हैं। इसके लिए उनके पास विशेषज्ञ होते हैं। वो किसी भी धर्म या देश की कमज़ोरियों और नकारात्मक पहलुओं को अच्छी तरह जानते हैं। जब आप एक आरामदायक, एयर-कंडीशंड कमरे में बैठे होते हैं और अगला दिन तय होता है, तो सोच अलग होती है। लेकिन जब आप सोए नहीं होते, जब आपको लगता है कि मौत पास है और अगर आपने सहयोग नहीं किया तो थर्ड डिग्री टॉर्चर होगा... तब दिमाग बिल्कुल अलग तरह से काम करता है।
>
> आप बहुत सी बातों पर यक़ीन करने लगते हैं। वो आपके चारों ओर एक दुनिया रच देते हैं, और आप हक़ीक़त और भ्रम की सीमा पर खड़े होते हैं। आपको ये समझ नहीं आता कि किसपर भरोसा करें। वो धर्म की बात करते हैं, नेताओं की बात करते हैं, सेवा की बात करते हैं... भ्रष्टाचार की बात करते हैं... हर चीज़ को इस तरह पेश करते हैं कि उनकी कही हर बात सच्ची और सबकुछ बुरा लगने लगे। आख़िरकार, हम वही होते हैं जिस पर हम विश्वास करते हैं। उनका मकसद आपकी लड़ने की इच्छा को खत्म करना होता है। ये एक व्यवस्थित प्रक्रिया होती है। पूछताछ के दौरान, दिमाग और हौसले को तोड़ने के लिए 1971 की जंग में भी ऐसा ही हुआ था।

29 मई तक नचिकेता को बंधक बनाने वाले निराश हो चुके थे। नचिकेता को असहयोगी घोषित करते हुए, उनसे कुछ दस्तावेज़ों पर जबरन हस्ताक्षर करवाये गए और उन्हें आईएसआई के हवाले कर दिया गया। यहां से असली यातना शुरू हुई।

आईएसआई की कोठरी में वो तीन दिन...

नचिकेता इसके बारे में ज़्यादा बात नहीं करते। यातना सिर्फ़ शारीरिक नहीं थी। वो मानसिक और भावनात्मक भी थी। उनके दिमाग और शरीर पर लगातार हमले हो रहे थे। उन्हें पीटा गया। उन्हें बेहद क्रूर तरीक़ों से यातनाएं दी गयीं। उन्हें फिर से अख़बारों की कतरनें दिखाई गयीं, जिसमें वही झूठी खबरें थीं, जो कह रही थीं कि भारतीय पायलट इजेक्ट करने के बाद मारा गया। कहानी को अपनी सुविधा के मुताबिक़ बदला

जाता रहा। सबकुछ उनके हाथ में था और वो इसका इस्तेमाल उनका मनोबल तोड़ने के लिए कर रहे थे।

वो बार बार कहते, 'अब किसी को तुम्हारी परवाह नहीं है। अगर हम तुम्हें छोड़ भी दें, तो तुम्हारा देश तुम्हारा सम्मान नहीं करेगा। तुम्हें ग़द्दार समझा जायेगा। तुम्हारी सेना तुम्हें सम्मान नहीं देगी, प्रमोशन नहीं देगी।'

उनकी बातें असर करने लगी थीं।

उन्होंने बताया:

> ये आपको सोचने पर मजबूर कर देता है कि मैं ये सब किसके लिए कर रहा हूं। क्या किसी को परवाह है? अगर आप भोले हैं, तो इसमें फंस सकते हैं। वो आपको व्यवस्थित तरीके से तोड़ते हैं।

लेकिन नचिकेता ख़ुशकिस्मत थे। उनके माता-पिता धार्मिक थे और वो एक मज़बूत, ज़मीन से जुड़े परिवार से आते थे।

> मैं महज़ छब्बीस साल का था। लेकिन मेरे परिवार ने जो मूल्य मुझे दिये थे, मेरे चरित्र की जो ताक़त थी और एयरफ़ोर्स की ट्रेनिंग से जो दृढ़ता मिली थी... वही सब मुझे संभाले हुए था। वही मुझे आगे बढ़ाता रहा।

यातना जारी रही। उनकी आंखों पर पट्टी बांध दी जाती, एक कोठरी से दूसरी कोठरी में ले जाया जाता, शिफ़्टों में सताया जाता। हालत बेहद ख़राब थी।

> मुझे उसी कमरे में अपने सुबह के सारे क्रियाकलाप करने होते थे। उन्होंने मुझे गंदे, ख़ून से सने कपड़े पहनने को दिये। खाना बहुत कम दिया जाता था। लेकिन खाना प्राथमिकता नहीं थी। नींद थी। एक वक़्त के बाद, मैं सिर्फ़ सोना चाहता था।
>
> लेकिन शरीर अद्भुत होता है। वो अलग-अलग दर्दों की तुलना करने लगता है। नींद न पूरी होने का दर्द, भूखे रहने का दर्द, शारीरिक दर्द, पैरों पर मार खाने का दर्द, बैठ न पाने का दर्द, तेज़ रोशनी का आंखों में चुभना और सिरदर्द। शरीर उसी दर्द पर ध्यान लगाने लगता है जो थोड़ा कम हो। यही एक तरीक़ा है जिससे आप बच सकते हैं।

मेरा सिर गर्म था, मुझे बुखार था, कोठरी में लगी तेज़ रोशनी से लगातार सिरदर्द होता था... वो मुझे खड़ा रखते थे, कभी बैठने नहीं दिया। ऐसे में ही आपको लगने लगता है कि आप वापस नहीं लौटेंगे।

एक समय पर, उन्होंने नचिकेता के पिता का ज़िक्र किया।

उन्हें मेरे पिता की तीन महीने पहले हुई बायपास सर्जरी के बारे में पता था। एक दिन उन्होंने कहा कि उन्हें हार्ट अटैक आ गया था। उन्होंने कहा, 'सहयोग करो, वरना तुम उन्हें दोबारा कभी नहीं देख पाओगे।' वही एक मौक़ा था, जब मैं कमजोर पड़ गया। जब मुझे दुख हुआ। चूंकि उन्हें बायपास सर्जरी की जानकारी थी, मैंने हार्ट अटैक वाली बात मान ली। मुझे नहीं पता था कि ये बात ख़बरों में बतायी जा रही थी।

नचिकेता रुके। उनकी आवाज़ में एक नर्मी आ गयी।

मैंने आंखें बंद कीं और माफ़ी मांगी। 'माफ़ करना, पिताजी। मैं आपको दोबारा नहीं देख पाऊंगा।' ये एक कमजोर पल था।

जो एक बात नचिकेता को नहीं मालूम थी, वो ये थी कि उस कोठरी की दीवारों से बहुत दूर, पूरा देश उनके साथ खड़ा था। पूरे भारत में लोग उनकी सुरक्षित वापसी के लिए प्रार्थना कर रहे थे। मीडिया लगातार उनको बंदी बनाये जाने को कवर कर रहा था और विदेश में 10,000 से ज़्यादा एनआरआई ने राष्ट्रपति क्लिंटन से पाकिस्तान पर दबाव डालने की अपील करते हुए एक याचिका पर हस्ताक्षर किये थे।

देश में प्रधानमंत्री अटल बिहारी वाजपेयी ने सख़्त रुख अपनाया। उन्होंने नचिकेता की बिना शर्त और तत्काल रिहाई की मांग की।[16] उनका अल्टीमेटम असरदार था और बढ़ते अंतर्राष्ट्रीय दबाव के साथ पाकिस्तान और ज्यादा अलग-थलग पड़ गया। यहां तक कि अमेरिका, जो पाकिस्तान के सहयोगियों में एक था, ने भी कारगिल युद्ध के दौरान पाकिस्तान की कार्रवाइयों की निंदा की। प्रधानमंत्री नवाज़ शरीफ़ पर दबाव बढ़ता गया। अपनी बची-खुची साख बचाने की कोशिश में, शरीफ़ ने नचिकेता की रिहाई का आदेश दे दिया।

नचिकेता ने बाद में कहा:

> पूरा कारगिल संघर्ष जनरल परवेज़ मुशर्रफ़ और उनके तीन जनरलों की योजना थी। जब युद्ध शुरू हो गया, नवाज़ शरीफ़ हतप्रभ रह गए थे।

सालों बाद, जेद्दाह में, *इंडिया टुडे* को दिये एक इंटरव्यू में शरीफ़ ने बताया कि मुशर्रफ़ ने कारगिल ऑपरेशन की पूरी जानकारी उनसे छुपाकर रखी थी।[17]

संघर्ष खिंचता जा रहा था और और चोटियों पर पाकिस्तान की पकड़ कमज़ोर पड़ती जा रही थी। इसके साथ ही अंतर्राष्ट्रीय समुदाय का रुख पाकिस्तान के ख़िलाफ़ होता जा रहा था। समर्थन घटने और वैश्विक आलोचना बढ़ने पर नवाज़ शरीफ़ को मौजूदा हालात पर प्रतिक्रिया देनी पड़ी। परिवार का आशीर्वाद, करोड़ों लोगों की दुआएं और बढ़ता अंतर्राष्ट्रीय दबाव, हर चीज़ नचिकेता के पक्ष में जाती दिख रही थी।

नवाज़ शरीफ़ ने नचिकेता को रिहा करने का फैसला किया और इसे पाकिस्तान और भारत के बीच तनाव कम करने के लिए एक 'सद्भावना' भरा कदम बताया। उन्होंने कहा, 'परमाणु ताकतों को कभी आमने-सामने की स्थिति में नहीं होना चाहिए। हमारा उद्देश्य किसी भी और तनाव को रोकना और हालात को ठंडा करना है।'[18]

2 जून को, कई दिनों की अमानवीय पूछताछ के बाद, नचिकेता को फिर से रावलपिंडी के सेफ़ हाउस में लाया गया। यहां सबकुछ बदल चुका था।

नचिकेता ने याद किया:

> उन्होंने मुझे कपड़े दिये। मुझसे शालीनता से बात की। और खाना भी ऑफ़र किया।

वही आईएसआई के कर्मचारी, जो उन्हें यातनाएं दे रहे थे, अब उनकी सुरक्षा के ज़िम्मेदार थे। पाकिस्तान में कई चरमपंथी गुट नचिकेता की रिहाई के ख़िलाफ़ थे और हैंडओवर से पहले कोई अनहोनी घटना न घट जाये, ये सुनिश्चित करना अब आईएसआई की ज़िम्मेदारी थी।

भारतीय उच्चायोग
इस्लामाबाद
पाकिस्तान
2 जून 1999

भारतीय उच्चायोग पर दोपहर बाद की सुनहरी धूप बिखरी हुई थी। अंतर्राष्ट्रीय रेड क्रॉस समिति (आईसीआरसी) की दो सफ़ेद लैंड क्रूज़र गाड़ियां उसके गेट से अंदर दाख़िल हुईं। भव्य उच्चायोग भवन में हलचल थी। एक गाड़ी से फ़्लाइट लेफ़्टिनेंट के. नचिकेता बाहर आये। उनका स्वरूप उस परिसर की भव्यता से बिल्कुल उलट था। हालांकि वो पूरी तरह से संयत दिखायी दे रहे थे, लेकिन ये भी साफ़ दिख रहा था कि वो कितनी राहत में थे। भारतीय उच्चायुक्त जी. पार्थसारथी[19] और आईसीआरसी के प्रतिनिधियों, जिनमें पाकिस्तान में आईसीआरसी प्रतिनिधिमंडल के प्रमुख पॉल बोनार्ड भी शामिल थे, ने उनका स्वागत किया।

श्री पार्थसारथी ने राहत से दमकते चेहरे के साथ, बेहद गर्मजोशी से उनका स्वागत किया। उन्होंने पूछा, 'कैसे हैं, लेफ़्टिनेंट?'

नचिकेता ने जवाब दिया, 'मैं ठीक हूं, सर।' उनकी आवाज़ स्थिर थी, लेकिन आंखों में बीते दिनों का तूफ़ान साफ़ झलक रहा था।

जब उच्चायोग अधिकारियों ने उन्हें गुलाब भेंट किए, तो वो क्षण तमाम भावनाओं से भरा हुआ था। जिस भारतीय पायलट ने हफ़्तों की भयावह क़ैद झेली थी, वो अब दोस्ताना ज़मीन पर खड़ा था, लेकिन उन्होंने जो झेला था, उसकी गहराई उन्हें अब जाकर महसूस हो रही थी। दूतावास शुभचिंतकों से भरा था। चेहरों पर ख़ुशी, राहत और नचिकेता के प्रति गहरा सम्मान, एकसाथ झलक रहा था।

नचिकेता की नज़रें उन सभी पर घूमी। बड़े से, सुसज्जित हॉल में सैकड़ों लोग खड़े थे। उनके चेहरों पर मुस्कान और आंसुओं का मिला-जुला भाव था। किसी ने उनके हाथों में फूल थमाए, किसी ने उन्हें कसकर गले लगाया। कुछ लोगों ने सम्मान और कृतज्ञता में उनके पांव छुए। क़ैद के दौरान, अकेलेपन में बिताये पलों के ठीक उलट, ये दृश्य दिल को झकझोर देने वाला था।

नचिकेता ने बाद में बताया:

> मुझे पता ही नहीं था कि मीडिया ने मुझे इतनी कवरेज दी थी। क़ैद के दौरान मैं दुनिया से पूरी तरह कटा हुआ था, इसलिए अपनापन और पहचान से भरा ये पल मेरे लिए बेहद भावुक और अभिभूत करने वाला था।

भावनाओं का पहला ज्वार थमने के बाद औपचारिकताएं शुरू हुईं। दस्तावेज़ों पर हस्ताक्षर होने थे और मेडिकल जांच भी। धीरे-धीरे नचिकेता को अपनी रिहाई की वास्तविकताओं और भारत में हालात की जानकारी दी जाने लगी। इसी दौरान उन्हें स्क्वाड्रन लीडर अजय आहूजा की शहादत और उस हेलीकॉप्टर दुर्घटना के बारे में पता चला, जिसमें स्क्वाड्रन लीडर राजीव पुंडीर, फ़्लाइट लेफ़्टिनेंट सुब्रमणियम मुहिलन, फ़्लाइट सार्जेंट पी.वी.एन.आर. प्रसाद और सार्जेंट राज किशोर साहू की जान चली गयी थी।

ये ख़बर उन्हें भीतर तक तोड़ गयी और राहत के साथ गहरा शोक भी जुड़ गया।

उन्होंने एक इच्छा ज़ाहिर की, जिसे वो जल्द से जल्द पूरा होता हुआ देखना चाहते थे। वो अपने माता-पिता से बात करना चाहते थे। राजदूत पार्थसारथी ने संवेदनशीलता दिखाते हुए, इसकी व्यवस्था की। जैसे ही नचिकेता ने अपने परिवार की परिचित आवाज़ें सुनीं, उनके भीतर नयी ताक़त भर गयी। उनके माता-पिता, जिन्होंने पूरे समय धैर्य और उम्मीद बनाए रखी थी, उनके लिए सुकून का स्रोत थे।

इस शांत क्षण में नचिकेता ने अपने पिता से कहा, 'मैं ठीक हूं। सब ठीक है। मैं जल्दी मिलूंगा। मेरी बहनों को भी बता दीजिये।' पिता की आवाज़ सुनकर जो सुकून मिला, वो उनके दर्द को ढक रहा था।

इसके बाद, प्रधानमंत्री अटल बिहारी वाजपेयी का फ़ोन आया, जिसने उन्हें और बल दिया। प्रधानमंत्री ने उनका स्वागत किया और उनकी निष्ठावान सेवा के लिए आभार जताया। एयर चीफ़ मार्शल ए.वाई. टिपनिस का फ़ोन भी उनके लिए मरहम जैसा था। टिपनिस ने उनकी सेहत के बारे में पूछा और आश्वस्त किया कि भारत लौटने पर उनकी पूरी मेडिकल जांच होगी।

टिपनिस ने कहा, 'उम्मीद है आप ठीक होंगे। सब नियंत्रण में होगा। आप फ़िट होंगे।'

नचिकेता ने दृढ़ता के साथ जवाब दिया, 'जी सर, सब ठीक है। मैं उड़ान के लिए फ़िट हूं।'

उस रात वो डिफ़ेन्स अटैशे, एयर कमोडोर जायसवाल के निवास पर रुके। यहां उन्हें कुछ पल की शांति मिली। नयी मिली आज़ादी के एहसास के बीच, उन्हें एक रिमोट पकड़ाया गया और कहा गया, 'कोई भी चैनल लगा लीजिए।'

हैरानी की बात ये थी कि हर पाकिस्तानी चैनल पर उन्हीं की कहानी चल रही थी। उनकी गिरफ़्तारी और वापसी की कहानी। पहली बार ख़ुद को टीवी पर देखकर नचिकेता मीडिया कवरेज की व्यापकता से चकित रह गये।

हालांकि पाकिस्तान ने उनकी वापसी के लिए विमान देने की पेशकश की थी, मगर भारत ने उन्हें अपने वाहन से ही वापस लाने का फैसला किया। अगली सुबह दूतावास की गाड़ी, डिफ़ेन्स अटैशे जायसवाल और कमोडोर श्रीकांत के साथ, उन्हें वाघा बॉर्डर पार कर भारत लाने के लिए तैयार थी। ये यात्रा प्रतीकात्मक थी, जो एक भयावह अध्याय का अंत और एक नये अध्याय की शुरुआत दिखा रही थी।

जैसे ही गाड़ी सीमा पार करने को थी, उन्हें अपना देश सामने नज़र आने लगा। नचिकेता के भीतर एक फ़ाइटर पायलट की आत्मा फिर से जाग उठी। उनमें संघर्ष से तपकर निकली दृढ़ता और आसमान में लौटने की अटूट इच्छा जाग उठी।

जैसे ही काफ़िला अटारी-वाघा सीमा के पास पहुंचा, अंतर साफ़ दिख रहा था। पाकिस्तानी पक्ष में माहौल अजीब तरह से शांत था और वहां सिर्फ़ दो संवाददाता मौजूद थे। संयुक्त चेक पोस्ट के पाकिस्तानी हिस्से में भारतीय अधिकारियों ने रिहाई के ज़रूरी दस्तावेज़ों पर हस्ताक्षर किए। फिर नचिकेता को ज़ीरो लाइन[20] तक लेकर गये और शाम को 5 बजकर 15 मिनट पर, औपचारिक रूप से उन्हें भारतीय अधिकारियों की सुरक्षित हिरासत में सौंप दिया।

जैसे ही फ़्लाइट लेफ़्टिनेंट नचिकेता भारतीय सीमा में दाख़िल हुए, ख़ुशी से भरे चेहरों की भीड़ ने उनका स्वागत किया। सीमा पर हज़ारों लोग जमा थे, सभी उन्हें घर लौटते देखने और उनका स्वागत करने को उत्सुक थे। भीड़ इतनी ज़्यादा थी कि आगे बढ़ना मुश्किल हो रहा था। हर कोई उन्हें छूना चाहता था, उनसे बात करना चाहता था और अपनी खुशी ज़ाहिर करना चाहता था।

एयर वाइस मार्शल शशि त्यागी, एयर हेडक्वार्टर, भारतीय सेना और बॉर्डर सिक्योरिटी फ़ोर्स के वरिष्ठ अधिकारियों के साथ, फूलों के गुलदस्तों और मालाओं के साथ उनका स्वागत करने पहुंचे।[21] नचिकेता का सर ऊंचा था और उन्होंने भरे गले के साथ, इंतज़ार कर रहे पत्रकारों से कहा, 'मैं ठीक हूं और घर आकर खुश हूं।'

जो विशाल भीड़ इकट्ठा हुई थी, उसने 'इंडिया ज़िंदाबाद, नचिकेता ज़िंदाबाद' के नारे लगाने शुरू कर दिये।

इसके बाद, अधिकारी उन्हें तुरंत बॉर्डर सिक्योरिटी फ़ोर्स के मीटिंग हॉल ले गये, जहां उन्हें चाय दी गयी। इसके बाद, उन्हें अमृतसर के राजा सांसी एयरपोर्ट ले जाया गया। वहां से उन्हें डॉर्नियर विमान में नयी दिल्ली ले जाया गया।

विमान के भीतर, एकांत में, उन्होंने गर्व और आत्मीयता के साथ भारतीय वायुसेना की नीली वर्दी पहनी। ये वर्दी उन्हें अपनी वापसी का प्रतीक मालूम हुई और उससे मिलने वाली सुकून की भावना को उन्होंने पूरी तरह महसूस किया। वो दिल्ली के पालम एयरपोर्ट पर उतरे और उन्होंने पाया कि उनके माता-पिता और बहनें उन्हें लेने के लिए वहां मौजूद थीं।

उनकी बड़ी बहन वैली माया ने डरते हुए उनके नाख़ून देखे। उन्हें डर था कि कहीं उनके साथ दुर्व्यवहार तो नहीं हुआ। नचिकेता ने हंसते हुए उन्हें आश्वस्त किया, 'डरो मत, सारे नाख़ून सही हैं। मैं बिल्कुल ठीक हूं।' उनकी सबसे छोटी बहन त्रिसंध्या ने मज़ाक में पूछा कि क्या उन्हें साफ़ दिख रहा था, जिस पर उन्होंने मुस्कुराकर जवाब दिया।

मीडिया के साथ एक छोटी सी बातचीत में, जब उनसे पूछा गया कि क्या वो ख़ुद को हीरो मानते हैं, तो भावुक गले के साथ नचिकेता ने कहा, 'मैं कोई हीरो नहीं हूं, मैं एक सैनिक हूं। कारगिल में मौजूद हर सैनिक वही करता, जो मैंने किया।' उन्होंने आगे जोड़ा, 'मैं अगली सॉर्टी के लिए तैयार हूं।'

उसी रात, उन्होंने प्रधानमंत्री अटल बिहारी वाजपेयी और वायुसेना प्रमुख से मुलाक़ात की और अपने माता-पिता की मौजूदगी में प्रधानमंत्री से हाथ मिलाया। अगले दिन नचिकेता और उनके परिवार का राष्ट्रपति के.आर. नारायणन ने स्वागत किया। उनकी मां ने राष्ट्रपति की पत्नी के साथ एक आत्मीय और गर्मजोशी भरी बातचीत की।

अपने पूरे अनुभव को याद करते हुए, नचिकेता ने अटल बिहारी वाजपेयी के नेतृत्व के प्रति गहरा सम्मान व्यक्त किया:

मेरे दिल में अटल बिहारी वाजपेयी जी के प्रति गहरा सम्मान है। प्रधानमंत्री के रूप में उन्होंने पाकिस्तानी सरकार को साफ़ शब्दों में बता दिया था कि हम उनकी आक्रामकता स्वीकार नहीं करेंगे और अपने क्षेत्र की रक्षा के लिए निर्णायक क़दम उठाए। अंतर्राष्ट्रीय दबाव के बावजूद, उन्होंने ये सुनिश्चित किया कि संघर्ष, पूर्ण युद्ध या परमाणु टकराव में न बदले। वो हमारे अब तक के सबसे महान प्रधानमंत्रियों में से एक हैं।

वर्तमान समय
बेंगलुरु
भारत

ग्रुप कैप्टन के. नचिकेता ने मौत को तीन बार चकमा दिया। पहली बार तब, जब उनके विमान का इंजन फेल हो गया और वो उसके क्रैश होने से ठीक कुछ पल पहले इजेक्ट कर पाए। दूसरी बार तब, जब उन्हें पाकिस्तानी सैनिकों ने पकड़ लिया, जो उन्हें गोली मारने ही वाले थे, लेकिन एक पाकिस्तानी अधिकारी ने बीच में हस्तक्षेप कर उनकी जान बचा ली। तीसरी बार, अगर उन्हें पाकिस्तानी सेना ने पकड़ न लिया होता, तो उन ख़तरनाक पहाड़ों में वो भीषण ठंड का शिकार हो सकते थे। उनका जीवित बच जाना किसी चमत्कार से कम नहीं था।

उनकी बहन वैली माया ने पूछा कि वो कैसे बच गये, जबकि उनके ठीक बाद उड़ान भरने वाले स्क्वाड्रन लीडर अजय आहूजा नहीं बच सके। इस पर नचिकेता ने कहा कि किस्मत उस दिन उनके साथ थी। उन्हें पाकिस्तानी सेना ने पकड़ा था, जो दुश्मन होने के बावजूद कुछ सैन्य नैतिकताओं का पालन कर रही थी। इसके उलट, स्क्वाड्रन लीडर आहूजा ऐसे लोगों के हाथों पड़ गये, जो युद्ध के नियमों में विश्वास नहीं रखते थे। उनके अंतिम पलों में वास्तव में क्या हुआ, ये हम कभी नहीं जान पाएंगे।

युद्धबंदी के रूप में रिहा किये जाने के तुरंत बाद, नचिकेता को विकल्प दिये गये। वो मेडिकल लीव लेकर हैदराबाद जाकर अपने माता-पिता के साथ रह सकते

थे, या फिर आदमपुर में ड्यूटी जॉइन कर सकते थे। उन्होंने बिना एक पल सोचे आदमपुर को चुना।

तब तक, सिर्फ़ भारत में ही नहीं, विदेश में भी, नचिकेता एक जाना-पहचाना नाम बन चुके थे। उन्हें एक नायक के रूप में, उम्मीद, जज़्बे और राष्ट्रीय एकता के प्रतीक के रूप में देखा जा रहा था। लेकिन इस लोकप्रियता के साथ कुछ समस्याएं भी आयीं। वो जहां भी जाते, लोग ऑटोग्राफ़ के लिए उन्हें घेर लेते। वो शांति चाहते थे। वो मीडिया की चकाचौंध से दूर एक साधारण जीवन, और अपना फ़र्ज़ निभाने का मौका चाहते थे।

एक और बात थी, जो उन्हें भीतर से परेशान कर रही थी। उस घटना के बाद उनकी पीठ की चोटों ने उनके विमान उड़ाने को मुश्किल बना दिया था और उन्हें वर्षों के लिए चिकित्सकीय रूप से अनफ़िट घोषित कर दिया गया। नचिकेता जैसे व्यक्ति के लिए, जिसका दिल हमेशा आसमान में रहा, ये किसी गहरे आघात से कम नहीं था। विमान उड़ाना ही उनका सच्चा प्रेम था और उन्हें डर था कि शायद वो कभी दोबारा बादलों के बीच उड़ने लायक फ़िटनेस हासिल नहीं कर पाएंगे।

इस बीच, भारतीय वायुसेना ने उन्हें मानव रहित हवाई वाहनों के संचालन की ज़िम्मेदारी दे दी। ये एक ज़रूरी काम था, लेकिन कॉकपिट में बैठने जैसा नहीं था। फिर भी, उन्होंने उम्मीद नहीं छोड़ी। ईश्वर की कृपा से, समय के साथ उनकी शारीरिक स्थिति में सुधार हुआ।

हालांकि उन्हें फ़ाइटर जेट उड़ाने की अनुमति नहीं मिली, लेकिन उन्हें ट्रांसपोर्ट एयरक्राफ़्ट उड़ाने का अवसर दिया गया। आईएल-78, एक विशाल एरियल रीफ़्यूलिंग टैंकर, और एंटोनोव एएन-32, दो इंजन वाला सैन्य परिवहन विमान, उनके नए साथी बन गये। इनमें फ़ाइटर जेट की रफ़्तार और रोमांच तो नहीं था, लेकिन इससे उन्हें उद्देश्य और संतोष मिला।

इन सबके बीच, नचिकेता आभारी बने रहे। उनके जैसे कई साथी, जिन्हें बंदी बनाया गया था, कभी घर नहीं लौट सके। वो ख़ुशकिस्मत थे। उन्हें दूसरा मौका मिला था। वो अक्सर इस बारे में सोचते थे और भारतीय वायुसेना के आभारी थे, जिसने उनका साथ दिया और सेवा के नये अवसर दिये। तमाम मुश्किलों के बावजूद, वो ख़ुद को एक अपेक्षाकृत सामान्य जीवन जीने के लिए धन्य मानते थे।

रिहाई के दो साल बाद उन्होंने शादी की। नायक के रूप में घर लौटते ही विवाह प्रस्तावों की बाढ़ आ गयी थी, लेकिन उन्होंने इंतज़ार करना चुना।

उन्होंने मुझसे कहा:

मैं किसी ऐसी महिला से शादी नहीं करना चाहता था जो मुझे हीरो की तरह देखे। आख़िरकार मेरी ज़िंदगी किसी भी दूसरे वायुसेनाकर्मी जैसी ही है। मेरे जीवनसाथी को ये स्वीकार करना ज़रूरी था कि मैं बस एक साधारण सैनिक हूं, जो सबसे पहले अपने देश से प्यार करता है। मैं उन्हीं एमईएस के घरों में रहता हूं, वही रोज़मर्रा की चुनौतियां झेलता हूं और किसी भी दूसरे एयर वॉरियर की तरह मेरा तबादला होता है। मैं कोई दिखावटी ज़िंदगी नहीं जीता।

अक्टूबर 2001 में उन्होंने हैदराबाद की प्रशांति से शादी की। वो वर्दी के साथ आने वाले बलिदानों, बार-बार होने वाले तबादलों और कर्तव्यबोध को समझती थीं। इन दोनों ने साथ मिलकर अपने दो बेटों, प्रणव और वैभव के साथ एक सुंदर दुनिया बसायी।

नचिकेता की कहानी लाखों में एक है। दुश्मन के हाथों पकड़े जाने के बावजूद वो घर लौट पाए। उनके परिवार को उनकी रिहाई के लिए लंबी लड़ाई नहीं लड़नी पड़ी, जिसका श्रेय तत्कालीन प्रधानमंत्री अटल बिहारी वाजपेयी को जाता है, जो देश की सेवा करने वाले हर सैनिक के जीवन को महत्व देते थे। लेकिन 1965 के युद्ध से लेकर अब तक, कई भारतीय युद्धबंदी पाकिस्तानी जेलों में पड़े हुए हैं। कोई नहीं जानता कि वो जीवित हैं या नहीं।

युद्ध में पकड़ा जाना एक संभावना है। ये युद्ध की एक दुर्भाग्यपूर्ण सच्चाई है। लेकिन हमें ये याद रखना चाहिए कि इससे किसी सैनिक की वीरता कम नहीं होती। एक राष्ट्र के रूप में ये निराशाजनक है कि हम उन लोगों को वापस नहीं ला सके, जिन्होंने हमारे भविष्य के लिए अपना सबकुछ दांव पर लगा दिया। यही लोग असली नायक हैं। ऐसे लोग, जिनका अंजाम शायद कभी पता न चले, जिनकी क़ब्रों पर कभी फूल नहीं चढ़ाए जाएंगे। फिर भी उनका बलिदान अनोखा है, स्थायी है और अतुलनीय है।

एक राष्ट्र को इस बलिदान का सम्मान करना चाहिए और अपने युद्धबंदियों को कभी नहीं भूलना चाहिए।

लेखिका की टिप्पणी

ये कहानी ग्रुप कैप्टन नचिकेता से बातचीत पर आधारित है। वो एक ऐसे शख़्स हैं, जो कारगिल युद्ध के एक अहम हिस्से के केंद्र में रहे और ग़ज़ब का साहस दिखाते हुए सकुशल वापस लौटे। उन्होंने बठिंडा में 3001 स्क्वाड्रन (फ़ीनिक्स) की कमांड संभाली और अप्रैल 2017 में रिटायर हुए। इसके बाद उन्होंने नागरिक उड्डयन के क्षेत्र में अपनी सेवाएं देनी जारी रखीं। उनसे बातचीत करना मेरे लिए विनम्र कर देने वाला अनुभव था। मैंने उनकी बहन, वैली माया, से भी बात की, जिनकी बातों से मालूम चलता है कि अनिश्चितता के दौर में सैन्य परिवारों को किस तरह से ताक़त मिलती है। अक्सर ये ताक़त दिखायी नहीं पड़ती है। ऐतिहासिक अभियानों पर लिखने का एक लाभ ये होता है कि रीसर्च के लिए ढेर सारा मटीरियल उपलब्ध होता है। जबकि हालिया मिशन गोपनीय रखे जाते हैं। इस चैप्टर को लिखने के क्रम में मैं भारतीय वायुसेना के साहित्य के दो बड़े नामों की आभारी हूं: दिवंगत पुष्पिंदर सिंह और एयर मार्शल भरत कुमार। पुष्पिंदर सिंह का 2021 में निधन हो गया था और कई प्रयासों के बावजूद, मैं एयर मार्शल भरत कुमार से संपर्क नहीं कर सकी। फिर भी, उनके योगदान की मेरे इस काम पर गहरी और स्थायी छाप पड़ी है।

भारतीय शांति स्थापना ऑपरेशन

लिबरेशन टाइगर्स ऑफ़ तमिल ईलम (लिट्टे) और श्रीलंका की सरकार के बीच चलने वाला जातीय संघर्ष, आधुनिक इतिहास के सबसे लंबे और सबसे जटिल संघर्षों में से एक रहा है। इसकी जड़ें उत्तरी और उत्तर-पूर्वी श्रीलंका में रहने वाले तमिल अल्पसंख्यकों की वास्तविक और कथित उपेक्षा में थीं। इस इलाक़े में मुख्य नाम थे जाफ़ना प्रायद्वीप, किलिनोच्ची, मन्नार, वावुनिया और त्रिंकोमाली जैसी जगहों के।

शुरुआत में, 1950 और 1960 के दशक में, श्रीलंका सरकार ने राष्ट्र-निर्माण के लिए एक धर्मनिरपेक्ष दृष्टिकोण अपनाया था। लेकिन 70 के दशक तक ये नीति बदलकर अतिराष्ट्रवादी और सांप्रदायिक हो गयी। अब सिंहली समुदाय, सिंहली भाषा और बौद्ध धर्म को प्राथमिकता दी जाने लगी। इस बदलाव ने तमिल लोगों के एक बड़े वर्ग को हाशिये पर धकेल दिया था। नतीजे के तौर पर, 1970 के दशक के अंतिम हिस्से में, उनका शांतिपूर्ण विरोध प्रदर्शन बदलकर एक स्वतंत्र तमिल राज्य की मांग करने लगा। इसी को तमिल ईलम कहा गया। 1983 में हालात तब और गंभीर हो गये, जब लिट्टे ने औपचारिक रूप से ये ऐलान कर दिया कि वो स्वतंत्रता हासिल करके रहेंगे। इसके बाद एक हिंसक और लंबे समय तक चलने वाला सैन्य संघर्ष शुरू हो गया।

वेलुपिल्लई प्रभाकरन के नेतृत्व में लिट्टे की जो गतिविधियां चल रही थीं, उनके कारण 1985 तक श्रीलंका में आपातकाल की स्थिति पैदा हो गयी। इससे भारत के

साथ इस देश के संबंध भी तनावपूर्ण हो गए। उत्तरी श्रीलंका से निकटता के कारण भारत इस संघर्ष में धीरे-धीरे गहराई से जुड़ता चला गया। ये और मज़बूत तब हुआ, जब शरणार्थी और उग्रवादी तमिलनाडु में प्रवेश करने लगे, जिससे सुरक्षा पर गंभीर सवाल उठने लगे। भारत के व्यापक क्षेत्रीय हितों के लिए श्रीलंका की स्थिरता बेहद महत्वपूर्ण थी। पाकिस्तान, चीन या अमेरिका जैसे देशों के संभावित हस्तक्षेप को रोकने के लिए ये और भी ज़रूरी हो जाता था।

जैसे-जैसे संघर्ष तेज़ हुआ, 4 जून 1987 को भारत ने पहली बड़ी 'हवाई कार्रवाई' को अंजाम दिया। चार मिराज 2000 लड़ाकू विमानों की सुरक्षा के बीच, पांच एंटोनोव एएन-32 ट्रांसपोर्ट विमानों ने जाफ़ना प्रायद्वीप पर लगभग चौबीस टन राहत सामग्री गिरायी। इस मिशन को 'ऑपरेशन पुमलाई'[1] के नाम से जाना जाता है।

इसके बाद, प्रधानमंत्री राजीव गांधी के नेतृत्व में, भारत ने बाहरी हस्तक्षेप को रोकने और क्षेत्र में स्थिरता बहाल करने का प्रयास किया। इसके तहत तत्कालीन श्रीलंकाई राष्ट्रपति जे.आर. जयवर्धने के साथ बातचीत हुई और जुलाई 1987 में भारत-श्रीलंका शांति समझौते पर हस्ताक्षर किये गये।[2] इस समझौते के तहत, श्रीलंका सरकार को तमिल बहुल क्षेत्रों को अधिक स्वायत्तता देनी थी, तमिल उग्रवादियों को हथियार डालने थे और भारत को इन प्रावधानों की निगरानी और अमल में लाने के लिए शांति सेना भेजनी थी।

जब 1987 में इंडियन पीस कीपिंग फ़ोर्स (आईपीकेएफ़) श्रीलंका पहुंची, तो उसका उद्देश्य गृहयुद्ध से टूट चुके देश में स्थिरता लाना था। लेकिन जो मिशन एक कूटनीतिक शांति प्रयास के रूप में शुरू हुआ था, वो जल्द ही लिट्टे के साथ एक भीषण संघर्ष में बदल गया। लिट्टे को आईपीकेएफ़ की मौजूदगी नागवार गुज़र रही थी और उसने हथियार डालने से इंकार कर दिया। असल में, उसे शक़ था कि भारतीय सुरक्षा बल, वहां के लोगों का सहयोग करने की बजाय कब्जा करने के उद्देश्य से मौजूद थी।

तनाव लगातार बढ़ रहा था और सद्भावना का मिशन एक जटिल और महंगे सैन्य अभियान में तब्दील हो गया। शुरुआत में शांति स्थापित करने के उद्देश्य से पहुंचे भारतीय सैनिक, अब ख़ुद को विदेशी ज़मीन पर बड़े युद्ध में फंसा हुआ देख रहे थे। इस दौरान भारतीय वायुसेना ने पूरी क्षमता के साथ थलसेना का समर्थन किया। वायु अभियानों को अंजाम देना भारतीय वायुसेना के लिए भी आसान नहीं था। पायलटों को अपने करियर की सबसे ख़तरनाक परिस्थितियों का सामना करना पड़ रहा था।

शुरुआत से ही, भारतीय वायुसेना ने आईपीकेएफ़ के सैनिकों और साज़-ओ-सामान को भारत और उत्तरी श्रीलंका के संघर्षग्रस्त क्षेत्रों के बीच पहुंचाने में अहम भूमिका निभायी। देश में ऑपरेशन पवन[3] के तहत होने वाली सभी हवाई कार्रवाइयों का कोऑर्डिनेशन नयी दिल्ली के वायु भवन[4] में तत्कालीन एयर वाइस मार्शल डेंजिल कीलोर कर रहे थे, जो असिस्टेंट चीफ़ ऑफ़ एयर स्टाफ़ (ऑपरेशंस) थे। सारी कार्रवाई तत्कालीन वायुसेना प्रमुख, एयर चीफ़ मार्शल डेनिस ला फ़ोंटेन के नेतृत्व में हो रही थी।

जो भी हालात पैदा हो सकते थे, उनसे निपटने के लिए और नये ख़तरों का जवाब देने के लिए एयर हेडक्वार्टर ने आक्रामक होते हुए, ट्रांसपोर्ट और हेलीकॉप्टर यूनिट को दक्षिण भारत में तैनात कर दिया। दिलचस्प बात ये है कि श्रीलंका की ज़मीन पर उतरने वाला भारतीय वायुसेना का पहला विमान, एमआई-17 था, जो नंबर 129 हेलीकॉप्टर यूनिट का था, जिसकी कमान ग्रुप कैप्टन एच.एस. आहलूवालिया के पास थी। पूरी गोपनीयता के साथ, वो भारत-श्रीलंका समझौते पर हस्ताक्षर होने से पहले लिट्टे नेता प्रभाकरन को भारत लेकर आये।[5]

ऑपरेशन पवन के दौरान, पालाली हवाई पट्टी अत्यधिक दबाव में चल रही आईपीकेएफ़ के लिए मुख्य बेस बनी। यहां दर्जनों एमआई-8 और चेतक हेलीकॉप्टर थे। इनके साथ एएन-32 और एचएस 748 ट्रांसपोर्ट विमान तैनात थे, जिन्हें लिट्टे के हमलों से बचाना बेहद ज़रूरी था। आईएल-76 और एएन-32 जैसे ट्रांसपोर्ट विमान, जीवनरेखा साबित हुए, जो खाना और मेडिकल सामग्री से लेकर अतिरिक्त सैनिकों को ख़तरनाक समुद्री रास्तों और घने जंगलों के ऊपर से उड़ाकर जाफ़ना तक पहुंचाते थे। एमआई-8 हेलीकॉप्टरों की तैनाती ने असल में बल को बढ़ाने का काम किया। वो दुश्मन की गोलीबारी झेलते हुए, घने जंगलों के बीच से उड़ान भरते हुए, सैनिकों को सीधे युद्धक्षेत्र में पहुंचा दिया करते थे।

भारत की तमाम छावनियों के साथ-साथ श्रीलंका के त्रिंकोमाली और बट्टिकलोआ से, आईएल-76, एएन-12, एएन-32, एचएस 748 और नागरिक बोइंग 737 विमानों के ज़रिए सैनिकों और उपकरणों को लाया गया। आईएल-76 और एएन-12 विमान बख़्तरबंद युद्ध वाहनों को लेकर आये, जबकि एएन-32, एचएस 748 और नागरिक बोइंग विमानों ने सैनिकों और उनके हथियारों को पहुंचाया। अतिरिक्त समर्थन के लिए एमआई-8 हेलीकॉप्टरों का इस्तेमाल किया गया। इस सबके साथ, चीता हेलीकॉप्टरों का इस्तेमाल टोही अभियानों और घायलों को निकालने के लिए किया गया।[6]

हालांकि सबसे घातक और प्रभावशाली काम एमआई-25 हेलीकॉप्टर गनशिप ने किया। दुनिया ने बहुत कम मौक़ों पर इतने बड़े स्तर के एयरलिफ़्ट अभियान देखे थे। एक अनुमान के अनुसार, 11 से 31 अक्टूबर 1987 के बीच, भारतीय वायुसेना ने ट्रांसपोर्ट के लिए 2,200 उड़ानें और हमले के उद्देश्य से हेलीकॉप्टरों की 800 उड़ानें संचालित कीं। इन उड़ानों के माध्यम से सैनिकों, हथियारों, वाहनों, सामान की आपूर्ति और अन्य आवश्यक उपकरणों को पहुंचाया गया। इसके साथ, बढ़ती संख्या में घायलों को सैन्य अस्पतालों तक पहुंचाया गया।[7]

जब आईपीकेएफ को भारी जवाबी कार्रवाई का सामना करना पड़ा, तो डायरेक्ट कॉम्बैट सपोर्ट बेहद अहम हो गया। इसकी ख़ातिर, भारतीय वायुसेना ने एमआई-24/25 हेलीकॉप्टर तैनात किये, जिन्हें 'फ़्लाइंग टैंक्स' कहा जाता था। ये हमला करने वाले हेलीकॉप्टर, बेहद ताक़तवर बंदूकों और रॉकेट से लैस थे। इन्होंने लिट्टे के डिफ़ेंस को तोड़ दिया और ज़मीनी सैनिकों को आगे बढ़ने के लिए ज़रूरी बढ़त दिलायी। पायलट अक्सर पेड़ों की चोटियों के ठीक ऊपर उड़ रहे होते थे, जो बेहद ख़तरनाक साबित हो सकता है। वो हर मिशन में अपनी जान जोखिम में डाल रहे थे। उन्हें अच्छे से मालूम था कि ज़रा सी चूक भी तबाही ला सकती थी।

भारतीय वायुसेना ने टोही मिशन भी अंजाम दिए। इसके लिए शक्तिशाली कैमरों और निगरानी उपकरणों का इस्तेमाल किया गया, ताकि लिट्टे की गतिविधियों से जुड़ी अहम ख़ुफ़िया जानकारी जुटाई जा सके और उनके सामान लाने-ले जाने के छिपे हुए रास्तों का पता लगाया जा सके। इस जानकारी ने आईपीकेएफ़ को ज़्यादा रणनीतिक ढंग से काम करने में मदद की।

जब जाफ़ना यूनिवर्सिटी के ऊपर भारतीय वायुसेना ने पहला स्पेशल हेलिबोर्न ऑपरेशन (एसएचबीओ) किया, ये ख़ूनी संघर्ष और भी बड़ा हो गया। इस ऑपरेशन में 120 पैरा कमांडो और 360 सिख लाइट इन्फ़ैंट्री के जवानों को एलटीटीई के नियंत्रण वाले इलाक़े में हवाई रास्ते से उतारा गया था। इस हैरतअंगेज़ कर देने वाली योजना का मक़सद दुश्मन को चौंकाना, उनके अहम ठिकानों पर कब्ज़ा करना और उस इलाक़े में फंसी आईपीकेएफ़ टुकड़ियों पर से दबाव को कम करना था। लेकिन ये ऑपरेशन एक बहुत बड़े फ़ेलियर में बदल गया।

इसके बावजूद, ये ऑपरेशन भारतीय सेना के जवानों और भारतीय वायुसेना के हवाई क्रू के साहस का प्रतीक बन गया। उन सभी के नाम, अब देश के इतिहास के पन्नों में दर्ज हैं।

जाफ़ना हेलीड्रॉप ने आईपीकेएफ़ के काम करने में एक निर्णायक मोड़ ला दिया। इसने मिशन की पूरी गतिशीलता बदल दी और आईपीकेएफ़ तथा भारतीय वायुसेना, दोनों पर बहुत गहरा असर डाला। कुछ ही वक़्त में आईपीकेएफ़ सीधे युद्ध और गुरिल्ला लड़ाई में उलझ गयी। ये वहां की परिस्थितियों में एक अप्रत्याशित और नाटकीय बदलाव था।

अगर अमेरिका को वियतनाम के नतीजों से जूझना पड़ा और रूस को अफ़ग़ानिस्तान की कठिनाइयों से गुज़रना पड़ा, तो भारत को भी श्रीलंका में अपनी एक बेहद चुनौतीपूर्ण परीक्षा का सामना करना पड़ा था।

फिर भी, ये बेहद दुर्भाग्यपूर्ण है कि हम अक्सर उन भारतीय सैनिकों के साहस को पहचानने और याद रखने में विफल रहते हैं, जिन्होंने तमाम मुश्किलों के बावजूद अटूट निष्ठा के साथ अपना कर्तव्य निभाया। उनका शौर्य उन सैनिकों के शौर्य के बराबर है, जिन्होंने भारत के लिए ऐसी जीत हासिल की हैं, जिनकी ख़ूब चर्चा हुई है। ये विशुद्ध और अनुकरणीय वीरता का एक ऐसा अध्याय है, जिसे बहुत कम सराहा गया है। ये भारतीय सैन्य इतिहास का एक गहरा और महत्वपूर्ण पड़ाव रहा, जो भारतीय सैनिकों के शांत लेकिन अडिग साहस को रेखांकित करता है।

आगे आने वाली कहानी आईपीकेएफ़ मिशन के दौरान हवा में उड़ने वाले इन गुमनाम रक्षकों को श्रद्धांजलि है। साथ ही, इसका उद्देश्य भारतीय हेलीकॉप्टर पायलटों की नयी पीढ़ी को उस गौरवशाली विरासत की याद दिलाना भी है, जिसे बढ़ाने की ज़िम्मेदारी उनके कंधों पर है।

7

ऑपरेशन पवन; जाफ़ना यूनिवर्सिटी हेलीड्रॉप: हर बाधा के पार

जाफ़ना यूनिवर्सिटी एरिया
कोक्कुविल
श्रीलंका
11 अक्टूबर 1987
रात 1 बजे

रात के ठीक 1 बजे, दो एमआई-18 हेलीकॉप्टरों ने सन्नाटे को तोड़ा। 10 पैरा से चालीस पैरा कमांडो[1] की पहली टुकड़ी विमान में थी और वो युद्धक्षेत्र में पहुंचने को तैयार थे। मेजर श्योनन सिंह के नेतृत्व में सभी जवान अनुशासन के साथ बैठे थे। उनके चेहरे पर दृढ़ता और तनाव, साफ़ नज़र आ रहा था। मौसम ठीक नहीं था और 200 मीटर की ऊंचाई पर ही घने बादलों ने बसेरा डाल रखा था। इसके चलते सबकुछ अंधेरे से घिरा हुआ लग रहा था। उन्हें रास्ता दिखाने के लिए चांद भी नहीं था और उम्मीद की रोशनी के लिए न ही कोई सितारा।

विंग कमांडर वी.के.एन. सप्रे विमानों का नेतृत्व कर रहे थे और स्क्वाड्रन लीडर विनय राज उनके साथी थे। दोनों हेलीकॉप्टर 200 मीटर की बेहद कम ऊंचाई पर उड़ रहे थे। पहले योजना 300 मीटर की थी, मगर बादलों के चलते, कुछ भी दिखायी नहीं दे रहा था, लिहाज़ा उन्हें नीचे उड़ान भरनी पड़ रही थी।

ये हेलीकॉप्टर पूरी तरह से ब्लैकआउट मोड में काम कर रहे थे। न ही उनकी नेविगेशन लाइट चालू थीं, न ही लैंडिंग लाइट और न ही उन्होंने टकराव से बचने के लिए ज़रूरी लाइटें जला रखी थीं। यहां तक कि पंखों को ट्रैक करने वाली लाइटें भी ऑन नहीं की गयी थीं। बस, सप्रे के हेलीकॉप्टर की पूंछ पर एक छोटी सी लाइट जल रही थी, जिसका विनय राज को पीछा करना था।

कॉकपिट के भीतर, उड़ान संबंधी उपकरणों की धीमी रोशनी ही दिखायी दे रही थी। दोनों पायलट इन उपकरणों को देख रहे थे और बाहर उन्हें घुप्प अंधेरे के सिवा और कुछ भी दिखायी नहीं दे रहा था। दोनों लोग अपने कौशल, ट्रेनिंग और अनुभव के आधार पर विमान उड़ा रहे थे। ज़रा सी चूक बहुत बड़ी दुर्घटना का सबब हो सकती थी, लेकिन आज उसकी कोई गुंजाइश नहीं थी।

स्पेशल हेलीबॉर्न ऑपरेशन (एसएचबीओ) के लिए चार हेलीकॉप्टर नियुक्त किये गये थे और ये उनमें से पहले दो थे। इस ऑपरेशन में 13 सिख लाइट इन्फ़ेंट्री से 120 पैरा कमांडो और 360 जवानों को जाफ़ना यूनिवर्सिटी के पास, लिट्टे के इलाक़े में भेजा जाना था। लिट्टे ने इस इलाक़े को अपनी ख़ातिर सुरक्षित बना रखा था और यहां प्रचुर मात्रा में हथियार और बड़ी संख्या में लड़ाके घूम रहे थे।

10 पैरा के कैप्टन भदौरिया, हेलीकॉप्टर के खुले दरवाज़े के पास खड़े थे और उन्होंने नीचे उतरने वाली रस्सी को मज़बूती से पकड़ रखा था। जब वो ड्रॉप-ज़ोन के नज़दीक पहुंच गये, तनाव और भी बढ़ गया। हेलीकॉप्टर ज़मीन से 10 मीटर की दूरी पर ही थे। कैप्टन भदौरिया ने रस्सी नीचे फेंकी और तेज़ी के साथ नीचे आ गये। उनके पीछे उनकी पूरी टीम आ गयी। हर कमांडो नीचे आते ही अंधेरे में गायब हो गया।

उधर, लिट्टे को हमले का अंदेशा था। इसके चलते, उन्होंने इस लैंडिंग ज़ोन के इर्द-गिर्द कई इमारतों पर मशीनगन तैनात कर रखी थीं। मगर, एमआई-8 हेलीकॉप्टरों के ब्लैकआउट ने, उन्हें उतरने की मोहलत दे दी और ज़मीन पर आते ही कमांडो ने डिफेंसिव पोज़ीशन लेनी शुरू कर दी। मगर कुछ ही पल में, उन पर गोलियों की भयानक बौछार शुरू हो गयी। जाफ़ना यूनिवर्सिटी के आस-पास से उन पर गोलियां बरसायी जा रही थीं।

सप्रे और विनय राज ने फुर्ती से काम करते हुए, पैरा कमांडोज़ के नीचे उतरते ही हेलीकॉप्टर वापस हवा में उठाकर वहां से निकलने का काम शुरू कर दिया था। हेलीकॉप्टरों पर भी ज़मीन से लिट्टे के लड़ाकों ने गोलियां बरसानी शुरू कर दीं। मगर अंधेरे में, दुश्मन को उनकी ठीक-ठीक लोकेशन मालूम नहीं चल रही थी। जब वो नवतकुली लगून के ऊपर मंडरा रहे थे, सप्रे ने पलाली स्थित भारतीय वायुसेना के बेस को संदेश भेजा: 'फ़र्स्ट पेयर क्लियर। सेंड इन द सेकंड वेव।'

मिशन बस अभी-अभी शुरू हुआ था। हर बीतते हुए पल के साथ, रात और भी मुश्किल होती जा रही थी। गोलियां चल रही थीं और युद्ध लड़ रहे हर सैनिक की दृढ़ता बढ़ती जा रही थी।

इस शौर्य के बारे में सोचते हुए, जिसके बारे में बहुत बात नहीं होती, मैं कई दिनों तक सो नहीं सकी। ऐसी विकट परिस्थितियों के सामने निडर होकर खड़े रहने के लिए जिस हिम्मत की ज़रूरत होती है, उसे पूरी तरह समझने में मुझे महीनों लगे। और उस जज़्बे को शब्दों में ढालने में उससे भी ज़्यादा समय लग गया। ये कहानी अगली पीढ़ी के शूरवीरों के लिए है, ताकि वो उस विरासत को समझ सकें जिसे वो संभाल रहे हैं। साथ ही, ये कहानी हम सबके लिए भी है, ताकि हम समझ सकें कि हमारे देश के आदर्श एक ही दिन में नहीं बने। वो अनगिनत लोगों के बलिदान से गढ़े गये हैं, जिनमें से हर एक के भीतर अपनी मातृभूमि के लिए गहरा प्रेम और उसकी रक्षा करने का अडिग संकल्प था।

जाफ़ना यूनिवर्सिटी हेलीकॉप्टर ड्रॉप: पृष्ठभूमि

सितंबर 1987 के अंत और अक्टूबर की शुरुआत के घटनाक्रम ने श्रीलंका में भारतीय शांति सेना के लिए ऐसे हालत खड़े कर दिये, जिन्होंने ये तय कर दिया कि सुरक्षाबलों को कठिन और जटिल हस्तक्षेप करना पड़ेगा। शांति बहाल करने के उद्देश्य से भेजी गई आईपीकेएफ़ धीरे-धीरे एक हिंसक गृहयुद्ध की गहराइयों में धंसती चली गयी, जहां क्षेत्रीय तनाव लगातार बढ़ रहा था।

15 सितंबर को लिट्टे के बड़े राजनीतिक नेता रसैया पार्थिपन, जिन्हें थिलीपन के नाम से जाना जाता था, ने भारत-श्रीलंका समझौते के तहत श्रीलंका सरकार द्वारा किये

गये वादों को पूरा न किये जाने के विरोध में अनशन शुरू किया। भारतीय अधिकारियों ने थिलीपन को अनशन समाप्त करने के लिए मनाने की कोशिश की, मगर 27 सितंबर को उनका निधन हो गया। इसके बाद आईपीकेएफ़ के ख़िलाफ़ प्रदर्शनों में तेज़ी आ गयी और तमिलों के बीच अविश्वास और गहराता चला गया।[2]

इसके कुछ ही दिनों के बाद, 4 अक्टूबर को, श्रीलंकाई बलों ने सत्रह लिट्टे सदस्यों को हिरासत में लिया, जिसमें कमांडर कुमारप्पा और पुलेंद्रन भी शामिल थे। उनपर हथियारों की तस्करी और नागरिक हत्याकांड में शामिल होने का आरोप लगाया गया था। श्रीलंका की सरकार उनपर मुकदमा चलाना चाहती थी, जिसके लिए उन्हें कोलंबो लाया जाना था। यातना और हत्या की आशंका के चलते, लिट्टे ने आईपीकेएफ़ से उनकी सुरक्षा की अपील की। शुरुआत में आईपीकेएफ़ ने हस्तक्षेप किया और क़ैदियों को अपनी हिरासत में पलाली ले गयी। लेकिन 5 अक्टूबर को हुए एक बदलाव के तहत, आईपीकेएफ़ ने इन कैदियों को दोबारा श्रीलंका के अधिकारियों के हवाले कर दिया।[3]

इस आशंका में कि उन्हें मारा-पीटा जायेगा, उनके साथ बर्बरता होगी, सभी सत्रह लिट्टे सदस्यों ने सायनाइड खा लिया। भारतीय डॉक्टरों के प्रयासों के बावजूद उनमें से बारह को बचाया न जा सका। इसके बाद प्रभाकरन ने भारतीय सेना के ख़िलाफ़ लगभग युद्ध की घोषणा कर दी। स्नाइपर फ़ायर, विस्फ़ोटकों के जाल और घात लगाकर हमले शुरू हो गये। इस घटना ने उत्तर और पूर्वी क्षेत्रों में हर ओर अशांति फैला दी। लिट्टे ने जो कार्रवाइयां कीं, उसमें दो पुलिसकर्मियों को गोली मार दी गयी, लिट्टे ने नौ श्रीलंकाई सैनिकों को हिरासत में लेकर, उनकी हत्या कर दी और 5 अक्टूबर की रात जाफ़ना में सिंहली नागरिकों को मौत के घाट उतार दिया।

6 अक्टूबर को बेस लौटते समय, लिट्टे के एक घातक हमले में आईपीकेएफ़ के छह सैनिक मारे गये।[4]

तेज़ी से बिगड़ती स्थिति को देखते हुए तुरंत कार्रवाई की अपेक्षा थी। आईपीकेएफ़ ने नियंत्रण स्थापित करने के लिए लक्षित अभियान शुरू किये और जाफ़ना में लिट्टे के प्रभाव को कमज़ोर करने के लिए 54वीं डिवीज़न को तैनात किया। 5 अक्टूबर को किये गये तमाम सफल छापेमार ऑपरेशनों में लिट्टे की दो प्रिंटिंग प्रेस और एक टीवी स्टेशन नष्ट कर दिये गये। मगर हालात अभी भी पूरी तरह नियंत्रण में नहीं थे।

9 अक्टूबर को थलसेना प्रमुख जनरल के. सुंदरजी, नयी दिल्ली से जाफ़ना पहुंचे। उन्होंने ख़ुद जाकर स्थिति का आकलन किया और आदेश दिया कि लिट्टे के ख़िलाफ़

तुरंत प्रभाव से आक्रामक कार्रवाई की जाए। इसके बाद के दिनों में, उत्तरी इलाक़े में नियंत्रण की ज़िम्मेदारी संभाल रही 54वीं डिवीज़न ने 131 उग्रवादियों को पकड़ा और हथियारों के बड़े ज़खीरे बरामद किये। वहीं 36वीं डिवीज़न ने त्रिंकोमाली में पूर्वी मोर्चे की कमान संभाली।[5]

10 अक्टूबर तक जाफ़ना को सुरक्षित करने के लिए, आईपीकेएफ़ हर स्तर पर अभियान शुरू कर चुकी थी। लिट्टे का प्रतिरोध भी तगड़ा था। वो घात लगाकर हमले कर रहे थे और इम्प्रोवाइज़्ड एक्सप्लोज़िव डिवाइसेज़ यानी आईईडी का इस्तेमाल करते हुए भारतीय सुरक्षाबलों को नुक़सान पहुंचा रहे थे। ऐसे ही एक हमले में चार भारतीय सैनिक शहीद हो गये।

इन चुनौतियों के बावजूद, आईपीकेएफ़ ने मोर्चा संभाले रखा, महत्वपूर्ण सप्लाई रूट्स को सुरक्षित किया और एक बड़े आक्रमण की तैयारी में खुद को जुटाना शुरू कर दिया।

हर गुज़रते दिन के साथ, हालात और गंभीर होते जा रहे थे। 10 अक्टूबर को भारतीय बलों को ख़ुफिया जानकारी मिली कि लिट्टे का शीर्ष नेतृत्व अगली रात जाफ़ना यूनिवर्सिटी में इकट्ठा होने वाला था। इसमें प्रभाकरन, उसका डिप्टी महताया और दूसरे वरिष्ठ नेता शामिल होने वाले थे। ये जगह असल में लिट्टे का एक मजबूत गढ़ थी। यहां संचार का एक भरा-पूरा ढांचा मौजूद था। लिट्टे के शीर्ष नेतृत्व को एक साथ पकड़ने का ये मौक़ा दुर्लभ था और इस संगठन की पकड़ को निर्णायक रूप से कमज़ोर कर सकता था।

आईपीकेएफ़ कमान ने फैसला किया कि जाफ़ना यूनिवर्सिटी के पास एक तेज़-तर्रार और निर्णायक कार्रवाई की जायेगी, जिससे एक ही झटके में इन नेताओं को पकड़ा जा सके।

योजना ये थी कि अंधेरे की आड़ लेकर हेलीकॉप्टरों के ज़रिये सैनिक उतारे जाएं और लिट्टे को प्रतिक्रिया का मौका मिलने से पहले ही हमला कर दिया जाए। भारतीय एमआई-8 हेलीकॉप्टरों को जाफ़ना यूनिवर्सिटी के आसपास रणनीति के अनुसार तय की गयी जगहों पर सैनिक उतारने थे, जबकि हमलावर और टोही यूनिट हवा से साथ देने वाली थीं। ये मिशन लिट्टे की मूल शक्ति के केंद्र को निष्क्रिय करने चला था। आने वाले वक़्त में, ये आईपीकेएफ़ के सबसे महत्वपूर्ण और ख़तरनाक अभियानों में से एक बनने वाला था।

पलाली एयरबेस
श्रीलंका
11 अक्टूबर 1987

11 अक्टूबर की दोपहर, जाफ़ना पर लंबी परछाइयां पड़ना शुरू हो रही थीं। फ़्लाइंग ऑफ़िसर विश्वनाथ प्रकाश, विंग कमांडर वी.के.एन. सप्रे के साथ चेतक हेलीकॉप्टर में चढ़े। ये दोनों, जाफ़ना के आसपास, अहम ठिकानों पर सैनिकों को पहुंचाने और गोला-बारूद सप्लाई करने के लिए रातभर लगातार विमान उड़ा रहे थे। दोनों सुबह तक कई उड़ानें भर चुके थे।

वो थके हुए थे लेकिन पूरी तरह सतर्क थे। अब उनके सामने एक नया काम था। आने वाले एक मिशन के लिए संभावित लैंडिंग ज़ोन तय करने के लिए टोही मिशन पर जाना था।

चेतक हेलीकॉप्टर हवा में उठा और कुछ ही मिनटों में वो शहर के ऊपर, कम ऊंचाई पर उड़ते हुए, धीमी गति से चक्कर लगाने लगे। जैसे ही हेलीकॉप्टर हल्का सा झुका, प्रकाश ने बगल की खिड़की से नीचे झांका। नीचे घना शहर फैला था, संकरी गलियों के साथ खजूर के पेड़ और लाल टाइलों वाली छतें दिखायी दे रही थीं। इमारतों और पेड़ों के बीच एक अंडाकार फ़ुटबॉल का मैदान और उसके पास एक छोटा खेल का मैदान दिख रहे थे। ये दो बड़ी खुली जगहें थीं। बड़ा होने और आसपास कम निर्माण होने की वजह से फ़ुटबॉल मैदान ने तुरंत उनका ध्यान खींचा।

'वहां,' इंटरकॉम पर किसी ने इशारा करते हुए कहा। सड़क के किनारे स्थित उसी फ़ुटबॉल मैदान की ओर इशारा किया गया था और ये पलाली एयरफ़ील्ड से बमुश्किल तेरह-चौदह किलोमीटर की दूरी पर था। ये जाफ़ना यूनिवर्सिटी के मैदान थे और इसके इर्द-गिर्द ऐसा शहर फैला हुआ था, जो अंदर ही अंदर तनावग्रस्त होता जा रहा था। प्रकाश ने उस इलाक़े की बनावट और बसावट को ध्यान से देखा। फ़ुटबॉल पिच खुली जगह भी थी और टार्गेट वाले इलाक़े के नज़दीक भी थी।

हेलीकॉप्टर ने एक चक्कर और लगाया और प्रकाश नीचे मैदान को लगातार देखते रहे। पूरी तरह से अवलोकन करने के लिए ज़रूरी दो-तीन चक्कर लगाने के बाद वो बेस लौट आये। लैंडिंग के बाद, उन्होंने देखा कि सेना के कई अधिकारी उसी चेतक हेलीकॉप्टर में बैठकर प्रस्तावित लैंडिंग ज़ोन की ओर फिर से जा रहे थे। प्रकाश उन्हें देखते रहे। उन्होंने देखा कि कैसे हेलीकॉप्टर बार-बार सैन्य अधिकारियों को लेकर उसी

संभावित लैंडिंग ज़ोन के ऊपर मंडरा रहा था। ये एक सामान्य प्रक्रिया थी। लेकिन ये लोगों का ध्यान भी खींच सकता था।

फ़्लाइंग ऑफ़िसर विश्वनाथ प्रकाश पलाली में तैनात एमआई-8 हेलीकॉप्टर डिटैचमेंट का हिस्सा थे। उनका मिशन स्पष्ट था। उन्हें जाफ़ना के आसपास अहम ठिकानों पर सैनिकों को और गोला-बारूद को पहुंचाना था।

निकोबार एयरफ़ोर्स स्टेशन के कमांडिंग ऑफ़िसर, ग्रुप कैप्टन एम.पी. प्रेमी को जाफ़ना स्थित एयरफ़ोर्स फ़ेसिलिटी का बेस कमांडर नियुक्त किया गया था। वो पूरे ऑपरेशन्स की निगरानी कर रहे थे। द्वीप पर सीमित संसाधन थे। चार एमआई-8 हेलीकॉप्टरों की एक छोटी टुकड़ी तैनात थी। इनमें से दो 109 हेलीकॉप्टर यूनिट के थे, जिनका नेतृत्व विंग कमांडर वी.के.एन. सप्रे कर रहे थे, जो डिटैचमेंट कमांडर भी थे। इसके अलावा 107 हेलीकॉप्टर यूनिट और 112 हेलीकॉप्टर यूनिट से एक-एक एमआई-8 हेलीकॉप्टर, अपने-अपने एयरक्रू के साथ, अतिरिक्त सैन्यबल के तौर पर भेजे गये थे।

फ़्लाइट क्रू बेहद अनुभवी था। 109 हेलीकॉप्टर यूनिट से स्क्वाड्रन लीडर डी.आर. दुरईस्वामी, स्क्वाड्रन लीडर वी.एस. नाथ और फ़्लाइट लेफ़्टिनेंट बी. रमेश उड़ान का नेतृत्व कर रहे थे। उनके साथ 112 हेलीकॉप्टर यूनिट से स्क्वाड्रन लीडर टी.के. विनय राज और फ़्लाइंग ऑफ़िसर संजय बिश्नोई थे। इसके अलावा 107 हेलीकॉप्टर यूनिट से स्क्वाड्रन लीडर ए.डी. सोनपार और फ़्लाइंग ऑफ़िसर विश्वनाथ प्रकाश थे। हालांकि सोनपार वरिष्ठ और अनुभवी चेतक पायलट थे, लेकिन वो एमआई-8 पर कन्वर्ज़न ट्रेनिंग ले रहे थे, इसलिए प्रकाश के को-पायलट के रूप में उड़ान भर रहे थे।

10 अक्टूबर की रात, फ़्लाइंग ऑफ़िसर विंश्वनाथ प्रकाश और अन्य कैप्टनों ने कई उड़ानें भरीं। उन्होंने जाफ़ना के आसपास के अहम इलाक़ों, जैसे नवात्कुली, मंडैतिवु और करैनगर में बड़ी संख्या में सैनिक और गोला-बारूद पहुंचाया। ये सबकुछ जाफ़ना भर में आईपीकेएफ़ की पोज़िशन्स को मज़बूत करने के मक़सद से किया गया था। शुक्र था कि उस रात उन्हें दुश्मन की ओर से कोई फ़ायर नहीं झेलना पड़ा। लेकिन ये ख़ामोशी ज़्यादा देर तक रहने वाली नहीं थी।

अगले दिन, 11 अक्टूबर को, एमआई-8 हेलीकॉप्टरों ने पूरा दिन एलिफ़ेंट पास से नवात्कुली तक आईपीकेएफ़ सैनिकों की आवाजाही में लगा दिया। लेकिन मज़बूत एमआई-8 और उनके साहसी एयरक्रू के सामने जो चुनौती आने वाली थी, वो अब

धीरे-धीरे अपना रूप धर रही थी। लिट्टे के लड़ाकों को आदेश जारी हो चुके थे कि वो हर हेलीकॉप्टर को मार गिरायें।

एयर कमोडोर विश्वनाथ प्रकाश (वेटरन) ने मुझसे कहा:

> 11 अक्टूबर की सुबह, मैंने अपने को-पायलट, स्क्वाड्रन लीडर सोनपार के साथ कई उड़ानें भरीं। हम 10 तारीख़ की पूरी रात उड़े थे और 11 को सुबह से ही उड़ान शुरू हो गयी थीं। लेकिन दोपहर के बाद, उड़ान के बीच, विंग कमांडर वी.के.एन. सप्रे और मुझे बुलाकर एक चेतक हेलीकॉप्टर में संभावित लैंडिंग ज़ोन की टोह लेने के लिए भेजा गया।

इसी के दौरान उस युवा एयर फ़ोर्स ऑफ़िसर की नज़र उस फ़ुटबॉल मैदान पर पड़ी, जो आगे चलकर एक पवित्र जगह बन गया। ये मैदान भारतीय सैनिकों द्वारा दिखायी गयी वीरता के सबसे अद्भुत कारनामों के साथ-साथ जाफ़ना की लड़ाई की उस हृदयविदारक और अनकही गाथा का भी साक्षी बना।

यही मैदान 13 सिख लाइट इन्फ़ैन्ट्री के बेहद साहसी जवानों और उनके निडर युवा कमांडर मेजर बीरेंद्र सिंह के लिए रणभूमि बना। मेजर बीरेंद्र सिंह भरतपुर, भारत के एक प्रतिष्ठित राजनीतिक परिवार से आते थे। भारतीय सशस्त्र बलों के इतिहास में बहुत कम कहानियां ऐसी हैं, जो मेजर बीरेंद्र सिंह और उनके सैनिकों के अदम्य संकल्प की बराबरी कर सकें। उन्होंने बड़ी-बड़ी बाधाओं के बावजूद आख़िरी सैनिक तक, पूरी बहादुरी के साथ लड़ाई लड़ी।

केवल एक सैनिक, सिपाही गोरा सिंह, जीवित बच पाये।

जब सभी डिवीज़नल हेडक्वार्टर्स लौटे, उन्हें 54 डिविज़न के जीओसी मेजर जनरल हरकीरत सिंह और उनके कर्नल जनरल स्टाफ़, होशियार सिंह द्वारा स्पेशल हेलिबोर्न ऑपरेशन की ब्रीफ़िंग दी गई। जाफ़ना एयरफ़ोर्स बेस के बेस कमांडर, ग्रुप कैप्टन प्रेमी को मिशन की ज़रूरतों के बारे में बताया गया। उन्होंने पुष्टि की कि इस ऑपरेशन के लिए सभी चार एमआई-8 हेलीकॉप्टर उपलब्ध होंगे।

सेना की ब्रीफ़िंग में योजना का पूरा विवरण दिया गया। कुल 480 जवानों को उतारा जाना था, जिनमें 10 पैरा के 120 कमांडो और 13 सिख लाइट इन्फ़ेंट्री के 360 सैनिक शामिल थे। हालांकि, सिख लाइट इन्फ़ेंट्री के बहुत से जवान अभी भी श्रीलंका पहुंचने के क्रम में ही थे।[6]

योजना ये थी कि हेलीकॉप्टर सीधे जाफ़ना यूनिवर्सिटी के सामने मौजूद उसी फुटबॉल ग्राउंड पर उतरेंगे और वो ज़मीन पर कम से कम समय के लिए रुकेंगे।

एयर मार्शल भारत कुमार, अपनी किताब ऑपरेशन पवन में लिखते हैं: क्लैमशेल दरवाज़े हटाने के बाद एमआई-8 हेलीकॉप्टर की भार उठाने की क्षमता 20 सैनिकों की हो जाती है। इस हिसाब से 480 सैनिकों को ले जाने के लिए 24 उड़ानें ज़रूरी थीं, जिन्हें चार-चार हेलीकॉप्टरों से छह फेरों में पूरा किया जा सकता था। लेकिन, बाद में सिख लाइट इन्फैंट्री द्वारा भारी मात्रा में गोला-बारूद ले जाने के कारण सैनिकों को किस क्रम में ले जाना था, इसमें बदलाव करना पड़ा।

एयर कमोडोर वी. प्रकाश (वेटरन) ने मुझे बताया:

हमें आश्वस्त किया गया था कि एलज़ी (लैंडिंग ज़ोन) पर कार्रवाई होने की संभावना बहुत कम थी। लैंडिंग के बाद पैरा कमांडो, लिट्टे के तत्काल मौजूद किसी भी ख़तरे को निपटाकर एलज़ी को सुरक्षित करेंगे। इसके बाद, आने वाली उड़ानों में 13 सिख लाइट इन्फ़ैंट्री एलज़ी की सुरक्षा संभालेगी, जिससे पैरा कमांडो अपने मुख्य टार्गेट की ओर आगे बढ़ना शुरू करेंगे।

एसएचबीओ की शुरुआत 12 अक्टूबर 1987 को रात 1 बजे निर्धारित की गयी थी। मौसम का पूर्वानुमान अनुकूल था, हवा साफ़ थी और चांद इतना रोशन था कि एयरक्रू इस चुनौतीपूर्ण ऑपरेशन को आराम से अंजाम दे सकता था।

सेना की ब्रीफ़िंग के बाद, पायलट एयरफ़ोर्स के ऑपरेशन रूम में लौटे और इंडक्शन मिशन की योजना को विस्तार से दोबारा देखा।

एयर कमोडोर वी. प्रकाश (वेटरन) ने याद करते हुए बताया:

टास्क फ़ोर्स कमांडर ने मिशन को इस तरह से तय किया कि हेलीकॉप्टर जोड़े में उड़ान भर सकें। दूसरा जोड़ा, पहले से चार मिनट पीछे रहने वाला था, ताकि लैंडिंग ज़ोन को क्लियर करने का समय मिल सके। शुरुआती उड़ानों में हर हेलीकॉप्टर 20 पैरा कमांडो लेकर जाने वाला था। इसके बाद की उड़ानों में

15 सिख लाइट इन्फैंट्री के जवानों के साथ 500 किलोग्राम गोला-बारूद ले जाया जाना था। पहली टुकड़ी एलज़ी को सुरक्षित करने वाली थी और कमांडोज़ को उसे टॉर्च से चिह्नित करना था, ताकि बाद में आने वालों को रास्ता दिख सके।

गोपनीयता बनाए रखने के लिए, सभी बाहरी लाइटें बंद रखने का निर्देश था। केवल फ़ॉर्मेशन लाइट और रोटर-टिप लाइट चालू रहनी थीं, ताकि हेलीकॉप्टर एक-दूसरे के पीछे-पीछे चल सकें। हर हेलीकॉप्टर को सात या आठ चक्कर लगाने थे। पलाली से लैंडिंग ज़ोन तक की उड़ान चार मिनट की ही थी। इसके चलते, पूरी फ़ोर्स को उतारने में लगभग 90 मिनट लगने वाले थे।

हालांकि एमआई-8 हेलीकॉप्टरों पर रॉकेट पॉड लगाये जा सकते थे, लेकिन अतिरिक्त वजन बचाने के लिए उन्हें नहीं लगाया गया, ताकि कम फेरों में ज़्यादा सैनिक ले जाये जा सकें। कार्गो एरिया लगा 900 लीटर का ईंधन का टैंक भी हटा दिया गया, जिससे सैनिकों के लिए ज़्यादा जगह मिल सके। अतिरिक्त सहायता के तौर पर श्रीलंका एयरफ़ोर्स के एक बेल 212 गनशिप को लैंडिंग साइट के पश्चिम में, रेलवे ट्रैक के पार, तैनात किया गया, जिन्हें समय आने पर ध्यान भटकाने के लिए हमला करना था। भारतीय वायुसेना के पायलटों को सख़्त निर्देश थे कि वो इस लाइन को किसी भी हाल में पार न करें।

देखने में ये मिशन एकदम सीधा और सरल लग रहा था। माना जा रहा था कि सामने सीमित संख्या में लिट्टे के लड़ाके होंगे। लेकिन जैसे ही ऑपरेशन शुरू हुआ, सबकुछ बेहद तेज़ी से एक भयावह स्थिति में बदलता गया। ब्रीफ़िंग रूम में बनायी गयीं सभी योजनाएं, युद्धक्षेत्र के अराजक माहौल में बिखरती चली गयीं। इसके बावजूद, भारतीय वायुसेना के पायलटों और भारतीय सेना के जवानों का साहस, धैर्य और कर्तव्यबोध अडिग रहा।

अटूट संकल्प के साथ आदेशों का पालन करते हुए, मेजर श्योनन सिंह के नेतृत्व में 10 पैरा कमांडो आगे बढ़ते रहे। वहीं युवा मेजर बीरेंद्र सिंह ने 13 सिख लाइट इन्फ़ेंट्री के जवानों का नेतृत्व किया, जो गोलियों की लगातार बौछार के बीच डटे हुए थे। इस बीच चार हेलीकॉप्टर गोलीबारी की चपेट में आ चुके थे।

जाफ़ना में हुआ ये बहादुरी से भरा हेलीकॉप्टर ड्रॉप, बार-बार ये याद दिलाता है कि सैन्य नेतृत्व के पास किसी भी चूक की गुंजाइश नहीं होती और उनके ऊपर कितनी भारी ज़िम्मेदारी होती है। नागरिक नेतृत्व के विपरीत, सैन्य कमांडरों के मामले में, ज़रा-सी चूक भी स्वीकार्य नहीं होती। क्यूंकि एक छोटी सी ग़लती, देरी या ग़लत आकलन

की कीमत सिर्फ़ जानों से ही नहीं, बल्कि देश की सुरक्षा, संप्रभुता और स्वतंत्रता से चुकानी पड़ सकती है।

10 अक्टूबर से लगातार उड़ान भर रहे पायलटों ने रात को लगभग 9 बजे ब्रीफ़िंग समाप्त की, जल्दी से खाना खाया और रात 1 बजे मिशन शुरू होने से पहले कुछ घंटों के लिए अपने कमरों में आराम करने चले गये।

~

जाफ़ना यूनिवर्सिटी मुख्य परिसर के पास स्थित फ़ुटबॉल ग्राउंड
पहली खेप के हेलीकॉप्टर
12 अक्टूबर 1987
रात के 1 बजे

फ़्लाइंग ऑफ़िसर विश्वनाथ प्रकाश, जो दूसरी पीढ़ी के रक्षा अधिकारी थे, 28 मई 1983 को भारतीय वायुसेना की हेलीकॉप्टर स्ट्रीम में कमीशन हुए थे। वो नेशनल डिफ़ेंस एकेडमी में ट्रेनिंग पूरी करने के बाद एयरफ़ोर्स एकेडमी से ग्रेजुएट हुए थे। उनके पिता आर्मी मेडिकल कोर में ब्रिगेडियर थे और भाई-बहन आर्मर्ड कोर तथा आर्मी मेडिकल कोर में सेवारत थे। रक्षा अधिकारियों के परिवार में सबसे छोटे विश्वनाथ, सहजता से देशसेवा की पारिवारिक परंपरा को आगे बढ़ा रहे थे।

हालांकि उन्हें सेवा देते हुए महज़ चार साल पूरे हुए थे, लेकिन वो कई चुनौतीपूर्ण मिशनों में कठिन उड़ानें भर चुके थे। इनमें जून 1984 का ऑपरेशन ब्लू स्टार और सितंबर 1986 में ऑपरेशन फ़ाल्कन के तहत तवांग के ऊपर किए गए जोखिम भरे कारनामे शामिल थे।

ख़तरनाक माहौल में काम करने के अपने अनुभव के कारण, ये रात उन्हें कुछ शांत लग रही थी। मिशन ब्रीफ़िंग में बात ये हुई थी कि लड़ाई बहुत भीषण नहीं होगी। और वाक़ई, माहौल सामान्य ही लग रहा था।

उस रात अपनी स्थिति को याद करते हुए, एयर कमोडोर विश्वनाथ प्रकाश (वेटरन) ने मुझे बताया:

> जब मैं हेलीकॉप्टर की ओर बढ़ रहा था, तो मैं चाहकर भी ये सोचना बंद नहीं कर पा रहा था कि पूरे क्रू में मैं सबसे कम उम्र का था। लेकिन कैप्टन होने

के नाते, अंतिम ब्रीफ़िंग देना मेरी ज़िम्मेदारी थी। मुझे अपनी क्षमताओं पर पूरा भरोसा था, फिर भी मुझे अपने कंधों पर क्रू के भरोसे का भार साफ़ महसूस हो रहा था। मैंने उनसे कहा कि चाहे जो भी हो, एक क्रू के तौर पर अगर कुछ ग़लत होता है तो हम एक-दूसरे का साथ देंगे। मिशन को पूरा करना ही सबसे अहम उद्देश्य था।

11 अक्टूबर को आधी रात होते ही, जाफ़ना की हवा में तनाव भर गया। 10 पैरा के 40 चुने हुए पैरा कमांडो की पहली खेप, एक बेहद महत्वपूर्ण मिशन के लिए एमआई-8 हेलीकॉप्टरों में सवार होने की तैयारी कर रही थी। उनका नेतृत्व मेजर श्योनन सिंह कर रहे थे, जिनकी शांत और स्थिर मौजूदगी जवानों को भरोसा दे रही थी। वो ख़तरों से वाक़िफ़ थे, लेकिन जो भी सामने आने वाला था, उसके लिए पूरी तरह तैयार थे।

विंग कमांडर सप्रे, चार एमआई-8 हेलीकॉप्टरों की फ़ॉर्मेशन का नेतृत्व कर रहे थे। इस फ़ॉर्मेशन का कॉल साइन था 'प्रताप'। पहली जोड़ी में विंग कमांडर सप्रे, 'प्रताप 1' उड़ा रहे थे, जबकि स्क्वाड्रन लीडर विनय राज 'प्रताप 2' में थे।

एमआई-8 हेलीकॉप्टरों ने तय समय पर उड़ान भरी और उन्होंने अंधेरे को चीरना शुरू कर दिया। नीचे छाये घने बादलों के कारण वे तयशुदा 300 मीटर की ऊंचाई पर उड़ान नहीं भर सके और उन्हें 200 मीटर पर ही नीचे रहना पड़ा। नेविगेशन, लैंडिंग, यहां तक कि टक्कर से बचाने के लिए टिमटिमाने वाली लाइटों समेत सभी बाहरी लाइटें बंद कर दी गयी थीं। अब वो रात में लगभग अदृश्य हो चुके थे। एकमात्र रोशनी सप्रे के हेलीकॉप्टर के ऊपर लगी छोटी सी फ़ॉर्मेशन लाइट से आ रही थी। विनय राज इसी के सहारे फ़ॉर्मेशन में उड़ रहे थे।

धुंधले आसमान के बीच वो जगह नज़र आने लगी, जहां उन्हें उतरना था। हेलीकॉप्टर खामोशी से नीचे की ओर आये और लिट्टे को चौंका दिया। विश्वविद्यालय का ये इलाक़ा लिट्टे का जाना-माना गढ़ था और उनसे सीमित प्रतिरोध की उम्मीद की जा रही थी। लेकिन भारतीय ख़ुफिया एजेंसियों ने दुश्मन की तैयारी को कम आंका था।

लिट्टे को होने वाले हमले के संकेत मिल चुके थे और उसने जाफ़ना यूनिवर्सिटी के आसपास के इलाक़े में मशीनगन की तैनाती कर दी थी। फिर भी, हेलीकॉप्टरों की पहली लहर पहुंच गयी और उन्हें मालूम भी नहीं चला। ब्लैकआउट होकर चल रहे हेलीकॉप्टर ज़मीन के बेहद करीब आ गये और लिट्टे के बंदूकधारी उन्हें देख ही नहीं पाये।

कमांडोज़ में सबसे पहले कैप्टन भदौरिया ने रस्सी नीचे डाली और तेज़ी में नीचे उतर गये। लिट्टे ने गोलीबारी शुरू कर दी, लेकिन पायलट पूरी तरह सुरक्षित लैंडिंग पर ध्यान केंद्रित किये रहे ताकि कमांडो जल्दी से नीचे उतर सकें। उन्हें ये जानकारी थी कि हवा में मंडराना, जवानों को ज़्यादा खतरे में डाल रहा था, इसलिए उन्होंने अपनी जान की कीमत पर भी हेलीकॉप्टर को ज़मीन पर पूरी तरह उतारने का फैसला लिया।

अंधेरे में रोटर की आवाज़ के कारण लिट्टे के लड़ाके, हेलीकॉप्टरों की सटीक स्थिति समझ नहीं पा रहे थे। जैसे ही एमआई-8 इतनी ऊंचाई पर पहुंचे कि वो ज़मीन पर उतर सकें, लिट्टे ने मशीनगन फ़ायर झोंक दिया। मगर गोलियां लगी नहीं। हेलीकॉप्टर ज़मीन पर उतरे और मेजर श्योनन के नेतृत्व में पैरा कमांडो बाहर निकलकर लैंडिंग साइट के चारों ओर रक्षात्मक मोर्चे संभालने लगे।

लिट्टे ने ज़बरदस्त गोलीबारी की, जिससे कमांडो खुले मैदान में फंस गये। इसी दौरान, सप्रे और विनय राज ने एमआई-8 की पॉवर बढ़ायी और गोलियों की बारिश के बीच उड़ान भर ली। दोनों हेलीकॉप्टर कुशलता के साथ, गोलीबारी से बचते हुए नवात्कुली लगून की ओर निकल गए।

लगून के ऊपर पहुंचते ही सप्रे ने पलाली एयरबेस को रेडियो संदेश भेजा: 'दूसरी जोड़ी को भेजो।'

जैसे ही दूसरी जोड़ी के एमआई-8 हेलीकॉप्टरों ने उड़ान भरी, 'प्रताप 3' उड़ा रहे फ़्लाइंग ऑफ़िसर विश्वनाथ प्रकाश ने अपने को-पायलट स्क्वाड्रन लीडर सोनपार से स्टॉपवॉच चालू करने को कहा। वो ख़ुद कॉकपिट की हल्की लाल रोशनी में नक़्शा देख रहे थे। दूर उन्हें जाफ़ना शहर और पुराना किला दिखायी दे रहा था। 'प्रताप 4' के पायलट स्क्वाड्रन लीडर दुरईस्वामी थे।

प्रकाश ने पूछा, 'हमारा रनिंग टाइम क्या है?' वो अपनी स्थिति को नक़्शे से मिलाने की कोशिश कर रहे थे। सोनपार ने बताया कि स्टॉपवॉच काम नहीं कर रही थी। इतने छोटे सेक्टर में, स्टॉपवॉच की सटीक टाइमिंग के बिना लैंडिंग को अंजाम देना बेहद खतरनाक साबित हो सकता था। इसके बावजूद, अनुभवी कैप्टन ने अनुमान के सहारे उड़ान जारी रखी।

शहर की तेज़ रोशनियां और ख़राब मौसम के कारण ज़मीन की पहचान करना मुश्किल हो रहा था। इन तमाम चुनौतियों के बावजूद, पायलट उस खुले इलाक़े की ओर पहुंचने लगे, जो लैंडिंग के लिए उपयुक्त लग रहा था। लेकिन जैसे-जैसे वो पास पहुंच रहे थे, उन्हें छोटे हथियारों की फ़ायरिंग और ग्रेनेड धमाकों की धधक दिखायी देने लगी।

पश्चिम की ओर, श्रीलंका की वायुसेना का एक गनशिप, ज़मीनी टार्गेट पर फ़ायर कर रहा था और उसकी ट्रेसर गोलियां नीचे से ऊपर की ओर आती भारी गोलीबारी जैसी दिख रही थीं।

पहली पैरा कमांडो टीम, मूल योजना के उलट, लैंडिंग ज़ोन को टॉर्च से चिह्नित नहीं कर पायी। वो सभी लिट्टे के लड़ाकों से घिरे हुए थे और भीषण लड़ाई में उलझे होने के कारण अपनी स्थिति नहीं दिखा सके।

लैंडिंग एरिया चेक करने के लिए ऊंचाई पर मंडराते हुए, प्रकाश ने आसपास ऊंचे पेड़ देखे, लेकिन उन्हें यूनिवर्सिटी की इमारतें नज़र नहीं आयीं। इतने में, कुछ उग्रवादी हेलीकॉप्टरों की ओर दौड़ते हुए फ़ायर करने लगे। प्रकाश ने तुरंत ही 'प्रताप 4' को पीछे हटने का संदेश भेजा, क्यूंकि उन्हें समझ में आ चुका था कि वो तय किये हुए लैंडिंग ज़ोन से दूर आ गये थे। दोनों हेलीकॉप्टर फ़ौरन मुड़ गये और पलाली वापस लौट आये। सभी 40 कमांडो भी वापस आ गये और उन्हें उतारा नहीं जा सका।

इस बीच, सप्रे और विनय राज भी पलाली लौट चुके थे। टेक-ऑफ़ के दौरान ज़मीन से हुई भीषण गोलीबारी के बावजूद, उनके हेलीकॉप्टर पूरी तरह सुरक्षित थे।

अड्रेनलिन तेज़ी से दौड़ रहा था और चालीस कमांडोज़ की एक नयी टुकड़ी एमआई-8 हेलीकॉप्टरों में सवार हुई। वो सीधे जंग के बीच उतरने के लिए तैयार थी। लेकिन अब लिट्टे पूरी तरह सतर्क हो चुका था। भारतीय सैनिकों के पहले ड्रॉप के चलते, उन्होंने उनके आने का रास्ता पहचान लिया था और लैंडिंग ज़ोन के उत्तर में स्थित एक इमारत को मज़बूत मोर्चे में बदल दिया था, जहां एके-47 और भारी मशीनगन से लैस आतंकवादी घात लगाकर बैठे थे। ये सभी हेलीकॉप्टरों को निशाना बनाकर उसे नुकसान पहुंचा सकते थे।

जैसे ही सप्रे लैंडिंग ग्राउंड की ओर बढ़े, तनाव बढ़ने लगा। उत्तर की उस इमारत से अचानक गोलियों की बौछार शुरू हो गयी। एमआई-8 हेलीकॉप्टर को गोलियों ने भेदना शुरू कर दिया। गोली लगने कि हर आवाज़ के साथ समझ में आ रहा था कि ये कितना ख़तरनाक हो सकता था। कुछ गोलियां सामान रखने वाले हिस्से को चीरती हुई निकल गयीं, और एक गोली एक पैरा कमांडो को लग गयी। कमांडो गंभीर रूप से घायल हो गया।

सप्रे ने पूरा अनुभव लगाकर हेलीकॉप्टर को संभाला, जो ज़मीन के बेहद पास जा चुका था। जैसे ही हेलीकॉप्टर ने ज़मीन छुई, कमांडो तेज़ी से बाहर कूद पड़े।

पायलटों ने घायल जवान को हेलीकॉप्टर में ही रहने और मेडिकल टीम के साथ बेस वापस चलने को कहा। लेकिन वो जवान, आंखों में ग़ज़ब की दृढ़ता लिए, अपने साथियों को छोड़ने को तैयार नहीं था। उसने कहा, 'मैं अपनी यूनिट के साथ रहूंगा और लड़ूंगा!' पायलट उसकी बहादुरी से प्रभावित थे, लेकिन उसकी सुरक्षा को लेकर चिंतित थे। न चाहते हुए भी, उन्होंने उस जवान को अपनी टीम के साथ युद्ध लड़ने जाने दिया।

इस ड्रॉप के बाद, ज़मीन पर मौजूद सैनिकों की संख्या अस्सी हो चुकी थी। लेकिन इस अफरातफरी में सप्रे और विनय राज को लगा कि वो पूरे 120 कमांडो उतार चुके थे। उन्हें ये नहीं मालूम था कि प्रकाश और दुरईस्वामी अपनी पहली लैंडिंग रद्द करके, वापस लौट आये थे, जिससे ज़मीन पर स्थिति और भी गंभीर हो गयी थी।

पलाली एयरफ़ील्ड पर हेलीकॉप्टरों की दूसरी लहर

जब सप्रे और विनय राज पलाली में उतरे, तब उन्हें पता चला कि दुरईस्वामी और प्रकाश लैंडिंग ज़ोन नहीं ढूंढ पाये थे और बिना कमांडो उतारे वापस लौट आये थे। ये स्थिति बेहद गंभीर थी, क्यूंकि टारगेट एरिया में पहले से मौजूद सैनिकों को तुरंत मदद की ज़रूरत थी।

चूंकि दूसरी जोड़ी को लैंडिंग ज़ोन ढूंढने में दिक्कत आयी थी, एयरफ़ील्ड पर मौजूद टास्क फ़ोर्स कमांडर ने फ़ॉर्मेशन को फिर से व्यवस्थित करने का फैसला लिया। विंग कमांडर सप्रे को नेतृत्व करना था। उनके पीछे स्क्वाड्रन लीडर दुरईस्वामी 'प्रताप-2' के रूप में उड़ान भरने वाले थे। स्क्वाड्रन लीडर विनय राज को अब 'प्रताप-3' और 'प्रताप-4' का नेतृत्व करना था। विनय राज के साथ फ़्लाइंग ऑफ़िसर विश्वनाथ प्रकाश होने वाले थे। अगली उड़ानों में पैरा कमांडो और 13 सिख लाइट इन्फ़ेंट्री के जवानों का मिश्रण होना था।

लेकिन एक और वजह से देरी होने को तैयार थी। 13 सिख लाइट इन्फ़ेंट्री के जवान हेलीकॉप्टरों के पास मौजूद ही नहीं थे।

पैरा कमांडो की तरह सिख लाइट इन्फ़ेंट्री के जवान स्पेशल हेलीबॉर्न ऑपरेशनों के लिए प्रशिक्षित नहीं थे। वो अभी-अभी ग्वालियर से पहुंचे थे और उन्हें ये नहीं बताया

गया था कि उन्हें तुरंत हेलीकॉप्टरों में सवार होना था। वो बोर्डिंग और विमान से उतरने की प्रक्रियाओं से भी परिचित नहीं थे।

सिख लाइट इन्फ़ेंट्री के रेजिमेंटल रिकॉर्ड के अनुसार: '...श्रीलंका पहुंचने पर बटालियन को कभी भी हेलीबॉर्न ऑपरेशनों के बारे में सूचित ही नहीं किया गया था।'

विंग कमांडर सप्रे ने एयर ट्रैफ़िक कंट्रोल से संपर्क किया, जिसने जाफ़ना एयरफ़ोर्स बेस के कमांडर ग्रुप कैप्टन प्रेमी से बात की। प्रेमी ने 13 सिख लाइट इन्फ़ेंट्री के जवानों की तलाश शुरू की और आख़िरकार उन्हें हेलीकॉप्टरों में सवार होने के लिए तैयार किया। लेकिन इस पूरी प्रक्रिया में काफ़ी समय लग गया।

आख़िरकार, जब सैनिक पहुंचे, तो वो अपने साथ भारी गोला-बारूद के बक्से लेकर आये। पैरा कमांडो जहां अपना सामान पीठ के बैग में रखते थे, वहीं सिख लाइट इन्फ़ेंट्री के जवान 500 किलोग्राम वज़न वाले बक्से लाये थे। नतीजतन, हेलीकॉप्टरों में बीस की जगह केवल पंद्रह जवान ही बैठ पाए।

उनका नेतृत्व कर रहे थे 'सी' कंपनी के कमांडर मेजर बीरेंद्र सिंह, जो एक सम्मानित अधिकारी थे, एक राजघराने से ताल्लुक़ रखते थे और विदेश राज्य मंत्री नटवर सिंह के रिश्तेदार थे।[7]

ये वो आख़िरी बार था, जब उन्हें जीवित देखा गया था।

सैनिकों को इकट्ठा करने और हेलीकॉप्टरों में बैठाने में लगभग बीस मिनट की देरी हो चुकी थी। इस बीच, जाफ़ना यूनिवर्सिटी में अस्सी पैरा कमांडो, लिट्टे के साथ भीषण लड़ाई में उलझे हुए थे। दुश्मन स्नाइपर बंदूकों के साथ आसपास छिपकर कई सारे मोर्चे बना चुका था। लगातार भारतीय कमांडोज़ को निशाना बनाने की कोशिश हो रही थी। पहले ही कई सैनिक घायल हो चुके थे।

जाफ़ना यूनिवर्सिटी के पास लैंडिंग

हेलीकॉप्टर एक बार फिर पालाली एयरफील्ड से उड़े, सीधे ख़तरे के केंद्र की ओर चल पड़े। जैसे ही वो लैंडिंग ज़ोन के पास पहुंचे, उनपर हर दिशा से गोलियां चलने लगीं।

एयर कमोडोर विश्वनाथ प्रकाश (वेटरन) ने उस अफरातफरी को यूं बयान किया:

> आतंकवादी हर दिशा से हम पर फ़ायरिंग कर रहे थे। यूनिवर्सिटी की ऊंची इमारतों में .50 कैलिबर की बंदूकें भी तैनात थीं। घुप्प अंधेरी रात में, हमें कुछ भी साफ़ दिखाई नहीं दे रहा था। गोलियों की परवाह किए बिना, हम अंधेरे में छुपने की जगहें तलाशने में लगे हुए थे। हमारी सबसे बड़ी चिंता थी कि हम सुरक्षित रहें। किसी भी तरह की टक्कर, हेलीकॉप्टर में सवार सभी लोगों के लिए विनाशकारी साबित हो सकती थी।

सप्रे और दुरईस्वामी, जो 'प्रताप 1' और 'प्रताप 2' उड़ा रहे थे, को सबसे ज़्यादा नुकसान पहुंचा।

वो भीषण गोलाबारी के बीच उतरे। हवा में चारों ओर गोलियां तैर रही थीं। हमले के बावजूद, वो चालीस पैरा कमांडो, पंद्रह सिख लाइट इन्फ़ेंट्री के सैनिक और गोला-बारूद के कई बक्से उतारने में सफल रहे। भारी फ़ायरिंग से हाइड्रॉलिक्स क्षतिग्रस्त हो जाने के बावजूद, उन्होंने किसी तरह हेलीकॉप्टर को फिर से उड़ाया और पलाली में मौजूद दूसरे हेलीकॉप्टर के जोड़े को रेडियो पर संदेश भेजा कि वो भी अपना ड्रॉप पूरा करने की प्रक्रिया शुरू कर दें।

ये मिशन सर्वोपरि था। ज़मीन पर मौजूद सैनिक लिट्टे के उग्रवादियों के साथ भीषण लड़ाई में उलझे हुए थे। लिट्टे के पास मज़बूत ठिकाने और रणनीतिक बढ़त थी। जब उनके साथी अपनी जान के लिए लड़ रहे थे, पायलटों और क्रू के लिए उनकी जान का ख़तरा कोई बड़ी बात नहीं थी।

जब मैं इस कहानी में गहराई से उतर रही थी, तब मैं इन सैनिकों द्वारा दिखाये गये अद्‌भुत साहस से अभिभूत हो गयी। जब उनके कर्तव्य ने पुकारा, वो मानवीय सीमाओं से ऊपर उठ गये। मौत का सीधा सामना करने के लिए जिस हौसले की ज़रूरत होती है, उसे शब्दों में बयान करना असंभव है। उनके मन में बस एक ही बात थी कि उन्हें ज़मीन पर लड़ रहे अपने साथियों की रक्षा करनी थी और हर हाल में उनका साथ देना था।

सभी सैनिकों ने जिस तरह के साहस का प्रदर्शन किया, वो दिव्य और तर्क से परे मालूम देता है।

जब स्क्वाड्रन लीडर विनय राज और फ़्लाइंग ऑफ़िसर वी. प्रकाश लैंडिंग ज़ोन की ओर बढ़े, तो उन्हें जिस स्थिति का सामना करना पड़ा, उसे शेखर गुप्ता ने *इंडिया टुडे*

पत्रिका (अंक दिनांक 31 जनवरी 1988) में 'ज़हरीले सांपों से भरा अंधा कुआं' से परिभाषित किया था।

एयर कमोडोर विश्वनाथ प्रकाश (वेटरन) ने याद करते हुए बताया:

> हम पर हर दिशा से फ़ायरिंग हो रही थी। ये जानते हुए कि इस दौरान हमें घातक चोट लग सकती है, हम ख़ुद को संभालकर आगे बढ़ते रहे। मेरे क्रू ने मुझपर पूरा भरोसा किया। उन्होंने पूरे संयम के साथ अपना काम किया। एलज़ी पर मैंने अपने फ़्लाइट इंजीनियर को हेलीकॉप्टर की पूंछ पर लगी फ़ॉर्मेशन लाइट बंद करने का आदेश दिया, ताकि उग्रवादियों को समझ ही न आये कि उन्हें निशाना किधर लगाना था। तभी मुझे गर्दन के पीछे एक झटका महसूस हुआ। मुझे लगा कि मेरे को-पायलट या फ़्लाइट इंजीनियर को गोली लगी थी। लेकिन अंधेरे में दोनों को सुरक्षित देखकर राहत मिली। असल में, गोली मेरी गर्दन को छूकर निकल गयी थी, लेकिन उसने मेरी सीट के ठीक पीछे मौजूद एक मोटा केबल और धातु का कवर काट दिया, जिससे तुरंत ही जनरेटर फ़ेल हो गया। हेलीकॉप्टर में कोई बख़्तरबंद नहीं था और गोलियां उसकी पतली दीवारों को आसानी से भेद रही थीं। हम सिर्फ़ अंदाज़ा ही लगा सकते थे कि अहम हिस्सों को कितना नुकसान हो रहा था।

विनय राज के हेलीकॉप्टर को भी भारी नुकसान हुआ। एक गोली कॉकपिट के सामने के शीशे को तोड़ गयी और दूसरी जाकर बैटरी कम्पार्टमेंट में लगी। ज़मीन से दागे गये आरपीजी बेहद क़रीब से निकल रहे थे, जबकि चारों ओर गोलियों और धमाकों की कान-फोड़ू आवाज़ गूंज रही थी।

प्रकाश के हेलीकॉप्टर से कमांडो उतर चुके थे, लेकिन विनय राज के विमान से निकल रहे 13 सिख लाइट इन्फ़ेंट्री के सैनिक भीषण फ़ायरिंग की चपेट में आ गये। स्वाभाविक रूप से वे ज़मीन पर लेट गए और अंधेरे में, अंदाज़न, जवाबी फ़ायरिंग शुरू कर दी।

ये सैनिक अभी-अभी जाफ़ना पहुंचे थे और इतनी भयंकर युद्ध स्थिति के लिए कतई तैयार नहीं थे। अफरातफरी में वो गोलाबारूद के बक्से उतारना भूल गये। फ़्लाइट इंजीनियर ने इन बक्सों को हेलीकॉप्टर में ही देखा और तुरंत कैप्टन को बताया। दोनों ने मिलकर बक्सों को हेलीकॉप्टर से बाहर धकेला। फ़्लाइट इंजीनियर ने किसी तरह सिख लाइट इन्फ़ेंट्री के दो जवानों को ढूंढा और उन्हें गोलाबारूद की ज़िम्मेदारी सौंपी।

अपना ड्रॉप पूरा करने के बाद, प्रकाश ने दूसरे हेलीकॉप्टर को रेडियो पर ख़ुद के तैयार होने की सूचना दी, मगर उड़ान के निर्देश मिलने तक हेलीकॉप्टर को ज़मीन पर ही रखा। वो अकेले उड़ान भरकर फ़ॉर्मेशन बिगाड़ने का जोखिम नहीं लेना चाहते थे। इस वक़्त तक उनका क्रू ये गिनती भी भूल चुका था कि उनके हेलीकॉप्टर को कितनी गोलियां लग चुकी थीं। फिर भी, उन सभी का ध्यान मिशन पर केन्द्रित था और सभी मुस्तैदी से डटे हुए थे।

कुछ ही देर में, गोलाबारूद उतारने में हुई देरी के चलते, विनय राज ने प्रकाश से कहा कि वो अकेले उड़ान भर लें।

प्रकाश का हेलीकॉप्टर उड़ गया। कुछ ही क्षणों बाद दूसरा हेलीकॉप्टर भी उड़ान भर चुका था। जब दोनों ख़तरे से बाहर निकलकर लगून के ऊपर पहुंचे, तो विनय राज ने सप्रे को रेडियो पर गोलाबारूद वाले बक्सों की गड़बड़ी की जानकारी दी। उन्होंने सुझाव दिया कि अगर जवानों की एक और खेप भेजी जाए, तो सप्रे सैनिकों के साथ-साथ बक्सों को भी ज़रूर उतारें।

दुर्भाग्यवश, जल्द ही ये पक्का हो गया कि अब कोई और लैंडिंग नहीं की जायेगी।

~

पलाली वापस लौटने पर

एयर कमोडोर विश्वनाथ प्रकाश (वेटरन) ने बताया:

> हेलीकॉप्टरों को जैसा नुकसान हुआ था, उसे देखते हुए ये किसी चमत्कार से कम नहीं लग रहा था कि हम सुरक्षित बेस तक लौट आये थे। शायद ये रूसी मशीनों की मज़बूती के चलते हुआ। हैरान करने वाली बात ये थी कि मेरे हेलीकॉप्टर को तीस से ज़्यादा गोलियां लगने के बावजूद, उसके अंदर खून की एक भी बूंद नहीं गिरी। ये किसी दैवीय कृपा से कम नहीं था।

बाक़ी हेलीकॉप्टरों की हालत भी बहुत अच्छी नहीं थी। विनय राज का एमआई-8 लैंडिंग के बाद चलने की हालत में नहीं था। ज़मीन पर उसका संतुलन साफ़ तौर पर बिगड़ा

हुआ दिख रहा था। जांच के दौरान फ़्लाइट इंजीनियर ने पाया कि बाईं ओर के बैटरी कम्पार्टमेंट का कवर गायब था और फ्यूज़लाज में गोलियों के 17 छेद थे। हेलीकॉप्टर को ग्राउंड कर दिया गया क्यूंकि उसे बड़े स्तर पर मरम्मत की ज़रूरत थी।

सप्रे के एमआई-8 को भी गंभीर नुकसान पहुंचा था। उसका हाइड्रॉलिक सिस्टम क्षतिग्रस्त हो गया था, जिससे वो उड़ाने योग्य नहीं रह गया था। बिना हाइड्रॉलिक्स के हेलीकॉप्टर उड़ ही नहीं सकता। केवल एयरक्रू के असाधारण कौशल और दृढ़ता के कारण ही उसे सुरक्षित बेस तक लाया जा सका था।

ये साफ़ था कि तीसरे रन तक लिट्टे की ज़मीनी फ़ायरिंग और ज़्यादा तेज़ और संगठित हो चुकी थी, जो पहले से भी ज़्यादा ख़तरनाक हो चुकी थी। आगे कोई भी मिशन, और भी नुक़सान का सबब बन सकता था।

काफ़ी विचार-विमर्श के बाद, विंग कमांडर सप्रे ने आगे के सभी ड्रॉप रोकने का फैसला लिया। केवल दो एमआई-8, जिन्हें दुरईस्वामी और प्रकाश उड़ा रहे थे, आंशिक रूप से उड़ान योग्य थे। मगर उन्हें फिर से उस ख़तरनाक जगह पर भेजकर तीस और सैनिक उतारना बेहद ख़तरनाक होता। हर खेप के साथ लिट्टे की फ़ायरिंग और ज़्यादा सटीक हो रही थी और अगली उड़ान में आरपीजी या मशीनगन की मार लगने की पूरी संभावना थी। इसलिए, 120 पैरा कमांडो और जैसा सोचा गया था, उसके उलट, 360 सिख लाइट इन्फ़ेंट्री सैनिकों की जगह मात्र 30 को उतारने के बाद ही हेली-ड्रॉप को रद्द कर दिया गया।

एयर कमोडोर विश्वनाथ प्रकाश (वेटरन) ने बताया:

> मिशन को रोकने का ये फैसला लेना मजबूरी थी और ये बेहद दुखद भी था। डिटैचमेंट कमांडर ने हमें इसके बारे में बताया। हमने कुल दस उड़ानें की थीं, जिनमें से आठ सफल रहीं। लगभग 480 सैनिकों को उतारने की योजना के मुक़ाबले, हम केवल 170 सैनिकों और एक टन गोलाबारूद ही उतार सके थे।

जब ये साफ़ हो गया कि सिख लाइट इन्फ़ेंट्री की इतनी कम संख्या अकेले टिक नहीं पाएगी, तो 10 पैरा कमांडो को संदेश भेजा गया और वही संदेश लैंडिंग ज़ोन पर मौजूद 13 सिख लाइट इन्फ़ेंट्री तक पहुंचाया गया कि अब कोई और एयरड्रॉप नहीं होगा। पैदल सेना के सैनिकों को पैरा कमांडो के साथ ही रहने का निर्देश दिया गया। हालांकि, सिख लाइट इन्फ़ेंट्री को लैंडिंग ज़ोन संभाले रखने और सड़क मार्ग से आने

वाली मदद का इंतज़ार करने का आदेश था, जो पहली रोशनी तक पहुंचने वाली थी, जिसमें महज़ तीन घंटे बचे थे।

भीषण परिस्थितियों में संघर्ष
12 अक्टूबर 1987

ज़मीन पर उस समय केवल 120 पैरा कमांडो और 13 सिख लाइट इन्फ़ेंट्री के तीस जवान मौजूद थे। ये सभी चारों ओर से घिरे हुए थे और इनपर हर ओर से गोलियां बरस रही थीं। इस ऐतिहासिक ऑपरेशन पर रीसर्च के दौरान मैंने जो किताबें और रिपोर्ट पढ़ीं, ज़्यादातर में ये कहा गया कि इस मौक़े पर दो ही विकल्प थे: या तो प्रभाकरन को पकड़ने का मिशन रद्द कर दिया जाए, या फिर एकजुट होकर लिट्टे से लड़ा जाए।

कई रिपोर्ट्स और पुस्तकों के अनुसार, उस समय भारतीय शांति सेना (आईपीकेएफ़) के जनरल ऑफ़िसर कमांडिंग, जनरल हरकीरत सिंह ने मूल योजना पर टिके रहने का आदेश दिया और 13 सिख लाइट इन्फ़ेंट्री को वहीं रुककर मोर्चा संभालने को कहा। अपनी किताब *इन्टर्वेंशन ऐट श्रीलंका* में मेजर जनरल हरकीरत सिंह लिखते हैं कि कमांडोज़ ने मेजर बीरेंद्र सिंह[8] से संपर्क किया था और उन्होंने मिशन रद्द करने से इंकार करते हुए कहा कि वो अपने आगे बढ़ रहे बटालियन कमांडर का इंतज़ार करेंगे।

हालांकि सच्चाई शायद कभी पूरी तरह सामने न आये, लेकिन विभिन्न विवरणों और रिपोर्ट्स में ये बात समान रूप से सामने आती है कि मेजर बीरेंद्र सिंह और उनके सिख लाइट इन्फ़ेंट्री के जवानों ने लिट्टे के उग्रवादियों से जमकर मुकाबला किया, जबकि पैरा कमांडो, प्रभाकरन को पकड़ने के अपने मूल लक्ष्य की ओर आगे बढ़ते रहे।

जैसे ही भोर हुई, लिट्टे के शीर्ष नेतृत्व की तलाश में कमांडोज़ स्वतंत्र रूप से आगे बढ़ते रहे, जबकि 13 सिख लाइट इन्फ़ेंट्री के जवान बिना किसी अतिरिक्त सहायता के पीछे ही डटे रहे।

जनरल हरकीरत सिंह के अनुसार, दोपहर तक सिख लाइट इन्फ़ेंट्री के पास गोलाबारूद खत्म हो गया था, लेकिन लिट्टे की भारी फायरिंग के कारण वो आपसी बातचीत भी नहीं कर पा रहे थे।

तलाशी के दौरान कमांडो का सामना एक लिट्टे समर्थक से हुआ, जिसने दावा किया कि उसे लिट्टे का ठिकाना पता था और वो उन्हें वहां ले जा सकता था। उसपर भरोसा करते हुए कमांडोज़ उसके साथ चले, लेकिन जल्द ही समझ आ गया कि उसने उन्हें ग़लत दिशा में भटका दिया था। रास्ता भटक जाने के बाद, भोर होते ही कमांडो की टीम को पीछे हटना पड़ा और उन्होंने पास के कुछ घरों में शरण लेकर ख़ुद को मजबूत किया। उनकी जानदार ट्रेनिंग यहां काम आयी। उन्होंने गोलाबारूद बचाया, अपने शहीद साथियों के शवों को इकट्ठा किया और हथियारों को सुरक्षित रखा।

इस बीच मेजर बीरेंद्र सिंह और उनके जवानों से सभी संपर्क टूट चुके थे। बेहद मुश्किल परिस्थितियों के बावजूद वो बहादुरी के साथ लड़ते रहे। लगातार स्नाइपर फ़ायर के बीच प्लाटून के जवान एक-एक कर गिरते गए। लड़ाई के दौरान मेजर बीरेंद्र सिंह और प्लाटून कमांडर सूबेदार संपूरन सिंह, दोनों शहीद हो गये। 12 अक्टूबर को सुबह साढ़े ग्यारह बजे तक केवल तीन सैनिक बचे थे। जब उनके पास गोलाबारूद खत्म हो गया, तो उन्होंने संगीनों के साथ अंतिम हमला किया। लेकिन उनमें से दो लिट्टे की गोलीबारी में मारे गए।

आख़िरी बचे जवान, सिपाही गोरा सिंह को पकड़ लिया गया और बंदी बना लिया गया। रिहा होने के बाद सिपाही गोरा सिंह ने ही भारतीय सेना के इतिहास की सबसे मार्मिक लड़ाइयों में से एक की पूरी कहानी जोड़ने में मदद की।

गोरा सिंह से ये वीरगाथा सुनते हुए मेरी आंखों से आंसू बहने लगे और मैं काफ़ी देर तक ख़ुद को रोक नहीं सकी। मैं यही सोचती रही कि ऐसे वीर पुरुषों के बारे में मुझे पहले कभी क्यों पता नहीं चला?

जो लोग ये कहानी पढ़ रहे हैं, उनसे मेरी यही उम्मीद है कि आप इस अनकही बहादुरी की विरासत को आगे बढ़ाएंगे, अपने बच्चों को बताएंगे, ताकि ये याद ज़िंदा रहे।

कहते हैं, 'अपने पूर्वजों की स्मृतियों और अपने देवताओं के मंदिरों के लिए भयावह परिस्थितियों का सामना करने से बेहतर मृत्यु, कोई भी मनुष्य कैसे पा सकता है?' लेकिन ये सैनिक ज़मीन या वंश के लिए नहीं मरे। उन्होंने अपनी पलटन के लिए, अपने साथ लड़ रहे भाइयों के लिए युद्ध लड़ा और शहीद हुए।

युद्धभूमि में यही मायने रखता है।

जब 13 सिख लाइट इन्फ़ेंट्री प्लाटून से सभी रेडियो संपर्क टूट गये, तो 54 डिवीज़न मुख्यालय के लिए पैरा कमांडो कंपनी की स्थिति गंभीर चिंता का विषय बन गयी। मेजर

श्योनन सिंह किसी तरह मुख्यालय तक मैसेज भेजने में सफल रहे और अपनी विकट स्थिति की जानकारी दी। ये जानकर कि कमांडो अब भी डटे हुए थे, डिवीज़न ने एक बचाव अभियान शुरू किया।

10 पैरा के कमांडिंग ऑफ़िसर लेफ़्टिनेंट कर्नल दलबीर सिंह के नेतृत्व में एक राहत दल भेजा गया, जिसके साथ 65 आर्मर्ड रेजिमेंट के तीन टी-72 टैंक भी थे। लेकिन जल्द ही ये योजना छोड़नी पड़ी, क्योंकि वहां तक जो रास्ता जाता था, उसपर आईईडी भरे हुए थे।

इसी दौरान 65 आर्मर्ड रेजिमेंट के टैंक ट्रूप कमांडर मेजर अनिल कौल ने एक चतुराई भरी योजना बनायी। उन्हें पता था कि जाफ़ना यूनिवर्सिटी के पीछे रेलवे लाइन जाती थी। इसलिए उन्होंने टैंकों को पलाली-जाफ़ना रेल लाइन के साथ आगे बढ़ाने का फैसला लिया।

जैसे ही टैंक संकरी पटरियों पर आगे बढ़े, उन पर आरपीजी-7 से हमला हुआ, जो सीधे उनके टैंक के ऊपरी हिस्से से टकराया। विस्फ़ोट में उनकी अनामिका उंगली गयी, आंख[9] और हाथ में छर्रे लग गए।

उनके जवानों ने तुरंत उन्हें मॉर्फ़ीन दी और घायल अवस्था में भी काफ़िला लड़ते हुए आगे बढ़ता रहा। कुछ ही समय बाद वो 4/ 5 गोरखा और 13 सिख लाइट इन्फ़ेंट्री के बचे हुए जवानों से जा मिले। पैरा कमांडो कंपनी को यूनिवर्सिटी के पास उतरे लगभग अठारह घंटे हो चुके थे।

पैरा कमांडो को बचाया जाना, जाफ़ना विश्वविद्यालय हमले के इस दुखद अध्याय का अंत था।

13 सिख लाइट इन्फ़ेंट्री के उनतीस जवान शहीद हुए। उस टुकड़ी में लगभग सौ प्रतिशत की क्षति पहुंची थी। पैरा कमांडो ने लड़ाई में छह जवान खोये।

चारों हेलीकॉप्टर गंभीर क्षति के कारण ज़मीन पर खड़े थे, इसलिए अगली सुबह तड़के हवाई मार्ग से अतिरिक्त बल भेजे गये और ऑपरेशन दोबारा शुरू हुआ। इस छोटे से विराम ने लिट्टे का मनोबल बढ़ा दिया।

शहीद सिख जवानों के शवों से उनके हथियार, वर्दियां और साज़-ओ-सामान उतार लिये गये और उन्हें पास ही स्थित बौद्ध मंदिर में, एक कतार में लिटा दिया गया। बाद में, लिट्टे ने एक तेल के ड्रम[10] का इस्तेमाल कर शवों को जला दिया। लिट्टे ने कहा कि पलाली स्थित आईपीकेएफ़ मुख्यालय से संपर्क करने की उनकी कोशिशें नाकाम रही थीं और जब शव सड़ने लगे, तो उनके पास दाह-संस्कार के अलावा कोई

विकल्प नहीं था। एक हफ़्ते बाद जब सेना वहां पहुंची, तो युद्धक्षेत्र में 13 सिख लाइट इन्फ़ेंट्री की वर्दियों और उपकरणों के अवशेष और .50 मशीन गन के हज़ारों खाली खोखे बिखरे पड़े थे।

इन जवानों को अन्यायपूर्ण ढंग से झोंक दिया गया था। उन्होंने बेहद विषम परिस्थितियों का सामना किया और लड़ते हुए शहीद हो गये।

पूरी तस्वीर समझने के लिये मैंने 13 सिख लाइट इन्फ़ेंट्री के इकलौते जीवित बचे जवान, सिपाही गोरा सिंह से बात की। जब मैंने उनसे पूरे घटनाक्रम के बारे में पूछा, तो उन्होंने कहा:

> मैं मेजर बीरेंद्र सिंह साहब के साथ पहले हेलीकॉप्टर में था। जैसे ही हम नीचे उतरे, चारों तरफ़ से फ़ायरिंग शुरू हो गयी। लेकिन घुप्प अंधेरे में हमें कुछ दिखायी नहीं दे रहा था। हम झाड़ियों में और जहां भी थोड़ी-सी आड़ मिली, वहीं दुबक गये। वो सैकड़ों की संख्या में थे और हम सिर्फ़ तीस। लेकिन हमारा हौसला नहीं टूटा और हम जवाबी फ़ायर करते रहे।
>
> वो यूनिवर्सिटी की ऊपरी मंज़िलों से गोली चला रहे थे और हम ज़मीन पर थे। पूरी रात फ़ायरिंग चलती रही। मैं मीडियम मशीनगन के साथ अपनी जगह डटा रहा और लगातार फ़ायर करता रहा। मेरी पिंडली, हाथ और घुटने में गोलियां लग गयीं थीं। लेकिन हमें आदेश मिला था कि हमें उन उग्रवादियों को पकड़ना था और यही मुझे आगे बढ़ा रहा था।
>
> लेकिन सुबह होते ही मैंने देखा कि मेरे सभी साथी शहीद हो चुके थे, उनके शव मैदान में बिखरे पड़े थे। खून ज़्यादा बह जाने के कारण मैं कमज़ोर हो गया और वहां का दृश्य देखकर बेहोश हो गया। जब होश आया, तो मैं लिट्टे की हिरासत में था। उन्होंने मुझे ज़िंदा रखने के लिए प्राथमिक इलाज किया और मुझे खाना दिया।

वो थोड़ी देर रुके, फिर शांत स्वर में बोले कि भले ही उन दृश्यों को याद कर वो आज भी सहम जाते हैं, लेकिन अपनी कहानी बताकर वो ख़ुश हैं। क्योंकि वो चाहते हैं कि आज की युवा पीढ़ी सेना द्वारा दिए गए बलिदानों को समझे। मैंने उनसे उन रिपोर्ट्स के बारे में पूछा जिनमें कहा गया था कि प्रभाकरन ने उन्हें लात मारी थी। उन्होंने ऐसी बातों को नकार दिया:

> नहीं, वो मेरे साथ ठीक था। उसने मुझे कभी शारीरिक रूप से नुकसान नहीं पहुंचाया। मैं बाईस दिन उनकी हिरासत में रहा और वो कई बार मिलने आया। वो हमेशा दूसरे लिट्टे सदस्यों से कहता था कि सरदार उनका मेहमान है और उसके साथ अच्छा व्यवहार किया जाये। लेकिन उसकी पीठ पीछे दूसरे उग्रवादियों ने मुझे यातनाएं दीं। यहां तक कि टेलीफ़ोन के तारों से बिजली के झटके भी दिये।

जब में उनसे पूछा कि क्या उन्हें अपनी जान का ख़तरा महसूस हो रहा था, तो उन्होंने कहा:

> फ़ौज में भर्ती क्यूं हुआ था? इसमें जान का रिस्क तो है ही। वर्दी में जान देना फ़क्र की बात होती है।

उन्होंने अपने साथियों की शहादत को याद किया और कहा कि उनका बच जाना एक चमत्कार ही था।

सिपाही गोरा सिंह को जब बंदी बनाया गया था, वो मात्र अट्ठाईस साल के थे। सरकार के प्रयासों के बाद रिहा होने और भारत में इलाज के बाद वो फिर जाफ़ना गये और तीन साल तक लिट्टे से लड़ते रहे। अंत में, जब आईपीकेएफ़ वहां से वापस लौटी, वो भी उसी के साथ लौटे।

~

परिणाम

जाफ़ना प्रायद्वीप के बीचों-बीच, जहां मुश्किल ज़मीन और दुश्मन की मौजूदगी के चलते, सड़क मार्ग से पहुंचना लगभग असंभव था, वहां एमआई-8 हेलीकॉप्टरों का छोटा सा बेड़ा अलग-थलग पड़े भारतीय सैनिकों के लिए जीवनरेखा बन गया। सुबह से रात तक, हर दिन कई उड़ानें भरी जाती थीं, जिनके ज़रिये ज़रूरी रसद और अतिरिक्त सैनिक पहुंचाये जाते थे। जाफ़ना का हवाई क्षेत्र आमतौर पर शांत रहता था, मगर अब एक चहल-पहल से भरे केंद्र में बदल चुका था। यहां लगातार विमानों और सैनिकों

की आवाजाही बनी रहती थी। वो किसी बड़े अंतर्राष्ट्रीय हवाई अड्डे जितना व्यस्त लगने लगा था।

एमआई-8 हेलीकॉप्टरों का ये छोटा सा समूह अपनी पूरी क्षमता पर काम कर रहा था और अपने साथी सैनिकों को हर हाल में सहारा देना उनका एकमात्र उद्देश्य था।

अंततः, भारतीय सैनिकों के नियंत्रण स्थापित करने के बाद, 23 अक्टूबर 1987 को, जाफ़ना को मुक्त घोषित कर दिया गया। सैनिकों और यूनिटों द्वारा झेली गयी हर कठिनाई, हर बलिदान और हर चुनौती को शब्दों में समेटना संभव नहीं है, लेकिन इस चैप्टर के ज़रिये मेरा उद्देश्य उन साहसी हेलीकॉप्टर पायलटों की कहानी सामने लाना है, जिन्हें अक्सर नज़रअंदाज़ कर दिया जाता है। भारतीय सैन्य ढांचे में हेलीकॉप्टर बेहद अहम भूमिका निभाते हैं। चाहे सैनिकों तक रसद पहुंचाना हो या ज़रूरतमंद लोगों की मदद करनी हो।

जनवरी 1988 में श्रीलंका में आईपीकेएफ़ अभियानों के दौरान असाधारण साहस के लिए कई वीरता पुरस्कारों की घोषणा की गयी। सम्मानित किये गये लोगों में 10 पैरा कमांडो के मेजर श्योनन सिंह, जिन्होंने इस लड़ाई में 120 कमांडोज़ का नेतृत्व किया था, और सिख लाइट इंफ़ेंट्री टुकड़ी के साहसी कंपनी कमांडर मेजर बीरेंद्र सिंह शामिल थे। दोनों को वीर चक्र प्रदान किया गया। इसके अलावा, राहत अभियान का नेतृत्व करने वाले लेफ़्टिनेंट कर्नल दलवीर सिंह और आर्मर्ड कोर के मेजर अनिल कौल को भी वीर चक्र से सम्मानित किया गया। साथ ही, सिख लाइट इंफ़ेंट्री के तीन सैनिकों को मरणोपरांत वीर चक्र दिया गया और इस अभियान में शामिल दो पैरा कमांडोज़ को भी ये सम्मान मिला।

शुरुआत में भारतीय वायुसेना के पुरस्कार प्रस्तावों में कुछ देरी हुई। लेकिन जैसे-जैसे इस ऑपरेशन को लेकर उठे संदेह स्पष्ट होते गये, सेना ने भारतीय वायुसेना के पायलटों के नामांकन का समर्थन किया।

उनके साहस और निर्णायक योगदान के सम्मान में एमआई-8 हेलीकॉप्टर उड़ाने वाले सभी चार पायलट, विंग कमांडर वी.के.एन. सप्रे, स्क्वाड्रन लीडर टी.के. विनय राज, स्क्वाड्रन लीडर डी.आर. दुरईस्वामी और फ़्लाइट ऑफ़िसर वी. प्रकाश को वीर चक्र से सम्मानित किया गया। उनके को-पायलटों, स्क्वाड्रन लीडर वी.एस.एन. नाथ, फ़्लाइंग ऑफ़िसर संजय बिश्नोई (बाद में फ़्लाइट लेफ़्टिनेंट), फ़्लाइट लेफ़्टिनेंट बी. रमेश और स्क्वाड्रन लीडर ए.डी. सोनपार को वायुसेना मेडल (वीरता) से सम्मानित

किया गया। अन्य क्रू सदस्यों को वायुसेना प्रमुख या एयर ऑफ़िसर कमांडिंग-इन-चीफ़ द्वारा प्रशस्ति पत्र प्रदान किये गये।

ये मिशन भारतीय वायुसेना के इतिहास के उन दुर्लभ उदाहरणों में से एक है, जहां एक ही ऑपरेशन के लिए इतने बड़े पैमाने पर सम्मान प्रदान किये गये। ये पूरी टीम के असाधारण साहस और समर्पण को दर्शाता है।

नंबर 109 हेलीकॉप्टर यूनिट आईपीकेएफ़ अभियानों में सबसे लंबे समय तक तैनात रही और वापसी तक बनी रही। आज, इस मिशन से जुड़े सभी पायलट और क्रू सदस्य रिटायर हो चुके हैं।

ग्रुप कैप्टन वी.के.एन. सप्रे ने आख़िरी बार मोहनबाड़ी में स्टेशन कमांडर के रूप में सेवा दी। ग्रुप कैप्टन विनय राज हाकिमपेट में सीओओ के पद से रिटायर हुए। विंग कमांडर डी.आर. दुरईस्वामी 1990 के दशक के अंत में सेवा से निवृत्त हुए और बाद में उनका निधन हो गया। फ़्लाइंग ऑफ़िसर वी. प्रकाश एयर कमोडोर के पद से रिटायर हुए और अब एक कमर्शियल पायलट के रूप में उड़ान भरते हैं। उनकी बेटी, स्क्वाड्रन लीडर श्रुति प्रकाश ने भी भारतीय वायुसेना में शामिल होकर उनके पदचिह्नों पर चलने का फ़ैसला किया।

इन सभी चीज़ों को लिखते समय मुझे ये जानकर बहुत दुख हुआ कि उन्होंने हाल ही में अपनी पत्नी अनुपमा को खो दिया, जिन्हें वो साहस, करुणा और गरिमा का मूर्त रूप मानते थे। उन्होंने कहा कि अनगिनत बार जीने-मरने की परिस्थितियों से गुज़रने के बावजूद, ये व्यक्तिगत नुकसान अब तक की हर चुनौती से कहीं ज़्यादा गहरा था। फिर भी, वो उनकी याद को दिल के क़रीब रखकर हर दिन उड़ान भरते हैं।

आईपीकेएफ़ की अनिर्णायक लड़ाइयां और विदेशी धरती पर भारतीय सैनिकों की शहादत को भारत के सैन्य इतिहास के सबसे काले अध्यायों में गिना जाता है।

लेकिन मेरा मानना है कि क्या ग़लत हुआ और ज़िम्मेदार कौन था जैसे राजनीतिक, कूटनीतिक और नेतृत्व से जुड़े तमाम विवादों के बावजूद, अब समय आ गया है कि हम इन कहानियों को अपनायें और अगली पीढ़ी के सामने गर्व के साथ रखें। ये कहानियां कर्तव्य के प्रति निष्ठा और उस मूल्य-बोध की इंसानी भावनाओं का सबसे शुद्ध रूप दिखाती हैं, जो सैनिकों को अपने मिशन को पूरा करने के लिए किसी भी हद तक जाने को प्रेरित करती हैं। मुझे उम्मीद है कि हेलीकॉप्टर पायलटों की अगली पीढ़ी इन कहानियों से प्रेरणा लेगी और उस विरासत के बोझ और गौरव को समझेगी, जिसे उनके कंधों पर रखा गया है।

उनके बलिदान को सम्मान देने के लिए 13 सिख लाइट इंफ़ेंट्री हर साल, 12 अक्टूबर को विशेष अरदास और अखंड पाठ का आयोजन करती है, ताकि जाफ़ना यूनिवर्सिटी के निर्दयी युद्धक्षेत्र में शहीद हुए अपने वीर साथियों को याद किया जा सके। सिपाही गोरा सिंह को हर साल आमंत्रित किया जाता है, और यूनिट जहां भी तैनात हो, वो बिना चूके इसमें शामिल होते हैं। उनकी स्मृति हमारे सशस्त्र बलों की अदम्य वीरता और बलिदान की भावना की सजीव गवाही बनी हुई है।

लेखिका की टिप्पणी

आईपीकेएफ़ अभियानों पर बहुत कुछ कहा और लिखा जा चुका है। इस चैप्टर का उद्देश्य कोई चौंकाने वाले नये तथ्य सामने लाना नहीं है। सच तो ये है कि मैं शुरुआत में इसे शामिल करने को लेकर हिचकिचा रही थी, क्योंकि मेरी रुचि हमेशा कम जानी-पहचानी कहानियों पर रही है। लेकिन जल्द ही मुझे एहसास हुआ कि भारतीय वायुसेना की कोई भी कहानी श्रीलंका में उसकी अहम भूमिका को स्वीकार किये बिना पूरी नहीं हो सकती। इस चैप्टर को खास बनाने वाली बात कोई नयी जानकारी नहीं है, बल्कि एयर कमोडोर वी. प्रकाश और 13 सिख लाइट इंफ़ेंट्री की पहली टुकड़ी के एकमात्र जीवित बचे सिपाही, सिपाही गोरा सिंह द्वारा लायी गयी व्यक्तिगत गहराई है।

8

भारतीय वायुसेना का दमख़म

भारतीय वायुसेना आधुनिक वायुशक्ति के प्रतीक के रूप में गर्व से खड़ी है। ये शक्ति, सटीक काम और निरंतर ख़ुद को नया करते चलने का सजीव रूप है। ऑपरेशन सिंदूर जैसे हालिया अभियानों या दुनियाभर की राजनीतिक परिस्थितियों ने फिर से ये साबित कर दिया है कि भविष्य का युद्ध न तो ज़मीन पर तय होगा और न ही समुद्र में। बल्कि इसका निर्णय आसमान में लिया जाएगा। ये किताब मुख्य रूप से मशीनों के पीछे मौजूद लोगों का उत्सव मनाती है, लेकिन इसका समापन मशीनों के बारे में बात किये बिना अधूरा लगता। ये अध्याय कोई तकनीकी मूल्यांकन नहीं है, बल्कि उन पायलटों से हुई बातचीत से उपजा एक निजी विवरण है, जो इन विमानों को उड़ाते हैं। कुछ दिग्गज विमान इसमें शामिल नहीं हैं और ऐसा अनदेखी के चलते नहीं, बल्कि इसलिए हुआ क्योंकि यहां कही जा रही कहानियां, प्रत्यक्ष अनुभवों पर आधारित हैं। ये विमान सिर्फ मशीनें नहीं हैं। ये उन लोगों का साहस, कौशल और समर्पण दर्शाती हैं जो इन्हें उड़ाते हैं, इनके साथ समय बिताते हैं और सहेजकर रखते हैं। ये चैप्टर युवा पाठकों में भी जिज्ञासा जगाने की उम्मीद करता है। कोशिश है कि विमान उड़ाने की तकनीक के चमत्कारों और उड़ान के रोमांच की बातें उन तक पहुंचेंगी और शायद अगली पीढ़ी के वायु योद्धाओं को इससे प्रेरणा मिलेगी। आइये इसकी शुरुआत 'मेक इन इंडिया' से करते हैं।

एचएएल लाइट कॉम्बैट एयरक्राफ़्ट तेजस: भारत का सुपरसोनिक गौरव

एचएएल तेजस भारत की रक्षा आत्मनिर्भरता की ओर बढ़ती अजेय यात्रा का प्रतीक है। ये अत्याधुनिक लड़ाकू विमान, भारतीय इंजीनियरिंग और नयेपन की एक उत्कृष्ट कृति है। साथ ही ये रडार से बचने की कला, उन्नत तकनीक, सटीक हथियार प्रणालियों और अत्याधुनिक ह्यूमन-मशीन इंटरफ़ेस का अद्‌भुत संगम है। अपने आकर्षक डिज़ाइन, आधुनिक सेंसर और सटीक रूप से इंजीनियर किये गये रडार सिस्टम के साथ तेजस दुनिया के सर्वश्रेष्ठ विमानों में शामिल है। तेजस सिर्फ़ एक फ़ाइटर जेट नहीं है, बल्कि ये भारत की शक्ति, गर्व और अतुलनीय सामर्थ्य का वो प्रतीक है, जो शान से हवा में उड़ता है।

मुझे एक ऐसे पायलट से बात करने का सौभाग्य मिला, जिन्हें यहां हम 'ग्लेडियस' नाम से संबोधित करेंगे। वो 2016 में इस विमान को वायुसेना में शामिल करने वाली टीम का हिस्सा थे। उस समय, कमांडिंग ऑफ़िसर सहित केवल सात पायलट, नयी गठित हुई नंबर 45 स्क्वाड्रन, 'फ़्लाइंग डैगर्स'[1] का मूल आधार थे। इसे जुलाई 2016 में तेजस को ऑपरेशनल बनाने के लिए खड़ा किया गया था। इस टीम में इंजीनियरिंग ऑफ़िसर भी शामिल थे, जो वो तकनीशियन थे, जिन्होंने इस सपने को साकार करने में अपना सबकुछ झोंक दिया। इन शानदार लोगों को भारत की इस प्रतिष्ठित स्वदेशी उपलब्धि के नायकों के रूप में याद किया जायेगा, जो भारतीय वायुसेना और भारत के रक्षा उद्योग, दोनों के लिए एक ऐतिहासिक उपलब्धि थी।

उन्होंने याद करते हुए कहा:

> 2016 में, जब तेजस को शामिल किया गया, तो भारत के बेड़े में मौजूद किसी भी दूसरे विमान के विपरीत, हमारे पास मार्गदर्शन के लिए न तो मैनुअल थे, न ही निर्देशिकाएं और न ही प्रोटोकॉल तय हुए थे। सालों की कठिन ट्रेनिंग, ट्रायल्स और मूल्यांकन के बावजूद, इसे ऑपरेशनल बनाना बिल्कुल नया खेल था। तेजस के पहले बैच के फ़ाइटर पायलट्स को मिराज, मिग-29, मिग-21 और अन्य विमानों की स्क्वाड्रनों से चुनकर लाया गया था। हम अपने-अपने बेड़ों से सर्वश्रेष्ठ लोग लेकर आये, ताकि नयी तेजस स्क्वाड्रन बनाई जा सके। हमारा मिशन सिर्फ़ ख़ुद को प्रशिक्षित करना नहीं था, बल्कि नींव रखना, प्रोटोकॉल स्थापित करना और तेजस पायलट्स की अगली पीढ़ी

के लिए रास्ता तैयार करना था। ये एक कठिन काम था, क्यूंकि कोई संदर्भ नहीं था। तेजस बिल्कुल अनोखा विमान था। लेकिन हमने हार नहीं मानी। हमने अथक मेहनत की, लगातार ट्रेनिंग ली और अपना सबकुछ झोंक दिया।

वो रुके। उनकी आवाज़ में गर्व और पुरानी यादें झलक रही थीं:

तेजस पहले कभी ऑपरेशनल रूप से नहीं उड़ाया गया था, इसलिए हर दिन नई चुनौतियां सामने आ रही थीं। ये सफ़र कठिन था, लेकिन हमारा जुनून हमें आगे बढ़ाता रहा। ये सिर्फ़ कौशल का सवाल नहीं था। इसके लिए पूरी तरह समर्पण चाहिए था। पायलट्स से लेकर इंजीनियरों और तकनीकी लोगों तक, इसमें शामिल हर व्यक्ति उसी जुनून से काम कर रहा था। यही वजह है कि तेजस सफल हुआ। ये एहसास कि भारत ने आख़िरकार अपना ख़ुद का फ़ाइटर जेट बनाया था, हमें अपना सर्वश्रेष्ठ देने के लिए प्रेरित करता रहा। पीछे मुड़कर देखता हूं, तो गर्व और संतोष महसूस होता है। हमने इस असाधारण विमान की नींव रखी। आज तेजस और भी मज़बूत और अजेय है। तेजस एमके1ए के शामिल होने, मार्क2 के रास्ते में होने और उससे भी अधिक उन्नत विमानों के विकास के साथ, मुझे विश्वास है कि हम जो बना रहे हैं, वो दुनिया की बेहतरीन मशीनों में से एक हैं।

एचएएल तेजस एक 4.5-जेनेरेशन का फ़ाइटर जेट है, जिसे एयरोनॉटिकल डेवलपमेंट एजेंसी (एडीए) ने लाइट कॉम्बैट एयरक्राफ़्ट परियोजना के तहत विकसित किया और जिसका निर्माण हिंदुस्तान एयरोनॉटिक्स लिमिटेड ने किया। इसे दुनिया का सबसे हल्का सुपरसोनिक मल्टीरोल फ़ाइटर होने का गौरव प्राप्त है। 2001 में तत्कालीन प्रधानमंत्री अटल बिहारी वाजपेयी ने इसका नाम 'तेज' रखा था, जिसका संस्कृत में अर्थ है 'दीप्ति', जो भारत की रक्षा क्षमताओं में हो रही प्रगति का प्रतीक है।

हालांकि तेजस भारत का पहला स्वदेशी फ़ाइटर नहीं है। 1961 में शामिल हुए एचएफ़-24 मारुत को पहला स्वेदेशी फ़ाइटर जेट कहा जाता है। लेकिन तेजस दशकों की मेहनत और दृढ़ संकल्प का प्रतिनिधित्व करता है। 1983 में शुरू हुई एलसीए परियोजना का उद्देश्य भारतीय वायुसेना के पुराने हो चुके लड़ाकू विमानों को बदलने के लिए एक नया लाइट कॉम्बैट एयरक्राफ़्ट विकसित करना था। इस परियोजना को

कई चुनौतियों का सामना करना पड़ा, जिनमें देरी और 1998 के परमाणु परीक्षणों के बाद अमेरिका द्वारा लगाए गए प्रतिबंध भी शामिल थे।

पहले प्रोटोटाइप ने 2001 में उड़ान भरी। इसके बाद 2002 में दूसरा प्रोटोटाइप आया। तेजस को 2010 में इनीशियल ऑपरेशनल क्लीयरेंस (आईओसी)[2] मिला और 2013 में इसने सफलतापूर्वक एयर-टू-एयर मिसाइल फ़ायर की। पहली सीरीज़ में बना विमान 2015 में डिलीवर किया गया। इसका नौसैनिक संस्करण 2012 में उड़ा और 2020 में एयरक्राफ़्ट कैरियर आईएनएस विक्रमादित्य पर परीक्षण किया गया। उसी साल, पूरी तरह काम कर रहे तेजस एमके1, भारतीय वायुसेना के बेड़े में फ़ाइनल ऑपरेशनल क्लीयरेंस (एफ़ओसी) के साथ शामिल हुआ।[3] मार्च 2024 में एचएएल ने अतिविकसित तेजस एमके1ए की पहली उड़ान पूरी की, जो अब भारतीय वायुसेना की एक नई स्क्वाड्रन बन चुके हैं।[4]

तेजस बेफ़िक्र हैंडलिंग और कलाबाज़ियों के बेहतर मौक़े देता है। इसका कांच का डिजिटल कॉकपिट और अतिआधुनिक हवाई संचार तंत्र, स्थिति को बेहतर तरीक़े से आंकने का मौक़ा देते हैं और ज़्यादा दबाव वाले अभियानों के दौरान बेहतर निर्णय लेने में मदद करते हैं।

मल्टीमोड एयरबोर्न रडार, हेलमेट-माउंटेड डिस्प्ले, सेलूफ-प्रोटेक्शन सूट, लेज़र डेज़िग्नेशन पॉड और उन्नत फ़्लाई-बाय-वायर कंट्रोल सिस्टम से लैस एलसीए तेजस, एक ऐसे विमान के रूप में नज़र आता है जो दुश्मन पर हमला करने में अत्यंत प्रभावी मालूम देता है।

तेजस एमके1ए, इन क्षमताओं को एक बिल्कुल नए स्तर पर ले जाता है इसमें अत्याधुनिक फ़ीचर्स शामिल हैं। इसमें उन्नत इलेक्ट्रॉनिक वॉरफ़ेयर सूट, आधुनिक एक्टिव इलेक्ट्रॉनिकली स्कैन्ड एरे रडार, बियॉन्ड-विज़ुअल-रेंज मिसाइल क्षमता और एक अत्याधुनिक नेटवर्क युद्ध प्रणाली है, जिसमें सॉफ़्टवेयर द्वारा चलने वाला रेडियो भी शामिल है। मशीन के साथ काम करने वाले इंटरफ़ेस और एक नया और ताक़तवर कंप्यूटर ये सुनिश्चित करते हैं कि तेजस एमके1ए आधुनिक कॉम्बैट एयरक्राफ़्ट, तकनीक के मामले में हमेशा अग्रणी बना रहे।

पायलट ने बताया:

> जो चीज़ इसे ख़ास बनाती है, वो है इसका ह्यूमन-मशीन इंटरफ़ेस। ये वाक़ई बेहतरीन है। पायलट को जो भी चाहिये, वो आसानी से हाथ के पास और

बेहद सहज ढंग से रखा गया है। मिशन की सफलता और विमान की सुरक्षा से जुड़ी हर अहम जानकारी तुरंत और साफ़तौर पर मिल जाती है। ज़्यादातर ज़रूरी कंट्रोल, थ्रॉटल या कंट्रोल कॉलम पर ही हैं, जिससे विमान को ऑपरेट करना बेहद प्रभावी हो जाता है। और पायलट हर तरह के हथियार आसानी और सटीकता के साथ इस्तेमाल कर पाता है। इससे पायलट अपना पूरा ध्यान अपने मुख्य काम पर लगा सकता है, जो है सही समय पर, सही निशाने पर वार करना।

उन्होंने आगे जोड़ा:

तेजस हमें हर तरह के हथियारों और सेंसर को एक-साथ लाने की सुविधा देता है। चाहे ये हथियार और सेंसर रूसी हों, इज़रायली हों, पश्चिमी देश से हों या भारतीय। ये हमें किसी भी तरह की सीमा में नहीं बांधता। हम अपनी ज़रूरत के हिसाब से टेक्नोलॉजी बदल सकते हैं, नया उपकरण लगा सकते हैं और बेहतर हथियारों की मांग कर सकते हैं। सबसे अच्छी बात ये है कि हम ये सब अपने ही देश में कर सकते हैं। हमें किसी दूसरे देश पर निर्भर रहने की ज़रूरत नहीं होती। हम बस हेडक्वार्टर और निर्माता को बताते हैं, और वो सभी चीज़ें उपलब्ध करा देते हैं।

मैंने उनसे पूछा कि तेजस को वास्तव में ख़ास क्या बनाता है और जब भारत के पास पहले से ही लड़ाकू विमानों का इतना विविध बेड़ा है, तब इसकी इतनी अहमियत क्यों है।

ग्लेडियस मुस्कराये और बोले:

आज की दुनिया में, जब राजनीतिक हालात तेज़ी से बदल रहे हैं, चारों ओर युद्ध चल रहे हैं और सीमाएं धुंधली होती जा रही हैं, प्रभुत्व स्थापित करने की होड़ पहले से कहीं ज़्यादा तीखी हो चुकी है। हर क्षेत्र में आत्मनिर्भरता ही कुंजी है। भगवान न करे कभी युद्ध छिड़ जाये और प्रतिबंध लग जाएं या हमारी सप्लाई चेन बाधित हो जाए, तो किसी भी हाल में हमारे हाथ बंधेंगे नहीं। हम अपनी ज़रूरत के मुताबिक़ ख़ुद उत्पादन कर सकते हैं, सप्लाई कर सकते हैं और बदलाव ला सकते हैं।

> रक्षा के मामले में, खासकर आज के समय में, कोई समझौता नहीं किया जा सकता। भविष्य तेजस का है। ये हमारा है। हमें अपनी राष्ट्रीय सुरक्षा के लिए विदेशी निर्माताओं पर निर्भर रहने की ज़रूरत नहीं है। तेजस के और भी संस्करण आने वाले हैं और हम मज़बूती से खड़े रहेंगे। जब भी ज़रूरत पड़ेगी, हम ख़ुद को सुरक्षित रखने में सक्षम होंगे।
>
> याद है, कोविड के दौरान हमने कैसे अपनी वैक्सीन बनाई और दुनिया को भी सप्लाई की। आज, जब दौर तेज़ी से बदल रहा है, ये बेहद ज़रूरी हो जाता है कि हम अपने भरोसे को स्वदेशी उत्पादों पर टिकाएं।

वो बिल्कुल सही थे। तेजस और प्रचंड जैसे विमान जब भारत में डिज़ाइन और निर्मित होते हैं, तो ये न केवल देश के गर्व को बढ़ाते हैं, बल्कि रोज़गार भी पैदा करते हैं। इसके साथ स्थानीय वेंडरों के एक बड़े नेटवर्क को भी सहारा मिलता है।

जो अरबों रुपये विदेशी आयात पर खर्च हो सकते थे, वो देश में ही रहते हैं, जिससे अर्थव्यवस्था को भी बल मिलता है। साथ ही, आत्मनिर्भरता का उद्देश्य भी आगे बढ़ता है। हालांकि, भारतीय वायुसेना को उत्पादन और डिलीवरी में हो रही भारी देरी की रिपोर्टों को एचएएल और इससे जुड़ी सभी ईकाइयों को गंभीरता से लेना चाहिए।

इसके बाद हमने भारत के महत्वाकांक्षी, पांचवीं पीढ़ी के लड़ाकू विमान कार्यक्रम एएमसीए के बारे में बात करनी शुरू की। इस पर लगातार काम चल रहा है। उन्होंने एक ऐसी बात शेयर की, जिसने मुझे उत्साह से भर दिया:

> भविष्य की मशीनें और विमान, तेजस से ही तकनीक विरासत लेंगे क्यूंकि ये एक ऐसी तकनीक है जिसकी ख़ूब टेस्टिंग हुई है, जिसने ख़ुद को साबित किया है और बाक़ायदे काम भी कर रहा है। हमें हर नये प्रोजेक्ट के लिए शून्य से शुरुआत करने की ज़रूरत नहीं है, क्योंकि तेजस पहले ही रास्ता बना चुका है। इसका स्वदेशी डिज़ाइन और संरचना भविष्य की योजनाओं के लिए आगे बढ़ायी और विकसित की जा सकती है।

उनके शब्दों के ज़रिये मेरे सामने प्रगति की एक स्पष्ट तस्वीर बनती दिख रही थी। मालूम चल रहा था कि कैसे तेजस सिर्फ़ एक मील का पत्थर नहीं, बल्कि भारतीय

एवियेशन के भविष्य के लिए एक लॉन्चपैड है। बातचीत के अंत में, मेरे मन में एक आख़िरी सवाल था।

मैंने पूछा, 'और तेजस परिवार का क्या? क्या है जो उन्हें अलग बनाता है?'

ग्लेडियस ने तुरंत जवाब दिया:

> हमारे परिवार। जब हमने शुरुआती बैच के रूप में तेजस परिवार जॉइन किया, तो हमारे ऊपर काम का बहुत भारी बोझ था। ये हमारे परिवार की महिलाएं ही थीं, जिन्होंने हमें एक यूनिट की तरह जोड़े रखा। हम अलग-अलग स्क्वाड्रन से, अलग-अलग संस्कृतियों से आये थे, लेकिन हमें जिस एक धागे ने बांधे रखा, वो था तेजस के प्रति हमारा प्यार।
>
> हमारे परिवार की महिलाओं ने ये सुनिश्चित किया कि हम आपस में और ज़मीन से जुड़े रहें। वो अपनी-अपनी स्क्वाड्रन के सबसे अच्छे क्रियाकलाप हमारे तेजस परिवार तक लेकर आयीं। लगातार डिटैचमेंट्स के दौरान, चाहे देश में हो या विदेश में, हमें स्थिरता और सहारा देने वाली वही थीं। आज, जब तेजस परिवार पायलटों, विमानों और विरासत, तीनों में आगे बढ़ रहा है, ऐसे में यही सोच, यही संस्कृति और यही ताक़त हमारे हर काम के केंद्र में बनी हुई है।

उनकी आंखों में गर्व दिखायी दे रहा था। उन्होंने आगे कहा:

> तेजस परिवार को स्वदेशी उत्कृष्टता का अग्रदूत होने पर बेहद गर्व है। जैसे देश को है, वैसे ही हमारी महिलाओं और बच्चों को भी तेजस परिवार से जुड़ा होने पर गर्व है। किसी भी एयरफ़ोर्स कार्यक्रम में, या कहीं भी वो जाएं, उनकी पहचान हमेशा एक ही रहती है कि वो तेजस परिवार से हैं।

फ़ोर्सेज़ के पीछे जो फ़ोर्स काम करती है[5], उसके ज़िक्र पर मैं मुस्कुरा उठी। ये वो महिलाएं हैं, जो हमारे बहादुर पुरुषों के पीछे खड़ी रहती हैं। फिर चाहे वो गोलियां चला रहे हों, टैंक चला रहे हों या सबसे घातक लड़ाकू विमानों को उड़ा रहे हों। वो हमेशा अनगिनत तरीक़ों से, निस्वार्थ भाव के साथ संगठन की सेवा कर रही होती हैं।

उस पल मुझे एहसास हुआ कि तेजस सिर्फ़ एक फ़ाइटर जेट नहीं है। असल में, ये एक समुदाय है, एक आंदोलन है और आत्मनिर्भर भारत की आत्मा का प्रतीक है।

ये राष्ट्र की अडिग इच्छाशक्ति का प्रतीक बनकर खड़ा है। आधिकारिक पुष्टि का इंतज़ार है, लेकिन ऐसी रिपोर्टें आयी हैं कि ऑपरेशन सिंदूर के दौरान पाकिस्तान के ख़िलाफ़ संघर्ष में तेजस की पहली सफल तैनाती हुई और उसने सराहनीय प्रदर्शन किया। इन कहानियों को सार्वजनिक रूप से मान्यता मिलने में समय लग सकता है, लेकिन तब तक हमें इस स्वदेशी उत्कृष्टता पर गर्व करते रहना चाहिये।

रुकावटें और चुनौतियां तो आती रहती हैं। हमें किसी भी हाल में अपने स्वदेशी रक्षा प्रोजेक्ट्स को लेकर हार नहीं माननी चाहिये। क्योंकि जो भी है, अपना है।

~

डसॉल्ट राफ़ेल: आसमान का दैत्य, जंग में बेजोड़, भारत की ताक़त

'ऐरो लीडर, इंडियन नेवल शिप डेल्टा 63 हिंद महासागर में आपका स्वागत है!' भारतीय नौसेना के एक युद्धपोत से आयी ये आवाज़, अरब सागर के ऊपर, भारत लौट रहे भारतीय वायुसेना के राफ़ेल विमानों के पहले जत्थे के रेडियो सेट्स में गूंज उठी।

राफ़ेल फ़ॉर्मेशन के लीडर ने जवाब दिया, 'नेवल वॉरशिप डेल्टा 63, ऐरो लीडर। बहुत-बहुत धन्यवाद। समुद्र की निगरानी करता एक भारतीय युद्धपोत का होना बेहद आश्वस्त कर रहा है।'

उधर से आवाज़ आयी, 'ऐरो लीडर, डेल्टा 63। आप गौरव के साथ उड़ान भरें। सुरक्षित लैंडिंग के लिए शुभकामनाएं।'

राफ़ेल कमांडर ने जवाब दिया, 'डेल्टा 63, ऐरो लीडर। हवाएं आपका साथ दें, ऐसी शुभेच्छा के साथ। हैप्पी हंटिंग। ओवर एंड आउट।'

भारतीय नौसेना के युद्धपोत, आईएनएस कोलकाता और नये-नवेले राफ़ेल विमानों के बीच हुआ ये ख़ुशनुमा रेडियो संवाद खुली रेडियो फ्रीक्वेंसी पर प्रसारित हुआ और देखते ही देखते वायरल हो गया। पूरे भारत में उत्सव का सा माहौल था।

जुलाई 2020 में ये पांचों राफ़ेल, फ्रांस से हरियाणा के अंबाला एयरबेस की ओर उड़ान भरकर आ रहे थे। 2016 से जिनका इंतज़ार था, उनका भारत आगमन राष्ट्रीय

गौरव का क्षण बन गया। इनकी तैनाती ने न केवल देश की सैन्यशक्ति को मज़बूत किया, बल्कि दुश्मनों की रीढ़ में भी सिहरन दौड़ा दी।

भारतीय हवाई क्षेत्र में प्रवेश करते ही राफ़ेल विमानों का स्वागत सुखोई-30 एमकेआई विमानों ने किया। ये वो भरोसेमंद लड़ाकू विमान थे, जो कई सालों से देश की सेवा कर रहे हैं। ये स्वागत दोस्ती और ताक़त का प्रतीक था। अंबाला एयरफ़ील्ड पर उतरते वक़्त, राफ़ेल विमानों को भव्य वॉटर कैनन सलामी दी गयी।

राफ़ेल का आना और उसकी तैनाती, भारत की सैन्यशक्ति के लिए क्या मायने रखती है, ये बात इस स्वागत से समझ में आ जाती है।

इन विमानों को अंबाला स्थित नंबर 17 स्क्वाड्रन, गोल्डन ऐरोज़[6] में शामिल किया गया। लगभग तुरंत ही, इन्हें गलवान घाटी संघर्ष के दौरान लेह और लद्दाख के ऊपर गश्त के लिए तैनात कर दिया गया, जिससे हमारे विरोधियों के दिलों में डर बैठ गया।

मई 2024 की *टाइम्स नाउ* की एक रिपोर्ट में पूर्व वायुसेना प्रमुख, एयर चीफ़ मार्शल आर.के.एस. भदौरिया के हवाले से कहा गया:

> गलवान के बाद चीन के साथ आमने-सामने की स्थिति में राफ़ेल फ़ाइटर विमान, हमारे बेड़े का सबसे ताक़तवर हथियार था।

उन्होंने बताया कि जैसे ही राफ़ेल तैनात हुआ, चीन ने जवाब में चार जे-20 स्टेल्थ फ़ाइटर तैनात कर दिये। आगे, उन्होंने ये भी बताया कि जब भारतीय वायुसेना ने चार राफ़ेल तैनात किये थे, तब चीन को 20 जे-20[7] लगाने पडे थे। ये इस बात का संकेत था कि 'चीन जानता था कि हम क्या कर सकते थे।'

डसॉल्ट राफ़ेल, जिसका अर्थ है 'तेज़ हवा का झोंका', आधुनिक हवाई युद्ध की एक महाशक्ति है।

मूल रूप से फ्रांसीसी वायुसेना और नौसेना के लिए विकसित ये बहुउपयोगी, सर्वगुणसंपन्न फ़ाइटर विमान, उस समय सेवा में मौजूद सात अलग-अलग लड़ाकू विमानों की जगह लेने के लिये डिज़ाइन किया गया था।

राफ़ेल के लिए आसमान एक खेल का मैदान है। ये बेजोड़ एयर डिफ़ेंस, हवाई प्रभुत्व, सटीक स्ट्राइक, एंटी-शिप अटैक और यहां तक कि परमाणु प्रतिरोध की क्षमता भी रखता है। इतना ही नहीं, ये उड़ान के दौरान अन्य विमानों में ईंधन भरने में भी सक्षम है, जो इसे आधुनिक युद्ध का गेम-चेंजर बनाता है।

मुझे गोल्डन ऐरोज़ स्क्वाड्रन के कमांडिंग ऑफ़िसर से बात करने का सौभाग्य मिला। ये स्क्वाड्रन भारत की सबसे प्रतिष्ठित फ़ाइटर यूनिट्स में से एक है और शक्तिशाली राफ़ेल का घर भी है।

सीओ के व्यक्तित्व में अधिकार और एकाग्रता साफ झलक रही थी। वो राफ़ेल के पहले भारतीय पायलट बैच का हिस्सा थे, जिन्हें विमान की तैनाती से पहले फ्रांस में ट्रेनिंग मिली थी। 2020 में, जब कोविड महामारी और गलवान संघर्ष चरम पर था, वो उन पांच पायलटों में शामिल थे, जो राफ़ेल विमानों को उड़ाकर भारत लेकर आये थे। ये भारतीय वायुसेना की अब तक की सबसे लम्बी फ़ेरी फ़्लाइट थी, जिसमें हवा में ईंधन भरने जैसी जटिल प्रक्रियाएं भी शामिल रहीं। इस ऑपरेशन ने पायलटों के असाधारण कौशल, धैर्य और साहस को प्रदर्शित किया। हालांकि मिशन के कई विवरण गोपनीय हैं, लेकिन ऑपरेशन सिंदूर में भूमिका के लिए उन्हें वीर चक्र से भी सम्मानित किया गया।

'गोल्डेन ऐरो 1', यानी स्क्वाड्रन के सीओ, शायद देश के सबसे ज़िम्मेदार पदों में से एक पर हैं, जहां हर फ़ैसला देश के मनोबल को बना या बिगाड़ सकता है। बातचीत की शुरुआत में उन्होंने राफ़ेल पायलटों की भारत की जनता के प्रति गहरी जवाबदेही और प्रतिबद्धता के बारे में बात की।

> हम अपनी भूमिका को हल्के में नहीं लेते। हम विमान उड़ाने के दौरान, हर मिनट के लिए ख़ुद को जवाबदेह मानते हैं। 50,000 फ़ीट की ऊंचाई पर उड़ान हमारे लिए महज़ रोमांच भरी उड़ान नहीं होती, बल्कि युद्ध के लिए तैयार रहने की तैयारी होती है। हमारे विरोधी हम पर लगातार नज़र रखते हैं, क्योंकि वो जानते हैं कि हम खेल बदल सकते हैं। यही वजह है कि हम ज़्यादा मेहनत करते हैं, अपनी सीमाएं आगे बढ़ाते हैं और दूसरे फ़ाइटर विमानों के साथ डटकर ट्रेनिंग करते हैं। हम हर संभावित परिस्थिति के लिए योजना बनाते हैं, क्योंकि युद्ध में उतरते समय हार की कोई गुंजाइश नहीं होती। हम देश की उम्मीदें और भरोसा अपने साथ लेकर उड़ते हैं। 100 प्रतिशत देना हमारे लिए विकल्प नहीं, मजबूरी है। हमारी हार पूरे देश के मनोबल को चोट पहुंचा सकती है और यही बात भारतीय राफ़ेल पायलट को दुनिया में अलग बनाती है।

उन्होंने गर्व से बताया कि भारतीय वायुसेना राफ़ेल का सबसे शानदार संस्करण उड़ाती है, जिसमें भारत के लिए विशेष रूप से तैयार की गयी ऐसी क्षमताएं हैं, जो फ्रांस की अपनी वायुसेना के पास भी नहीं हैं।

सार्वजनिक जानकारी में उपलब्ध विशेषताओं में आरबीई2 एक्टिव इलेक्ट्रॉनिकली स्कैंड ऐरे (एईएसए) रडार शामिल है, जो बेजोड़ खोजी और एंगेजमेंट क्षमता देता है। स्पेक्ट्रा इलेक्ट्रॉनिक वॉरफ़ेयर सूट आधुनिक जैमिंग और डिकॉय सिस्टम के साथ बेहतरीन आत्म-सुरक्षा प्रदान करता है। वहीं, मीटियोर बियॉन्ड-विज़ुअल-रेंज एयर-टू-एयर मिसाइल अपनी असाधारण सटीकता और रेंज के साथ हवाई प्रभुत्व सुनिश्चित करती है।

सीओ ने मुझे राफ़ेल के रोमांचक अभ्यास अभियानों के अनुभव सुनाये, जो इसकी अद्वितीय क्षमताओं को सामने रखते हैं। राफ़ेल कई अंतर्राष्ट्रीय अभ्यासों में हिस्सा ले चुका है, जिनमें अमेरिका और सहयोगी देशों के साथ अलास्का तक की उड़ानें शामिल हैं। भारत में भी ये नियमित रूप से जटिल मिशनों का अभ्यास करते हैं, जो पूरे देश में कई जगहों पर होते हैं। बहुत कम समय में ये अंबाला से गोवा, अंडमान, मलक्का जलडमरूमध्य, जैसलमेर और जोधपुर तक पहुंच सकते हैं। कोई इलाक़ा इनकी पहुंच से बाहर नहीं है। ये सिर्फ़ उड़ानें नहीं होतीं, बल्कि बड़े जोखिम वाले मिशन होते हैं, जहां पायलट और मशीन, दोनों को उनकी चरम सीमा तक ले जाया जाता है।

जैसा कि सीओ ने पूरे जोश के साथ कहा:

> फ़ाइटर जेट उड़ाना जोखिम भरा काम है। हर उड़ान में ख़तरा होता है। लेकिन जोखिम उठाए बिना ट्रेनिंग भी संभव नहीं होती। ये एक ऐसा चुनाव है जो हर फ़ाइटर पायलट देश के प्रेम और अपने जुनून के लिए करता है। राष्ट्रीय सुरक्षा और संप्रभुता की रक्षा से बड़ा कुछ नहीं। हम रोज़ अपने विमानों को उनकी सीमाओं तक ले जाकर अभ्यास करते हैं। क्योंकि जब देश पुकारता है, तो हम उसके गौरव की रक्षा करने के लिए हमेशा तैयार रहते हैं।

मैं ख़ासतौर पर संयुक्त अभ्यास अभियानों की उन कहानियों से प्रभावित हुई, जहां राफ़ेल पायलट मिराज, सुखोई और जगुआर जैसी अन्य स्क्वाड्रनों के साथ मिलकर आसमान में एक अद्‌भुत बेड़ा बनाते हैं। ये ज़बरदस्त ट्रेनिंग लद्दाख और संवेदनशील सीमावर्ती इलाक़ों पर होती हैं, जहां दुश्मन हर पल नज़र रखता है। वो आसमान में हमारी ताक़त को उड़ता देख सकता है। जब दुनिया के सर्वश्रेष्ठ लड़ाकू विमान एक साथ आसमान में उड़ते हैं, तो ये शक्ति, सटीकता और आत्मविश्वास का अद्‌भुत प्रदर्शन हो रहा होता है।

ये हर किसी को मालूम है कि हालिया ऑपरेशन सिंदूर के दौरान, जब पाकिस्तान हमारे देश की संप्रभुता पर हमला करने की कोशिश कर रहा था, राफ़ेल फ़ाइटर विमान हमारे और उनके बीच एक दीवार की तरह खड़े रहे थे। इनकी कथित 'हंट्स' और 'स्ट्राइक्स' की अटकलों ने दुश्मनों के दिलों में डर पैदा कर दिया था, जिससे आसमान में उनकी घातक सटीकता और बेजोड़ दबदबा साफ़ झलकता है। शायद, भारत के दुश्मनों के मन में इसी डर और सम्मान के भाव का ये नतीजा है कि ऑपरेशन सिंदूर के दौरान पूरी दुनियाभर की सूचना-युद्ध मशीनरी इसे बदनाम करने में जुट गयी। लेकिन ऐसे प्रयास हमारे पायलटों के संकल्प को और मज़बूत ही करते हैं। वे शब्दों से नहीं, युद्ध के मैदान में जवाब देते हैं।

~

सी-17 ग्लोबमास्टर III: योजनाबद्ध एयरलिफ़्ट का बादशाह

जब मैं नंबर 81 स्क्वाड्रन, स्काई लॉर्ड्स[8] के घर, हिंडन एयरबेस के भीतर खड़ी थी, तेज़ धूप सिर के ऊपर चमक रही थी और मैं इस असाधारण स्क्वाड्रन के कमांडिंग ऑफिसर से बातचीत में डूबी हुई थी। ये स्क्वाड्रन आधुनिक भारतीय वायुसेना की ताक़त और क्षमता का प्रतीक है। रनवे पर ढेरों गतिविधियां हो रही थीं। विमान एक सधे हुए तालमेल में उड़ान भर रहे थे और उतर रहे थे। भारतीय वायुसेना के चिह्न से सजे विशाल, स्लेटी रंग के सी-17 ग्लोबमास्टर आसपास के नज़ारे पर छाये हुए थे और मैं इन्हें देख-देखकर गर्व से भरी जा रही थी।

हरा फ़्लाइट सूट पहने सीओ की नीली-हरी आंखों में चमक दिखायी पड़ रही थी। सी-17 के प्रति उनका जुनून साफ़ झलक रहा था।

> हम एक बार में चौहत्तर टन तक का माल ले जा सकते हैं। ये विमान लगातार ग्यारह घंटे तक उड़ सकता है और लम्बी-लम्बी दूरियां तय कर सकता है। इसी वजह से भारत ने इसे खरीदा था ताकि ढेर सारा भार और लंबी दूरी की ज़रूरतों को पूरा किया जा सके। हम छोटे रनवे पर उतर सकते हैं और यहां तक कि असॉल्ट लैंडिंग भी कर सकते हैं।[9]

गर्व से भरी आवाज़ में उन्होंने आगे कहा:

> आधुनिक इंजीनियरिंग का ये चमत्कार पूरी तरह ऑटोमैटिक है और अत्याधुनिक तकनीक से लैस है, जो पायलटों से पूर्ण दक्षता की मांग करता है। इसमें महारत हासिल करना महज़ कौशल का सवाल नहीं है बल्कि हर नये बदलाव से दो कदम आगे रहने, खुद को ढालने और उसमें झंडे गाड़ने की बात है। कठिन ट्रेनिंग और सर्वोच्च योग्यताएं हासिल करने के बाद ही किसी पायलट को इसके किसी भी एक दायित्व को निभाने का मौक़ा मिलता है। किसी भी एविएटर के लिए इस पंखों वाले अजूबे को उड़ाना सिर्फ़ एक मिशन नहीं होता। असल में, ये सम्मान का प्रतीक है। ये आसमान में साकार होने वाला एक सपना है।

उनकी प्रतिबद्धता देखकर मैं दंग रह गयी। सी-17 सचमुच एक दैत्याकार विमान है। ये एक हवाई दानव है, जो सामान, यात्रियों और यहां तक कि टैंकों को भी ले जा सकता है। जैसे ही मैं उसके पास पहुंची, उसकी विशालता ने मुझे अभिभूत कर दिया।

मेरी हैरानी भांपते हुए सीओ मुस्कराये और बोले:

> 'ये बाहुबली जैसा है। एक नज़र में ही असर छोड़ देता है।'

सी-17 के भीतर कदम रखना किसी इमारत की चौथी मंज़िल में प्रवेश करने जैसा लगा। ऊपरी डेक पर मौजूद कॉकपिट अत्याधुनिक तकनीक से लैस है, जो विमान की कार्यक्षमता और सुरक्षा, दोनों को बढ़ाता है। डिजिटल फ़्लाइ-बाय-वायर सिस्टम विमान उड़ाने को आसान बनाता है, जबकि हेड्स-अप डिस्प्ले (हुड) उड़ान से जुड़ी महत्वपूर्ण जानकारियां सीधे विंडशील्ड पर दिखाता है। हुड की स्पष्टता उतनी ही चौंकाने वाली थी जितना बाहर का दृश्य था।

सी-17 में सटीक नेविगेशन के लिए ग्लोबल पोज़िशनिंग सिस्टम (जीपीएस) और इनर्शियल नेविगेशन सिस्टम (आईएनएस) लगे हैं। इसके अलावा इसमें एक कमाल की रक्षा प्रणाली भी है, जिसमें रडार वॉर्निंग रिसीवर, मिसाइल वॉर्निंग सिस्टम और काउंटरमेज़र डिस्पेंसर शामिल हैं, जो ख़तरे की स्थिति में सुरक्षा प्रदान करते हैं।[10]

अमेरिका में बोइंग डिफ़ेंस द्वारा निर्मित सी-17 को इस तरह डिज़ाइन किया गया है कि ये भारी उपकरण, रसद और सैनिकों को दुनिया भर के छोटे, कठिन एयरफ़ील्ड्स तक पहुंचा, फिर मौसम चाहे कितना ही खराब क्यों न हो या हालात युद्ध जैसे हों। ये उन जगहों तक पहुंच सकता है जहां दूसरे विमान नहीं जा पाते।

सी-130 से तेज़, सी-5 से अधिक क्षमता वाला और अत्यंत कुशल, सी-17 मात्र 3,500 फ़ीट लंबे रनवे और कच्ची सतहों पर भी उतर सकता है। अमेरिका के बाहर सी-17 का सबसे बड़ा ऑपरेटर भारत ही है।

सीओ ने इसके ऐसे मिशनों को याद किया जिन्हें भुलाया नहीं जा सकता। इसमें ऑपरेशन कावेरी, जिसमें सूडान के संघर्षग्रस्त इलाक़ों से हज़ारों भारतीयों को सुरक्षित निकाला गया, यमन से निकासी अभियान, नेपाल में भूकंप राहत मिशन जैसे अनगिनत मौक़े थे, जहां सी-17 ने निर्णायक भूमिका निभायी।

2013 में स्काई लॉर्ड्स स्क्वाड्रन में शामिल होने के बाद से, सी-17 विमानों ने भारत और विदेशों, दोनों में, सैन्य और मानवीय अभियानों में अहम योगदान दिया है।

दुनियाभर में स्काई लॉर्ड्स की गतिविधियों को दर्शाने वाले, लाइट और झंडों से सजे डिजिटल वॉल मैप की ओर इशारा करते हुए उन्होंने कहा:

> 'जहां कहीं भी राष्ट्रीय या अंतर्राष्ट्रीय संकट होता है, वहां आपको भारतीय वायुसेना का सी-17 मिल जाएगा। ग्लोबट्रॉटर्स – यही कहा जा सकता है इन्हें।'

भारतीय वायुसेना के सी-17 ग्लोबमास्टर के बारे में कोई भी बातचीत हिंडन एयरबेस स्थित स्काई लॉर्ड्स स्क्वाड्रन के शानदार ठिकाने के ज़िक्र के बिना अधूरा रहेगा। ये जगह किसी भी आधुनिक अंतर्राष्ट्रीय हवाई अड्डे से कम नहीं। यहां चमचमाते फ़र्श, ऑपरेशन के इलाक़ों को दिखाता डिजिटल वर्ल्ड मैप और ज़रूरतमंदों की मदद करते क्रू की तस्वीरों से सजी दीवारें हैं। ऊपरी लॉबी में एक विशाल ग्लोब दिखता है, जिस पर 'स्काई लॉर्ड्स' लिखा है और ये स्क्वाड्रन की आभा को और बढ़ाता है। वाक़ई, ये सभी आसमान के मालिक हैं।

भारतीय वायुसेना ने सी-17 विमानों को रणनीतिक रूप से कई अन्य ज़रूरी ठिकानों पर भी तैनात किया है, जिनमें जम्मू-कश्मीर जैसे ऊंचाई वाले क्षेत्र शामिल हैं। ऐसा

इसलिए किया गया है, ताकि लेह और कारगिल की अग्रिम चौकियों पर तैनात सैनिकों को ज़रूरी सहायता मिलती रहे।

मुझे फ़्लाइट लेफ़्टिनेंट हर राज कौर बोपराई से मिलने का भी सौभाग्य मिला, जो सी-17 उड़ाने वाली भारत की पहली महिला पायलट हैं। किताब के छपने तक और भी कई महिला पायलट इन 'बाहुबली' विमानों को उड़ा रही होंगी।

अपने वैवाहिक दायित्वों और इस चुनौतीपूर्ण भूमिका के बीच संतुलन बनाते हुए, वो आत्मविश्वास से भरी हुई थीं। मज़ाकिया अंदाज़ में उन्होंने कहा:

'ग्लोबमास्टर उड़ाना, रोटियां बनाने से आसान है।'

मई 2025 में ऑपरेशन सिंदूर के दौरान भले ही लड़ाकू विमानों, एयर डिफ़ेंस और मिसाइलों पर सबसे ज़्यादा ध्यान गया हो, लेकिन हमें उन ट्रांसपोर्ट विमानों के प्रति आभार व्यक्त करना नहीं भूलना चाहिए, जिन्होंने दिन-रात बिना रुके उड़ान भरते हुए सैनिकों की आवाजाही और रसद आपूर्ति को लगातार बनाये रखा।

सी-130जे सुपर हरक्युलिस: एक विमान, किंवदंती बन चुके मिशन

सी-130जे सुपर हरक्युलिस को भारतीय वायुसेना में एयर मोबिलिटी स्पेशल ऑप्स प्लेटफ़ॉर्म के तहत शामिल किया गया। ये विमान अपनी विशेष ऑपरेशन क्षमताओं के लिए अलग पहचान रखता है। अलग-अलग तरह के मिशनों में तैनात ये ट्रांसपोर्ट विमान रणनीतिक दक्षता और बेहद सूझबूझ भरे ऑपरेशनों के लिए डिज़ाइन किया गया है। इसमें इन्फ्रारेड सेंसर, इलेक्ट्रो-ऑप्टिकल/इन्फ्रारेड कैमरे और अत्याधुनिक ऑन-बोर्ड सिस्टम जैसे कई नये फ़ीचर्स हैं, जो इसे बाकी विमानों से अलग बनाते हैं।

सी-130जे की बहुपयोगिता उसकी ऑपरेशनल क्षमताओं तक भी फैली हुई है। इसमें लगे कंप्यूटर रास्तों को स्कैन कर सकते हैं, कृत्रिम रनवे बना सकते हैं और हेड-अप डिस्प्ले के ज़रिए ज़रूरी जानकारी दिखा सकते हैं, जिसमें उड़ान से जुड़ी जानकारी, बेहतर नेविगेशन इनपुट और सबसे अहम, रियल-टाइम टैक्टिकल जानकारी शामिल होती है।

ये सिस्टम क्रू को तेज़ी से फ़ैसले लेने में मदद करते हैं, जिससे वो सही समय पर रणनीतिक मूवमेंट कर पाते हैं।

मुझे नंबर 77 स्क्वाड्रन, द वेइल्ड वाइपर्स[11] के जांबाज़ पायलटों से मिलने का सौभाग्य मिला। ईमानदारी से कहूं तो ये *टॉप गन* के टॉम क्रूज़ और उनके साथियों से भी ज़्यादा प्रभावशाली लगे। अपनी पहचान बना चुके रे-बैन चश्मे, आपसी सहजता और रंग-बिरंगे पैच लगे फ़्लाइट सूट में ये सभी पायलट शांत, आत्मविश्वास से भरे हुए दिख रहे थे। एक ख़ास पैच में एक ख़तरनाक सांप दिखा, जिसके दांत बड़ी चतुराई से 77 का आकार बना रहे थे। ये स्क्वाड्रन की पहचान का प्रतीक है। उनका आदर्श वाक्य 'स्ट्राइक टु किल' उनके विशेष ऑपरेशनों में निभाये जाने वाले अहम रोल को पूरी तरह बयान करता है। इनका हर मिशन निर्णायक और सटीक वार करने के लिए होता है।

एक पायलट ने मुस्कुराते हुए कहा:

'स्पेशल फ़ोर्सेज़ अपने सबसे अहम मिशनों के लिए हम पर भरोसा करती हैं। वो हमपर निर्भर हैं।'

आम लोगों के बीच में 'सुपर हरक्युलिस' के नाम से पहचाना जाने वाला ये विमान, *रैम्बो* फ़िल्मों में दिखे पुराने हरक्युलिस विमानों से बदलकर आज के आधुनिक रूप में सामने आ चुका है।

आज काम में आ रहा मॉडल एक अत्याधुनिक टैक्टिकल विमान है, जिसे हवा में हमले, स्पेशल मिशन और दुश्मन के इलाक़े में सैनिकों को उतारने के लिए इस्तेमाल किया जाता है। ये एक फ़िक्स्ड-विंग विमान है, जिसे उन ऑपरेशनों के लिए बनाया गया है जहां सटीकता और बहुपयोगिता सबसे ज़्यादा मायने रखती है।

टारमैक पर जब हम उसके पास पहुंचते हैं तो उसका डिज़ाइन ध्यान खींच लेता है। कॉकपिट, अपनी चमकदार फ़िनिश के साथ, किसी सांप के सिर जैसा लगता है। विंडशील्ड उसकी एकाग्र आंखों जैसी और फ़्यूज़लाज उसका लहराता हुआ शरीर, जो उसकी दमदार मौजूदगी को और प्रभावशाली बना देता है।

भारत को लॉकहीड मार्टिन से अपने पहले छह सी-130जे सुपर हरक्युलिस विमान 2011[12] में मिले थे। इससे देश की हवा में काम करने की क्षमताओं में, ख़ासकर स्पेशल ऑपरेशनों में, एक बड़ा सुधार आया।

इस किताब के पहले चैप्टर 'ऑपरेशन कावेरी; वादी सैदिना' में इस विमान की क्षमताओं को विस्तार से समझा जा सकता है।

इन्फ्रारेड डिटेक्शन सेट और आधुनिक सेल्फ-प्रोटेक्शन सिस्टम से लैस सी-130जे एयर-टु-एयर रीफ़्यूलिंग, सर्च एंड रेस्क्यू मिशन, पैराड्रॉप्स, इलेक्ट्रॉनिक सर्विलांस और मौसम की जानकारी लेने जैसे काम कर सकता है।

इस बहुपयोगिता के चलते, भारतीय वायुसेना, सी-130जे को, दिन हो या रात, हर मौसम में प्रभावी ढंग से ऑपरेट कर सकती है। विमान का आधुनिक फ़्लाइट डेक, मल्टी-फ़ंक्शन एलसीडी स्क्रीन और होलोग्राफ़िक हुड से लैस है। ये सब इस विमान को, बाज़ार में मौजूद बेहतरीन विमानों में से एक बनाता है और मिलिट्री ट्रांसपोर्ट में नये मानक स्थापित करता है।

हालांकि इस बात की कोई आधिकारिक पुष्टि नहीं हुई है, लेकिन मेरे सूत्रों के मुताबिक़, मई 2025 में ऑपरेशन सिंदूर के दौरान इस विमान ने वायुसेना और सेना, दोनों के लिए कुछ बेहद अहम मिशनों को अंजाम देने में महत्वपूर्ण भूमिका निभायी। उम्मीद है कि एक दिन ये कहानियां सामने आएंगी, जिनसे हमें सिर्फ़ जानकारी ही नहीं मिलेगी बल्कि उन नायकों को सम्मान भी मिलेगा, जिन्होंने इसे अंजाम दिया।

सीएच-47एफ़ (I) चिनूक: बेजोड़ रणनीतिक क्षमता

रात के मिशन पर उड़ता हुआ एक चिनूक देखना, मेरी ज़िंदगी के सबसे मंत्रमुग्ध कर देने वाले दृश्यों में से एक था। जैसे ही अंधेरा घना हुआ, मैं टारमैक से थोड़ी दूरी पर एक इमारत के पास खड़ी होकर हेलीकॉप्टर को उड़ान भरते देख रही थी। पंखों से उड़ने वाली हवा की ताक़त इतनी ज़्यादा थी कि उसे हम महसूस कर सकते थे। पेड़ ऐसे हिल रहे थे, मानो तूफ़ान आ गया हो। चिनूक की लाइटें अंधेरे आसमान को रोशन कर रही थीं और क्षितिज पर लालिमा बिखेर रही थीं।

ख़ुद कमांडिंग ऑफ़िसर विमान उड़ा रहे थे और ये स्क्वाड्रन की प्रतिबद्धता और कौशल का साफ़ सबूत था।

चंडीगढ़ एयरबेस के टारमैक पर खड़े होकर जब मैंने चिनूक को देखा, तो उसकी मौजूदगी ने मुझे अभिभूत कर दिया। ये भारतीय वायुसेना के प्रभावशाली बेड़े का सिर्फ़ एक और विमान नहीं था बल्कि दुनिया के सबसे उन्नत, मल्टी-मिशन हेलीकॉप्टरों में से एक है। ये इंजीनियरिंग और डिज़ाइन का एक चमत्कार है। भारतीय चिनूक,

अपने अनोखे टैंडम रोटर डिज़ाइन के साथ, किसी भी दूसरे हेलीकॉप्टर जैसा कतई नहीं हैं। अमेरिकी बेस मॉडल से भी बेहतर बनाये गये ये हेलीकॉप्टर अपनी श्रेणी में सबसे बेहतरीन ट्रांसपोर्ट हेलीकॉप्टर माने जाते हैं।

चिनूक की विरासत छह दशकों से भी ज़्यादा पुरानी है और सबसे हैरान करने वाली बात ये है कि इसके डिज़ाइन में बहुत कम बदलाव हुए हैं। ये अपने आप में इसकी बेहतरीन इंजीनियरिंग का प्रमाण है। डिजिटल कॉकपिट मैनेजमेंट सिस्टम, कॉमन एविएशन आर्किटेक्चर कॉकपिट और बड़े से बड़े सामान को लाने-ले जाने की क्षमताओं से लैस चिनूक, मिशन में शानदार नियंत्रण और नतीजे देता है।

भारी से भारी सामान ले जाने के ऑपरेशनों के लिए डिज़ाइन किया गया ये हेलीकॉप्टर, दुर्गम और चुनौतीपूर्ण इलाक़ों तक जा सकता है। ये अक्सर नदी के तल, दूरदराज़ गांवों या खुले मैदानों में सामान या सैनिकों को पहुंचाता है। ज़मीन से महज़ 20 से 25 फ़ुट की ऊंचाई पर, यानी लगभग तीन या चार मंज़िला इमारत जितनी ऊंचाई पर काम कर सकता है। इसकी जो क्षमताएं हैं, वो इसे ऊंचे हिमालयी इलाक़ों में मिशनों के लिए बेहद क़ीमती बनाती हैं। जैसा कि कमांडिंग ऑफ़िसर ने बताया:

> मेरे जैसे अनुभवी पायलटों के लिए भी चिनूक उड़ाना एक बिल्कुल अलग अनुभव है। इसकी क्षमताएं अपार हैं। ये एक ताक़तवर मशीन है, जो दिन हो या रात, लगभग कहीं भी उतर सकती है। कोई और हेलीकॉप्टर वो नहीं कर सकता, जो चिनूक करता है। इस शानदार मशीन को उड़ाने का रोमांच बेजोड़ है।

हेलीकॉप्टर पायलटों की पहचान माने जाने वाले चमकदार नारंगी फ़्लाइट सूट में, एविएटर रे-बैन के पीछे मुस्कान छिपाए हुए, उन्होंने आगे कहा, 'मेरी पत्नी अक्सर कहती है, "अगर और कुछ नहीं भी हो, तो कम से कम तुम उन अनगिनत लोगों की दुआएं ज़रूर साथ लेकर चलते हो, जिनकी तुम हर दिन मदद करते हो।"'

और वो बिल्कुल सही कहती हैं। हिमालय की सबसे दूर मौजूद ऊंचाइयों से लेकर पूर्वोत्तर के घने जंगलों तक, बाढ़ से तबाह गांवों से लेकर रेगिस्तान के युद्ध क्षेत्रों तक, चाहे घायलों की सुरक्षित वापसी हो या सैनिकों की तैनाती करनी हो, चिनूक हर जगह मौजूद रहता है। ये चुपचाप, लगातार, बिना रुके सेवा करता रहता है।

उसका आने का मतलब मिशन पूरा होना नहीं होता बल्कि ये उम्मीद के पहुंचने जैसा होता है।

करीब से देखने पर चिनूक का आकार और ताकत सचमुच हैरान कर देने वाला था। इसके घूमते हुए विशाल पंख, इसकी असाधारण क्षमता की असली कुंजी हैं। जहां ज़्यादातर हेलीकॉप्टरों में एक मुख्य रोटर और एक छोटा टेल रोटर होता है, वहीं चिनूक का टैंडम रोटर डिज़ाइन इसे अतिरिक्त शक्ति देता है और इसे एक भव्य, ख़ूबसूरत रूप प्रदान करता है।

जिस विमान को मैंने देखा, वो स्लेटी रंग का था। इस पर भारतीय वायुसेना का चिह्न और तिरंगा बना हुआ था। इसकी नुकीली नाक के भीतर उन्नत रडार और अन्य उपकरण लगे थे। पीछे की रैंप से जब मैं चिनूक के अंदर दाख़िल हुई, तो मुझे तुरंत एहसास हुआ कि ये दूसरे हेलीकॉप्टरों की तुलना में कहीं ज़्यादा विशाल था, जिससे समझ में आता है कि ये कितना ज़्यादा और कितना भारी सामान हवा में ले जा सकता है।

चिनूक की अंदरूनी बनावट को व्यावहारिकता और आराम, दोनों को ध्यान में रखकर डिज़ाइन किया गया है। स्लेटी रंग की वेल्क्रो से लगी साउंडप्रूफ़िंग, रोटरों की तेज़ आवाज़ को काफ़ी हद तक दबा देती है। रोटर, ठीक पायलटों के ऊपर लगे होते हैं। इसमें जा रहे सैनिकों की सीटें हैरान करने वाली हद तक आरामदायक हैं। एमआई-17 जैसे हेलीकॉप्टरों की सख़्त सीटों से उलट, चिनूक की सीटों को एडजस्ट किया जा सकता है। ये सीटें बैठने वाले के आकार के अनुसार ढल जाती हैं। हार्नेस और सीटबेल्ट के साथ, सैनिक लंबे सफ़र में भी आराम से यात्रा कर सकते हैं।

कॉकपिट उन्नत प्रणालियों से भरा हुआ है। इसकी स्क्रीन और कंप्यूटर, इसकी विभिन्न क्षमताओं को संचालित करते हैं। छोटी साइड विंडो, जिन्हें ब्लिस्टर कहा जाता है, अंडे के आकार की होती हैं और इनसे हेलीकॉप्टर के बाहरी हिस्से की दृश्य जांच करने की सुविधा मिल जाती है। ये एक सरल लेकिन बेहद प्रभावी डिज़ाइन है, जो चिनूक के ऑरा में और बढ़ोत्तरी करता है।

चिनूक ने अनगिनत मिशनों में अपनी उपयोगिता साबित की है।

उदाहरण के लिए, 2023 में लेह में बेहद दूर स्थित फ़ॉरवर्ड पोस्ट पर इसी स्क्वाड्रन के एक चिनूक ने मेडिकल इमरजेंसी के दौरान एक जान बचाई। अपनी कमाल की नाइट-लैंडिंग क्षमता के कारण वो एक ऐसे छोटे हेलीपैड पर उतर सका, जहां दूसरे हेलीकॉप्टर नहीं पहुंच सकते थे। नवंबर 2023 में ऑपरेशन ज़िंदगी के दौरान भी चिनूक की बेजोड़ क्षमता सामने आयी, जब उत्तराखंड के मुनस्यारी क्षेत्र में एक सुरंग में फंसे मज़दूरों को बचाने के लिए इसे तैनात किया गया। इस विमान ने उन्हें सुरक्षित रूप से ऋषिकेश के अस्पताल पहुंचाया और तमाम मुश्किलों के बावजूद कई ज़िंदगियां बचायीं।

मैंने एक युवा चिनूक पायलट से बात की और पूछा कि इस विमान को उड़ाना कैसा लगता है। उनकी आंखों में गर्व साफ़ झलक रहा था। उन्होंने कहा:

> इसका अहसास शब्दों में बयान नहीं किया जा सकता। जब नये हेलीकॉप्टर पायलट आते हैं, तो वो इसी विमान को उड़ाने का सपना देखते हैं। और उस सपने को हक़ीक़त में बदलना बेहद रोमांचक होता है। ऐसे मिशन, जिनमें हम लोगों को बचाते हैं और ज़िंदगियां रोशन करते हैं, हमें अद्भुत संतोष मिलता है। हमारा ईनाम यही है कि हम परेशान लोगों को सुरक्षित घर पहुंचाते हैं और ज़रूरतमंदों की मदद करते हैं।

मैंने जिज्ञासावश उनसे पूछा कि जब मैं वायुसेना के बारे में लिख रही थी तो हर पायलट एकदम बेहतरीन नज़र आ रहा था। ऐसे में, वो क्या चीज़ है, जो हेलीकॉप्टर पायलटों को अलग बनाती है।

वो हल्की-सी अकड़ के साथ मुस्कराये और बोले:

> 'बाकी सबको रनवे चाहिए होता है, मैडम। लेकिन हमें नहीं।'

फिर उन्होंने अपने एविएटर चश्मे दोबारा पहन लिए, जो मुझे ये बता रहा था कि हमारी बातचीत अब यहीं ख़त्म होने वाली थी।

मैं उसके अंदाज़ से प्रभावित हुए बिना नहीं रह सकी। ये एक ऐसे युवा वायुसेनाकर्मी का आत्मविश्वास और गर्व दिख रहा था, जो हमारी वायुसेना का भविष्य है।

मैंने सोचा, इन सैन्यकर्मियों पर थोड़ी-सी अकड़ फ़बती है।

एएच-64ई अपाचे अटैक हेलीकॉप्टरः आसमान में उड़ने वाला टैंक

आसमान में उड़ने वाला टैंक, टैंक किलर, टैंक बस्टर। ये कुछ नाम हैं, जिनसे दुनिया एएच-64ई अपाचे अटैक हेलीकॉप्टर को जानती है। ये कुछ नाम हैं, जो इसकी ताक़त को बख़ूबी बयान करते हैं।

जब हम सैन्य इतिहास की बात करते हैं, तो बहुत कम नाम ऐसे हैं, जिनका रुतबा अपाचे हेलीकॉप्टर जितना ऊंचा दिखता है। ये सिर्फ़ युद्ध में परखे गये हेलीकॉप्टर नहीं हैं, जिन पर सैकड़ों किताबें लिखी गयी हों और फ़िल्में बनी हों। बल्कि ये खौफ़नाक मशीनें आधुनिक इंजीनियरिंग का चमत्कार और वायुशक्ति का सशक्त प्रतीक भी हैं।

अपाचे को दुनिया के अत्याधुनिक मल्टी-रोल कॉम्बैट हेलीकॉप्टरों में गिना जाता है, लेकिन भारतीय अपाचे पायलटों के बारे में बहुत कम लोग जानते हैं। दुनिया के सबसे उन्नत अटैक हेलीकॉप्टर को साधने के लिए सचमुच सर्वश्रेष्ठ होना पड़ता है। इसलिए जब मुझे पहली पीढ़ी के एक भारतीय अपाचे पायलट, एक्स वल्कन 01 से बात करने का सौभाग्य मिला तो मैं बेहद उत्साहित थी। इन्होंने किसी समय में नंबर 137 हेलीकॉप्टर स्क्वाड्रन की कमान भी संभाली थी। वल्कन स्क्वाड्रन, अपने गठन के बाद से ही लगातार एक्शन देखती आयी है। चाहे कारगिल में हेलफ़ायर मिसाइलों की तैनाती हो या पूर्वी लद्दाख में डीबीओ-श्योक सेक्टर के दौरान भारत-चीन टकराव में उनकी मौजूदगी हो, वो हमेशा भारत की रक्षा के लिए सबसे आगे खड़े दिखे हैं।

एक्स वल्कन 01 ने बताया:

> ये तकनीकी रूप से दुनिया का सबसे उन्नत हेलीकॉप्टर है लेकिन इसे उड़ाना सबसे कठिन भी है। एक भारतीय अपाचे पायलट को तैयार करने के क्रम में, उसे छह महीने सिर्फ़ मशीन उड़ाना सीखने में लग जाते हैं। अगले छह महीने ये सीखने में निकलते हैं कि उसकी मदद से लड़ाई कैसे लड़ी जाती है। और अंतिम छह महीने पूरी तरह कॉम्बैट-रेडी बनने में जाते हैं। तब जाकर, कोई पायलट, वायुसेना की भाषा में "फुली ऑप्स ऑन टाइप" कहलाता है।

उन्होंने आगे कहा:

> अपाचे पायलटों को मशीन के साथ मिलकर एक हो जाना पड़ता है। अपाचे, दुनिया के सबसे बेहतरीन हवाई संचार, सेंसर और हथियार प्रणालियों से लैस है। इन्हें प्रभावी ढंग से चलाने के लिए पायलटों का स्तर भी उतना ही ऊंचा होना चाहिए। जब ज़मीनी सैनिकों को सबसे ज़्यादा ज़रूरत होती है, तब हमें

नज़दीकी लड़ाई में सहारा देने के लिए बुलाया जाता है। इसलिए दागी गयी हर मिसाइल की ज़िम्मेदारी हमारी होती है। एक भी निशाना चूक नहीं सकता। यही वजह है कि हम पागलों की तरह ट्रेनिंग करते हैं। हम दूसरे नंबर पर रहने का जोखिम नहीं उठा सकते।

पहली नज़र में शांत और विनम्र दिखने वाले अपाचे पायलट, जैसे ही अपना हेलमेट-माउंटेड डिस्प्ले, यानी इंटीग्रेटेड हेलमेट एंड डिस्प्ले साइटिंग सिस्टम धारण करते हैं, वो पूरी तरह बदल जाते हैं। ये पायलट और मशीन के बीच लगभग एक जुगलबंदी सी चल रही होती है। ये कुछ-कुछ वैसा ही होता है, जैसा जेम्स कैमरून की फ़िल्म *अवतार* में इक्रान और उसके सवार के बीच दिखाया गया है।

आसमान में उड़ने वाले टैंक को जबसे वायुसेना में शामिल किया गया है, भारतीय पायलटों ने अपना खून-पसीना बहाया है। उन्होंने लगातार मेहनत की है, ताकि वो उस ख़ास वर्ग का हिस्सा बन सकें जिसे दुनिया के सबसे आधुनिक और ख़तरनाक अटैक हेलीकॉप्टरों में से एक, एएच-64ई अपाचे गार्डियन को चलाने की ज़िम्मेदारी सौंपी जाती है। यहां मैं स्क्वाड्रन लीडर रागी रामचंद्रन का भी ज़िक्र करना चाहूंगी, जो इस किताब के पहले संस्करण के समय भारत की पहली और एकमात्र महिला अपाचे पायलट थीं।

1989 से तमाम युद्धों में आज़माया जा चुका अपाचे, गुरिल्ला युद्ध से लेकर पूर्ण पैमाने के बख़्तरबंद लड़ाइयों तक, हर तरह के संघर्ष में अपनी मारक क्षमता साबित कर चुका है। इतिहास का सबसे सफल अटैक हेलीकॉप्टर माने जाने वाली इस मशीन की प्रतिष्ठा पर कोई सवाल नहीं उठा सकता है।

आज के वक़्त में भारत, भारतीय वायुसेना के तहत अपाचे की दो स्क्वाड्रन संचालित करता है। तीनों सशस्त्र बलों में, भारतीय वायुसेना वो पहली ईकाई थी, जिसने सितंबर 2019 में एएच-64ई अपाचे प्लेटफ़ॉर्म को शामिल किया। इससे भारत की कॉम्बैट एविएशन क्षमता में एक बड़ा उछाल आया।[13]

पहली स्क्वाड्रन है नंबर 125 हेलीकॉप्टर स्क्वाड्रन, जिसे 'ग्लेडिएटर्स' कहते हैं। ये 2019 में गठित हुई थी और इसका आदर्श वाक्य था 'बलिदानं वीरस्य भूषणम्'। इसके बाद सबसे युवा, नंबर 137 हेलीकॉप्टर स्क्वाड्रन, 'वल्कन्स' आयी, जिसका आदर्श वाक्य है 'युद्धयः कृतनिश्चयः'।

ये दोनों स्क्वाड्रन मिलकर, लाइन ऑफ़ कंट्रोल और लाइन ऑफ़ एक्चुअल कंट्रोल सहित भारत की सभी संवेदनशील सीमाओं पर ज़मीनी बलों को नज़दीकी हवाई मदद देने में अहम भूमिका निभाती हैं।

बेड़े में शामिल होने के तुरंत बाद ही अपाचे को गलवान गतिरोध के दौरान, पूर्वी लद्दाख में तैनात किया गया, जहां उन्होंने नियमित टोही उड़ानें भरीं और ऊंचाई वाले तनावपूर्ण हालात में भारत की हवाई तैयारी का एक सशक्त प्रतीक बने। ऑपरेशन सिंदूर में उनकी भूमिका भले ही ज़्यादा रिपोर्ट न की गयी हो, लेकिन मेरे सूत्र बताते हैं कि इन मशीनों का सटीक हमलों के लिए व्यापक उपयोग किया गया। इन्होंने कम दूरी के लक्ष्यों और दुश्मनों के मानवरहित विमानों को शानदार सटीकता से निष्क्रिय किया।

उनकी मौजूदगी ने न सिर्फ़ भारत की दुश्मन को जवाब देने की क्षमता को मज़बूत किया है, बल्कि भारतीय वायुसेना के रोटरी-विंग की युद्ध करने की तैयारी को भी नयी दिशा दी है।

इसकी ख़ूबियों की बात करें, तो अपाचे एक चार-ब्लेड, ट्विन-टर्बोशाफ़्ट अटैक हेलीकॉप्टर है, जिसमें दो क्रू मेंबर्स के लिए एक कॉकपिट होता है। इसका अत्याधुनिक सेंसर सूट, जिसमें टार्गेट एक्विज़िशन एंड डेज़िग्नेशन साइट/पायलट्स नाइट विज़न सेंसर शामिल है, थर्मल इमेजिंग और इन्फ्रारेड तकनीक का इस्तेमाल करता है। इसके चलते, ये हेलीकॉप्टर दिन और रात, दोनों समय में बेहद प्रभावी हो जाता है। ये सिस्टम पायलटों को धुएं या किसी भी ऐसे कवर के आर-पार, हीट सिग्नेचर पहचानने की क्षमता देता है और बख़्तरबंद वाहनों या छिपे ख़तरों की पहचान करना संभव बनाता है। साथ ही, पारंपरिक एनवीजी-युक्त हेलीकॉप्टरों के विपरीत, इसके नाइट विज़न सेंसर, बिना आस-पास की रोशनी के, रात में इन्फ्रारेड पायलटिंग की सुविधा देता है।[14]

अपाचे की एक बड़ी ताकत एजीएम-114 हेलफ़ायर मिसाइल है, जो लेज़र और रडार की मदद से चलने वाला टैंक विरोधी हथियार है। अपाचे एक साथ सोलह हेलफ़ायर मिसाइलें ले जा सकता है, जिससे एक ही हेलीकॉप्टर दुश्मन के हवाई डिफ़ेंस की सीमा से बाहर रहते हुए, उनकी टैंकों की पूरी एक कंपनी को बर्बाद कर सकता है।

इस हेलीकॉप्टर का अत्याधुनिक संचार तंत्र इतना शानदार है कि रडार, मिसाइलें और सेंसर एक-दूसरे से संवाद करते हुए सटीक और समन्वित ऑपरेशन सुनिश्चित करते हैं। हेलमेट-माउंटेड डिस्प्ले इसकी एक ख़ास पहचान है, जिससे पायलट इसकी गन को सिर्फ़ लक्ष्य की ओर देखने भर से नियंत्रित कर सकता है। ये क्षमता अपाचे को बहुत ही ख़ास और असरदार बनाती है।

फ़ायर कंट्रोल रडार एक साथ 256 चलते-फिरते और स्थिर लक्ष्यों का पता लगाकर उन्हें अलग-अलग पहचान सकता है और उनमें से शीर्ष सोलह को तुरंत कार्रवाई के लिए प्राथमिकता दे सकता है। ये क्षमता हर मौसम में, दिन-रात, और कम दिखायी देने वाले हालात में भी काम करती है, जो अपाचे को युद्धक्षेत्र में निर्णायक बढ़त देती है।

इसके अलावा, 'हॉट रीफ़्यूलिंग' और 'हॉट रीआर्मिंग', यानी इंजन बंद किये बिना ईंधन भरने और हथियार लोड करने की क्षमता इसे तेज़ी से मिशन के लिए दोबारा तैयार करती है। इसके चलते, ये विमान युद्ध की स्थिति में और भी भरोसेमंद और ज़रूरी हो जाता है।

हवा से हवा में मार करने की क्षमता भी अपाचे की एक अनोखी ख़ासियत है। आधुनिक एयर-टू-एयर स्टिंगर मिसाइल से लैस होकर, ये विमान दुश्मन के हेलीकॉप्टरों और मानवरहित विमानों को कारगर ढंग से मार गिरा सकता है। ये सिस्टम, फ़ायर कंट्रोल रडार के एयर-टू-एयर मोड, टार्गेट एक्विज़िशन एंड डेज़िग्नेशन साइट के साथ, हर मौसम में बिना किसी रुकावट के काम करता है।

मशीन चाहे कितनी भी शानदार क्यों न हो, मैं इस पूरे ब्योरे को अपाचे पायलटों और उनके परिवारों के बीच की असाधारण एकरूपता पर रोशनी डाले बिना ख़त्म नहीं करना चाहूंगी। ऐसा लगता है जैसे ये भारतीय सेना की एक अलग ही रेजिमेंट चल रही हो।

एक्स वल्कन 01 ने बताया:

> हम पायलटों का एक छोटा, ख़ास ग्रुप है। एक स्क्वाड्रन के रूप में हमें महज़ पांच साल हुए हैं। हमारे बीच भविष्य के सीओ और फ़्लाइट कमांडर्स मौजूद हैं। हम क़रीबी टीमों में ट्रेनिंग और ऑपरेशन करते हैं, जिससे हमारे आपसी संबंध और मज़बूत होते हैं। हमारे टेक्नीशियन, ग्राउंड क्रू और इंजीनियर बेहतरीन हैं और हम सभी एक-दूसरे पर निर्भर रहते हैं। अपाचे के प्रति हमारा प्रेम हमें एक साथ बांधे रखता है।
>
> और जो बात इसे और भी खास बनाती है, वो हैं हमारे परिवार। हमारी पत्नियां। वो ये भली-भांति जानती हैं कि हमारे जीवन में मशीन पहले आती है, मगर वो उससे उतना ही प्यार करती हैं।

~

एचएएल लाइट कॉम्बैट हेलीकॉप्टर प्रचंड: ऊंचाई पर आग और प्रचंडता

देश ने गर्व और रोमांच के साथ वो क्षण देखा, जब 3 अक्टूबर 2022 को भारतीय वायुसेना में शामिल होने के तुरंत बाद, रक्षामंत्री राजनाथ सिंह ने लाइट कॉम्बैट हेलीकॉप्टर (एलसीएच) में उड़ान भरी। इसकी क्षमताओं की तारीफ़ करते हुए उन्होंने कहा, 'एलसीएच, भारतीय वायुसेना की ताक़त तो बढ़ाएगा ही, मगर साथ ही ये रक्षा क्षेत्र में आत्मनिर्भरता का प्रतीक भी है।'

हिंदुस्तान एयरोनॉटिक्स लिमिटेड (एचएएल) द्वारा स्वदेशी रूप से तैयार किया गया ये विश्वस्तरीय एलसीएच, जिसे 'प्रचंड' नाम दिया गया है, अपने नाम के अनुरूप ही है। ये हल्का हेलीकॉप्टर, आधुनिक हथियारों और तकनीक से पूरी तरह लैस है, जिनमें 20-एमएम टरेट गन, 70-एमएम रॉकेट, एमबीडीए एयर-टु-एयर मिसाइलें और 'ध्रुवास्त्र' टैंक विरोधी गाइडेड मिसाइलें शामिल हैं। इसके साथ ही, इसमें अत्याधुनिक इलेक्ट्रॉनिक वॉरफ़ेयर सूट भी है।

इसकी भयानक कठिन परिस्थितियों में काम करने की बेजोड़ क्षमता, प्रचंड को ख़ास बनाती है। ये दुनिया का एकमात्र अटैक हेलीकॉप्टर है जो 6,500 मीटर तक की ऊंचाई पर टेक-ऑफ़, लैंडिंग, भारी बम और हथियार ले जाने और सटीक हमले करने में सक्षम है। यही वजह है कि ये सियाचिन ग्लेशियर जैसे बहुत ऊंचे पर्वतीय युद्धक्षेत्रों के लिए आदर्श विमान है।

ये घातक, कई सारे काम निपटाने वाले हेलीकॉप्टर, दुश्मन की रक्षा प्रणालियों के विनाश, सर्च-एंड-रेस्क्यू, एंटी-टैंक स्ट्राइक, टोही और अन्य हेलीकॉप्टरों को एस्कॉर्ट करने जैसे तमाम मिशनों के लिए बनाये गये हैं। मिसाइलों से लैस इसके स्टब विंग्स ताक़त और आत्मविश्वास का एहसास कराते हैं। यही कारण है कि ये 'हंटर-किलर हेलीकॉप्टर' के नाम से लोकप्रिय है।

लेकिन इसकी सबसे बड़ी पहचान ये भी है कि प्रचंड पूरी तरह हमारा अपना है।

ज़मीन और आसमान, दोनों पर हमला करने की क्षमता रखने वाला भारत का पहला स्वदेशी कॉम्बैट हेलीकॉप्टर होने के नाते, ये रक्षा तकनीक में आत्मनिर्भरता की दिशा में एक बड़ा कदम है।

143 हेलीकॉप्टर यूनिट[15] 'धनुष' के कमांडिंग ऑफ़िसर से बात करने का मौक़ा मिलना मेरे लिए स्वाभाविक रूप से रोमांच से भरा था। ये भारतीय वायुसेना की एकमात्र

वो यूनिट है, जो फ़िलहाल लाइट कॉम्बैट हेलीकॉप्टर का संचालन कर रही है। 1 जून 2022 को गठित ये यूनिट अभी-अभी भारतीय वायुसेना के द्विवार्षिक बहुराष्ट्रीय हवाई युद्ध अभ्यास 'तरंग शक्ति 2024' से लौटी थी।

धनुष 01 कॉल साइन वाले सीओ, बेहद सहज और दोस्ताना रवैया रखने वाले थे। उन्हें देखकर ये सोचना मुश्किल था कि वो वायुसेना के सबसे फुर्तीले और ख़तरनाक विमानों में से एक का नेतृत्व कर रहे थे, जो दुश्मनों के लिए एक बहुत बुरा सपना बन सकता है।

उन्होंने पूरी दृढ़ता से कहा:

> 'हमारी यूनिट का गीत है *प्रचंड पर सवार तू, है हिंद की गुहार तू, है काल सा जो वेग तेरा, शत्रु को संहार तू।* हर शब्द में ताक़त महसूस होती है। ये गीत हमारी स्क्वाड्रन की धड़कन है, हमारे उद्देश्य और आत्मा का प्रतिबिंब है। हम रक्षा क्षेत्र में आत्मनिर्भर भारत के मामले में सबसे आगे खड़े हैं।
>
> हम ख़ुद को महज़ भविष्य का हिस्सा नहीं मानते। हम ही भविष्य हैं। और इस ज़िम्मेदारी को हम पूरी गंभीरता से निभाते हैं। हर मिशन में हम अपनी पूरी तीव्रता, फ़ोकस और सटीकता झोंक देते हैं। हमारे यूनिट के ध्येयवाक्य 'सदैव लक्ष्यं मुखम्' की तरह, हमारी नज़र कभी लक्ष्य से नहीं हटती। हम विनाश करने के लिए हैं, और वही करते हैं।

कुछ पल रुककर उन्होंने धैर्य और दृढ़ता के साथ आगे बात बढ़ायी:

> सियाचिन, पूर्वोत्तर भारत या किसी भी ऊंचे पहाड़ी युद्धक्षेत्र में बेहद कठिन परिस्थितियों से जूझ रहे हमारे ज़मीनी सैनिक निश्चिंत रह सकते हैं कि ज़रूरत पड़ने पर हम उनके साथ होंगे। उन वीरान और निर्दयी इलाकों में, जहां मीलों तक सिर्फ़ तेज़ हवाएं और जानलेवा ऊंचाइयां होती हैं, हमारे पैदल सैनिकों को ये भरोसा होना चाहिए कि वो अकेले नहीं हैं। प्रचंड के पायलट उनके ऊपर होंगे और तैयार होंगे। बुलाने पर हम सभी, दुश्मनों पर अपनी आग बरसा देंगे।

छुपकर हमला करने वाले हेलीकॉप्टर की आवश्यकता पहली बार 1999 के कारगिल युद्ध के दौरान महसूस की गयी। उस समय रूसी मूल के एमआई-25/एमआई-35

अटैक हेलीकॉप्टर ऊंचाई पर काम नहीं कर पा रहे थे और रॉकेट फ़ायरिंग के लिए बदलाव करके तैयार किये गये एमआई-17 हेलीकॉप्टर मार गिराये गये थे।

दुनिया के अधिकांश देशों के विपरीत, भारत को दुनिया के सबसे ऊंचे युद्धक्षेत्रों में लड़ना पड़ता है। इस अद्भुत चुनौती के कारण, देश को ऐसे ख़ास अटैक हेलीकॉप्टर की आवश्यकता थी, जो मिसाइल दाग सके, सटीक हमले कर सके, बंकर नष्ट कर सके और बहुत ज़्यादा ऊंचाई पर, ज़मीनी बलों को ताक़त दे सके। साल 2006 में भारत सरकार ने ऐसे हेलीकॉप्टर को विकसित करने की मंज़ूरी दे दी।

प्रचंड के पहले प्रोटोटाइप ने मार्च 2010 में उड़ान भरी, जहां से इसका असली परीक्षण शुरू हुआ। इसमें ऊंचे पहाड़ों पर हुए परीक्षण भी शामिल थे, जिसके दौरान इसने सियाचिन ग्लेशियर की चुनौतीपूर्ण परिस्थितियों में हेलीपैड पर सफल लैंडिंग की। एचएएल ने इसे भारत में ही डिज़ाइन किया और बनाया है। प्रचंड को ध्रुव-क्लास रुद्र हेलीकॉप्टर से प्रेरित होकर ही विकसित किया गया था और ये एक अटैक हेलीकॉप्टर है। जहां रुद्र एक सशस्त्र हेलीकॉप्टर है, वहीं प्रचंड को विशुद्ध रूप से अटैक मिशनों के लिए डिज़ाइन किया गया है।

मैंने सीओ से पूछा, 'हमारे पास पहले से एमआई-35 और अपाचे जैसे अटैक हेलीकॉप्टर हैं। तो प्रचंड फ़्लीट में क्या नया जोड़ता है?'

उन्होंने मुस्कुराते हुए जवाब दिया:

> हम बेहद ख़तरनाक परिस्थितियों के लिए बने हैं। हम तेज़ हैं, फुर्तीले हैं और भारी मारक क्षमता रखते हैं। चाहे दुनिया की सबसे ऊंची चोटियों पर पैदल सैनिकों से लड़ना हो, दुश्मन की रक्षा पंक्तियों को नष्ट करना हो या शहरी युद्ध में बख़्तरबंद टार्गेट पर हमला करना हो, हम सबकुछ कर सकते हैं। हमारा छोटा और स्टेल्थ प्रोफ़ाइल सियाचिन और नॉर्थ-ईस्ट जैसे इलाकों में खेल बदल देने में क़ाबिल है। हम बहुत ज़्यादा ऊंचाई पर काम करने की एक बड़ी कमी को पूरा करते हैं। हमारे पास अत्याधुनिक उड़ान संचार तंत्र, सेंसर, हथियार और रडार हैं। हमारी फ़ायरपॉवर का कोई जवाब नहीं है। हम ऐसी तकनीक चलाते हैं जो किसी से कम नहीं। हम भविष्य की कुंजी हैं।
>
> हम आत्मनिर्भरता की ओर बढ़ रहे हैं। जल्द ही छोटे हथियारों या कस्टम प्रोटोटाइप के लिए हमें विदेशी सप्लायर्स की ज़रूरत नहीं पड़ेगी। हर ट्रेनिंग के बाद हम अपनी कमियों की समीक्षा करते हैं और उन्हें अपने देसी समाधानों से

> दूर करते हैं। दुनिया की सबसे शक्तिशाली अर्थव्यवस्थाएं हथियार पर आधारित हैं। और प्रचंड व तेजस जैसे प्लेटफ़ॉर्म, युद्ध-परीक्षित प्रणालियों के साथ मिलकर, एक मज़बूत और आत्मनिर्भर भविष्य की राह बना रहे हैं।

प्रचंड एलसीएच को संकरे फ़्यूज़लाज और स्टेल्थ विशेषताओं के साथ डिज़ाइन किया गया है। इसमें बख्तरबंद सुरक्षा, दिन और रात, दोनों समय काम करने की क्षमता है। 5.8 टन के अधिकतम वज़न और 21,300 फ़ुट की सर्विस सीलिंग के साथ, ये ऊंचे पहाड़ों पर युद्ध के लिए पूरी तरह मुफ़ीद है। इसका मॉड्यूलर डिज़ाइन मिशन की आवश्यकता के अनुसार हथियारों का कॉम्बिनेशन बदलने की सुविधा देता है।

इस हेलीकॉप्टर में आधुनिक टैंडम-सीट ग्लास कॉकपिट है, जिसमें मल्टी-फ़ंक्शन डिस्प्ले, टार्गेट एक्विज़िशन सिस्टम, फ़ॉरवर्ड-लुकिंग इन्फ्रारेड, लेज़र रेंजफ़ाइंडर और डेज़िग्नेटर शामिल हैं। पायलट आगे बैठता है और उसके पीछे वेपन सिस्टम ऑपरेटर होता है। दोनों ही नक़्शों, हथियारों और नेविगेशन के लिए आधुनिक डिस्प्ले का उपयोग करते हैं। छोटा और सघन कॉकपिट इस तरह बनाया गया है कि पायलट को पूरी सुविधा और आराम रहे, जिससे पायलट और मशीन के बीच सहज तालमेल बनता है।

धनुष यूनिट के सीओ के शब्दों में, प्रचंड का शीशे का कॉकपिट इसे 'उड़ाने में बेहद रोमांचक' बनाता है।

वो हेलमेट पर लगे साइट सिस्टम को लेकर भी ख़ासे उत्साहित थे:

> ये बिल्कुल ऐसा है जैसे पायलट की आंखों के सामने एक छोटी सी ग्लास स्क्रीन हो, जो जानकारी दिखाती है और फ़ायरिंग में मार्गदर्शन करती है। पायलट बस टार्गेट को देखता है और फ़ायर करता है। निशाना सटीक ही लगता है।

अपने अनुभव को याद करते हुए सीओ ने कहा:

> मैंने चीता, चीतल, एमआई-8, एमआई-17, एमआई-17वी-5 और एएलएच एमके-4 रुद्र उड़ाया है, लेकिन प्रचंड उड़ाना बिल्कुल अलग अनुभव है। ये ख़ूबसूरत है और मुझे इस मशीन से प्यार हो गया है।

ऊंचे पहाड़ों पर युद्ध करने की क्षमता को और मज़बूत करने के लिए, रक्षा मंत्रालय ने 156 और प्रचंड लाइट कॉम्बैट हेलीकॉप्टरों की ख़रीद को मंज़ूरी दी है।[16]

राष्ट्रीय सुरक्षा से आगे, प्रचंड घरेलू उद्योगों के लिए रोज़गार और व्यापार के नये अवसर भी पैदा कर रहा है। ये देश के रक्षा क्षेत्र के लिए उम्मीद, उत्साह और एक उज्ज्वल भविष्य का प्रतीक है। हाल के समय में ऑपरेशन सिंदूर के दौरान भी प्रचंड का अच्छा इस्तेमाल किया गया।

हालांकि हाल में ऐसी रिपोर्टें आई हैं कि भविष्य के युद्ध की तैयारी के तहत अमेरिका अपने रोटरी-विंग फ़्लीट में कटौती कर रहा है, लेकिन भारत जैसे देश के लिए अटैक हेलीकॉप्टरों की प्रासंगिकता आज भी उतनी ही बनी हुई है।

जैसा कि भारतीय वायुसेना के अनुभवी एयर मार्शल अनिल चोपड़ा ने द *यूरेशियन टाइम्स* के लिए एक लेख में कहा था: 'अटैक हेलीकॉप्टर गायब नहीं होंगे, इसका मुख्य कारण ये है कि वो एक ऐसा ख़ास काम करते हैं जो बहुत कम विमान कर सकते हैं। ये 350 किमी/घंटा की स्पीड वाली मिसाइल चलाने वाली एकमात्र मशीनें हैं जो पेड़ों के पीछे छिप सकती हैं, अचानक उभर सकती हैं, और सचमुच मारकर तुरंत पीछे हट सकती हैं।'

इसी संदर्भ में, भारतीय वायु सेना का एएच-64ई अपाचे और स्वदेशी एचएएल प्रचंड का मेल, ये सुनिश्चित करता है कि किसी तरह की कोई कमी न हो। वैसी स्थिति न हो, जैसी कि कारगिल युद्ध में हुई थी, जहां सशस्त्र हेलीकॉप्टरों की कमी बहुत साफ़ रूप से महसूस हुई थी।

जहां अपाचे का कोई वास्तविक समकक्ष नहीं है, वहीं प्रचंड, अपनी अनोखी, स्वदेशी ख़ूबियों के साथ, एक मज़बूत और भरोसेमंद कारक है, जो रक्षातंत्र को कई गुना ताक़तवर बना देता है। ये दोनों प्लेटफ़ॉर्म मिलकर कई तरह की भौगोलिक और ऑपरेशनल परिस्थितियों को कवर करते हैं। साथ ही, ये हमारी ज़मीनी सेनाओं को समय पर तेज़ और निर्णायक समर्थन देने के लिए हमेशा तैयार रहते हैं।

इस चैप्टर को ख़त्म करने की ओर बढ़ते हुए, एक विचार आपके सामने रखना चाहती हूं: भारत के बेड़े में शामिल हर विमान, चाहे वो देश में बना हो या रणनीतिक साझेदारियों के ज़रिये आया हो, हमारी राष्ट्रीय संपत्ति है। वो हमारी संप्रभु इच्छा और

हमारी ऑपरेशनल ताक़त का ही विस्तार है। सबसे बेहतर बनाने, सबसे बेहतर हासिल करने और जो कुछ भी हमारे पास है, उसे लगातार और बेहतर करने की कोशिश चलती रहनी चाहिए। लेकिन इस सफ़र में जो एक बात कभी नहीं भूलनी चाहिए, वो है अपने सशस्त्र बलों के साथ मजबूती से खड़े रहना। वो सभी पुरुष और महिलाएं, जो कठोर अनुशासन में प्रशिक्षण लेते हैं, अपनी क्षमताओं को निखारते हैं, और बिना थके ख़ुद को तैयार रखते हैं, ताकि जब भी ज़रूरत पड़े, वो पूरी सटीकता और दृढ़ता के साथ वार कर सकें। एक प्लेटफॉर्म की दूसरे से तुलना करना न सिर्फ़ सतही है, बल्कि उस बड़ी रणनीतिक सोच को भी नज़रअंदाज़ करता है जो हमारी रक्षा सम्बन्धी हर तैयारी का मार्ग तय करती है।

ये पूरा विवरण हर उस विमान और हर उस स्क्वाड्रन को सम्मान देता है, जो देश की सेवा में चुपचाप, पूरे संकल्प के साथ लगे हुए हैं। उन्हें फ़र्क नहीं पड़ता है कि उनका नाम लिया जा रहा है या नहीं। ये उन पायलटों, ग्राउंड क्रू और उनके परिवारों को सलाम है, जो भारत की वायु शक्ति की असल रीढ़ हैं। हर मिशन और आसमान में मिली हर कामयाबी के पीछे वही असल बल हैं।

जय हिन्द!

आभार

ऐसा हो सकता है कि पढ़ने वालों को इन पन्नों में मात्र इसे लिखने वाली और उसके नायक दिखायी पड़ें। मगर सच ये है कि एक किताब लिखने में एक पूरे कुनबे की मेहनत लगती है। ख़ासकर तब, जब इसका मक़सद किसी सैन्यबल की शान, उसके बलिदान और वीरता को दर्ज करना हो। इस स्तर का काम गहन शोध, कड़ी जांच और अनगिनत लोगों की मेहनत से ही मूर्त रूप ले पाता है। ये किताब मैंने भारतीय वायुसेना के आशीर्वाद से और उसके मार्गदर्शन में लिखी है।

सबसे पहले मैं दो दूरदर्शी सैन्य नेताओं के प्रति अपनी गहरी कृतज्ञता व्यक्त करती हूं: पूर्व वायुसेना प्रमुख, एयर चीफ़ मार्शल विवेक राम चौधरी, परम विशिष्ठ सेवा मेडल, अति विशिष्ट सेवा मेडल, वायुसेना मेडल, एडीसी और वर्तमान वायुसेना प्रमुख, एयर चीफ़ मार्शल अमर प्रीत सिंह, परम विशिष्ट सेवा मेडल, अति विशिष्ट सेवा मेडल। उनके विचार, प्रोत्साहन और निरंतर समर्थन ने इस किताब की नींव रखी। उप वायुसेना प्रमुख, एयर मार्शल अवधेश कुमार भारती, सर्वोत्तम युद्ध सेवा मेडल, अति विशिष्ट सेवा मेडल, वायुसेना मेडल, का भी दिल से धन्यवाद, जिन्होंने अपने बेहद व्यस्त कार्यक्रम के बावजूद ऑपरेशन सिंदूर पर मुझसे बात करने के लिए समय निकाला।

मैं एयरफ़ोर्स वाइव्स वेलफ़ेयर असोसिएशन की अध्यक्ष श्रीमती सरिता सिंह का भी विशेष आभार व्यक्त करती हूं, जिन्होंने मुझे हमारे हवाई योद्धाओं के पीछे खड़ी

महिलाओं की उस ख़ामोश ताक़त को समझने में मदद की, जो अक्सर दिखायी नहीं देती। वो लेखिका नहीं हैं, फिर भी उन्होंने मेरे अनुरोध पर एक नोट लिखने की सहमति दी, जिसके लिए मैं हमेशा उनकी आभारी रहूंगी। उनका लिखा हुआ वो नोट इस किताब का सबसे अनमोल रत्न है।

इसके बाद, मैं उन ख़ामोश योद्धाओं का धन्यवाद करना चाहती हूं, जिनके ज़िक्र से इस किताब के पन्ने वंचित रह गये। मगर उनका योगदान बेशकीमती है। एयर वाइस मार्शल जोसेफ़ स्वॉरेस, वायुसेना मेडल, एयर कमोडोर मोहित सिसोदिया और मीडिया एवं जनसंपर्क निदेशालय की उनकी टीम, और ग्रुप कैप्टन मुनीश शर्मा, इन सभी के भरोसे, हौसले और अथक प्रयासों के बिना ये किताब उड़ान भर ही नहीं पाती। कई मायनों में ये किताब मुझसे कहीं ज़्यादा उनकी है। यही लोग मेरे सबसे सख़्त आलोचक भी रहे, जिन्होंने मुझे लगातार बेहतर करने के लिए प्रेरित किया। मैं हमेशा उनकी आभारी रहूंगी।

मैं उन सैकड़ों वायुसेनाकर्मियों का भी आभार व्यक्त करती हूं, जिन्होंने इस पूरी यात्रा में अलग-अलग मौक़ों पर मेरा सहयोग किया, कहानियों की जांच-पड़ताल में मदद की और तथ्यों को सत्यापित किया। सभी के नाम लेना संभव नहीं है, लेकिन हर एक शख़्स ने इन पन्नों पर अपनी छाप छोड़ी है। सबसे बड़ा धन्यवाद उन सभी लोगों को, जिन्होंने मुझ पर भरोसा किया, और उनके परिवारों और मित्रों के प्रति मेरी गहरी संवेदना और कृतज्ञता, जिन्होंने सर्वोच्च बलिदान दिया।

इसके बाद हार्पर कॉलिन्स इंडिया की बेहद पेशेवर टीम का ज़िक्र आता है। मेरी कमाल की संपादक प्रेरणा गिल, आपकी पैनी नज़र और इस लंबे सफ़र में मेरे साथ चलने के लिए, आपका धन्यवाद। उन डिज़ाइनरों को भी शुक्रिया, जिन्होंने ऐसा कवर तैयार किया, जो किताब के अंदर बसी कहानियों के साथ न्याय कर सके। और संपादकीय व प्रोडक्शन टीम का भी धन्यवाद, जिन्होंने हर छोटी-बड़ी डीटेल पर काम किया। हार्पर कॉलिन्स की ओर से मैं ग्रुप कैप्टन इंद्रनील नंदी की फ़ोटोग्राफ़ी की सराहना करना चाहूंगी। उनकी तस्वीर ने उन तमाम शानदार एविएशन फ़ोटोग्राफ़र्स की तस्वीरों को पीछे छोड़ दिया, जिन्हें हम कवर के लिए सोच रहे थे। अपनी तस्वीर हमारे साथ साझा करने के लिए धन्यवाद।

अंत में, मेरा परिवार, मेरे माता-पिता और भाई, जो हमेशा मेरे लिए सहारा बने रहे। अतिविशेष धन्यवाद मेरी सास श्रीमती सावित्री पांडेय और ससुर श्री विजय के पांडेय को, जिन्होंने इस यात्रा में हर तरह से मेरा साथ दिया।

ये किताब दो बेहद व्यस्त वर्षों का नतीजा है। इसमें पसीना, मेहनत, आंसू, नींद से दूर बैठी रातें और अनगिनत चुनौतियां हैं। भारतीय वायुसेना की भावना, मूल्य और बहादुरी को अपनी छोटी-सी क्षमता में पेश करते करते हुए मेरे दिल में गर्व भी है और एक हल्की-सी घबराहट भी। डिजिटल रुझान आते-जाते रहते हैं, लेकिन किताबें रह जाती हैं। अगर मुझसे कोई भूल हुई हो तो मुझे माफ़ करें और ये समझें कि मैंने आने वाली पीढ़ियों के लिए, हमारे आकाश के प्रहरियों पर एक सच्ची और ईमानदार किताब तैयार करने की कोशिश की है।

अपने शब्दों का अंत मैं उस निरंतर धड़कते ब्रह्मांड को धन्यवाद देकर करना चाहूंगी, जो मेरे भीतर बसता है। इसी से मुझे वो जादुई शक्ति मिलती है, जो शुरुआत में लगभग नामुमकिन लगने वाली चीज़ों को मुमकिन बना देती है।

अब ये किताब भारत की जनता की है। पढ़िये, उत्सव मनाइये, उपहार में दीजिये और आगे बढ़ाइये।

जय हिंद!

नोट्स

भारतीय वायुसेना का इतिहास

1. उस वक़्त के हवाई सिपाही आज के एयरमेन के समकक्ष होते हैं.
2. पुष्पिंदर सिंह, हिमालयन ईगल्सः हिस्ट्री ऑफ़ इंडियन एयर फ़ोर्स वॉल्यूम 2. चैप्टर 16, 'इन डिफ़ेंस ऑफ़ कश्मीर', सोसाइटी ऑफ़ एरोस्पेस स्टडीज़, मार्च 2007
3. पुष्पिंदर सिंह, हिमालयन ईगल्स, 'इन डिफ़ेंस ऑफ़ कश्मीर', पेज 20
4. पुष्पिंदर सिंह, हिमालयन ईगल्स, 'इन डिफ़ेंस ऑफ़ कश्मीर', पेज 30
5. सो दैट अदर्स मे लिवः इंडियन एयरफ़ोर्स इन द सर्विस ऑफ़ नेशन. जून 2011 में भारतीय वायुसेना द्वारा, एयर मार्शल एनएके ब्राउन के संरक्षण में, प्रकाशित. चैप्टर - द पुंछ एयरब्रिगेड
6. पूर्वोक्त. चैप्टर - द रिपब्लिक ऐंड इट्स एयरफ़ोर्स
7. पुष्पिंदर सिंह, हिमालयन ईगल्स, 'कन्सॉलिडेशन ऐंड एक्सपेंशन', पेज 51
8. पुष्पिंदर सिंह, हिमालयन ईगल्स, 'कन्सॉलिडेशन ऐंड एक्सपेंशन', पेज 46
9. अतिरिक्त सन्दर्भ सामग्री में भारतीय वायुसेना की आर्काइव्स, वायुसेना की लाइब्रेरी से प्राप्त किये गए रीसर्च पेपर शामिल हैं. इसके साथ ही पुष्पिंदर सिंह की हिमालयन ईगल्सः हिस्ट्री ऑफ़ इंडियन एयर फ़ोर्स; एयर मार्शल भारत कुमार की द डुएल्स ऑफ़ द हिमालयन ईगलः द फ़र्स्ट इंडो-पाक एयर वॉर; भारतीय वायुसेना की तमाम कॉफ़ी-टेबल किताबें और भारतीय वायुसेना की वेबसाइट पर मौजूद ढेर सारा कॉन्टेंट भी शामिल है.

आरम्भ

1. अल जज़ीरा की रिपोर्ट के मुताबिक, ऑपरेशन का नाम क़ुरान की एक अरबी आयत से लिया गया था. ये आयत (सूरह अस-सफ़्फ़, 61:4) में है, जिसमें सैनिकों को ऐसे लड़ते हुए बताया गया है जैसे वो एक 'मज़बूत दीवार' हों.
2. इसे नूर ख़ान एयरबेस के नाम से भी जाना जाता है.
3. https://economictimes.indiatimes.com/news/defence/a-hidden-symbol-at-a-pakistani-air-base-speaks-of-its-shattered-pride/articleshow/121112915.cms?from=mdr

मानवीय सहायता और आपदा राहत

1. एयर मार्शल अनिल चोपड़ा (रिटायर्ड), 'रोल ऑफ़ आईएएफ़ इन नेशन बिल्डिंग', एसपीज़ एवियेशन, अंक 8, 2024, https://www.sps-aviation.com/story/?id=3572&h=Role-of-the-IAF-in-Nation-Building#:~:text=IAF%20has%20its%20own%20emergency
2. विदेश मंत्रालय, लोक सभा, अतारांकित प्रश्न संख्या 1258, जिसका जवाब 9 फ़रवरी 2024 को दिया गया. यहां मौजूद है: https://www.mea.gov.in/lok-sabha.htm?dtl/37593/QUESTION+NO1258+EVA
CUATION+OF+INDIANS#:~:text=Operation%20Ajay%3A%20
So%20far%2C%20a,at%20Government%20of%20India's%20cost
(डेटा, विदेश मंत्रालय की और दूसरी सरकारी वेबसाइटों के अनुसार)

1. ऑपरेशन कावेरी; वादी सैदिना: सूडान में साहसी बचाव अभियान

1. अलग-अलग देशों के कई लोग, जो राजधानी ख़ार्तूम से पोर्ट सूडान तक की 816 किलोमीटर की दूरी तय नहीं कर पा रहे थे, वादी सैदिना में शरण लिए हुए थे. ये एक पुराना एयरबेस है, जो ख़ार्तूम से सिर्फ़ 22 किलोमीटर दूर है. उन्हें उम्मीद थी कि भले ही उनके अपने देश बचाव के लिए उड़ानें नहीं चला रहे थे, लेकिन उन्हें वहां से निकाल लिया जाएगा. संघर्षविराम के दौरान कुछ देश इस एयरबेस से निकासी कर रहे थे, जिनमें भारत भी शामिल था.
2. पूर्वी सूडान में लाल सागर के किनारे स्थित पोर्ट सूडान, भारत समेत कई देशों के लिए बाहर निकलने का मुख्य केंद्र बना हुआ था. वहीं राजधानी ख़ार्तूम गृहयुद्ध का केंद्र बना रहा.
3. 'एक्स्प्लेंड: हू आर द हक्का पक्की ट्राइब स्ट्रैंडेड इन सूडान?' डेक्कन हेरल्ड, 23 अप्रैल 2023: https://www.deccanherald.com/india/karnataka/explained-who-are-the-hakka-pakki-tribe-strandedin-sudan-1212222.html
4. भारतीय दूतास, खार्तूम, सूडान, 'इंडियन डायस्पोर इन सूडान': https://eoikhartoum.gov.in/indian-diaspora-in-sudan.php

5. सूडान में संकट और उसके बाद हुई हिंसा के बाद, वहां रहने वाले भारतीयों की संख्या घटकर लगभग 100 रह गई थी।
6. रैपिड सपोर्ट फ़ोर्स सूडान का एक अर्धसैनिक संगठन है, जो सूडानी सशस्त्र बलों के ख़िलाफ़ लड़ रहा था।
7. चूंकि ये संघर्ष सूडान की अपनी ही अर्धसैनिक और सैन्यबलों के बीच था, इसलिए देश पूरी तरह गृहयुद्ध की स्थिति में था.
8. रेशेल रोवेज, 'सूडान्स सिविल वॉर: हाउ डिड इट बिगिन, व्हाट इज़ द ह्यूमन कॉस्ट, ऐंड व्हॉट इज़ हैपेनिंग नाउ?', द गार्डियन, 22 मार्च 2024, https://www.theguardian.com/global-development/2024/mar/22/what-caused-the-civil-war-in-sudan-and-how-has-it-become-one-of-the-worlds-worst-humanitarian-crises
9. एएनआई, 'व्हेन यू लीव बॉर्डर्स, गो विद फ़ुल कॉन्फ़िडेंस, गवर्नमेंट इज़ स्टैंडिंग विद यू: जयशंकर अश्योर्स सेफ़ रिटर्न होम फ़ॉर इंडियन्स वर्ल्डवाइड', इकॉनमिक टाइम्स, 3 अप्रैल 2024, https://economictimes.indiatimes.com/news/india/when-you-leave-the-borders-go-with-full-confidenceindian-government-is-standing-with-you-s-jaishanakar-assures-safereturn-home-for-indians-worldwide/articleshow/108979371.cms
10. https://thewire.in/diplomacy/sudan-on-transit-visit-through-new-york-jaishankar-meets-un-secretary-general
11. एएनआई, 'इंडिया इन कंटिन्यूअस टच विद इंडियन्स इन सूडान, सेज़ एस जयशंकर', बिज़नेस स्टैण्डर्ड, 21 अप्रैल 2023, https://www.businessstandard.com/india-news/india-in-continuous-touch-with-indians-insudan-says-s-jaishankar-123042100047_1.html
12. ये संसाधन थे भारतीय नौसेना पोत और भारतीय वायुसेना के विमान.
13. https://www.aninews.in/news/world/asia/operation-kaveri-first-batch-of-278-stranded-indians-reaches-jeddah-second-leaves-port-sudan20230426020253/
14. ये एक प्रकार का युद्धपोत होता है. आधुनिक फ़्रिगेट जहाज़ का काम बेड़े के अन्य जहाज़ों, व्यापारी जहाज़ों और उभयचर अभियानों में शामिल फ़ोर्सेज़ को समुद्र से आने वाले ख़तरों से बचाना होता है. ख़ासतौर पर पनडुब्बियों से. इसी वजह से इसमें कई तरह के सेंसर और हथियार लगे होते हैं.
15. एयर चीफ़ मार्शल
16. एयर मार्शल; थलसेना के लेफ़्टिनेंट जनरल के बराबर और नौसेना के एडमिरल के समकक्ष
17. https://economictimes.indiatimes.com/nri/latest-updates/indialaunches-operation-kaveri-to-evacuate-its-nationals-from-sudan/articleshow/99733068.cms
18. मैन-पोर्टेबल एयर डिफ़ेंस सिस्टम एक हल्का हथियार होता है, जिसे कंधे पर रखकर चलाया जाता है और इसका इस्तेमाल दुश्मन के विमानों से बचाव के लिए किया जाता है. सूडान

की अस्थिर स्थिति में, जहां सरकारी फ़ोर्सेज़ आपस में ही लड़ रही थीं, कई आम नागरिकों के पास भी हथियार और उपकरण आ गये थे. कुछ लोग आत्मरक्षा के लिए और कुछ अराजकता का फ़ायदा उठाकर लूटपाट के लिए इन्हें इस्तेमाल कर रहे थे, जिनमें विदेशी नागरिक भी निशाना बने. ऐसे हथियार किसी भी विमान की सुरक्षित लैंडिंग के लिए गंभीर ख़तरा पैदा करते थे.

19. ऑपरेशन कावेरी के दौरान बहादुरी के लिए ग्रुप कैप्टन समीप निज़हावन को 'मेंशन इन डिस्पैचेज़' से सम्मानित किया गया था
20. भारतीय वायुसेना में स्क्वाड्रन लीडर की रैंक, थलसेना में मेजर और नौसेना में लेफ़्टिनेंट कमांडर के समकक्ष होती है.
21. गरुण की यूनिट को गरुण फ़्लाइट कहते हैं.
22. डायरेक्टरेट ऑफ़ गरुण का प्रमुख एक प्रशासनिक अधिकारी होता है जिसे ग्रुप कैप्टन की रैंक मिली होती है. उसे 'ग्रुप कैप्टन गरुण' या 'डी गरुण' भी कहा जाता है. एयर हेडक्वार्टर्स में ये अफ़सर गरुण स्पेशल फ़ोर्सेज़ का सबसे बड़ा प्रतिनिधि होता है.
23. थलसेना में लेफ़्टिनेंट कर्नल और नौसेना में कमांडर के समकक्ष
24. विंग कमांडर उनियाल को बाद में, ऑपरेशन कावेरी में उनके योगदान के लिए 'मेंशन इन डिस्पैचेज़' से सम्मानित किया गया.
25. एविएटर्स अपनी यूनिफ़ॉर्म पर लगे ख़ास वेल्क्रो बैज और पैच के लिए जाने जाते हैं. ये पैच उनके स्क्वाड्रन, उनकी विशेषज्ञता और अलग-अलग उपलब्धियों को दर्शाते हैं. ये पैच उनकी पहचान का काम करते हैं.
26. सी-130जे विमान के बारे में विस्तार से जानने के लिए इस किताब के अंतिम चैप्टर 'भारतीय वायुसेना का दमख़म' पढ़ें.
27. 'टैक्सी' का मतलब होता है विमान का ज़मीन पर अपनी ही ताक़त से आगे बढ़ना. इस प्रक्रिया को आमतौर पर एयर ट्रैफ़िक कंट्रोल (एटीसी) निर्देशित करता है, ताकि एयरफ़ील्ड पर सुरक्षा और सही तालमेल बना रहे
28. पीओबी का मतलब पर्सन ऑन बोर्ड. ये चालीस की संख्या होती है.
29. एयरपोर्ट का नाम नहीं दिया जा सकता, क्यूंकि लेखक उस ख़ास देश के संबंधित अधिकारियों से संपर्क नहीं कर पाईं. हालांकि, ओपन-सोर्स के ज़रिये इससे जुड़ी जानकारियां उपलब्ध हैं.
30. एक ग्रुप कैप्टन, थलसेना में कर्नल के समकक्ष होता है. इस सन्दर्भ में, इसे दोनों सी-130जे विमानों के लिए इस्तेमाल किया जा रहा है.
31. कर्नल गुरतेज सिंह ग्रेवाल: https://www.aninews.in/news/world/middle-east/all-of-you-will-reach-home-safely-assures-indias-defence-attache-to-sudan-returnees-in-viral-video20230427040237/
32. 'ट्रान्सक्रिप्ट ऑफ़ स्पेशल ब्रीफ़िंग बाय फ़ॉरेन सेक्रेटरी ऑन पेरातिओं कावेरी', मिनिस्ट्री ऑफ़ एक्सटर्नल अफ़ेयर्स ऑफ़ द रिपब्लिक ऑफ़ इंडिया, प्रेस

रिलीज़, पब्लिक, 27 अप्रैल 2023, https://www.publicnow.com/view/3B3C2735A2207BBC6DE22ACCC682AAB502BBC227?1682628322

33. https://timesofindia.indiatimes.com/india/operation-kaverifirst-batch-of-278-indians-evacuated-from-sudan-to-jeddah/articleshow/99769545.cms

34. लेफ़्टिनेंट कर्नल गुरप्रीत सिंह: https://x.com/EoI_Khartoum/status/1654830450848718850

35. लोडमास्टर की ज़िम्मेदारी होती है कि उड़ान से पहले कार्गो और यात्रियों को सही तरीके से लोड किया जाए, सुरक्षित रूप से बांधा जाए, और उनकी निगरानी की जाए.

36. कुछ नागरिक अपने शरीर पर हथियार छिपाकर रखे हुए थे, जिसमें चाकू ख़ासतौर पर मौजूद था. ऐसे हथियार, उड़ान भरने के बाद, विमान जैसे बंद वातावरण में गंभीर ख़तरा पैदा कर सकते थे. इसलिए विमान को पूरी तरह सुरक्षित करना गरुण ऑपरेटिव्स की सबसे बड़ी प्राथमिकताओं में से एक था.

37. ज़ेनाब मोहम्मद सालेह, 'सूडान कन्फ़्लिक्ट: आर्मी फ़ाइट्स टु कीप वादी सैदिना एयरबेस, रेज़िडेंट्स से', बीबीसी, ,21 मई 2023, https://www.bbc.com/news/world-africa-65662939

38. इसमें भारतीय नागरिक भी शामिल थे, जो पोर्ट सूडान को जाने वाले काफ़िले में नहीं शामिल हो सके थे, मगर वादी सैदिना पहुंच गये थे.

39. लैंडिंग के दौरान कई दुर्घटनाएं और क्रैश हो सकते हैं.

40. https://www.aninews.in/news/national/general-news/group-captain-nanda-led-daring-rescue-ops-in-sudan-had-conducted-similar-action-in-kabul20230429225945/

41. ज़ेनाब मोहम्मद सालेह, रूठ माइकलसन ऐंड माइकल सेवेज, 'सूडानीज़ आर्मी ब्लॉक ब्रिटन्स फ्रॉम बोर्डिंग लास्ट रेस्क्यू फ़्लाइट', द गार्डियन, 29 अप्रैल 2023, https://www.theguardian.com/world/2023/apr/29/sudanese-army-blocks-britons-from-boarding-last-rescue-flights

42. लैंडिंग ज़ोन

43. फ़्लेयर मनूवर का इस्तेमाल विमान की ऊपर से नीचे आने की गति को कम करने के लिए किया जाता है, ताकि लैंडिंग आराम से हो सके.

44. इसे टैक्टिकल वेस्ट कहते हैं, जो आमतौर पर बुलेटप्रूफ होती है और इसे जवान अपने शरीर के ऊपरी हिस्से पर पहनते हैं जिससे उनका सीना और छाती, गोलियों से बच सके.

45. सक्रिय गृहयुद्ध के दौरान विमान को हवा में रोके रखने का जोखिम उठाते हुए यात्रियों का इंतज़ार करने का कोई सवाल ही नहीं था. इस दौरान अलग-अलग देशों के कई विमान मार गिराये जा चुके थे.

46. 'यूके ऑपरेशन पोलरबियर ~ वादी सैदिना एयरबेस नियो ~ अपडेटेड', जॉइंट फ़ोर्सेज़, 30 अप्रैल 2023, https://www.joint-forces.com/uk-operations/63877-uk-operation-polarbear-wadi-seidna-air-base-neo.
47. स्क्वाड्रन लीडर जैतावत ये पुष्ट करना चाहते थे कि वो एक भारतीय से ही बात कर रहे थे. इसलिए उन्होंने जानबूझकर हिंदी में बात करनी शुरू की.
48. आज भारत की वैश्विक स्थिति को स्वीकार करना ज़रूरी है. कोविड-19 महामारी के दौरान किए गए व्यापक मानवीय अभियानों से आगे बढ़कर, भारत को अब कूटनीति और सैन्य क्षमता, दोनों क्षेत्रों में एक उभरते वैश्विक नेतृत्व के रूप में देखा जा रहा है. सूडान संकट के दौरान कई देश अपने नागरिकों को निकालने में असफल रहे. या तो उनमें इच्छाशक्ति की कमी थी, या फिर इतने ख़तरनाक हालात में मिशन को अंजाम देने के लिए उचित संसाधन न थे. किसी भी सरकार पर, अधिकतम, ये नैतिक ज़िम्मेदारी होती है कि वो उन नागरिकों को वापस लाए जिन्होंने स्वेच्छा से देश छोड़ा हो. जहां कुछ देशों ने अपने नागरिकों को छोड़ दिया, वहीं भारतीय सरकार ने हर जोखिम उठाकर अपने लोगों को सुरक्षित वापस लाया. ये तारीफ़ के क़ाबिल है.
49. 'ऑपरेशन कावेरी: ईएएम जयशंकर एक्स्प्लेंस द टफ़ेस्ट इवेक्युएशन प्रॉसेस फ़ॉर इंडियन्स इन सूडान', इकॉनोमिक टाइम्स, यूट्यूब, https://www.youtube.com/watch?v=pMYk160_zxM
50. 'सूडान क्राइसिस: टर्किश इवेक्युएशन प्लेन फ़ायर्ड ऑन', बीबीसी, 28 अप्रैल 2023, https://www.bbc.com/news/world-africa-65423962.
51. राहुल बेदी, 'द एयरक्राफ़्ट पॉवरिंग आईएएफ़्स रेस्क्यू मिशन इन सूडान', द वायर, 6 मई 2023, https://thewire.in/security/iaf-c17-aircraft-rescuemission-sudan.
52. पीटीआई, 'आईएएफ़्स ओनली वुमन पायलट ऑफ़ सी-17 एयरक्राफ़्ट ब्रिंग्स बैक इंडियन्स फ़्रॉम सूडान', एनडीटीवी, 27 अप्रैल 2023, https://www.ndtv.com/india-news/iafs-only-woman-pilot-of-c-17-aircraft-brings-back-indians-from-sudan-3985544.

2. देवघर केबल कार रेस्क्यू: एक जाबांज रोपवे रेस्क्यू मिशन

1. एमआई-17वी-5, एमआई-8/17 परिवार का एक मिलिट्री ट्रांसपोर्ट हेलीकॉप्टर है, जिसे रूस की कज़ान हेलीकॉप्टर्स ने बनाया है. ये एक आधुनिक, बहुउद्देश्यीय और एनवीजी-अनुकूल हेलीकॉप्टर है, जिसे एक साथ अधिकतम 36 कर्मियों, सामान और उपकरणों को केबिन के भीतर या बाहरी स्लिंग (4,000 किलोग्राम तक) पर ले जाने के लिए डिज़ाइन किया गया है. इसका उपयोग टैक्टिकल एयर असॉल्ट फ़ोर्स की तैनाती, टोही और तोड़फोड़ टीमों के लिए, रॉकेट और बमों से ज़मीनी लक्ष्यों को नष्ट करने तथा एम्बुलेंस कॉन्फ़िगरेशन में घायलों को निकालने के लिए किया जा सकता है. एमआई-17वी-5 में उन्नत ऑटोपायलट सिस्टम के साथ-साथ अत्याधुनिक एवियॉनिक्स और नेविगेशन उपकरण लगे होते हैं.

2. सुचेत वीर सिंह, 'थ्रोबैक टु फ़ेबल्ड 1992 रेस्क्यू ऑप ऐज़ टूरिस्ट्स सेव्ड फ्रॉम डैन्गलिंग केबल कार इन हिमाचल', द प्रिंट, 20 जून 2022, https://theprint.in/india/throwback-to-fabled-1992-rescue-op-as-tourists-saved-from-dangling-cable-car-in-himachal/1004640/.
3. https://puneetspage.wordpress.com/2020/11/03/the-daring-cable-car-rescue-at-timber-trail-1992/
4. 'नंबर 152 हेलिकॉप्टर यूनिट, आईएएफ़', विकीपीडिया, https://en.wikipedia.org/wiki/No._152_Helicopter_Unit,_IAF.
5. https://www.bhaskar.com/local/rajasthan/alwar/behror/news/the-terrorist-jumped-from-the-window-and-threw-a-grenade-bled-but-stacked-130855302.html
6. अंचित गुप्ता, 'आईआईटी खड़गपुर्स लेसर नोन इंडियन एयरफ़ोर्स नेबर', आईएएफ़ हिस्ट्री, 22 नवम्बर 2023, https://iafhistory.in/2023/11/22/evolution-of-kalaikunda-airbase.
7. https://www.bharat-rakshak.com/indianairforce/database/units/6+Wing
8. चीफ़ ऑपरेटिंग ऑफ़िसर, किसी एयरफ़ोर्स स्टेशन का एक वरिष्ठ अधिकारी होता है, जो उस स्टेशन पर तैनात तमाम यूनिट्स द्वारा अनाम दिये जाने वाले सभी ऑपरेशनों के समन्वय और सुचारु संचालन की ज़िम्मेदारी संभालता है.
9. गरुण फ़्लाइट में एयरमैन रैंक का सबसे वरिष्ठ गरुण, जो उस फ़्लाइट के ऑपरेशनल पहलुओं की निगरानी के लिए ज़िम्मेदार होता है.
10. सीनियर एयर स्टाफ़ ऑफ़िसर, एओसी-इन-सी के बाद दूसरे वरिष्ठतम ऑफ़िसर इन कमांड.
11. भारत का सबसे उत्तरी बिंदु सियाचिन में इंदिरा कॉल है और सबसे दक्षिणी बिंदु अंडमान और निकोबार द्वीपसमूह में 'इंदिरा पॉइंट' है.
12. विंच एक यांत्रिक उपकरण होता है, जिसका इस्तेमाल रेस्क्यू ऑपरेशनों के दौरान भारी वस्तुओं या लोगों को ऊपर उठाने के लिए किया जाता है. इसमें एक ड्रम होता है, जिसके चारों ओर रस्सी या केबल लिपटी रहती है.
13. आर्मी यूनिट के सेकंड-इन-कमांड के समकक्ष.
14. एयरोड्रोम वो इलाक़ा होता है, जिसमें उससे जुड़ी इमारतें शामिल होती हैं, जहां विमान उतर सकते हैं, उड़ान भर सकते हैं और उड़ान भरने से जुड़ी बुनियादी सुविधाओं तक पहुंच बना सकते हैं.
15. रीफ़्यूलर एक टैंकर जैसा वाहन होता है, जिसमें विशेष उपकरण लगे होते हैं और इसका इस्तेमाल विमानों में ईंधन भरने के लिए किया जाता है.
16. ऐसे रेस्क्यू ऑपरेशनों के लिए, हर संभव कार्रवाई और संभावित टीम संरचना पर भारतीय वायुसेना के वरिष्ठ अधिकारी विस्तार से चर्चा करते हैं.

17. 'त्रिकुट पहाड़', देवगढ़ टूरिज़्म, झारखंड सरकार, https://deoghar.nic.in/tourist-place/trikutpahar/.
18. https://www.airforce-technology.com/projects/mi-17v-5-military-transport-helicopter
19. एक जूनियर वारंट ऑफ़िसर, थलसेना के नायब सूबेदार और नौसेना के चीफ़ पेटी ऑफ़िसर के बराबर होता है.
20. एक मास्टर वारंट ऑफ़िसर, थलसेना के सूबेदार मेजर और नौसेना के चीफ़ पेटी ऑफ़िसर (फ़र्स्ट क्लास) के बराबर होता है.
21. एक लीडिंग एयरक्राफ़्टमैन (एलएसी), भारतीय थलसेना के नायक की रैंक के बराबर होता है.
22. कई साल सेवाएं दे चुके सीनियर एयरमेन.
23. एक नॉन-कमिशंड ऑफ़िसर के रूप में, सार्जेंट की ज़िम्मेदारी होती है कि वो एयरमैन की एक टीम की निगरानी और उनका मार्गदर्शन करे. और ये सुनिश्चित करे कि वो भारतीय वायुसेना के कड़े मानकों का पालन करें.
24. सर्किट एक फ़्लाइट मैनूवर या पैटर्न होता है, जिसे विमान लैंडिंग के लिए तीन-आयामी स्पेस में, सही स्थिति में आने के लिए उड़ता है, ताकि बाधाओं और अन्य विमानों से टकराव से बचा जा सके.
25. रेस्क्यू ऑपरेशन के पहले ही दिन, जब कुछ ट्रॉलियों के आपस में टकरा जाने से एक व्यक्ति को गंभीर चोटें आईं और उसकी मौत हो गयी. टाइम्स ऑफ़ इंडिया डॉट कॉम, https://timesofindia.indiatimes.com/city/ranchi/jharkhand-ropeway-accident-one-dead-operation-on-to-rescue-others-stranded-in-cable-cars/articleshow/90774200.cms.
26. एयर ऑफ़िसर कमांडिंग इन चीफ़.
27. भारतीय वायुसेना में कॉरपोरल एक नॉन-कमिशंड ऑफ़िसर होता है, जो वरिष्ठ अधिकारियों और जूनियर एयरमेन के बीच एक अहम कड़ी के रूप में काम करता है. ये रैंक अनुभव, विशेषज्ञता और नेतृत्व क्षमता के एक सराहनीय स्तर को दिखाती है. कॉरपोरल, जूनियर एयरमैन की निगरानी और मार्गदर्शन, रोज़मर्रा के कामों के सुचारु निष्पादन और अपनी यूनिट में अनुशासन व व्यवस्था बनाए रखने के लिए ज़िम्मेदार होते हैं.

3. कॉर्पोरल गुरसेवक सिंह, शौर्य चक्र (मरणोपरांत): पठानकोट हमले का अमर नायक

1. टेवर सीटीएआर इंटीग्रल, टेवर असॉल्ट रायफ़ल, इज़रायल वेपन इंडस्ट्रीज़, https://iwi.net/iwi-tavor-rifle/tavor-ctar-integral/
2. 'स्क्वाड्रन लीडर भावेश कुमार दुबे कन्फ़र्ड वायु सेना मेडल (गैलेंट्री)', एविएशन डिफ़ेंस यूनिवर्स, 5 अगस्त 2016, https://www.aviation-defence-universe.com/squadron-leader-bhavesh-kumar-dubey-conferred-vayu-sena-medal-gallantry/.

3. सैन्य परिवहन से आशय सैन्य अभियानों में इस्तेमाल के लिए कर्मियों, उपकरणों, रसद और अन्य संसाधनों को गाड़ियों, विमानों, जहाज़ों या ट्रेनों के माध्यम से एक जगह से दूसरी जगह तक ले जाने से है. ये सशस्त्र बलों की लॉजिस्टिक्स और ऑपरेशनल योजना का एक बेहद अहम हिस्सा होता है.
4. मिलिट्री इंजीनियर सर्विसेज़ (एमईएस) भारतीय सेना की एक शाखा है, जो इंजीनियरिंग और आधारभूत ढांचे से जुड़ा सहयोग प्रदान करती है. सैन्य अभियानों के लिए आवश्यक ढांचे के रखरखाव और विकास में इसकी भूमिका बेहद महत्वपूर्ण होती है.
5. किसी एयरबेस का टेक्निकल एरिया वो निर्धारित क्षेत्र होता है, जहां विमानों के रखरखाव, मरम्मत और तकनीकी सहायता से जुड़े काम किये जाते हैं. इसमें मेंटेनेंस हैंगर, स्टोरेज सुविधाएं, एवियॉनिक्स और इलेक्ट्रॉनिक्स बे, ग्राउंड सपोर्ट से जुड़ा सामान, तकनीकी वर्कशॉप और अन्य ज़रूरी ढांचागत सुविधाएं शामिल होती हैं, जो एयरबेस की ऑपरेशनल तत्परता और कार्यक्षमता के लिए अनिवार्य हैं.
6. अभिनव पंड्या, जैश-ए-मोहम्मद: इनसाइड द टेरिफ़ाइंग वर्ल्ड ऑफ़ द प्रॉफ़ेट्स आर्मी (न्यू डेल्ही: हार्पर कॉलिन्स इंडिया, 2024) पेज 338.
7. आदमपुर एयरबेस स्थित गरुण यूनिट.
8. स्पेशल फ़ोर्सेज़ के कर्मियों को कमांडो कहा जाता है.
9. आतंकवादियों ने पठानकोट एयरबेस पर 2 जनवरी 2016 को हमला किया था, जिसमें उन्होंने देश के लिए सर्वोच्च बलिदान दिया.
10. भारतीय वायुसेना तरह-तरह के तकनीकी और गैर-तकनीकी पदों (अधिकारी रैंक से नीचे) के लिए खुली भर्ती रैलियों का आयोजन करती है. योग्य उम्मीदवार इन रैलियों के माध्यम से रजिस्टर करके चयन प्रक्रिया में भाग ले सकते हैं.
11. एयरमेन ट्रेनिंग स्कूल सभी ट्रेड्स के एयरमेन के लिए संयुक्त बेसिक फेज़ ट्रेनिंग प्रदान करता है. अब इसका नाम बदलकर बेसिक ट्रेनिंग इंस्टिट्यूट (बीटीआई) कर दिया गया है.
12. अंचित गुप्ता, 'श्रीनगर एयरबेस: अ क्रॉनिकल ऑफ़ एरियल कॉम्बैट', आईएएफ़ हिस्ट्री, 6 सितम्बर 2022, https://iafhistory.in/2022/09/06/srinagar-air-base-a-chronicle-of-aerial-combat/.
13. आदमपुर एयरफ़ोर्स बेस, फ़ैनडम डॉट कॉम, मिलिट्री हिस्ट्री, https://military-history.fandom.com/wiki/Adampur_Air_Force_Base.
14. भारती जैन, 'पठानकोट टेरर अटैक: 'फ़िदायीन केम इन बैचेज़, हिड इन ग्रास', टाइम्स ऑफ़ इंडिया, 6 जनवरी 2016, https://timesofindia.indiatimes.com/india/Pathankot-terror-attack-Fidayeen-came-in-batches-hid-in-grass/articleshow/50446226.cms.
15. https://www.ndtv.com/india-news/a-cab-driver-died-fighting-pathankot-terrorists-who-wanted-his-car-1262378/
16. बरखा दत्त, 'दे कम बैक टु किल मी, आय ऐम इनोसेंट, सेज़ कोप अब्डक्टेड इन पठानकोट', एनडीटीवी, 5 जनवरी 2016, https://www.ndtv.com/india-news/they-came-back-to-kill-me-im-innocent-says-cop-abducted-in-pathankot-1262294.

17. आनंद कुमार पटेल, आलोक पाण्डेय ऐंड सुधि रंजन, 'अमंग अनआन्सर्ड क्वेश्चंस ऑन पठानकोट अटैक, सेवेरल अबाउट अ सीनियर कॉप', एनडीटीवी, 5 जनवरी 2016, https://www.ndtv.com/india-news/among-unanswered-questions-on-pathankot-attack-several-about-a-senior-cop-1262143.
18. https://www.ahmedabadmirror.com/singh-got-paid-in-diamonds-for-facilitating-drug-racket-reveals-nia-interrogation/50567787.html
19. पंजाब लंबे समय से अफ़ग़ानिस्तान से आने वाले नशीले पदार्थों के लिए एक टबीच का ठिकाना रहा है. ड्रग्स से आये पैसे, पंजाब में चुनावी फ़ंडिंग का एक बड़ा स्रोत बन चुके हैं और समय के साथ-साथ एक सुव्यवस्थित ड्रग कार्टेल उभरकर सामने आया है, जिसमें नेताओं, पुलिस अधिकारियों और ड्रग माफ़िया की सक्रिय मिलीभगत रही है. यही अवैध पैसा उग्रवाद को वित्तपोषित करने में भी इस्तेमाल होता है.
20. https://www.bharat-rakshak.com/indianairforce/database/29775//
21. सेना में आर्मी कमांडर की नियुक्ति के समकक्ष, वायुसेना में एयर कमांड्स का नेतृत्व करने वाले वरिष्ठ एयर मार्शल को एयर ऑफ़िसर कमांडिंग-इन-चीफ़ (एओसी-इन-सी) कहा जाता है.
22. रिमोट से चलाया जा रहा विमान.
23. डिफेंस सिक्योरिटी कोर (डीएससी) भारतीय सेना की एक विशेष ईकाई है, जिसका काम सैन्य प्रतिष्ठानों और संवेदनशील क्षेत्रों की सुरक्षा करना होता है. इसमें भारतीय सशस्त्र बलों के सेवानिवृत्त सैनिक शामिल होते हैं.
24. पीटीआई, 'पठानकोट अटैक मास्टरमाइंड शाहिद लतीफ़ किल्ड इन पाकिस्तान मॉस्क', द हिंदू 11 अक्टूबर 2023, https://www.thehindu.com/news/international/pathankot-attack-mastermind-shahid-latif-killedin-pakistan-mosque/article67407247.ece.
25. एनडीटीवी डॉट कॉम, 'आफ़्टर 80 ऑवर्स, ऑपरेशन इन पठानकोट एंड्स, से सोर्सेज़: लाइव अपडेट्स', एनडीटीवी, 5 जनवरी 2016, https://www.ndtv.com/india-news/terror-attack-at-air-force-base-in-punjabs-pathankot-live-updates-1261436.
26. अंकित कुमार, 'सैटेलाइट इमेजेज़ शो मोर डैमेज ऐट पाकिस्तान्स एयरबेस दैन ऑफ़िशियली स्टेटेड', इंडिया टुडे, 7 नवम्बर 2023, https://www.indiatoday.in/world/story/satellite-images-show-more-damage-at-pakistans-airbase-than-officially-stated-2460130-2023-11-07.
27. https://economictimes.indiatimes.com/news/defence/teary-final-farewell-to-martyrs-of-pathankot-terror-attack/articleshow/50438430.cms

4. सार्जेंट मिलिंद किशोर खैरनार, शौर्य चक्र (मरणोपरांत), और कॉर्पोरल नीलेश कुमार नयन, शौर्य चक्र (मरणोपरांत): शौर्य भरा सर्वोच्च बलिदान

1. 'विंग कमांडर राजीव चौहान' भारत रक्षक, https://www.bharat-rakshak.com/indianairforce/database/29086.
2. https://www.bbc.com/news/world-asia-india-42062192 हाजिन: द कश्मीरी टाउन दैट इज़ अ 'मिलिटेंट हब'
3. '13 आरआर-बटालियन ऑफ़ राष्ट्रीय रायफ़ल्स - मोस्ट लीथल आरआर बटालियन' द पेट्रियट ब्रीफ़, यूट्यूब, https://www.youtube.com/watch?v=e3uVVz5sq6I.
4. कमलजीत कौर संधु, 'शॉट 9 टाइम्स बाय टेररिस्ट्स, सीआरपीएफ़ कमांडेंट चेतन चीता बैक इन ऐक्शन', इंडिया टुडे, लास्ट अपडेटेड 20 मई 2018, https://www.indiatoday.in/india/story/shot-9-times-by-terrorists-last-year-crpf-commandant-chetan-cheetah-resumes-duty-1192900-2018-03-19.
5. शुरुआत के कुछ बैचों को ट्रेनिंग के लिए जीआरटीसी की जगह मोहम्मदपुर एयरफ़ोर्स स्टेशन भेजा गया था.
6. ओवर ग्राउंड वर्कर्स (ओजीडब्लू) वो लोग होते हैं जो आतंकियों या उग्रवादियों को सामान की सहायता, नकद पैसा, ठिकाना और अन्य ढांचा उपलब्ध कराते हैं, जिनके सहारे जम्मू और कश्मीर में हिज़्बुल मुजाहिदीन और जैश-ए-मोहम्मद जैसे सशस्त्र संगठन और उग्रवादी आंदोलन सक्रिय रह पाते हैं. ओजीडब्लू, उग्रवादी हमलों में बेहद अहम भूमिका निभाते हैं. वे ज़मीनी स्तर पर मौजूद लड़ाकू तत्वों को रियल-टाइम जानकारी और हर तरह का समर्थन उपलब्ध कराते हैं. आज के समय में ओजीडब्लू ने अपनी भूमिकाएं और भी बढ़ा ली हैं, अब वो पत्थरबाज़ी, दंगे भड़काने, वैचारिक समर्थन देने, कट्टरपंथ फैलाने और आतंकियों की भर्ती जैसे कामों में भी शामिल हो चुके हैं.
7. कॉम्बैट ऑपरेटिंग बेस.
8. लेखिका ने जानबूझकर स्थानीय आतंकियों के नामों का उल्लेख नहीं किया है, ताकि उन्हें किसी भी तरह की महिमा या पहचान न मिले. याद रखे जाने के हक़दार सिर्फ़ हमारे वर्दीधारी जवान हैं, क्योंकि वही सच्चे नायक हैं. आने वाली पीढ़ियों को को उन्हें ही जानना और याद रखना चाहिये.

5. कॉर्पोरल ज्योति प्रकाश निराला, अशोक चक्र (मरणोपरांत): अशोक चक्र से सम्मानित वीर योद्धा

1. 'पैराटूपर ट्रेनिंग स्कूल स्काय हॉक्स', भारत रक्षक, https://www.bharat-rakshak.com/indianairforce/database/units/PTS.

2. मेजर गौरव आर्या, 'खरू: थे कोर बैटल स्कूल', पेट्रियट विद मेजर गौरव आर्या, रिपब्लिक वर्ल्ड, 13 जून 2020, https://www.youtube.com/watch?v=mgl3DpM_xCM.
3. चैतन्य कलबाग, 'सीआईजेडब्लूएस अटेन्स ट्रेमेंडस इम्पॉर्टेंस इन इंडियन आर्मीज़ ऑपरेशन्स इन नॉर्थ-ईस्ट' इंडिया टुडे, 15 नवम्बर 1982, https://www.indiatoday.in/magazine/special-report/story/19821115-cijws-attains-tremendous-importance-in-indian-armys-operations-in-north-east-772388-2013-08-27.
4. स्वराज्य स्टाफ़, 'बिहार: आईएएफ़ गरुण कमांडोज़ पे फ़ॉर मैरिज ऑफ़ मार्टर्ड कमांडोज़ सिस्टर, परफ़ॉर्म ब्रदर्स ड्यूटीज़ इन द सेरेमनी' 14 जून 2019, https://swarajyamag.com/insta/bihar-iaf-garud-commandos-pay-for-marriage-of-martyred-commandos-sister-perform-brothers-duties-in-the-ceremony.
5. ईटीवी भारत इंग्लिश टीम, '16 गरुण कमांडोज़ टर्न ब्रदर्स फ़ॉर मार्टर्स सिस्टर इन बिहार्स रोहतास', ईटीवी भारत, 6 मार्च 2024, https://www.etvbharat.com/en/!offbeat/16-garud-commandos-turn-brothers-on-martyr-jyoti-prakash-niralas-sisters-wedding-in-rohtas-enn24030603444.
6. टेम्परेरी ड्यूटी.
7. केटेगरी ए++ आतंकवादी, भारतीय सुरक्षा एजेंसियों द्वारा दी जाने वाली सबसे उच्च श्रेणी है, जो ऐसे आतंकवादियों को दी जाती है जो राष्ट्रीय सुरक्षा के लिए अत्यंत गंभीर ख़तरा होते हैं. आमतौर पर ये आतंकी संगठनों के शीर्ष नेता होते हैं, बड़े हमलों में शामिल रहते हैं, अत्यधिक प्रशिक्षित होते हैं और अक्सर इनपर भारी इनाम घोषित हुआ होता है. इनके अंतर्राष्ट्रीय संपर्क भी हो सकते हैं और काउंटर-टेरर ऑपरेशनों में इन्हें सर्वोच्च प्राथमिकता वाले टार्गेट के रूप में देखा जाता है.
8. प्रामाणिकता और स्पष्टता बनाए रखने के लिए केवल अंतर्राष्ट्रीय स्तर पर नामित आतंकवादियों के नाम ही रखे गये हैं. बाकी सभी नाम जानबूझकर हटा दिये गये हैं, ताकि भारत-विरोधी गतिविधियों में शामिल लोगों को इस किताब में किसी भी तरह की जगह या पहचान न मिले.

6. फ़्लाइट लेफ़्टिनेंट के. नचिकेता: कारगिल का युद्धबंदी, जिसने तीन बार मौत को चकमा दिया

1. मिकोयान-गुरेविच मिग-21 एक सुपरसोनिक जेट, फ़ाइटर और इंटरसेप्टर विमान है, जिसे सोवियत संघ में मिकोयान-गुरेविच डिज़ाइन ब्यूरो ने डिज़ाइन किया था. चार महाद्वीपों के लगभग 60 देशों ने मिग-21 को उड़ाया है, और अपनी पहली उड़ान के सात दशक बाद भी ये कई देशों की सेवा में बना हुआ है. भारतीय वायुसेना के मिग-21 बेड़े के विस्तार ने भारत-सोवियत संघ सैन्य साझेदारी को मज़बूती दी, जिससे भारत को चीन और पाकिस्तान के ख़तरों का सामना करने के लिए एक मज़बूत वायुसेना खड़ी करने में मदद मिली.

1999 के कारगिल युद्ध के बाद हुई कई घटनाओं को देखते हुए, आधुनिकीकृत मिग-21 बाइसन, फ़िलहाल एक इंटरसेप्टर की भूमिका निभाता दिखता है और संभवत: सीमित रूप में एक फ़ाइटर विमान की भी. भारतीय वायुसेना सभी मिग-21 विमानों को सेवा से हटाने की योजना बना रही है.

2. हिमालयन ईगल्स: हिस्ट्री ऑफ़ इंडियन एयर फ़ोर्स वॉल्यूम 3, पुष्पिंदर सिंह / ऑपरेशन सफ़ेद सागर: द समर ऑफ़ 1999 // प्रकाशक: द सोसायटी ऑफ़ एरोस्पेस / मार्च 2007
3. सोवियत संघ में डिज़ाइन किया गया ट्विन-इंजन फ़ाइटर विमान. वारसा पैक्ट से बाहर भारत, मिग-29 का पहला अंतर्राष्ट्रीय ग्राहक था. भारतीय वायुसेना ने 1984 में कुल 44 विमानों का ऑर्डर दिया था (40 सिंगल-सीट मिग-29 9.12बी और 4 ट्विन-सीट मिग-29यूबी). मिग-29 को आधिकारिक रूप से 1987 में भारतीय वायुसेना में शामिल किया गया.
4. आईएएनएस, 'एक्स-एयर चीफ़ एवाय टिपनिस कमेंट्स ऑन वाजपेयीज़ ऑर्डर्स ड्यूरिंग कारगिल', मिड-डे, 29 जून 2019, https://www.mid-day.com/news/indianews/article/Vajpayee-was-firmon-not-crossing-LoC-during-Kargil--Ex-air-chief-Tipnis-21252163.
5. एचएएल एचजेटी-16 किरण ('रे ऑफ़ लाइट') भारत का दो-सीटर इंटरमीडिएट जेट ट्रेनर विमान है, जिसे हिंदुस्तान एयरोनॉटिक्स लिमिटेड ने डिज़ाइन और निर्मित किया है.
6. बीदर वायुसेना स्टेशन, https://en.wikipedia.org/wiki/Bidar_Air_Force_Station.
7. 'ऑपरेशनल ट्रेनिंग यूनिट', भारत रक्षक, https://www.bharat-rakshak.com/indianairforce/database/units/OTU.
8. पीटीआई, 'आईएएफ़्स मिग-27 जेट्स डीकमीशंडआफ़्टर थ्री डेकेड्स ऑफ़ सर्विस; लास्ट ऑफ़ सोवियत-मेड एयरक्राफ़्ट टेक्स फाइनल फ़्लाइट फ्रॉम जोधपुर एयर बेस', फ़र्स्टपोस्ट, 27 दिसंबर 2019, https://www.firstpost.com/india/iafs-mig-27-jets-decommissioned-after-three-decades-of-service-last-of-soviet-made-aircraft-takes-final-flight-from-jodhpur-air-base-7831111.html.

*9. https://www.bharat-rakshak.com/indianairforce/database/units/list.php?qunit=108+Sqn//

10. पुष्पिंदर सिंह, हिमालयन ईगल्स, 'ऑपरेशन सफ़ेद सागर'
11. क्यूएफ़आई (कवालिफ़ाइड फ़्लाइंग इंस्ट्रक्टर) की दुनिया को रेटिंग में बांटा गया है. सबसे ऊपर A1 रेटिंग आती है जो बताता है कि इंस्ट्रक्टर सर्वश्रेष्ठ क्षमता, कौशल और अनुभव वाला है. अगली बारी आती है A2 की.
12. '1999 कारगिल वॉर', भारत रक्षक, 30 नवम्बर 1999, https://www.bharat-rakshak.com/iaf/personnel/martyrs/1999-kargil-war/.
13. रोटेशन्स पर मिनट: आरपीएम किसी वस्तु की घूमने की गति मापने की ईकाई है. ये ख़ासतौर पर विमान के इंजनों के संदर्भ में इस्तेमाल होती है. एविएशन में आरपीएम एक बेहद अहम माप है, क्योंकि इसका सीधा असर विमान की परफ़ॉर्मेंस और सुरक्षा पर पड़ता है.

14. एविएशन में एक्सिलरेशन को जी नामक फ़ोर्स की ईकाइयों में मापा जाता है, जहां 1जी पृथ्वी के गुरुत्वाकर्षण बल के बराबर होता है. तीखे मोड़ों या जटिल करतबों के दौरान, पायलट को गुरुत्वाकर्षण से कई गुना अधिक फ़ोर्स का अनुभव हो सकता है. ये बात ख़ासतौर पर सैन्य फ़ाइटर जेट्स और हाई-परफ़ॉर्मेंस एरोबैटिक विमानों में सही साबित होती है, जहां ये फ़ोर्स 9जी तक पहुंच सकता है.
15. ये एक ब्यौरा सुनते समय मुझे गहरी पीड़ा हुई, क्यूंकि मैं इसकी तुलना स्क्वाड्रन लीडर अजय आहूजा के साथ किये गये व्यवहार से कर रही थी.
16. सैयद फ़िरदौस अशरफ़, 'डिप्लोमेटिक एफ़र्ट्स ऑन टु फ्री नचिकेता: पीएम', रेडिफ़ दोत्कोम, 2 जून 1999, https://m.rediff.com/news/1999/jun/02pm.htm.
17. राज चिन्नाप्पा, 'फ्रॉम द इंडिया टुडे आर्काइव्स (2004) । मुशर्रफ़ हिड ऑल कारगिल डीटेल्स फ्रॉम मी: नवाज़ शरीफ़', इंडिया टुडे, 12 दिसंबर 2023, पहला प्रकाशन 26 जुलाई 2004, https://www.indiatoday.in/india-today-insight/story/from-the-india-today-archives-2004-musharraf-hid-all-kargil-details-from-me-nawaz-sharif-2475158-2023-12-12.
18. बीबीसी न्यूज़, 'वर्ल्ड: साउथ एशिया: पाकिस्तान रिटर्न्स इंडियन पायलट', बीबीसी, 3 जून 1999, http://news.bbc.co.uk/1/hi/world/south_asia/360328.stm.
19. जी पार्थसारथी, 'कैप्चर्ड इन कनफ़्लिक्ट: द केस ऑफ़ फ़्लाइट लेफ़्टिनेंट के. नचिकेता', इकॉनोमिक टाइम्स, लास्ट अपडेटेड 28 फ़रवरी 2019, https://economictimes.indiatimes.com/news/defence/captured-in-conflict-the-case-of-flight-lt-kambampati-nachiketa/articleshow/68194163.cms?from=mdr.
20. ज़ीरो लाइन, वो भौतिक रेखा है, जो वाघा बॉर्डर पर भारत और पाकिस्तान को अलग करती है.
21. 'नचिकेता इस रेयारिंग टु गो ऑन नेक्स्ट सॉर्टी', कश्मीरी पंडित नेटवर्क, 17 जुलाई 2025, http://ikashmir.net/kargilheroes/nachiketa.html.

भारतीय शांति स्थापना ऑपरेशन

1. https://www.indiatvnews.com/news/india/latest-news-know-about-iaf-s-operation-poomalai-in-jaffna-sri-l-31725.html
2. 'इंडो-लंका अकॉर्ड', मिनिस्ट्री ऑफ़ एक्सटर्नल अफ़ेयर्स, 29 जुलाई 1987, https://www.mea.gov.in/Portal/LegalTreatiesDoc/LK87B1078.pdf.
3. https://youtu.be/or8wfL5E3Ho. ऑपरेशन पवन, भारतीय शांति सेना (आईपीकेएफ़) द्वारा दिया गया कोड नाम था, जिसका उद्देश्य लिबरेशन टाइगर्स ऑफ़ तमिल ईलम (लिट्टे) से जाफ़ना पर नियंत्रण हासिल करना था. लगभग तीन हफ़्तों तक चली भीषण लड़ाई के बाद आईपीकेएफ़ ने जाफ़ना प्रायद्वीप को लिट्टे से अपने नियंत्रण में ले लिया. ये वही काम था जिसे श्रीलंका की सेना पहले करने की कोशिश कर चुकी थी, लेकिन उसमें सफल नहीं हो पायी थी.

4. पुष्पिंदर सिंह, हिमालयन ईगल्स, चैप्टर XXXX, 'ऑपरेशन पवन: द आईएएफ़ इन श्रीलंका'.
5. उपरोक्त
6. पुष्पिंदर सिंह, 'ओवरव्यू: इंडियन पीस कीपर्स इन श्रीलंका', भारत रक्षक, 5 अक्टूबर 2009.
7. एयर मार्शल भारत कुमार परम विशिष्ट सेवा मेडल, अति विशिष्ट सेवा मेडल, वायुसेना मेडल, एडीसी, ऑपरेशन पवन: रोल ऑफ़ एयरपॉवर विद आईपीकेएफ़ (नयी दिल्ली: मनोहर पब्लिशर्स, 2015)

7. ऑपरेशन पवन; जाफ़ना यूनिवर्सिटी हेलीड्रॉप: हर बाधा के पार

1. तब पैरा (स्पेशल फ़ोर्सेज़) को पैरा कमांडो कहते थे.
2. 'रिमेम्बरिंग थिलीपन्स सैक्रिफ़ाइस 37 इयर्स ऑन',तमिल गार्डियन, 26 सितम्बर 2024, https://www.tamilguardian.com/content/remembering-thileepans-sacrifice-37-years.
3. मेजर जनरल हरकीरत सिंह, इंटरवेंशन इन श्रीलंका: द आईपीकेएफ़ एक्सपीरियंस रीटोल्ड (नयी दिल्ली : मनोहर पब्लिशर्स, 2007).
4. एयर मार्शल भारत कुमार, ऑपरेशन पवन.
5. उपरोक्त, पेज 109.
6. एयर मार्शल भारत कुमार, ऑपरेशन पवन, पेज 113
7. जगन पिल्लरिसेट्टी, 'डिसेंट इनटू डेंजर: द जाफ़ना यूनिवर्सिटी हेलीड्रॉप', स्वराज्य, 7 मई 2015, https://swarajyamag.com/politics/descent-into-danger-the-jaffna-university-helidrop.
8. 'मेजर बीरेंद्र सिंह वीआरसी', ऑनर पॉइंट, https://honourpoint.in/profile/major-birendra-singh-vrc/
9. मेजर अनिल कौल, कर्नल होकर रिटायर हुए और उन्होंने एक आंख और अपने बाएं हाथ का कुछ हिस्सा खो दिया. उनकी बहादुरी के लिए उन्हें वीर चक्र से सम्मानित किया गया. 2017 में उनका देहांत हो गया.
10. एयर मार्शल भारत कुमार, ऑपरेशन पवन, पेज 127

8. भारतीय वायुसेना का दमख़म

1. '45 स्क्वाड्रन (फ़्लाइंग डैगर्स)', फ़ौजी डेज़, https://faujidays.com/lookup/establishments/militaries/indian-military/indian-air-force/squadrons/45-squadron-flying-daggers.
2. इनिशियल ऑपरेशनल क्लीयरेंस (आईओसी) का दर्जा मिलने के बाद सुलूर में आधारित पहली ऑपरेशनल तेजस स्क्वाड्रन का गठन संभव हो सका.

3 फ़ाइनल ऑपरेशनल क्लीयरेंस (एफ़ओसी) दर्जे के साथ तेजस को पूर्ण युद्धक अभियानों के लिए स्वीकृति मिल गयी. ये एलसीए के डिज़ाइन, विकास, प्रमाणन और उड़ान परीक्षण से जुड़े सभी प्रयासों की बदौलत हुआ. एफ़ओसी की स्वीकृति आरसीएमए (ए/सी) और सेमीलैक द्वारा एयरो इंडिया 2019 के दौरान प्रदान की गयी.

*4. 'लाइट कांबेट एयरक्राफ्ट (एलसीए) - तेजस - एएफ़ एमके1 - फाइनल ऑपरेशनल क्लियरेंस (एफ़ओसी)', डीआरडीओ, रक्षा मंत्रालय, भारत सरकार https://www.drdo.gov.in/drdo/aircraft-certification.

5. लेखिका की तीसरी किताब, द फ़ोर्सेज़ बिहाइंड द फ़ोर्सेज़, 2021 में पेंग्विन रैंडम हाउस द्वारा प्रकाशित हुई थी. ये सैन्यकर्मियों की बहादुर पत्नियों की कहानियां सुनाती है.

6. स्पेशल करेस्पॉन्डेंट, 'आईएएफ़ रिसरेक्ट्स 17 स्क्वाड्रन 'गोल्डन ऐरोज़' फ़ॉर राफ़ेल', द हिंदू, 10 सितम्बर 2019, https://www.thehindu.com/news/national/iaf-resurrects-17-squadron-golden-arrows-for-rafale/article29384434.ece.

7. जे20 इस वक़्त सबसे आधुनिक चीनी फ़ाइटर विमान है.

8. स्क्वाड्रन 81: द स्काईलॉर्ड्स ऑफ़ द इंडियन एयरफ़ोर्स', वायु एरोस्पेस मैगज़ीन, https://vayuaerospace.in/Issue/20241008113211402.pdf.

9. असॉल्ट लैंडिंग में विमान तेज़ रफ़्तार के साथ नीचे आता है.इसका उद्देश्य दुश्मन की ज़मीनी फ़ायरिंग के सामने विमान को कम से कम नुकसान पहुंचने देना होता है. इसमें सीमित हवाई क्षेत्र में बहुत तेज़ी से नीचे उतरना शामिल होता है और अंत में छोटे क्षेत्र में लैंडिंग की जाती है, ताकि सैनिकों और/या सैन्य साज़-ओ-सामान को तुरंत उतारा जा सके.

10. https://www.boeing.com/defense/c-17-globemaster-iii

11. 'आईएएफ़्स वेल्ड वैपर्स ऐंड स्काय लॉर्ड्स स्पेशल ऑप्स', स्ट्रैटन्यूज़ग्लोबल, यूट्यूब, https://www.youtube.com/watch?v=7O484u7_mBk.

12. https://news.lockheedmartin.com/2011-02-07-Indian-Air-Force-Celebrates-Induction-of-First-C-130J-Super-Hercules

13. ग्लेन सैंड्स, 'इंडिया सीक्स मोर अपाचीज़ ऐंड चिनूक्स', वर्टिकल मैगज़ीन 14 जून 2022, https://verticalmag.com/news/india-seeks-more-apaches-and-chinooks/.

14. https://www.defenseadvancement.com/projects/apache-ah-64e-helicopter

15. मायन सिंह, 'इंडियन एयर फ़ोर्स इन्डक्ट्स फ़र्स्ट इंडीजिनस लाइट कॉम्बैट हेलिकॉप्टर यूनिट 'धनुष'', द न्यू इंडियन एक्सप्रेस, 3 अक्टूबर 2022, https://www.newindianexpress.com/nation/2022/Oct/03/indian-air-force-inducts-first-indigenous-light-combat-helicopter-unit-dhanush-2504489.html.

16. 'इंडिया क्लियर्स बिगेस्ट एवर डिफ़ेंस डील फ़ॉर बाइंग 156 एलसीएच प्रचंड हेलिकॉप्टर्स वर्थ रुपीज़ 62,000 करोड़', इकॉनोमिक टेम्स, 28 मार्च 2025, https://economictimes.indiatimes.com/news/defence/india-clearsbiggest-ever-defence-deal-for-buying-156-lch-prachand-helicoptersworth-rs-45000-crore/articleshow/119655858.cms?from=mdr.

लेखिका के बारे में

स्वप्निल पाण्डेय राष्ट्रीय स्तर पर पसंद की जाने वाली बेस्टसेलिंग लेखिका हैं, जिन्हें भारतीय सशस्त्र बलों पर आधारित गहरी रीसर्च और संवेदनशील लेखन के लिए जाना जाता है। हार्पर कॉलिन्स इंडिया और पेंगुइन रैंडम हाउस जैसे प्रतिष्ठित अंतर्राष्ट्रीय प्रकाशनों से छपी उनकी किताबें देश-विदेश में लाखों पाठकों तक पहुंच चुकी हैं।

2023 में प्रकाशित उनकी किताब *बलिदान: भारत के पैरा स्पेशल फ़ोर्सेज़ के महान योद्धाओं की कहानियां* प्रकाशन के एक महीने के भीतर ही नेशनल बेस्टसेलर बन गयी। इससे पहले, भारतीय सैन्य पत्नियों की साहसिक कहानियां, भारतीय सैन्य साहित्य में एक अहम पड़ाव साबित हुई, जिसमें युद्ध में शहीद हुए जवानों की पत्नियों की कहानियों को बेहद गहराई और संवेदनशीलता के साथ सामने रखा गया।

स्वप्निल ने कथा साहित्य में भी काम किया है, जो एक लेखक के रूप में उनकी बहुमुखी प्रतिभा सामने लाता है। वो ऐसा साहित्य तैयार करने के लिए प्रतिबद्ध हैं जो डिजिटल दौर की क्षणभंगुरता को पीछे करते हुए साहस, बलिदान और कर्तव्य की अमर कहानियों को आने वाली पीढ़ियों के लिए संजोकर रखे। अपनी पांचवीं किताब *शौर्य की उड़ान: भारतीय वायुसेना के साहसी ऑपरेशनों की सच्ची कहानियां* के साथ वो भारतीय सशस्त्र बलों के अनसुने नायकों को सामने लाने के अपने मिशन को आगे बढ़ा रही हैं।

लेखन के अलावा, स्वप्निल दो बच्चों की मां हैं और एक ऐसे परिवार से आती हैं जिसकी जड़ें सार्वजनिक सेवा के साथ गहराई से जुड़ी हैं। उनके पिता सेवानिवृत्त ज़िला न्यायाधीश हैं, ससुर पूर्व आईएएस अधिकारी रह चुके हैं और परिवार के कई अन्य सदस्य, अलग-अलग रूप में देश-सेवा में लगे हुए हैं। वो कुशल पर्वतारोही और स्कीयर हैं, साथ ही एक कुशल घुड़सवार भी हैं। अपने पाठकों और दुनिया को कुछ बेहतर देते रहने की कोशिश में वो लगातार खुद को निखारती रहती हैं।

उनसे संपर्क के लिए ईमेल किया जा सकता है: teamgirlandworld@gmail.com

आप उनके सोशल मीडिया परिवार का हिस्सा भी बन सकते हैं और इन प्लेटफ़ॉर्म्स पर जुड़ सकते हैं:

X: @swapy6

फ़ेसबुक: Author Swapnil Pandey

इन्स्टाग्राम: @swapnil_pandey_author

लिंक्डइन: Swapnil Pandey

अनुवादक के बारे में

पेशे से पत्रकार, **केतन मिश्रा**, द *लल्लनटॉप*, *ऑल्ट न्यूज़* और *आज तक* जैसे संस्थानों से जुड़े रहे। फ़िलहाल, बतौर फ़्रीलांसर काम कर रहे हैं। इस किताब से पूर्व इन्होंने राजदीप सरदेसाई की किताब *टीम लोकतंत्र*, रामचन्द्र गुहा की *क्रिकेट का कॉमनवेल्थ*, त्रिपुरदमन सिंह-अदील हुसैन की *नेहरू - भारत को परिभाषित करने वाले संवाद*, स्वप्निल पांडे की *बलिदान*, कुणाल पुरोहित की *हिंदुत्व पॉप* समेत कई अन्य किताबों का भी अनुवाद किया है।